처음 읽는
**식물의
세계사**

WEEDS

Copyright ⓒ 2010 by Richard Mabey

All rights reserved

Korean translation copyright ⓒ 2022 by THE COVETED BOOK

Korean translation rights arranged with Andrew Nurnberg Associates Ltd. through EYA (Eric Yang Agency)

이 책의 한국어판 저작권은 EYA (Eric Yang Agency)를 통해
Andrew Nurnberg Associates Ltd.와 독점계약한
탐나는 책에 있습니다.
저작권법에 의하여 한국 내에서 보호를 받는 저작물이므로
무단전재 및 복제를 금합니다.

인간의 문명을 정복한 식물 이야기

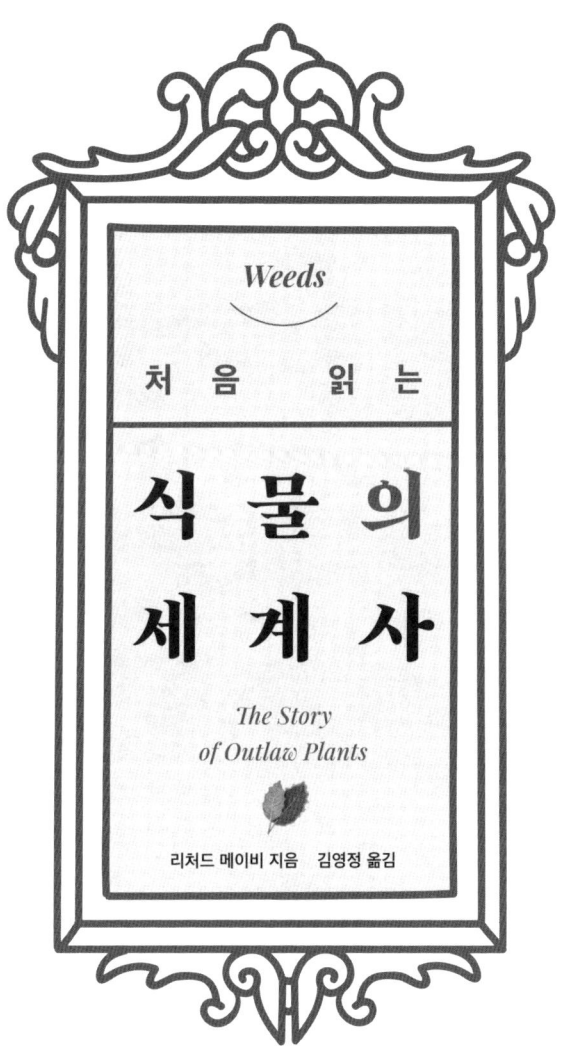

Weeds

처음 읽는

식물의 세계사

The Story of Outlaw Plants

리처드 메이비 지음 김영정 옮김

탐나는책

로빈과 레이첼에게

CONTENTS

감사의 말씀   10

01 인간의 스토커인가, 동반자인가?   13
02 초대받지 않은 문명의 침입자들   45
03 자연을 정복한 인간 & 문명을 정복한 식물   67
04 독초인가, 약초인가?   91
05 주술과 의학의 경계에서   129
06 문학이 사랑한 식물들   157
07 잡초의 히치하이킹   197
08 식물의 미학   225
09 자연과 문화의 경계에 선 마녀   251
10 포화와 폐허 속에서 피어나다   293
11 음모론의 악역이 된 식물   321
12 멸종이냐, 타협이냐?   401

식물목록   422
참고문헌   436
찾아보기   442

나는 드넓게 펼쳐진 저 들판에 온갖 색조로 익은 곡식들을 지도에 색칠하듯 바둑판 모양으로 채워보았다. 활짝 핀 토끼풀꽃은 구릿빛으로 물들어 있고, 햇빛처럼 노란 들갓과 푸른 옥수수 대와 함께 핀 일몰을 닮은 진홍빛 두통이(양귀비꽃) 대지를 뒤덮은 거대한 이불 위에서 앞 다투어 제 색을 뽐낸다. '옥수수 밭은 몸살을 앓고', 아름다움은 무너진다.

− 존 클레어 『여가』

감사의 말씀

반평생 도보여행에서 많은 지식을 쌓았고, 존 클레어에 대한 통찰을 지녔으며, 존 내시의 솔라눔 둘카마라(속표지 그림)스케치를 선물해 준 로널드 블리스, 셰익스피어가 사용한 자연 상징에 대해 많은 것을 가르쳐준 그레그 도런, 베리 세인트 에드먼즈, 식물지를 읽을 수 있게 주선해 준 크리스 플레처와 옥스퍼드 대학교 보들리 도서관의 듀크 험프리 도서관 직원들, 미국 잡초에 대한 정보를 준 리비 잉걸스, 집필에 많은 영감을 준 책 『식물학자로서의 시인』의 저자이며, 존 클레어의 작품에 나오는 야생 식물에 대한 모든 설명을 담은 미간행 카탈로그를 보게 해 준 몰리 마후드, 제2차 세계대전 런던의 문학에 대한 자신의 연구를 아낌없이 공유해 준 레오 멜러, 분홍바늘꽃에 대한 시브토프의 라틴어 설명을 우아하게 번역해 준 필립 오스왈드, 탐험 여행에 대한 해박한 지식의 소유자로 발이 넓은 줄스 프리티, 무늬왕호장근 박멸 운동의 배경에 관해 알려준 제레미 팔즈글로브, 폐허의 미학과 문학에 대한 흥미로운 논의를 이끌어 낸 크리스토퍼 우드워드 등 모든 분께 감사의 마음을 전한다. 그리고 다른 일정을 포기하고 시간을 내준 밥 기븐스에게 특별히 감사드린다. 그는 전문 식물학자의 눈으로 원고의 많은 부분을 바로잡아 주었다.

다양한 조언과 아이디어를 준 앤드루 브랜슨과 클라이브 채터즈, 마크 코커, 존 뉴턴, 마틴 샌퍼드, 엘리자베스 로이, 『농촌 경제』의 발췌문 인용을 허락해 준 에드먼드 블런든과 데이비드 하이엄 어소시에이츠에 감사의 마음을 전한다. 또한 〈쇼디치 난초〉의 인용을 허가해 준 피터 대니얼스에게도 깊이 감사를 드린다. 내 에이전트 비비안 그린은 항상 그랬듯이 나를 치분히 지지해 주었다. 이 책의 출판사 프로필에도 감사드릴 분들이 있다.

책을 제안해 준 존 데이비와 앤드루 프랭클린, 제작상의 모든 문제를 능숙하고 효율적으로 관리해 준 페니 대니얼, 전문성을 바탕으로 능숙하게 원고 정리를 맡아 준 트레버 허우드가 그들이다. 정교한 일러스트를 그려준 클레어 로버츠에게도 감사를 전한다. 이 일로 25년을 넘게 이어온 우리의 협력 관계가 더 새로워졌다.

마지막으로 내 파트너 폴리는 언제나 그렇듯 인내심이 강하고 현명한 조력자이다. 이를테면, 집필실에서뿐 아니라 정원에서도 그랬다. 그녀는 양쪽에서 무엇을 괭이질해야 하고, 무엇을 그냥 두어야할지 잘 알고 있었다.

01

인간의 스토커인가, 동반자인가?

풀이 우리가 가진 계획이나 세상을 깔끔하게 정돈해 놓은 지도에 방해가 되면 그것은 잡초가 된다. 그러한 계획이나 지도가 없다면 풀은 어떤 오명이나 비난도 뒤집어쓰지 않았을 것이다.

내가 잡초를 직접 보게 된 것은 처음으로 가까운 곳에서 여러 가지 풀을 볼 수 있게 되면서였다. 그때 내게 그것들은 일종의 만나(이스라엘 민족의 광야생활 중 하나님이 내려준 신비로운 양식)처럼 보였다.

20대 중반에 나는 런던 외곽의 한 출판사에서 편집자로 근무했다. 당시 칠턴스에 있는 집에서 런던 근교로 매일 출퇴근을 해야 했다. 그때 나는 런던 주변 주택가의 차분하고 정돈된 분위기를 벗어나 도시의 버려진 땅으로 떠나는 그 역설적인 여행을 즐겼다.

플라타너스가 햇빛을 가리며 드리워져 있던 펭귄북스Penguin Books의 교육부서는 '순수 문학'을 다루는 곳이 아니었다.

새로운 종류의 교재 개발을 위해 마련된 이 부서는 히스로공항에서 북쪽으로 약 2킬로미터 떨어진, 전통적인 모습에서 벗어나 반항적인 느낌을 주는 풍경 속에 자리 잡고 있었다. 이곳이 바로 첨단 기술 산업에 서서히 잠식되어 가던 거대한 불모지인 미들섹스의 경계지대였다.

내 사무실 창 아래로는 세 곳의 대륙에서 이주해 온 식물들로 둘러싸인 그랜드유니언 운하가 수로로 밀려온 부유물들을 여기저기 물에 띄운 채 런던을 향해 굽이굽이 흐르고 있었다.

서쪽으로는 물에 잠긴 미로 같은 자갈 채취장과 빅토리아 시대부터 사용되다 방치된 쓰레기장이 있었다. 그리고 마치 제3 세계 빈민 지역이라도 되는 것처럼 빈 병 수집업자들이 정기적으로 그곳을 갈퀴로 헤집어 놓았다.

우리 교구의 북쪽은 폐차장이자 이동주택 주차장인데 그곳의 최상위 포식자는 독일산 셰퍼드 경호견이었다. 그리고 전 지역에 정체를 알 수 없는 구멍들이 여기저기 숭숭 뚫려있는 데다, 다른 지역에서 온 쓰레기 더미까지 군데군데 널려 있었다. 게다가 매우 흥미로운 것은 전 지역이 평판이 좋지 않은 풀들로 휩싸여 간다는 사실이다.

내 업무는 주로 사회 초년생들을 위한 시사 문제와 사회 연구를 다루는 개발서와 관련되었다.

우리가 목표한, 이해하기 쉬우면서도 정치적으로 도전적인 글을 담았던 그 책(사실 잡지에 더 가까운)은 끊임없이 신랄하게 변화하는 세계를 살아갈 독자들을 위해 기획되었다. 창밖의 요란한 초록색 물결을 내다보면 그런 세계가 이미 우리 쪽으로 빠르게 오고 있는 것처럼 보였다.

이 지역의 초목은 전혀 예쁘거나 매력적이지 않았다. 게다가 영국 전원 지역의 야생화나 영국이라는 나라 이미지와 전혀 어울리지 않았다. 하지만 그것들은 생명으로 맥박이 뛰고 있었다.

원초적이고, 범세계적이며, 광합성을 하는 생명 말이다. 그 오래된 쓰레기 터의 흙무덤에서는 독성을 지닌 독미나리가 군락을 이루며 급속히 자라났고, 화장실 세제 냄새를 풍기는데도 온갖 곤충이 모여드는 히말라야물봉선Indian balsam이 버려진 병들을 완전히 뒤덮었다.

층층이 퍼져있는 일본산 마디풀 꽃가지와 자홍색 꽃이 피는 지중해산 넓은 잎 연리초, 이제는 전 세계에 너무 많이 퍼져서 원산지를 알 수 없게 된 잡초이자 백조 목 모양의 매우 아름다운 꽃을 피우는 독말풀, 그 위로는 키가 9m나 되는 관목인 중국산 부들레야가 솟아올라 있었다. 그 아래로는 압생트의 원료인 향쑥과 가짓과에 속하는 세 가지 종류의 풀, 편자 모양 이파리를 가진 머위, 울퉁불퉁한 잎이 마치 산업화라는 여드름에 들볶인 것처럼 보이는 쇠서나물 등 좀 더 성질이 온순한 잡초들이 플라스틱과 유리가 한 몸이 되어 단단해진 땅을 치장하고 있었다. 그리고 이 불모지가 아니라면 영국 땅 어디서도 함께 자라는 것을 보기 힘들 것 같은 커민, 야생 호리병박, 도깨비 산토끼꽃같은 낯선 풀들이 자라고 있었다. 마치 '불모지'라는 주문이 모든 것을 가능하게 한다는 듯 이 풀들은 어떤 환상적인 분위기를 자아냈다.

나는 점심시간에 이 풀들이 제멋대로 자라나는 목가적 이상향을 여기저기 돌아다녔다. 그러면서 그곳의 의기양양한 무성함에 감탄하며, 순전히 낭만적인 생각이지만 그러한 재생력이 마치 우리가 그 안에서 하려는 일을 보여준다고 느꼈다. 그리고 이 식물들이 군대의 전우, 말하자면 산업화 시대로부터 버림받은 처지를 이겨낸 식물 게릴라들처럼 느껴졌다.

나는 이렇게 해서 식물의 세계에 입문했다. 그리고 대개 잡초라고 비난받는 종들에 대해 영원히 변하지 않게 될 태도를 지니게 되었다.

잡초를 보면 나는 1초라도 더 생각하게 된다. 우리가 그들의 왕성한 에너지에서 얼핏 볼 수 있는 긍정적인 특징이 무엇인지 생각해 보기 위해서였다. 하지만 나는 그런 미들섹스의 비범한 존재들에게 내가 가졌던 60년대식 열정이 유별난 것이며, 어쩌면 무책임했을 수 있다는 점도 인정한다. 그들은 대부분 잡초 중에서도 가장 나쁜 종들일 가능성이 크다.

또한, 많은 종이 자기 지역을 벗어나 남의 땅을 무단 침입한 것들이었다. 그들은 관상용 정원과 제약회사 농장의 체계적인 통제에서 벗어나 우후죽순처럼 미친 듯이 자랐다. 심지어 몇몇 종은 매우 치명적인 독성을 지녔다. 그 뒤에 적어도 두 가지 종은 너무나 급속히 퍼진 나머지 현재 '야생에서 키우거나 어떤 식으로든 사라게 하는 것'이 법으로 금지되었다. 하지만 잡초는 환경이 중요하다. 어떤 풀이라도 그렇게 험한 환경에서 자라면 잡초가 된다.

그것들은 연좌제의 희생양으로 옆에서 자라는 좋지 않은 특성을 지닌 동료들과 싸잡아 매도당한다. 만약 풀이 쓰레기 더미에서 싹이 튼다면 그들은 그 자체가 쓰레기 중 하나가 된다. 식물 쓰레기 말이다.

잡초들이 이 행성에 끼치는 영향을 고려하면 결국 그들의 평판이, 그러니까 그들의 운명이 이러한 종류의 개인적 판단의 문제라는 사실, 즉 그들이 악마 취급을 받느냐, 아니면 받아들여지느냐가 우리 개인에게 달렸다는 사실이 항상 맞는 말 같지는 않다.

성경 창세기에 보면 우리가 에덴동산에서 저지른 죄에 대한 벌로 땅에 '가시와 엉겅퀴'가 돋아나게 되었다. 이후, 잡초는 마치 세균처럼 문화적인 범주가 아니라 생물학적인 범주에 속한 것인 양 가치 판단을 초월해 어디서나 흔히 볼 수 있으며, 따로 설명이 필요 없는 존재가 된 것 같다.

수천 년 동안 잡초들은 농작물을 말려 죽이고 생태계의 질서를 어지럽혀왔다. 중세 시대에는 대대적인 중독 사건을 일으키며, 사악함을 암시하는 이름을 갖게 되었다. 그리고 요즘에는 해충에 뿌리는 것보다 훨씬 더 많은 화학약품을 쏟아 부어도, 잡초는 여전히 농작물의 생산량을 10%에서 20% 정도 감소시키고 있다.

또한, 잡초들은 해마다 더 많은 문제를 일으킨다. 국제 무역으로 인해 전 세계로 완전히 새로운 종류의 범세계적인 공짜 식객들이 전해졌다. 스트리가는 모양이 예쁘지만 기생적인 금어초이다. 원산지 케냐에서는 유명 인사들이 지나가는 길에 뿌리던 꽃이었다. 1956년에 이 풀은 미국 동부로 가는 길을 발견하고는 몇십만 에이커의 옥수수 밭을 그루터기만 남기고 초토화시켜 버렸다. 무늬왕호장근은 숲 정원에서 볼 수 있는 우아한 관목으로 빅토리아 시대에 영국으로 들어왔다. 그리고 정확히 1세기가 지난 후, 무늬왕호장근의 여린 꽃술과 작고 우아한 가지는 우리 눈에 들어오지 않게 되었고, 이제 우리는 그것을 이 나라에 들어온 가장 위험한 침입 식물로 여기게 되었다.

현재 런던 동부의 올림픽 개최지에서 무늬왕호장근을 퇴치하는 데 예상되는 비용은 무려 7천만 파운드에 달한다. 이들 불법 식물종 중 잡초 신세를 면하고, 자신의 정체성이나 그냥 호칭이라도 바꾼 것은 하나도 없다. 하지만 이들 두 사례만 봐도 블랙리스트에 오른 잡초는 양면성을 지니고 있으며 그 정의가 정확하다고 볼 수는 없다. 어떤 곳에서는 관상용인 식물이 다른 곳에서는 악성 침입자가 된다. 수 세기 전에는 농작물이나 약초로 대접받던 식물이 그 지위를 잃고 숲속의 무법자로 변신한다. 그에 못지않게 잡초는 식용 식물이나 아이들의 놀잇감 혹은 문화적 상징으로 길들여지기도 한다. 잎이 파삭파삭한 흰명아주는 이런 문화적 돌연변이 과정을 모두 거친 식물이다. 바닷가에서 야생으로 자라던 흰명아주는 해변에서 벗어나 신석기 시대 농부들의 두엄더미로 이동했다. 그 뒤에는 기름진 씨앗을 얻기 위해 대충 경작되었다. 그러다가 맛이 변하면서 사탕무(얄궂게도 사탕무는 명아주과에 속하는 식물이다)같은 작물에 침입하는 혐오종이 되었고, 현대에 와서는 약탈자들이 가끔 찾는 식물이 되고 말았다. 물론, '모든 것은 전적으로 여러분이 잡초를 무엇이라고 생각하는지'에 달려있다. 그 정의를 알면 잡초가 한 문화권에서 어떤 대우를 받는지 알 수 있다.

우리는 어디에서 어떤 방법과 어떤 이유로 식물을 달갑지 않은 존재로 분류하는가? 그것은 자연과 문화, 야생과 길들여짐을 구분하려는 끊임없는 시도에서 나오는 것이다. 그리고 우리가 얼마나 현명하고 관대하게 그 경계에 선을 긋는지가 이 지구의 표면을 덮은 초록색 식물 대부분의 성격을 결정한다.

잡초는 '부적절한 장소에서 자라는 식물'로 정의되는 것이 일반적이다. 즉 당신이 다른 풀이 자라기를 바라는 곳, 또는 어떤 풀도 자라지 않기를 바라는 곳에 존재하는 식물이다.

이것은 꽤 그럴듯한 정의이다. 스패니쉬 블루벨(이 식물에 적합한 서식지는 지중해다)은 정원 밖에 퍼져 자라면 악성 외래종으로 여겨진다. 그에 반해 잉글리쉬 블루벨(이 식물에 적합한 서식지는 숲이다)이 종종 정원 안을 침입하여 퍼지면 잡초가 되어 '원래' 블루벨의 자생지인 숲속 보루로 뽑혀 나가게 되는 이유를 잘 설명한다. 하지만 여기에는 한 식물의 적절한 생물학적 고향이라는 기본 개념을 넘어선 어울림과 장소라는 여러 가지 미묘한 차이가 있다. 그리고 개인적 영역으로서 정원이라는 관념이 개입된다. 게다가 일종의 민족주의, 즉 스패니쉬 종의 더 자신만만해 보이는 종 모양 꽃과 앙상한 줄기가 아닌, 영국의 녹음과 더 조화를 이루는 토종 블루벨의 부드럽고 켈트적인 곡선을 인정하는 미학적 애국주의까지 개입된다. 하지만 이 정의는 정교하지 못하다. 어떤 식물에 '적합한 장소'라는 것이 무엇인가라는 질문에 답을 못해서이다.

자연의 온화한 삼림지대보다 물푸레나무에 더 적합한 장소를 상상하기란 어렵다. 하지만 수목 관리원들은 수목들 사이에서 자라는 상업적으로 더 유용한 목재용 물푸레나무를 '불량목'이라 부른다. 그 이유는 물푸레나무가 수목 관리원들이 힘들여 키워낸 성과물에 그늘을 드리우기 때문일 것이다. 자, 그러니 명백하고도 객관적인 '적합한 장소'란 '영토', 즉 더욱 개인적이며 문화적으로 결정된 어떤 공간, 그곳에 대한 긴밀한 조사에 의해 결정되는 것이다.

잡초를 정의하는 기준도 시간이 흐르면서 판이하게 달라질 수 있다. 호주 빅토리아에 정착한 스코틀랜드 이주민들은 그들의 동료가 어떻게 고향에 대한 향수를 불러일으키는 존재에서 불법 침입자로 전락했는지 그 과정을 기억하고 있었다.

"어느 날 우리는 마구간 근처 통나무 옆에서 자라는 스코틀랜드 엉겅퀴를 발견했습니다. 그것은 말의 사료에서 우연찮게 발견된 씨앗이었죠. 그것을 신문으로 조심스럽게 싸서 돌 밑에 두었습니다. 며칠후 그것은 자리를 잡고 자라나서 당당한 모습을 보여주었죠. 그때는 아무도 생각지 못했어요. 스코틀랜드에서 온 그 엉겅퀴가 20년 후에 온 대륙에 퍼져서 성가신 존재가 되고, 급기야 여러 지방의 관공서에서 그것을 뿌리 뽑기 위해 특별법을 제정할 만큼 큰 골칫거리가 되리라는 것을 말이지요."

다른 정의들은 다른 종류의 문화적 부적합성 또는 무자격성을 강조해왔다.

랄프 왈도 에머슨(미국 사상가 겸 시인. 자연과의 접촉에서 고독과 희열을 발견하고 자연의 효용으로서 실리實利·미美·언어言語·훈련訓練의

4종을 제시함)은 유용성을 선택했다. 그는 잡초란 '아직 그 가치를 발견하지 못한 식물'일 뿐이라고 말했다. 이것은 유죄 선고를 받은 것들의 집행 유예가 여전히 가능하다고 주장하는 관대하고 식물 친화적인 발상이다. 하지만 흰명아주처럼 한 식물의 가치는 동시대 사람들의 평가에 달려있다. 많은 식물이 한때는 유용한 것으로 여겨졌다. 그러다 그 가치가 시대에 뒤떨어지게 되거나 커다란 담보를 제공하고 구매해야 하는 것으로 밝혀졌다.

로마인들이 통풍을 완화한다는 기특한 목적으로 영국에 소개한 산미나리는 향신 채소로 저렴하게 판매되었다.

하지만 2,000년이 지난 후, 관련 분야의 의학이 혁명적으로 발전하면서 이 나라 화단에서 가장 처리하기 힘든 골칫거리가 되고 말았다. 또 하나의 위험하고 달갑지 않은 특성은 유독성인 것으로 보인다. 덩굴옻나무는 미국에서 경제적인 면으로는 결코 가장 큰 피해를 주지 않지만, 가장 악명이 높다. 이 식물이 끼친 영향은 잡초의 이름을 딴 작은 로크 송(예를 들면, 엘비스는 토니 조 화이트의 〈폴크 샐러드 애니〉를 녹음했음) 중 하나인 리버 앤 스톨러(미국계 작곡가 겸 음반 제작 협업자로 제롬 제리 라이버와 마이크 스톨러를 칭한다)의 짧막한 노래에서 영원히 잊혀지지 않게 되었다. 그 노래의 가사에서 덩굴옻나무는 교활한 여성에 비유된다. 그녀는 '당신을 괴롭히려 한다'. 그리하여 그것은 대중음악의 위대한 대구(두 줄마다 마지막 단어가 압운을 이루는 형식으로 다음 나오는 가사에서는 ocean과 lotion이 대구를 이룸) 중 하나가 되었다.

'당신에겐 바다가 필요해요/ 칼라민 로션의 바다(you're gonna need an ocean/ Of calamine lotion)'.

사실 칼라민 로션(햇볕에 탔거나 따가운 피부에 바르는 분홍색 약물)으로는 거의 덩굴옻나무가 준 영향을 잠재울 수 없다. 덩굴옻나무의 찢어진 이파리 하나에 피부가 살짝 닿기만 해도 악몽 같은 일이 벌어질 수 있다. 피부가 붉어지면서 물집이 생기고 참을 수 없는 가려움증이 동반한다. 민감한 사람(그리고 살찐 사람들은 마른 사람들보다 더 심하다)들은 여러 날 열이 나고 붓기도 한다. 직접 나무에 접촉할 것도 없다. 나무를 만진 사람과 악수를 하거나 그가 만졌던 수건을 사용하거나, 심지어 나무를 밟은 신발을 만져도 영향을 받을 수 있다. 그뿐만이 아니다. 실내에서 피운 모닥불에 덩굴옻나무 잎이 몇 개만 섞여있어도 연기에 중독될 수 있다. 반면에 영국 쐐기풀이 주는 불편함은 가벼운 편이다. 그리고 일부 지역에서 장례식에 어울리는 것으로 알려져 드웨일(옛날 영국에서 사용되던 마취제의 일종)이라고도 불리는 벨라돈나의 독성은 학문적 수준 이상으로 관심을 기울여야 할 만큼 크지 않다. 문제가 생기려면 적어도 풀을 조금이라도 삼켜야 한다. 그렇지만 서양쐐기풀은 매혹적인 짙은 검은색인데다가 어쩌면 치명적일 수도 있는 베리류로 치장하고 있어서 방문객들로부터 소송을 당하고 싶지 않은 지방 공원Country Park과 내셔널 트러스트

National Trust 단지의 토지 소유주들은 그것들을 정기적으로 뽑아 버려야 했다.

서퍽 주의 위대한 식물학자 프란시스 심슨Francis Simpson은 이러한 반사적 대응이 매우 아름다운 페일 라일락 색(보통 불길한 보라색이다) 꽃이 피는 이 식물의 흔치 않은 올드 펠릭스토우Old Felixstowe(영국 동남부의 해안 도시) 군락에 위협이 될지도 모른다며 계속 우려를 표했다. '이 종에 빈번히 벌어지는 일로, 어느 날 이들 풀과 베리 열매가 일부 지나치게 열성적인 사람에게 발견되면 파괴될지도 모른다. 나는 이 풀을 지키기 위해 가능하면 그곳을 방문해 베리 열매를 제거할 것이다.' 하지만 우리를 몰살시킬 수 있는 식물종에 대한 이런 정상적인 경계심의 그늘에는 다소 비이성적인 태도가 숨어있다. 어떤 식물은 그들의 행태를 도덕적으로 용인할 수 없다는 이유로 잡초라는 꼬리표가 붙는다.

기생식물은 다른 식물의 영양분을 이용하는 것 때문에 그 과정에서 실제로 어떤 해를 끼치는지와 상관없이 오명을 얻는다. 담쟁이는 그런 오명을 쓴 대표적인 식물이다. 담쟁이가 나무에 붙어있는 것은 순전히 물리적 지지를 얻으려는 목적일 뿐 거기서 영양분을 섭취하지는 않는다. 사실 덩굴 다발이 아주 크면 물리적으로 무게를 가해 해를 끼칠 수는 있다. 하지만 수액을 빨아들이는 흡혈 식물이라는 신화가 담쟁이덩굴을 악마화하는 데 훨씬 더 좋은 근거가 된다. 단순히 보기 흉하다거나 모양이 좋지 않은 점이 어떤 결함이나 도덕적 약점으로 비칠 수도 있다.

학창 시절을 기억해 보면 운동신경이 둔하거나, 수줍음을 잘 타거나, 몸집이 작은 아이들에게 '잡초'라는 별명이 붙었던 것 같다. 그리고 별꽃이나 갈퀴덩굴처럼 칙칙하고, 몰래 조금씩 자라는 풀들은 그 미약함 때문에 잡초로 분류될 수 있다. 동성연애자도 마찬가지로 왕따를 당할 수 있는데 이는 우리가 어떤 것에 대해 정의를 내릴 때, 그것이 얼마나 진실과 거리가 멀고 모순적인지를 확실히 보여 준다.

존 러스킨은 꽃에 미학적, 도덕적 기준까지 들이댔다. 그는 특정 식물들을 '미완성품'이라고 생각했다. 예를 들어 꿀풀은 잔디에 약을 치지 않으면 납땜한 구리처럼 보이는 꽃과 포엽(잎의 변태로, 꽃이나 꽃받침을 둘러싸고 있는 작은 잎)으로 잔디를 뒤덮어 잔디밭 애호가들의 미움을 산다.

빅토리아 시대 미적 기준의 결정권자는 이렇게 썼다. '한가운데 짧고 뻣뻣한 털이 다발로 자라는 것이나, 가장자리가 물고기의 독니 달린 턱과 비슷하게 삐죽삐죽한 것이나, 부풀어 오른 건지 불룩해서 동물의 병든 목구멍 분비샘과 비슷해 보이는 것은 모두 정상적인 꽃잎의 특징이 아니다.'

러스킨의 혐오는 인간과 식물이 지닌 '야만성' 간의 유사성에 대한 흔한 묘사를 반영한 것이었다. 19세기에 정원 관리에 대해 글을 쓴 작가 J. C. 루던Loudon은 '식물을 사람에 비유'해 독자들이 토착종(예를 들어 야생 식물)은 그저 미개인으로, 식물학상의 종(예를 들어 재배 품종)은 문명화된 존재로 여기게 했다.

야생성마저도 잘못된 환경에서 발현되면 품위를 떨어뜨리는 것으로 보일 수 있다. 헬레보루스 포이티두스Helleborus foetidus(이 풀이 억울해하겠지만 영어로는 구린내 헬레보루스라고도 한다)는 유럽 전역의 백악질 산림지대에서 눈에 많이 띄는 종이다.

2월 초가 되면, 이 풀은 가는 빨간색 띠를 두른, 늘어진 모양의 레몬빛 녹색 꽃을 피워 칙칙한 겨울나무 그루터기 사이에서 인광체처럼 빛을 발한다. 요즘 정원에서 왜 그것을 선호하는지 이해가 간다. 하지만 유명한 여성 원예가인 베스 차토Beth Chatto가 1975년에 처음 헬레보루스를 영국 왕실원예협회의 전시회에 출품했을 때, 이 풀의 태생이 야생이라는 것과 잡초로 분류된 풀을 들여왔다는 이유로 그녀는 거의 실격당할 뻔했다.

하지만 왕실원예협회의 오만함은 텍사스 주 휴스턴에서 적용한 매우 엄격한 기준에 비하면 아무것도 아니었다. 그 최신식 도시에서는 '어떠한 빈터나 구획을 잡초나 덤불, 쓰레기, 기타 모든 불쾌해 보일 수 있는 것들, 심지어 자연이라도 눈에 거슬리거나 비위생적인 물체들이 일부 또는 전부를 뒤덮고 있는 것'을 법으로 금지했다. 이러한 무개념에 의해서 잡초는 '재배하지 않는데 9인치 이상 자라는 모든 식물'로 정의되었다. 이러한 정의는 곧 휴스턴의 한 정원에 있는 미국 자생 식물의 약 3분의 2를 불법 식물로 만들어 버렸다.

미국 농무부는 그들의 완고한 블랙리스트를 뒷받침하는 일관된 원칙을 찾으려고 애쓰면서 '우리 식물의 50% 이상이 우리 사회의 일부 지역에서 바람직하지 않은 것으로 여겨지는 종들로 구성된다'는 사실을 인정했다.

우리는 모두 이러한 기준으로 자기만의 목록을 만들 수 있다. 내 목록에는 유채와 체리월계수가 포함될 것이다. 불쾌한 것들의 침입에 대해 자신만이 옳다고 믿는 생각이 뿌리를 내리면 신성 불가침한 것은 아무것도 없다.

나는 유명한 장미 재배자인 故 험프리 브루크에 관한 단편 영화를 만든 적이 있다. 그는 서퍽에 약 900가지의 시문 종들과 옛날 장미로 꾸며진 빼어난 정원을 가지고 있었다. 그는 자기가 사랑하는 덤불의 가지를 치지 않았다. 그리고 그 주변에 난 잡초도 거의 뽑지 않았다.

한 프랑스 언론인은 그의 정원을 가리켜 '장미원이 아니라 장미 정글이다'라고 표현했다. 하지만 조제핀 황비의 불멸의 장미 정원의 이름을 이어받은, 그의 멋진 '말메종의 추억Souvenir de la Malmaison'은 한겨울에 속이 꽉 들어찬 짙은 크림색의 백단향이 나는 꽃을 피웠다. 그리고 그는 항상 황태후의 성탄절 아침 식탁에 그 꽃을 한 다발 보냈다. 촬영을 마치고 우리는 일흔 살의 험프리와 함께 그 지역 술집에 갔다가 살짝 취기가 있던 그가 무례한 행동을 하는 바람에 거기서 쫓겨났다. 그렇게 돌아오는 길에 우리는 어떤 시골 정원을 지나치게 되었다. 정원에서는 주인이 데이글로(안료에 첨가하는 형광 착색제 상표명)의 빨간색과 주황색이 뒤섞인 현대식 관목 장미를 꺾고 있었다. 험프리는 비틀거리며 멈춰서 치펜데일(18세기의 영국의 가구 디자이너) 탁자 위로 포마이커(합성수지 도료 상표명)를 칠하고 있는 쓰레기 거래상을 보는 것처럼 그 장면을 뚫어져라 보더니, 그 운 나쁜 재배자에게 '식물 쥐새끼들'이라며 고함을 질렀다.

잡초는 부적절한 곳에서 자라는 식물일 뿐 아니라 어쩌다 잘못된 문화로 들어오게 된 식물이기도 하다.

잡초는 인간의 생태적 협력자

그러한 모든 정의는 전적으로 인간의 관점에서 비롯된 것이다. 잡초는 인간의 계획을 방해하는 식물이다. 그것들은 농작물의 영양분을 빼앗고, 정원 설계자들이 섬세하게 계획한 풍경을 망치고, 우리가 사회적으로 정한 기준에 따르지 않으며, 불쾌하게도 사람들이 발을 들여놓을 수 없는, 도시의 쓸모없는 사람들의 은신처가 된다. 하지만 그것들도 식물학적인, 혹은 적어도 생태학적인 정의가 있을지 모른다고 생각해 볼 수 있지 않을까?

나는 잡초들이 어떤 식으로든 가까운 생물학적 친척들일지도 모른다고 말하려는 게 아니다. 잡초라는 꼬리표가 붙은 식물들은 단순한 조류藻類(물속에 사는 하등 식물의 한 무리)에서부터 열대 우림에 사는 나무들까지 그 안에 있는 식물 집단 중 어느 하나에 속한다.

하지만 잡초들에겐 적어도 하나의 공통된 행동 양식이 있다. 그들은 인간과 함께 번성한다는 것이다. 잡초는 기생식물이 아니다. 그들은 인간이 없어도 존재할 수 있기 때문이다. 하지만 그들이 우리 곁에서 유독 번성하는 것을 보면 우리는 자연계에서 그들의 생태적 협력자다. 잡초는 우리가 땅에서 하는 일을 좋아한다. 숲을 청소하고, 땅을 파고, 농사를 짓고, 영양분이 풍부한 쓰레기를 버리는 것 말이다. 그들은 경작 가능한 들판이나 전생니, 수지상, 니러해실비풀이 자라는 희던 기경지리에서 잘 기란다. 그리고 우리의 운송 시스템과 요리에 대한 모험심, 포장에 대한 집착을 잘 활용한다. 무엇보다 그들은 우리가 세상을 휘젓고, 안정된 질서를 어지럽힐 때 우리를 활용한다. 요즘 잡초가 제초를 가장 많이 하는 곳에 가장 무성하다는 것은 두말할 필요도 없는 사실이다. 그러한 사실을 볼 때, 우리는 제초가 잡초를 장려하는 것인지, 아니면 그 반대인지에 대해 질문해 보아야 한다.

인간의 친구라는 잡초의 이미지는 그들을 인간의 스토커로 보는 문화적 관점을 도덕적이고 중립적이며 생태학적으로 반영한 것이다. 하지만 보다 긍정적인 시각으로 보면 그들은 우리의 동반자로 지내왔다. 우리는 잡초와 협력 관계, 말하자면 공생 관계를 유지하며 많은 혜택을 받아왔다. 잡초들은 어디에나 흔하고, 채취하기 쉽고, 우리가 잘 아는 풀이기 때문에 가정에 채소가 필요할 때마다 요긴하게 쓰였다. 잡초는 최초의 채소이자, 최초의 가정 상비약이며, 또한 염색 재료였다. 잡초를 독창적으로 활용할 방안은 무궁무진했다. 배수가 잘 안되는 토양과 잔디에 끈질기게 나는 잡초인 쇠뜨기의 잎들은 작은 규토 알갱이들로 덮여있다. 그래서 잎이 아주 거칠다. 그런 특징 때문에 쇠뜨기 잎은 연마제로 사용하기 좋아서 사람들은 한때 백랍 그릇과 화살대를 닦는 데 사용했다. 단단한 토양의 또 다른 침입자인 골풀 soft rush 의 중과피(열매에서 겉 과피와 속 과피 사이에 있는 두꺼운 육질부분)는 기름을 빨아들이기 때문에 가는 초의 심지로 사용되었다.

잡초의 식물학적 습성

우리가 잡초라고 부르게 된 종들 중 많은 것은 매우 문화적인 측면을 지니고 있다. 데이지는 지역마다 부르는 이름이 35가지가 넘는다. 그리고 토종 야생 식물인 개양귀비는 그 상징적인 의미가 모두에게 알려져 있다. 특히 아이들은 잡초들을 알아보고 그들의 악명과 불쾌한 특징에 열중한다. 보리풀 '폴리 다츠flea-darts'(이삭이 머리에 붙어있다)와 질경이 총은 오래된 게임들이다. 본능적으로 호기심이 많은 아이들은 처음 보는 잡초의 식물학적 습성을 빨리 발견해내기도 했다.

히말라야물봉선이 그렇게 널리 퍼지게 된 것은 어느 정도 씨앗을 퍼뜨리는 능력 덕분이다. 요즘에 아이들은 그 꼬투리를 '터뜨려' 누가 더 씨앗을 최대한 멀리 발사하는지를 두고 경쟁하는 게임을 한다(현재 기록은 11m로, 레이크 지방에서 세운 것이다). J. K. 롤링은 기괴한 식물들에 대해 아이들이 가진 환상을 잘 이해하고 있다. 그래서 해리포터의 호그와트 마법학교에는 이국적이고 역겨운 잡초가 여럿 있다. ~~부보투버Bubotuber는 딴딴한 깁은새 민들꽤이저림 생긴 석꾼~~로 몸을 꿈틀거리며 움직일 수 있고, 고름으로 채워진 혹으로 덮여있다. 그것이 피부에 닿으면 종기가 생긴다. 악마의 덫Devil's snare은 가까이 다가온 운 나쁜 생명체를 모두 덩굴손으로 휘감아버린다. 흥미롭게도 그것은 잡초가 아니라 야생화인 블루벨이라는 '착한' 식물에서 고안된 주문으로 풀 수 있다.

그리고 어쩌면 잡초들에게는 또 다른 혜택이 있을 수 있다. 그것은 수확을 마치고 다음을 기약하며 경작지를 쉬게 하는 관행과 잡초가 모아 놓은 영양분을 이용하기 위해 그것들을 썩혀 퇴비를 만드는 관행으로 우리가 한 민족으로서 공유하고 있는 기억 속에 남아있다.

고인이 된 내 친구 로저 디킨Roger Deakin은 항상 "잡초들은 정말 뿌리를 촉촉하게 유지해"라고 말하며, 자신의 작은 채소밭에서 잡초를 제거하지 못한 변명을 하곤 했다. 잡초는 우리를 성가시게 하지만 생태학적으로는 중요하다.

다윈의 관점에서 보면, 잡초들이 이 행성에 오랫동안 존재하며 이룬 너무나 확실한 성공들은 모두, 그들이 자신만의 적당한 생태적 지위를 찾기 위해 지구에 '적합'하게 고도로 진화했다는 것을 암시한다. 물론 그들에게 어떤 '목적'이 있는 것은 아니다. 특히 우리의 좋은 계획을 일부러 망쳐놓으려는 의도는 없다.

모든 살아있는 존재들처럼 잡초도 그저 '존재'할 뿐이다. 하지만 우리와 잡초의 오래된 애증 관계를 살펴보면서, 그들이 생태학적 체계에서 어느 부분에 속해 있는지 곰곰이 생각해 본다면 어쩌면 흥미로운 사실을 알게 될지도 모른다. 잡초는 딱 봐도 변화가 심한 땅과 훼손된 풍경에서 자랄 수 있도록 진화했으며, 우리 생각보다는 덜 유해한 역할을 하고 있는 것 같다.

슈퍼 잡초

하지만 21세기에는 근본적인 의미에서 공격적으로 빨리 자라는 식물들의 망령이 떠올랐다. 그것은 개인적인 취향이나 문화적 유행과는 관계없는 평판을 지닌 종들로, 인간의 작물이나 풍경뿐 아니라 생태계 전체를 쑥대밭으로 만들 수 있는 식물 흉악범이라고 할 수 있다. 그러한 슈퍼 잡초는 과학 소설이 좋아하는 악당이다. 외계에서 어떤 식물 형태의 씨앗이 지구에 도달한 지

몇 시간 만에 싹이 터서 순식간에 지구를 뒤덮는다. 아니면 설상가상으로 인간과 결합해 돌연변이 괴물로 변한다. 예를 들어 어떤 유전자 변형 작물이 제초제와 질병에 강한 자신의 유전자를 야생 귀리에 넘겨주고 궁극의 식물 악마를 창조한다. 그것은 더할 나위 없이 얄궂게도 잡초의 인간 중심적 정의를 만족시킨다. 바로 인간의 행위로 인해 생겨난 사나운 식물 말이다.

슈퍼 잡초는 이미 현실 세계에 존재한다. 우주로부터 침입한 결과로서가 아니라 우리가 자연계를 무분별하게 공격한 결과로서 말이다. 간혹 어떤 식물은 잡초로 변하고 나서 다국적 악당으로 변하기도 한다. 그 원인은 인간이 함께 균형을 이루며 생장하던 다른 야생 식물을 모두 멸종시켜버렸기 때문이다.

1964년에서 1971년 사이에 미국은 베트남에 에이전트 오렌지 Agent Orange(미국이 베트남전에서 사용한 고엽제) 1천2백만 톤을 살포했다. 페녹시아세트 제초제와 프리 다이옥신 free dioxin, 테레빈유를 혼합한 이 악명 높은 물질은 베트콩들이 숨을 곳이 없도록 열대우림 전체를 발가벗기는 고엽제로 사용되었다.

에이전트 오렌지로 인해 많은 수의 베트남 사람들이 사망했고, 지금은 제네바 협약에 따라 사용이 금지되어 있다. 그러나 너무 늦은 처사였다. 40년이 지나도록 숲은 아직도 회복되지 못했기 때문이다. 나무가 사라진 빈자리는 띠라는 억센 풀이 차지했다.

띠는 동남아시아 산림의 지피식생地被植生(땅바닥에 자라는 식물, 초본식물이 대부분이며 높이는 50센티미터 이하임)으로 자연적으로 발생한다. 나무가 쓰러져서 빈터가 생기면 띠는 짧은 시간 안에 번성하다가, 나무가 자라서 그늘이 지면 다시 사라진다. 베트남에서 나무들이 영원히 사라져버리자 띠가 온 사방에서 미친 듯이 자라났다. 여러 번 반복해서 그것들을 태워 없앴지만, 오히려 더욱 번성하게 된 것 같다. 게다가 티크 나무와 파인애플, 심지어 강적이라 할 만한 대나무를 대대적으로 심어 띠의 번식을 막으려고 했지만 띠는 이 모든 것을 제압해버렸다. 놀랄 일도 아닌 게 띠는 현지에서 '미국 잡초'라는 꼬리표를 달게 되었다. 그리고 최근에는 아시아에서 수입된 실내용 화분 식물의 포장 상자에 담겨 미국에 들어와 남부 지역을 공격하고 있다. 그야말로 인과응보라고 할 수 있다. 다른 악성 잡초들은 단순히 근시안적 이유로 잡초가 되었다. 그저 적절하지 않은 곳에서 자라는 풀이 잡초라는 옛말을 현대식으로 잘못 해석하는 바람에 정원의 조경이나 식량 작물이 될 수도 있었던 수많은 잡초가 다른 장소에 심어져 공격적인 배반자가 되어버렸다. 그것들은 종종 원래 생태계에서 수천 마일 떨어진 곳으로 옮겨지는 바람에 그것들을 야금야금 먹어치우는 곤충들과 토착 질병으로부터 멀어져 버렸다. 이는 그 침입 외래종들을 억제할 수 있는 방법이 아무것도 없다는 것을 의미했다.

   전 세계에 살게 된 이들 침입종들은 비옥한 아열대 지방 출신으로 전통적인 잡초들과는 매우 다르게 독성이 있다.

털부처꽃은 쌍떡잎식물 도금양목 부처꽃과의 여러해살이풀이다.
온몸에 거친 털이 있어 털부처꽃이라는 이름이 붙었다.

호주는 고유의 야생 생태계를 크게 파괴하는 2천5백여 가지의 이주종들로부터 가장 심한 타격을 받았다. 세계적으로 이들 '침입 외래종'은 기후변화와 서식지 소실의 뒤를 이어 생물학적 다양성에 가장 큰 위협으로 여겨진다. 하지만 온화한 식물도 새로운 환경에서는 성격이 완전히 바뀌기도 한다.

털부처꽃은 영국에서 가장 아름다운 꽃 중 하나다. 존 에버렛 밀레이John Everett Millais는 물에 빠진 오필리아를 그린 그림에서 강기슭 위에 피어있는 자홍색 털부처꽃의 가지를 그려 넣었다. 습성이 온화하고 내성적인 털부처꽃은 강가와 늪지를 거의 벗어나지 않는다. 이 꽃의 이름은 다툼에서 구출하는 자를 의미하는 라틴어 리시마치아Lysimachia를 그대로 번역한 것이다.

플리니우스(로마의 정치가이자 동식물학자, 백과사전 편집자)는 이 꽃이 '난폭한 황소의 멍에에 올려두면 소들의 싸움을 제지할만큼 강력한 화합의 촉진제'라고 믿었다. 하지만 1800년대 초에 그것은 아마도 유럽의 습지에서 파낸 배의 바닥짐에 실려 현지에서 성난 반응을 일으킬 운명을 안고 신대륙에 도착했다. 털부처꽃은 바닥짐이 해안에 던져지자 뿌리를 내렸다. 그것은 영국에서 자신을 먹어치우던 천적인 수많은 곤충을 한 마리도 데려오지 않았다. 덕분에 다른 야심에 찬 개척자들처럼 서부로 뻗어나갔다. 일단 정착한 털부처꽃은 수로를 따라 이동하면서 수 마일씩 울창한 숲을 형성하였고, 지역 토착종들을 위협하며 멸종 직전까지 몰고 갔다.

허드슨강 습지는 사향쥐조차 통과할 수 없는 빽빽한 보라색 덤불로 변해 버렸다. 2001년이 되자 털부처꽃은 알래스카의 취약한 습지까지 뻗어나갔다. 하지만 다행스럽게도 털부처꽃은 습지에서만 자라는 잡초로 남아 있다. 이는 위안이 되는 사실이다.

식물종의 국외 이주 규모를 고려해 볼 때, 궁극적인 식물 해충, 이를테면 땅바닥을 기어 다니며 급속히 성장하여 잎을 말려 죽이고, 일 년 내내 모든 서식지와 모든 기후에서 자라는 악마의 덫 같은 식물, 그런 식물이 아마존의 브라질너트 숲에서 스코틀랜드 헤브리디안제도의 감자밭에 이르기까지 실제로 모든 곳에 나타나 모든 종류의 식물을 압도하기 시작하지 않는 것은 놀라운 일이다.

앞으로 알게 되겠지만, 그런 식물이 아직 존재하지 않고, 앞으로도 존재하지 않을 것 같은 이유는 초목에 있어 매우 중요한 사실이다. 이는 우리가 현재 곁에 있는 잡초들과 일시적으로 타협하는 데 도움을 줄지도 모른다.

잡초의 문화사

'부적절한 장소에 존재하는' 유기체들은 현대 세계에서 익숙한 문제다. 모든 종류의 존재들이 이 문화에서 저 문화로 이동하며 양쪽에 변화를 주어 문제를 일으키기도 하고, 때로는 새로운 기회를 만들어내기도 한다.

잡초는 이러한 위대한 아웃사이더 친구들 중 일부다. 그들은 나타난 곳에서 언제나 환영받지 못한다. 자리를 잘못 잡은 식물과 자리를 잘못 잡은 사람을 향한 우리의 태도를 그럴듯하게 비교하거나, 침입 식물에 대한 당연한 걱정이 일종의 식물 혐오에서 나온다는 식으로 가정하는 것은 옳지 않다. 아주 객관적으로 보면 잡초는 문제를 일으킨다. 그리고 종종 우리는 그에 대해 매우 합리적으로 반응하고 문제를 처리한다. 그런데도 그에 대한 우리의 문화적 반응은 통속적이다.

전형적인 잡초는 믿을 수 없는 훼방꾼이다. 그것은 본래 토착 거주민에 속한 공간과 자원을 차지한다. 그렇게 잡초는 그 속된 습성 때문에 식물 '하층민'이 된다. 잡초는 흔한 이국적 기원과 이국적인 습성으로 언제나 우리 인내심의 한계를 시험한다.

우리는 인내심을 보여주며 잡초를 수용하려 하는가? 아니면 원래 야생의 서식지에서 우리의 경작지로 이주하지 못하도록 애쓰고 있는가? 다문화주의라는 익숙한 난제가 잡초의 생태에서도 메아리치고 있다.

가장 큰 두려움은 계획에 없던 통합의 결과다. 잡초 종들의 세계 진출은 어떤 세계를 더 균질하게 만들 수도 있다. 거기서 현지의 특수종들은 정치과학자 스티븐 마이어Stephen Meyer가 '적응 잘하는 만능선수'라고 부른, 어디서나 잘 자라는 공격적인 종들에 의해 사라진다. 그는 자신의 저서인 『엔드 오브 더 와일드The

End of the Wild』에 이렇게 썼다.

"많은 생명체들이 계속 지구를 뒤덮을 것이다. 그저 생명이 달라질 뿐이다. 훨씬 덜 다양하고, 훨씬 덜 매혹적이고, 훨씬 더 예측 가능하고, 인간 정신에 대한 경외와 경이로움을 찾아내기가 훨씬 더 힘들 것이다. 생태계는 인간이라는 주제를 중심으로 형성될 것이고, 야생은 예측 가능한 것, 일반적인 것, 일상적인 것으로 바뀌게 될 것이다."

이런 일은 이미 벌어지고 있다. 20세기 초까지 흔하게 볼 수 있었던 잡초들이 사실상 세계화되었다. 예를 들어 친숙한 영국 토착종인 고사리와 별꽃, 마디풀, 소리쟁이, 쐐기풀, 메꽃은 이제 다섯 개 대륙에서 모두 자라고 있다.

유럽과 북미, 호주의 도시에서 가장 흔한 잡초들이 사실상 모두 같은 종들이다. 사실 다국적 잡초는 대부분 원산지가 유럽이다. 역설적으로 식민지를 찾아 떠난 모험의 부작용이었다. 하지만 국제 무역은 오늘날 잠재적 잡초들을 거의 동등한 처지로 내몰았다.

1977년에 집계된 '세계에서 가장 심각한 잡초' 목록의 18위 안에 유럽 식물은 흰명아주, 서양메꽃, 야생귀리 이렇게 고작 3종류에 불과했다. 나머지는 7위의 띠와 공식적으로 '세계 최악의 잡초' 1위가 된 향부자 등 열대지역에서 온 공격적인 풀들이 대부분이다.

이 행성에는 면역력을 지닌 지역이 별로 없다. 로트Lot 르 펠Le

Fel의 완벽한 마을은 스스로 전통적인 프랑스 문화를 따른다며 정체성을 확립했다. 주택들은 현지 슬레이트로 지붕을 이고 밤나무 틀 위에 지어졌다. 그 고장 고유의 수종으로 이루어진 인근 수풀 산림은 오랜 옛날부터 내려오는 원칙에 따라 관리되었다. 하지만 2008년에 나는 그 마을 좁은 뒷골목 길을 산책하면서 어떤 세계적인 식물원에 입장하여 사파리 여행을 하는 기분이 들었다. 담장과 길가에는 귀화한 좀물봉선화(러시아 산)와 주황색 봉선화(북미), 히말라야물봉선(히말라야 산맥), 마젤란 후크시아(칠레), 부들레야(중국), 망초(북미), 큰망초(남아메리카), 애기범부채(프랑스 식물 육종가를 통해 남아프리카에서 들어온 개체의 후손)들이 있었다.

미국의 시인 게리 스나이더Gary Snyder는 미국 서부의 타말파이어스Tamalpais산의 상징적인 정상 중 하나를 오르면서 외래 식물종들을 자세히 살펴보았다.

'우리는 일부는 다져지고 일부는 흙으로 뒤덮인 소방도로 위에서 풀을 헤치며 나아가고 있었다. 협곡을 향해 동쪽으로 바람이 부는 그곳은 깊은 숲이었다. 캘리포니아 토종 식물 협회California Native Plant Society의 자원봉사자들은 타말파이어스 보존 클럽Tamalpais Conservation Club 티셔츠를 입고 도로를 따라 걸어가면서 어떤 식물의 줄기와 뿌리를 뽑아내고 있었다. 나는 그들에게 그게 무엇인지 물었다. 그들이 대답했다. "멕시코에서 온 침입종인 서양등골나물입니다."'

개미취의 친척인 서양등골나물은 줄기가 잎을 밀고 나오는 것처럼 보이기 때문에 그렇게 불린다. 하지만 그 이름은 현대 잡초들이 흔하디흔하다는 사실을 상징하는 것처럼 느껴진다. 그것은 우리 세계에 아주 깊숙이 침투해 버렸다. 하지만 잡초 공동체를 그중 가장 공격적인 일원들의 습성만으로 판단해서는 안 된다. 잡초는 심지어 침입 외래종조차도 무언가를 돌려준다. 그것들은 우리가 방치해 둔 공간을 녹색으로 물들인다. 그곳으로 이주해서 우리가 위험에 빠뜨린 더 예민한 식물을 대체하는 것이다. 매우 호의적이지 않은 환경, 예를 들어 폭격으로 파괴된 도시나 벽의 갈라진 틈새 같은 곳도 마다하지 않고 무성하게 자라는 잡초의 성질은 그들이 그러지 않았다면 모두 사라져버렸을 장소에 야성을 불어넣는다. 이런 의미에서 잡초는 역설적이다.

인간의 행위를 따르고 거기에 의존하지만, 고집스럽게 우리의 규칙대로 경기를 치르는 것을 거부하는 그 성질은 잡초를 체제 전복적인 야생의 진수로 만들어 준다.

제라드 맨리 홉킨스Gerard Manley Hopkins가 그의 유명한 2행시 '오, 그들, 야생과 진창을 남겨두라/ 잡초와 황야여 영원하라(Oh let them be left, wildness and wet; / Long live the weeds and the wilderness yet)'에서 축복한 것이자 내가 이 책에서 탐구할 것 중 하나가 바로 이 이단적인 독립심이다.

잡초의 문화사는 또 다른 시인 존 클레어John Clare가 완벽하게 포착한 풀리지 않는 역설이 담긴 이야기다. 그는 자신이 제초하는 사람으로 일했던 노샘프턴셔Northamptonshire 밀밭을 아주 기쁜 마음으로 굽어보면서 이렇게 썼다.

'나는 드넓게 펼쳐진 저 들판에 온갖 색조로 익은 곡식들을 지도에 색칠하듯 바둑판 모양으로 채워보았다. 활짝 핀 토끼풀꽃은 구릿빛으로 물들어 있고 (…) 햇빛처럼 노란 들갓과 푸른 옥수수 대와 함께 핀 일몰을 닮은 진홍빛 두통이 대지를 뒤덮은 거대한 이불 위에서 앞 다투어 제 색을 뿜낸다. 옥수수 밭은 몸살을 앓고, 아름다움은 무너진다.'

한 종족으로서 살아남으려면 우리는 잡초라는 '골칫거리'를 해결해야 할 수밖에 없다. 하지만 그들의 아름다움, 또는 그들의 무성함, 또는 그들이 우리를 생존하게 해 주는 식물 대부분의 원형이라는 사실을 무시해서는 안 된다. 더욱 위험한 것은 우리가 무시하는 것 중 많은 것들이 이 행성이 입은 상처를 싸매주고 있을지도 모른다는 사실이다.

한편으로 이 책은 잡초를 변호하기 위해 쓴 것이다. 말하자면, 우리가 다루기 힘든 이 식물을 그들의 본모습이 무엇이고, 어떻게 자라며, 우리가 골칫거리로 여기는 이유를 보다 공평하게 바라보아야 한다는 논증된 주장인 것이다. 다른 한편으로 보면 이 책은 인간의 이야기다.

식물들이 잡초가 되는 것은 사람들이 그런 꼬리표를 붙여주기 때문이다. 농부와 시인, 정원사, 과학자, 윤리학자들은 1만 년 이상 그것들이 제시하는 문제와 역설에 대해 논쟁을 거듭해

왔다. 그것은 끝이 없는 거대한 담론이고, 나는 여기서 극히 일부만 다뤘다. 주로 잡초의 문화사 안에서 특정한 식물 종의 특정한 도전들이 특정한 인간 개인들의 집착과 만나는 중요한 순간들을 살펴보았다.

그 과정에서 나는 식물 세계의 그런 중요한 영역을 무성의하게 편의에 따라 낙인을 찍는 우리의 행위와 그 뒤에 있는 일부 더 심오한 근거들을 탐구하려고 한다. 그리고 자연을 독립된 왕국으로 보는 새가에 대한 우리이 태도가 어떻게 반영되어 있는지도 살피려고 한다.

경작의 시작은 아마 자연에 대한 우리의 현대적인 관념이 형성되는 데 있어 가장 중요한 대사건이었을 것이다. 그때부터 자연계는 서로 다른 2개의 진영으로 나뉘었다. 인간의 이익을 담아내고, 유지하고, 그것을 위해 증식한 그런 유기체들과 자기 자신의 영역, 즉 자기 방식대로 살면서 계속 '야생성'을 유지한 그런 유기체들 말이다.

잡초는 이렇게 깔끔한 구분이 깨진 경우에 발생한다. 야생이 우리의 문명화된 영역을 침범해 들어오고, 길들여진 동물이나 식물들이 달아나 빠르게 퍼지는 경우를 말한다.

잡초는 자연의 생명, 그리고 진화 과정 그 자체가 우리의 문화적 개념들로부터 제한받기를 거부한다는 것을 선명하게 보여준다. 그렇게 해서 그들은 우리가 경계선을 두고 나누어진 창조라는 바로 그 생각을 면밀히 바라보게 한다.

02

초대받지 않은
문명의 침입자들

1945년 5월 1일, 지구 역사상 가장 떠들썩했던 전쟁이 종말을 선언했던 유럽 전승 기념일 바로 1주일 전, 큐 왕립식물원 Kew Gardens의 관리자가 런던의 피폭 지역에서 못 보던 잡초가 자란다는 사실을 발표했다. 전날 미군이 다하우 수용소를 해방시켰지만, 『타임스』는 그 강연 내용의 기이함, 아니 어쩌면 그 사실이 상징하는 좀 더 깊은 의미를 감지하고는 그것을 헤드라인 뉴스로 다뤘다. 에드워드 솔즈베리Edward Salisbury 교수는 폭격을 당한 사보이 예배당(이 예배당만 해도 4번 폭격을 맞고 11번 피해를 입었다)에서 이 사실을 발표하면서 그 도시의 노출된 상처 곳곳에 완전히 새로운 생태계가 어떻게 뿌리를 내렸는지 설명했다. 그것은 전시라는 극적 사건뿐 아니라 뭔가를 떠올리게 하는 이들 식물 불사조의 이름과 호칭으로 채색된 한 편의 이야기며, 야생의 자연과 영국 수도에서 일어난 인간의 일이 우연히 연결된 것 그 이상을 암시하는 것 같았다.

피커딜리Piccadilly에 있는 세인트 제임스 교회가 폭격을 맞자 의용 소방대가 뿌린 물로 외벽이 흠뻑 젖어버렸고, 고사리들이 습한 환경을 마음껏 누리며 신도석을 뒤덮었다. 금방망이속 식물(옥스퍼드 금방망이-18세기에 에트나산 기슭에서 온 이주종)의 화려한 꽃들이 런던 월London's Wall의 깨진 벽돌을 수놓았다. 독말풀은 나이 든 약재상들이 꼽는 가장 효능이 좋은 만능 약재 중 하나로 새로 빛이 들게 된 치프사이드(런던 중앙부를 동서로 가로지르는 큰 거리) 지하에서 싹이 텄다. 4세기 전 그것은 거기서 불면증 환자와 치통으로 고생하는 사람들에게 판매되었을 것이다. 종전을 위한 겸손한 꽃인 양 교묘한 이름을 지닌 별꽃아재비(페루산, 영문명이 Gallant-soldier로 용감한 병사라는 뜻이 있음)는 여덟 군데의 피폭 지역 중 한 군데서 모습을 드러냈다. 이미 런던 사람들이 '폭탄잡초'라는 이름을 붙여준 분홍바늘꽃의 보랏빛 물결은 거의 온 사방에서 눈에 띄었다. 거기다 가는미나리아재비나 별꽃, 쐐기풀, 돌소리쟁이, 개쑥갓, 질경이, 마디풀, 창세기에 나오는

'가시와 엉겅퀴' 등 조금 덜 매력적인 익숙한 풀들도 있었다. 솔즈베리 교수는 총 126개종을 모두 기록해 두었다. 그것은 잡초 폭풍이자, 누군가 필요하다고 할지 모르겠지만, 문명이라는 판이 야생을 얼마나 얇게 덮고 있는지 알려주는 것이었다.

하지만 런던 사람들이 파괴된 자기 도시를 이렇게 침입한 존재에 대해 어떻게 느꼈는지 알려주는 것은 별로 없다. 그들은 그것을 일종의 치유, 그러니까 역경에 맞선 삶의 회복력으로 보았던 걸까? 아니면 매우 커다란 상처에 그린 무례가 가해진 걸로 느꼈던 걸까? 그것은 결코 영국의 알려지지 않고 있던 장미가 그 혼돈을 이용해 피어난 게 아니라, 기회주의자와 노름꾼들, 말하자면 식물 세계의 건달들이 일으킨 폭동이었다. 어쩌면 영원히 양가감정(하나의 대상에게 상반된 두가지 감정을 동시에 느끼는 것)으로 느껴지는 잡초들, 그들은 양쪽 감정을 모두 느꼈겠을지도 모른다.

나는 런던 사람들이 그 교수가 그런 위대한 개화에 대해 설명하는 걸 듣고 많은 위로를 받았는지, 잡초의 관점에서 보면 런던 대공습은 어쩌면 그저 대대적으로 훌륭하게 땅이 뒤엎어진 것일 뿐인 건 아닌지 그런 의심이 든다. 그들 중 누군가 폭격당한 땅을 여기저기 때우며 장식하고 있는 약초 붕대를 놓고 독일 사람들을 욕한다 하더라도, 그들은 그 중 많은 씨앗이 날아온 곳이 자기 정원이라는 사실을 떠올렸다.

아니면 그것이었나? 잡초가 마치 정상적인 진화 과정을 기적

적으로 건너뛴 어떤 현상에 의해 감자밭에서 이미 형성되어 싹이 트는 것인 양, 개념뿐 아니라 물리적으로도 완전히 인간 활동의 산물이라고 하는 내용은 정원 저술서에서 반복해서 자주 나오는 구절이다. 현명한 식물학 저술가 마이클 폴란Michael Pollan은 통상 '우리가 없으면 잡초는 생존할 수 없다'라고 주장한다. '경작지와 잔디밭, 빈터를 만든 인간이 없어지면 잡초들은 대부분 곧 사라져버릴 것이다. 들판과 정원에서 너무나 감당하기 힘든 덩굴 식물은 다른 어떤 곳에서도 자랄 수 없다.' 하지만 그것은 살 수 있고, 또 그래야 한다. 초대도 받지 않고 우리 공동체에 그냥 들어와 마침내 '잡초'라는 문화적 범주를 형성한 종들은 자기 제국의 확장을 시작한 야생 그 어딘가에서 근근이 살아냈어야만 했다.

1877년, 70년 후 폭격 피해의 중심지가 된 곳으로부터 서쪽으로 3m도 떨어지지 않은 토트넘 코트 로드Tottenham Court Road 남쪽 끝에 위치한 뮤즈 호스슈 브루어리Meux's Horseshoe Brewery에서 우물을 하나 팠다. 우물을 350m가량 끝까지 파내려 가보니 5억 년 전 캄브리아 시대에 놓인 바위가 나왔다. 표면과 훨씬 더 가까운 곳에는 25만여 년 전 구석기 시대의 층이 놓여 있었다. 당시 수렵채집인들이 장차 런던이 될 곳을 돌아다니고 있었던 것이다. 그리고 이들 층에서 고고학자들이 1945년에 그냥 익숙한 게 아니라 단박에 유명해질 운명인 여러 식물의 화석을 발견했다. 가는미나리아재비, 별꽃, 쇠뜨기말풀, 돌소리쟁이, 마디풀, 그리고 다른 많은 현대에 자라는 잡초들이 확실히 전쟁이 일어나기 오래전, 아니 심지어 정원사들이 생기기도 훨씬 전에 런던 분지에 살고 있었다. 나는 공습 피해 지역의 실례들이 오래된 이 식물들의 직계 자손이라고 주장하는 것은 아니다(그들이 그럴 수도 있겠지만). 하지만 인간의 활동에 전혀 영향을 받지 않은 풍경에 그들이 존재했다는 사실은 잡초 종들이 호모 아그리콜라 Homo agricola(라틴어로 농부) 이전에, 그들 없이도 살아있었다는 것을 확인시켜 준다.

놀라운 사실, 그리고 어쩌면 의외의 사실은 석기 시대 풍경과 1940년대의 파괴된 런던의 잔해가 유사하다는 점이다. 24만 년 전 템스강 위 계단 모양의 언덕은 빙하가 주를 이룬 넓은 스텝 지대(시베리아 등지의 수목 없는 대초원)로 매머드와 엘크 무리가 깔아뭉개고 파헤치고, 얼음이 녹을 때마다 홍수가 나는, 흔들리는 바위가 많은 땅이었다. 이렇게 거친 환경에서 살아남을 식물들은 모두 특별한 특성을 진화시켜야만 했다. 그들은 적응력 있고, 기회주의적이며, 재빠르게 움직여야 했다. 그들은 쉴 새 없이 변하는 환경보다 한 발자국 앞서가야만 했다.

그것은 지나친 일반화지만, 실제로 인간의 진로를 방해한, 그러니까 우리의 밀밭이나 정원, 건물 부지, 전쟁 지역, 마침내는 우리가 상상한 과대망상적인 구석까지 밀고 들어온 종들의 상당수가 이 행성의 가장 활동적인 공간에서 살았던 것들이다. 그들은 밀물과 썰물이 몰아치는 해변과 불안정한 화산 기슭, 강가의 홍수 지대와 야생 초식동물이 만들어 놓은 진흙탕, 자갈이나 조약돌, 빙퇴석 사이에서 진화해 왔다.

  여러분은 아직도 이들이 원래 살던 곳에 사는 잡초 종들을 볼 수 있다. 나는 요크셔 석회암 골짜기의 강 상류 지역을 산책한 적이 있다. 그곳 땅은 아마 빙하가 녹은 이후로 겨울철 홍수와 낙석에 계속 노출되어 왔을 것이다. 개방된 서식지를 선호하는 모든 종류의 식물들이 거기서 뒤섞여 자라고 있었다. 고산식물인 스커비초가 바닷가를 사랑하는 아르메리아Armeria와 어울리고, 황무지의 벌레잡이제비꽃은 분필이 매달린 것 같은 중방울새풀과 함께 자랐다. 그리고 그들 가운데 친근한 잡초인 땅머위coltsfoot와 질경이, 미나리아재비, 삼색제비꽃들도 그 개방성과 주어진 행운을 즐기고 있었다. 물론, 이런 특정 표본들의 씨앗이 가장 가까운 정원에서 하구 쪽으로 씻겨 내려왔을 가능성도 있다. 그들은 정원 가장자리에서 태양을 즐기고 있었을 것이다. 하지만 같은 종의 유해들이 후빙기 퇴적물 근처에서 발견되었다. 그곳은 인류 발생 이전 그들의 서식지 중 하나였다. 지중해 바닷가에서 언뜻 보이는 개양귀비들 또한 올리브밭과 포도원의 군락이라는 최근에 알려진 평범한 기원을 가지고 있을 수도 있다. 하지만 해변이 그들의 원래 서식지 중 하나였을지도 모른다. 그리고 그들은 여전히 홀리 랜드the Holy Land(현재의 예루살렘 일대)의 매우 건조하고 돌이 많은 언덕 위에서 높이 자란 검은색 아이리스black iris들 사이에서 무성하게 자라고 있다. 그곳에서 개양귀비들은 신약에 나오는 '들판의 꽃들'의 원형이었다(지중해는 수많은 경작 가능한 잡초들의 원산지로 이 지역의 긴 건조한 여름에는 그 무엇으로도 덮이지 않은 건조한 작은 땅들이 생겨난다. 거기서 한해살이 잡초들이 씨를 맺고 번성한다).

복수초

눈이 오는 지대와 아주 키 큰 나무가 우거진 숲 사이의 거친 경계지는 또 하나의 순수한 자연산 잡초를 키우는 보육원이다. 그리스 북부의 산악 지대는 늦봄에 눈이 녹으면 때때로 화려한 진분홍색 화관이 쏟아진다. 이것은 아도니스라고도 하는 복수초이며, 지중해에서 온 신석기 시대 이주민의 종자용 씨앗에 섞여 마침내 영국으로 가는 길을 찾은 미나리아재비과 식물이다. 복수초의 운명은 변화하는 잡초의 지위에 대한 우화라고 할 수 있다. 중세 시대에 복수초는 밀밭, 특히 백악질 지역의 밀밭에서 많이 자랐다. 16세기에 정원사이자 식물학자인 존 제라드John Gerard는 이 풀의 컵 모양 꽃과 꽃잎 아랫부분에 난 검은색의 아름다운 점이 우아하다고 찬미했다. 그는 복수초를 정원에서 키우려고 웨스트 컨트리West Country(영국 잉글랜드의 남서부 지역)까지 가서 씨앗을 구했다. 그는 복수초를 '루비의 장미Rose-a-ruby'라고 불렀다. 그리고 200년 후 복수초는 '붉은 모로코'라는 이름으로 인기를 얻

복수초는 쌍떡잎식물 이판화군 미나리아재비목 미나리아재비과의 여러해살이풀이다. 원일초·설련화·얼음새꽃이라고도 한다.

으며 코벤트 가든 거리 여기저기서 행상인들이 꽃다발로 팔고 있었다. 하지만 19세기 말이 되자 새로운 종자 검사 기술들이 개발되면서 그것들은 사실상 영국에서 퇴출당했다. 이후 M4가 오래된 옥수수 농지를 둘로 갈라놓은 윌트셔에서 고속도로의 얼음이 녹으면서 잠깐 부활했던 1971년까지는 그런 상태를 유지했다. 그리고 오늘날까지 여러 변화를 거친 후, 골칫덩어리에서 보호종으로 제자리를 찾고 영국의 특별 보존 관심 종Species of Special Conservation Concern 목록에 오르는 영광을 누리고 있다.

잡초의 생명 필라멘트는 신화만큼이나 끈질기고 널리 퍼지는 것 같다. 그들은 수 세기 동안 땅속에 묻힌 채 생존한다. 그들은 언어만큼이나 영원히 인간의 대륙 간 이동 흔적을 남긴다. 젊은 에드워드 솔즈베리의 상상력에 일부분 불을 지핀 것은 바로 이러한 불굴의 성질이었다. 그는 솔즈베리라는 하트퍼드셔Hertfordshire 명문가의 자손이다. 1886년에 태어난 그는 어려서부터 그 지역 시골을 여기저기 뒤지고 다녔다. 아직 10대였을 때 그는 식물학자로서 호기심과 재능을 이미 보여주었다. 그는 알 수 없는 풀이 하르펜덴Harpenden 근처 부싯돌 더미 위에서 자라고 있는 것을 발견하고 그것을 큐 왕립식물원(나중에 그가 일한 곳)에 보내 무엇인지 알아보았다. 그들은 그것이 돼지풀이라 불리는 북미종으로 데이지과에 속하는 지저분한 풀이며 미국에서는 건초열을 일으키는 것으로 가장 악명 높다고 알려주었다. 그러고 나서 솔즈베리는 그것을 '더 조사했고', 그의 표현대로라면,

부싯돌들이 배의 바닥짐으로 미국에서 영국으로 왔다는 사실이 밝혀졌다.

돼지풀 씨앗들(그것들은 가시 모양의 돌기로 무장하고 있다)은 그 부싯돌에 붙어 대서양을 횡단하면서 죽지 않고 살아남은 것이었다. 그리고 허트퍼셔의 어느 길가에서 미국의 관목림을 훌륭하게 대신할 수 있는 환경을 발견한 것이다.

에드워드 솔즈베리는 런던의 임페리얼 칼리지Imperial College에서 학업을 계속하며 연구를 이어갔다. 찰스 다윈의 저서들을 읽은 그는 그 위대한 생물학자의 호기심과 자유로운 실험 방법이 자신과 비슷하다는 것을 알게 되었다. 다윈은 목표에 빨리 도달하는 진화의 예로서 잡초에 매료되었다. 그는 바다를 통해 잡초의 씨앗이 퍼진다는 점에 착안해 소금물이 발아에 미치는 영향을 실험했다. 그는 죽은 새들의 뱃속에 든 씨앗이 이동하는지 궁금해서 이동 메뚜기(큰 떼를 이루어 이동하는 메뚜기의 총칭)의 똥에서 추출한 씨앗의 싹을 틔웠다. 그는 상처 입은 붉은다리파트리지French partridge의 다리에 붙은 흙뭉치에서 80개가 넘는 풀을 키웠다. 켄트의 다운 하우스에 그가 마련한 유명한 '잡초가 자라는 작은 밭weed-patch'은 잡초의 경쟁력을 최초로 정량화해 실험한 곳이었다.

다윈은 세로 1미터에 가로 60센티미터의 작은 땅을 정리하고 일군 다음, 자연스럽게 그냥 두면 어떤 식물이 생겨나는지 관찰하기만 했다. '나는 우리 토종 잡초가 나오면 그들의 실생實生(종자에서 발아된 어린 식물)의 위치를 모두 표시해 두었다. 357개 중에서 295개가 안 되는 풀이 죽었는데 주로 민달팽이와 곤충에 의해서였다.' 먹히지 않은 65개가 없다면, 이것은 아마도 정원사들에게 희망을 주는 통계치가 될지도 모른다. 다윈은 그것들이 어떤 종들인지는 말하지 않는다. 하지만 의심할 것도 없이 그것들은 친숙한 적수인 게 확실하다.

솔즈베리 실험에는 다윈적 특징이 매우 많았다. 그는 잡초, 특히 전통적인 잡초가 성공을 거둘 수 있게 해 준 내구성과 이동성이라는 특성을 탐구하고 싶었다. 그가 고안한 실험들은 아이들이 식물을 가지고 노는 어떤 게임을 연상시킨다. 그리고 틀림없이 동료들에게 깃을 높이 세우고 스팻(발등과 발목을 덮는 야외용 클래식 신발 액세서리)를 착용하는 걸 좋아했던 사람으로 기억에 남을 한 남자에게 성인으로서의 단정함을 잠깐 포기하도록 했을 것이다. 그는 공기 분산 효율성을 시험하기 위해 엉겅퀴나 민들레 같은 식물의 씨앗에 바람을 타는 장치를 달았다. 외풍이 없는 방 안의 사다리 위에서 씨앗을 떨어뜨리며 그것들이 3미터가량 떨어지는 데 걸리는 시간을 쟀다. 부들레야의 날개 달린 열매는 5초, 개쑥갓의 풍산종자風散種子는 8초, 땅머위는 21초가 걸렸다.

분홍바늘꽃의 깃 모양 갓털(씨방의 맨 끝에 붙은 솜털 같은 것. 꽃받침의 형태가 변한 것)은 바닥에 안착하는 데 거의 1분이 다 걸렸는데, 이것으로 그것이 어떻게 런던의 폭격지들에 널리 퍼지게 되었는지 어느 정도 설명이 되었다. 그는 동물의 배설물과 새똥이 잡초를 실어 나르는 매개체인지 알아보기 위해 그것들을 샅샅이 뒤졌다. 그러고 나서 배설물이 묻은 씨앗이 여전히 생식능력이 있는지 확인해 보려고 화분에 심었다(참새들이 흔할 때는 특히 효과적인 운반체였는데, 솔즈베리는 그 배설물에서 찾은 씨앗들로 질경이와 개쑥갓, 별꽃, 냉이를 길렀다). 그는 심지어 자신도 잠재적 운반자로 여기고, 각반(걸음을 걸을 때 발목 부분을 가뿐하게 하기 위하여 발목에서부터 무릎 아래까지 돌려 감거나 싸는 띠)을 찼음에도 불구하고 바짓단의 먼지에서 나온 20여 종의 잡초 300개를 찾아내 기른 것으로도 유명하다.

'"바짓단"에 그렇게 많은 씨앗이 딱 붙어 있는 게 아니기 때문에 착용자가 걸어 다니는 향로 기계가 되어 여기저기 다니면서 씨앗을 뿌린다'라고 그는 꼼꼼하게 기록했다. 그는 신발에서 긁은 진흙으로 실험을 반복했고, '사람들이 대개 그런 식으로 적어도 6개의 번식체를 전달한다'는 사실을 발견했다. 그의 발견은 틀림없이 자신을 그런 흔한 운반의 한 측이라고 생각해 본 적 없는 사람들에게 충격을 주었을 것이다.

잡초는 종종 씨앗을 엄청나게 많이 생산한다. 크기가 웬만한 우단담배풀이나 망초는 4십만 개가 넘는 씨앗을 방출할 수 있다. 잡초 씨앗에는 진화된 장치가 있어 가장 넓은 새로운 서식지로 이동할 수 있게 해 준다. 그것들은 지나가는 동물(또는 식물학자의 바짓단이나 신발)에 쉽게 달라붙기 위해 갈고리나 까끌까끌한 겉껍질, 가시, 엽맥, 털로 무장할 수 있다. 씨앗 접착제도 있다. 정원에서 볼 수 있는 잡초인 냉이는 중세 농부들이 차고 다니던 작은 주머니나 칼집을 닮은 씨앗의 머리에서 '목동의 돈주머니 Shepherd's purse'라는 이름이 생겼다(브뤼헐Brueghel의 그림 〈농부들의 춤〉에 그 전형적인 칼집이 나온다). 지갑을 열면 씨앗이 작은 금화들처럼 쏟아진다. 그것들은 얇게 진으로 덮여있다. 그 진은 예를 들어 땅에 닿았을 때처럼 수분을 머금으면 끈끈해진다. 그래서 새의 발에 달라붙을 수 있게 되는 것이다. 하지만 대부분의 경작지 잡초(경작지에 적응해 자라는 잡초)를 다른 종류의 식물들과 구분해 주는 생존 수단은 그들과 시간의 관계다. 끊임없는 방해에도 불구하고 번성하려면, 그들은 빨리 자라든지 아니면 시간을 잘 지켜야 한다. 많은 잡초들은 생명 주기가 짧거나 오랜 기간 동안 땅 아래서 휴면할 수 있다. 혹은 둘 다 가능하다.

 회전초 씨앗은 36분이 지나면 바로 발아할 수 있다. 개쑥갓은 씨앗에서 꽃이 되었다가 다시 씨앗이 되는 하나의 온전한 생활환(생물이 수정란, 접합자 혹은 포자 따위에서 개체 발육을 시작하여 여러 시기를 거치면서 성체로 성숙하여 생식을 하고, 다시 그 자손이 같은 과정을 거쳐 순환하는 일)을 단 6주 만에 끝낼 수 있다. 1765년 길버트 화이트Gilbert White의 햄프셔 정원은 10월 하순부터 새로운 수확물들로 넘쳐났다.

 에드워드 솔즈베리는 휴면과 관련된 몇 가지 사례를 직접 경험했다. 래들릿Radlett에 있는 그의 정원은 나폴레옹 전쟁 당시 옥수수밭이었다가 평화가 오면서 밀값이 떨어지자 초원으로 되돌아간 땅에 있었다. 1928년에 솔즈베리가 정원을 만들기 위해 잔디를 들어내자 대단히 희귀한 옥수수밭 잡초가 자라는 작은 땅이 드러났다.

주홍색 별봄맞이꽃과 매우 닮았지만 코발트 블루색 꽃이 피는 푸른색 별봄맞이꽃은 유럽 대륙에서 자주 나타난다. 하지만 영국에서는 농업 혁명 이후 사라지기 시작했다. 래들릿에서 싹튼 씨앗은 1세기 이상 묻혀 있었던 게 틀림없었다. 이와 비슷한 일이 1980년대에 칠턴스Chilterns에서도 일어났다. 피트스톤Pitstone에서 사용되고 있던 채석장을 자연보호구역으로 바꾸던 중, 공사 관리소장 그레이엄 앳킨스Graham Atkins는 1930년대에 처음 돌을 파내기 전에 땅에서 긁어낸 토사가 가득한 헛간을 발견했다.

그 당시의 의도는 일단 돌을 파내고, 구덩이를 메운 다음, 모아 두었던 흙을 다시 땅 위에 뿌려 농사를 지을 수 있도록 하는 것이었다. 그러나 이후 반세기 만에 토지 이용 우선순위가 바뀌었다. 그 땅은 농사가 아니라 자연으로 돌아가야 했으며, 상층토가 매우 풍부했다. 하지만 그레이엄 앳킨스는 그것이 화학 제초제 도입 이전에 제거되었다는 것과 십중팔구 그것이 살아있는 화석으로, 초기 농업 세대의 원기 왕성한 옥수수밭 잡초의 거대한 종자 은행일 가능성이 높다는 사실을 알게 되었다. 다음 해 봄, 그 들판은 수십 년 동안 그 지역에서 볼 수 없었던 잡초들이 폭발적으로 자라기 시작하면서 꽃망울을 터뜨렸다. 청색 수레국화, 보라색 선옹초, 노란색 좀미나리아재비. 바늘풀의 빗처럼 생긴 긴 꼬투리. 꽃며느리밥풀이 만든 자줏빛과 노란색 탑들. 그리고 그들이 한때 함께 자랐던 지푸라기가 긴 밀 품종 몇 가지들이었다.

식물의 휴면기

이렇게 몇십 년 동안 이어진 생명력은 어떤 잡초들의 씨앗에 기록된 수 세기에 비하면 아무것도 아니다. 소리쟁이 씨앗은 60년이 지난 지금도 자유롭게 싹트고 있다. 1,700년 된 고대 유적지 깊숙한 곳에서 발견된 흰명아주도 다시 싹을 틔웠다. 하지만 이들마저도 2,000년 가까이 된 시런세스Cirencester로마 유적지 발굴 이후에 등장한 목서초dyer's rocket에는 비할 바가 아니다. 휴면은 일종의 보험 정책이다. 그러니까 궂은날을 대비해 떼어놓은 식물의 저축 같은 것이다. 파란만장한 환경을 견딜 수 있도록 진화한 식물 종이라면, 생존을 도와줄 적응 습성 중 하나가 일정 비율의 씨앗을 2년, 3년, 30년, 300년 동안 발아하지 못하게 한다. 만약 그때까지 땅이 다시 파헤쳐지지 않거나 1세대 묘목이 죽임을 당할 경우에 대비해서 말이다. 솔즈베리의 동료 두 명은 인위적으로 묻은 씨앗의 발아에 대한 실험을 통해 39년 후에 그 땅에서 91%의 독말풀 씨앗이 발아하고, 83%의 까마중과 53%

의 메꽃이 발아한 것을 발견했다.

휴면에 대해서는 아직 모든 것이 밝혀지지 않았다. 어떤 종은 씨앗의 외피 두께를 달리 하거나, 흙에 함유된 물에 융해될 때까지 발아를 억제하는 수용성 물질을 씨앗에 담고 있다. 어떤 종들은 온기에 반응해 토양의 가장 높은 층에 있을 때만 싹이 튼다. 몇몇은 생체 칩으로 카운트다운 기간이 긴 시계가 내장되어 있는 듯하다.

개양귀비의 휴면은 전설적이다. 실험실 데이터(예를 들어 15%에 달하는 양귀비 씨앗은 적어도 발아할 때까지 시간을 준수한다)는 플랑드르 들판Flanders Field에 대한 우리의 문화적 기억에 영원히 새겨져 있는 한 과정에 그저 숫자들을 붙일 뿐이다. 유럽 땅은 양귀비와 그것들을 자르면 흐르는 피로 가득하다. 그들은 그렇게 과한 증거를 대며 자신의 생존력을 보여 준다. 개양귀비 들판은 지면 일출처럼 1.5킬로미터 떨어진 곳에서도 볼 수 있다. 그들은 온전한 잡초 국가의 끈기와 애증이 엇갈리는 의미들을 상징하는 존재로 자리 잡게 되었다.

2009년, 그들이 상상을 초월한 적응력뿐 아니라 기억들도 지니고 있다는 것을 증명이라도 하듯이 휴전 주간인 11월 초, 도싯Dorset의 한 사유지에서 철 늦은 양귀비가 꽃을 엄청나게 많이 피운 적이 있다.

양귀비 꽃머리 한 개에는 1,000개의 씨앗이 들어 있고, 풀 한 포기는 꽃머리를 50개 생산한다. 그것들이 익으면, 꽃머리는 말

개양귀비는 쌍떡잎식물 양귀비목 양귀비과의 두해살이풀이다.
우미인초(虞美人草)·애기아편꽃이라고도 한다.

라서 뚜껑이 떨어지고 그 둘레에 작은 구멍이 생긴다. 줄기도 말라 씨앗의 무게 때문에 구부러지며 바람이 불 때마다 모본母本으로부터 1미터 떨어진 곳까지 씨앗이 날아간다. 말하자면, 조건이 맞으면 총 생산된 씨앗 2만 개 중 85%, 또는 1만7천 개가 첫해에 발아할 것이다. 두 번째 해에는, 또 다른 1천 개, 그리고 세 번째에는 500개 (…) 아직 아무도 양귀비 씨앗이 휴면할 수 있는 한계치를 알 수 있을 만큼 충분히 오랫동안 실험을 계속한 적이 없다. 하지만 화학 제초제가 생기기 이전에는 옥수수밭 약 4,000평방미터에 최대 1억 개의 휴면 종자가 존재했던 것으로 예상된다. 휴경이나 제초, 심지어 지상을 일시적으로 점유해 사용한 것도 전혀 영향을 주지 못했다. 다음 쟁기질이나 다음 전쟁까지 때를 기다리고 있던 무수히 많은 종자가 그때를 만나 싹을 틔우고, 꽃을 피우고, 열매를 맺으며 1백배나 더 많은 씨앗을 다시 흙에 뿌려준다. 양귀비는 틀림없이 그 땅이 강요하는 것, 그러니까 밀의 운명의 짝으로 보였을 것이다. 그도 그럴 것이 아시리아인들은 양귀비를 '들판의 딸'로 불렀고, 수메르말로 파파 papa라는, 이 식물의 최초로 기록된 이름은 사실상 6,000년 동안 변치 않고 그대로 있다.

  로마인들은 양귀비를 수확의 여신 케레스에게 바치는 꽃으로 여겼다. 그녀의 조각상에 얹는 화관들은 양귀비와 밀 줄기를 땋아 만들어졌고, 양귀비 씨앗들은 풍부한 수확을 바라는 의식에 바쳐졌다. 심지어 중세 영국의 강렬한 기독교적 분위기 속에서도 농장 일꾼들은 이 고집스럽고 아름다운 침입자를 뽑아내면서 경의를 표하는 것을 잊지 않았다. '천둥화'나 '번개' 같은 많은 고대 국가에서 양귀비를 지칭한 이름들에는 그것을 뽑으면 폭풍이 온다는 미신이 반영되어 있었다. 반대로 어쩌면 양귀비를 뽑지 않으면 같이 자라는 농작물이 폭우로부터 보호받았을 수도 있다는 미신이 반영된 것일 수도 있다. (진지한 민속학자 G. 존슨은 이렇게 말하기도 했다. 노섬벌랜드Northumberland에서는 꽃잎이 떨어지면 꽃을 꺾은 사람이 '그 자리에서' 번개를 맞을 가능성이 크다는 말이 있다. 꽃잎이 떨어지는 것에 대한 말이 속담에 나올 정도이므로 '그 위험이 작지 않다')

양귀비의 적응력을 말하는 초기 과학적 발표들도 있었다. 1660년에 위대한 동東앵글리아(영국 동남부에 있던 고대 왕국, 지금의 Norfolk 주와 Suffolk 주에 해당)의 동식물학자 존 레이는 '양귀비 씨앗은 10년 후에도 발아할 수 있다'라고 말했다. 그리고 그는 다윈이 등장하기 2세기 전에 이미 이러한 다양성이 어떤 식으로든 양귀비의 생존에 도움이 된다는 것을 직감했다. 그는 케임브리지셔Cambridgeshire의 식물군을 설명하면서 다음과 같이 쓴다. '씨앗은 작을수록 생식력이 더 크다. 씨앗이 작을수록 수가 더 많아지기 때문이다. 씨앗은 기후에 더 순응한다. 그렇게 환경에 자신을 맞추는 것이다.'

다윈의 『종의 기원』 출판 20년 후, 서리Surrey의 셜리Shirley라는 작은 마을 목사가 양귀비를 가지고 놀라운 식물 재배 실험을 했는데, 그것은 무수히 많은 씨앗 속에 암호화되어 있는 다양성, 그러니까 휴면을 넘어서 여러 면에 존재하는 다양성이 어떻게 그 종의 생존에 도움이 되었는지 확인시켜 주었다. 1880년 윌리엄 윌크스William Wilks 목사는 그가 '내 정원의 야생 귀퉁이'라고 묘사한 자리에서 양귀비 무리 속에 테두리가 희고 좁은 꽃 한 송이가 외롭게 피어있는 것을 발견하고는 그 씨앗을 구해 심었다. 다음 해가 되자, 200여 포기 중 다섯 포기에서 꽃이 피었는데, 모든 꽃잎의 가장자리가 흰색이었다. 그 과정은 윌크스가 분홍색 꽃무리에서 순백색 꽃 한 송이를 얻게 될 때까지 몇 년 동안 계속되었다. 그러고 나서 그는 꽃잎 밑부분의 마스카라 검정색 얼룩을 노란색이나 흰색으로 바꾸는 일에 착수했다. 마침내 그는 모든 꼬투리에서 나온 씨앗이 유전적 혼합체가 되어, 주홍색에서 순백색 사이에 있는 온갖 색조의 분홍색을 띤 꽃잎을 생산하는 품종과 흰색 반점과 테두리를 지닌, 모양을 예측할 수 없는 품종들을 갖게 되었다. 그는 그것을 마을의 이름을 따 '셜리 양귀비'라고 불렀고, 그것들은 시골집 정원의 영원한 인기 상품이 되었다.

 윌크스가 양귀비를 키운 도로에 사는 한 사람은 지역 농경지가 대부분 골프장으로 바뀌었는데도 1980년대 후반까지 가끔 근처 밭에서 '셜리양귀비'를 발견할 수 있었다고 말한다. 그 목사는 사실상 자신의 양귀비들을 자연선택에 의한 진화의 가속화된 형태에 종속시켰다. 단, 그가 선택을 하고 있다는 것을 제외하곤 말이다. 그는 마치 자신이 선별력 있는 초식동물인 양 자기 목적에 '맞지' 않는 모든 묘목을 제거했다. 번식력 좋고, 다양하며, 순환주기가 빠른 양귀비는 이 좁은 기회의 창을 통과해 단 하나의 씨앗을 얻을 기회를 잡았다.

제초가 잡초의 번성을 촉진한다는 잡초의 역설을 설명하는 것이 바로 이 과정이다. 사실상 우리는 원하지 않는 신동에게 통제 시스템을 빠져나가는 형태를 생산하라고 요구한다. 우리를 이기는 데는 많은 것이 필요하지 않다. 씨앗 1천 개 중 하나가 마지막 괭이질보다 늦게 발아해 자신을 걸러 내려는 체질을 통과하고, 신기하게도 제초제에 대한 면역성을 보인다. 그다음 해에는 5개가 그렇게 된다.

양귀비는 이 책 전체의 모티브다. 양귀비를 생존자로 만든 특징은 성공한 모든 잡초들이 공통적으로 지니고 있는 것이다. 한 종으로서 그것들은 쉽게 이동하고, 씨앗을 많이 맺으며, 유전적으로 다양하다. 그리고 사는 곳에 까다롭게 굴지 않고 적응해 버리고, 환경적 스트레스에 빨리 대처하며, 자기 길을 가기 위해 여러 가지 전략을 사용한다. 우리가 그들과 가장 많이 닮은 종이 바로 인간이라는 사실을 깨닫는 데 아주 오랜 시간이 걸렸다는 것이 신기한 일이다. 농경이 시작되자 동시에 잡초라는 문화적 개념이 생겼고, 그런 다음 그것들을 제거하기 시작하면서 인간 창조의 두 가지 명령은 돌이킬 수 없을 정도로 연결되었다.

03

자연을 정복한 인간 &
문명을 정복한 식물

　창세기 작가들에 대해서는 두 가지 극단적인 견해가 있다. 그것은 그들이 하나님의 도구이거나 정치적인 동기를 가진 선동가였다는 것이다. 그들이 어디서 영감을 받았든 간에 식물과 그것이 상징하는 것에 사로잡혀 있었다는 것은 분명한 사실이다. 그들은 식물 우화와 신화를 통해 세상을 본다. 그리고 천지창조 신화에서 적절한 진화적 위치, 그러니까 물고기와 새와 포유류 앞에 '제 종류대로 씨를 맺는 풀과 채소'를 배치한다. 그들은 정원에서 에덴동산으로부터의 추방이라는 웅장한 연극을 상연한다. 줄거리는 주로 과일과 풀, 대조적인 여러 재배 방식, 마법의 금단 나무와 같은 식물 상징들을 통해 정교하게 펼쳐진다. 그리고 수렵 채집의 태평한 삶에서 경작의 수고와 '엉겅퀴와 가시'라는 영원한 저주가 있는 곳으로 추방되면서 대단원의 막을 내린다. 창세기는 잡초에 대한 도덕적 맥락을 형성해 그들에게 단순한 물리적 폐해 이상의 오명을 씌우는 데 한몫했다. 심지어 텍스트 그 자체가 일부분 중동 '문명의 요람'에서 잡초가 확산되었던 사실에서 자극을 받았을지도 모른다.

 창세기 창조 신화의 초판(그 안의 이야기들은 훨씬 더 오래되었다)은 기원전 600년에서 500년까지 거슬러 올라가 농업이 처음 발달한 '비옥한 초승달 지대Fertile Crescent'에 속하는 가나안(현대의 메소포타미아) 지역에서 출현했다. 그 신화는 두 가지 종류가 있다.

 첫 번째 신화에서 하나님은 동물을 창조한 직후 인간을 창조하고, 다른 창조물의 지배자인 농부의 역할을 인간에게 부여한다. '우리의 형상을 따라 우리의 모양대로 우리가 사람을 만들고'라고 말한 뒤, 하나님은 왕족 '우리'라고 확실히 말하는 대신 '그들로 바다의 물고기와 하늘의 새와 가축과 온 땅과 바다에 기는 모든 것을 다스리게 하자'라고 한다. 그러나 하나님은 도움이 되는 많은 동물과 먹을 수 있는 많은 생물들이 있음에도 불구하고, 엄격한 채식주의 생활 방식을 고집한 것 같다.

'하나님이 가라사대 내가 온 지면의 씨 맺는 모든 채소와 씨 가진 열매 맺는 모든 나무를 너희에게 주노니 너희의 먹을거리가 될 것이다.'

에덴동산을 소개하는 두 번째 신화(창세기 2장과 3장)는 더 복잡하다. 그것은 천지창조가 완성되는 시점부터 시작되며, 하나님이 인간을 다른 생물보다 먼저 창조하도록 한다. 하나님은 '땅의 먼지'로 그를 만들어 '에덴 동쪽에 있는 뜰'에 세웠다. 거기에는 '보기에 즐겁고 먹기에 좋은 모든 나무와 생명의 나무 (…) 그리고 선과 악을 알게 하는 나무'가 있다.

아담의 책임은 '에덴동산을 돌보고 지키는' 것으로, 좋아하는 것을 먹을 수는 있지만, 선과 악을 알게 하는 나무는 멀리해야 했다. 그때 비로소 아담보다 먼저 창조된 동물들에 이름이 붙여진다. 아담의 갈비뼈를 손으로 빚어 만든 그의 짝은 이 단계에서 그저 '여자'라고 불렸지만 말이다. 그런 다음 그들은 지식의 나무의 열매를 먹는다. 그러자 모든 지옥의 속박에서 벗어난다.

신이 내린 벌은 엄중하며 모호하지 않다. 인생은 눈물의 계곡이 되어 죽음으로 끝날 것이다. 여자들은 고통과 슬픔 속에서 아이를 낳고, 남편의 노예가 될 것이다. 그리고 그 정원의 제한 없는 수확물은 이제 힘겨운 수고, 즉 농사로 얻어야 할 것이다. 하나님은 진노하며 이렇게 말한다. "땅은 너 때문에 저주를 받으리라. 너는 사는 동안 줄곧 고통 속에서 땅을 부쳐 먹으리라. 땅은

네 앞에 가시덤불과 엉겅퀴를 돋게 하고 너는 들의 풀을 먹으리라. 너는 흙으로 돌아갈 때까지 얼굴에 땀을 흘려야 양식을 먹을 수 있으리라." 그런 다음 그는 아담을(이브에 대한 언급은 없이) '에덴동산에서 쫓아내 그가 생겨난 땅을 일구게 한다'. 그것은 돌보고 지키는 온화한 정원사의 임무와는 확연히 다른 변화였다.

창세기의 두드러진 생태학적 숨은 의미는 농업의 도래에 대한 쓰라린 감정이다. 여기서 농사는 '밭을 갈고 땅에 좋은 씨앗을 뿌리는 것'이 하나님께서 의로움을 땅에 파종하신 것을 의미하는 것으로 여겼던 후기 서구 기독교의 성찬이 아니다. 적어도 불만을 품은 아시리아인들에게 농사일은 벌이나 독이 든 성찬이지, 분명히 수렵 채집인들의 자유를 대신하는 것이 아니라고 보일 만큼 실제 잡초와 은유적 잡초에 의해 충분히 저주받은 것으로 보였다.

상실감의 뿌리가 깊었을 것이다. 에덴동산은 추방이라는 개념에 실체적 힘을 주기 위해 의도된 극적 장치다. 그러나 창세기의 지리적 언급들, 특히 아시리아와 유프라테스의 근접성은 7,000년 전에 농업이 발달했던 메소포타미아라는 지역이 창세기에 일부분 영감을 주었다는 사실을 암시한다. 사람들이 농사를 어느 날 갑자기 '유레카!' 하며 생각해 냈다는 것은 매우 의심스러운 일이다. 아마도 그것은 야생 식물을 채집하고 저장하는 과정에서 자연스럽게 생겨났을 가능성이 크다. 발생한 일에 대한 실질적 증거가 없는 상황이라 기발한 상상을 통해 많은 시나리오가 나왔다. 식물 발아를 촉진했을 것으로 생각되는 야생동물의 파헤치는 행위에 의해, 혹은 수렵채집인들이 서로 가까운 수풀에서 자라는 경향이 있는 식물들을 난 자리에서 그대로 돌본 것 때문에, 혹은 정착지 근처에서 수확한 식물이 싹을 틔움으로써 재배라는 개념이 생겼다.

수렵채집인들은 빨리 자라거나 잎이나 씨앗이 큰 식물을 선택하는 경향이 있었는데, 이러한 특성은 정착지에서 나오는 음식물 잔해에서 발아하는 모든 식물에 전해 내려졌을 것이다. 쓰레기 더미가 우연히 생긴 최초의 작물 밭이었을 지도 모른다는 말이다.

농업사학자 니콜라이 바빌로프Nikolai Vavilov가 지난 세기 초에 주장했듯이 야생 식물은 이런 방식으로 선택되는 데서 이득을 취했다. 그래서 '재배되기 위해 농부를 침범하는 것처럼 보이며 (…) 농부의 거주지 근처에서 살 곳을 찾으며 나름 도움을 준다(…).'

석기 시대 메소포타미아인들이 채집한 야생 식물 중에는 얄궂게도 오늘날 잡초로 분류되는 종들이 있다. 그런데도 유프라테스강 유역에 사는 그들의 후손들은 그 식물들을 여전히 활용하고 있다. 현대 이라크 마을 사람들은 작은 산에서 야생 식물들을 채취하는데, 당아욱 종이 수프와 스튜에 사용되고 있다. 메소포타미아식 샐러드는 현대 영국에서도 쉽게 만들 수 있다. 거기에는 물냉이와 돌소리쟁이, 민들레가 들어간다. 그리고 밤과 아몬드, 무화과, 올리브와 같은 야생 열매 또한 예나 지금이나 많이 들어가는 재료다(이들이 너무나 오랫동안 채취되고 퍼져서 아무도 그들의 태어난 곳이 어디인지 확신할 수 없지만). 살구와 석류도 널리 퍼져있었는데, 사과는 중동의 건조한 기후에서 잘 자라지 않으므로 이브의 몰락으로 이어진 과일을 현실 세계에서 찾는다면 그것은 아마도 이들 중 하나였을 것이다(그러나 테렌스 맥케나 Terence McKenna는 그의 대담한 책 『신들의 음식 Food of the Gods』에서 지식의 나무가 환각성 사막 버섯인 주사위환각버섯이라는 근거는 없지만 그럴듯한 이야기를 지어냈다). 현지 원주민들이 수렵 채집 생활에 대한 향수로 괴로워한 것은 당연한 일이었다.

그들의 삶을 바꾸어놓은 것은, 그리고 결국 인류 문명의 전 과정을 변화시킨 것은 야생 에머밀이라고 불리는 사막의 잡초를 길들인 일이다. 이 풀은 처음부터 야생에서 채취되었고, 씨앗에 녹말이 풍부해 묽은 죽으로 먹었다. 에머밀은 거의 모두 같은 높이에 이삭이 달린 채 큰 수풀을 이루어 자라는 습성이 있는데, 이것이 틀림없이 체계적으로 에머밀을 수확해볼 생각을 하게 했을 것이다. 윌크스 목사가 양귀비를 대상으로 실험했던 것과 정확히 같은 생각으로 행동하는 채취자들은 우선적으로 자신의 필요를 채워줄 표본들을 선택했을 것이다. 씨앗들이 동시에 여물고, 껍질이 부서지지 않아 낱알을 흘리지 않는 다발들 말이다. 이러한 특성들은 유전적인 것으로, 정착지 근처에 뿌려진 씨앗에서 싹튼 야생 에머밀에 전해졌을 것이다. 작물화의 이들 첫 번째 단계에 이어 물대기, 경작, 공동 수확, 탈곡, 체질, 제분, 그리고 마침내 제빵에 이르는 농업과 관련된 모든 기술의 발전이 뒤따랐다. 모든 것이 '얼굴에 땀을 흘리며' 변함없이 계속 수행해야 하는 것들이었다.

그리고 계획된 재배를 시작하려는 순간, 어울리지 않는 장소에서 자라는, 원치 않는 무단 침입자 '잡초'라는 것이 최초의 농부들에게 시련을 하나 더했다. 경작지가 그 안에서 재배되지 않은 채 자라고 있는 식물들의 지위를 재정립했을 뿐만 아니라 물리적으로 그것들을 장려한 것이다. 경작지는 거친 땅을 잘 이용할 수 있는 모든 지역 종들에게 신나게 자랄 수 있는 곳이었다.

원시 밀밭은 양귀비나 흑겨자, 이탈리안 글라디올러스, 독보리-현대 서양 식물군의 나비나물속 잡초(비시아Vicia 품종)가 아닌 유럽 농부들을 괴롭히던 유독성 풀로 무성했을 것이다. 이 단계에서는 밭에서 제초를 하지 않았다. 농작물과 잡초들이 섞여서 함께 수확된 후 손으로 거칠게 분리되었는데, 이 과정은 〈선한 씨앗Good Seed〉이라는 우화에 충실하게 기록되어 있다. 마태복음서는 적으로부터 밭에 잡초 공격을 받게 된 한 집주인에 관한 이야기로 그것에 대해 설명하고 있다. 그는 일꾼들에게 잡초를 뽑아내지 말라며 이렇게 말한다. '아니다, 너희가 가라지들을 거두어 내다가 밀까지 함께 뽑을지도 모른다.

수확 때까지 둘 다 함께 자라도록 내버려 두어라. 수확 때에 내가 일꾼들에게 먼저 가라지를 거두어서 단으로 묶어 태워 버리고 밀은 내 곳간으로 모아들이라고 하겠다.'(마태복음 13장 29, 30절) 이것은 길게 보았을 때는 잡초에 도움이 되지 않는 몇 안 되는 제초 기술 중 하나다.

초기 농업 관행은 식물계의 배반자, 즉 옆에서 자라는 농작물과 형태와 습성이 매우 흡사한 잡초들에게 호의적인 선택을 했다. 그래서 결국 그것을 장려한 꼴이 되었다. 번창한 잡초는 씨앗이 씨앗용 옥수수로 숨어 들어가 다음 해 파종 때까지 남아 있을 수 있는 종들이었다.

끊임없이 경작지를 침입하는 잡초들 때문에 초기 농부들은 틀림없이 화가 났을 것이다. 그러나 중간 과정 없이 발전한 미래 기술을 이용해 그들이 잡초를 통제하는 데 성공했다면, 우리가 이해하고 있는 농업이 땅에서 출발했을지 의심스럽다. 중동 지역의 토양은 얇고 척박하다. 쟁기질을 처음 했을 때 아마 엄청난 양의 흙이 사막 바람을 타고 날아갔을 것이다. 농작물의 뿌리라면 어느 정도 흙을 움켜쥐고 있었을 것이다. 하지만 척박한 토양에서 빠르게 군락을 이루는 잡초가 없었다면, 고랑 사이의 빈틈은 여전히 분진과 침식, 영양분 손실에 취약했을 것이다. 토양비옥도의 미래라는 측면에서는 다행히도 대부분의 재배기술에 아킬레스건이 있었다.

늦은 수확은 수확과 동시에 씨앗을 생산하는 잡초에 혜택을 주었다. 낫으로 베는 것은 밀 이삭과 같은 높이에 씨앗을 맺는 잡초에 영생을 주었다. 곡식을 체로 치는 것은 수확물과 씨앗의 크기가 거의 같은 잡초에 유리했다. 이러한 모방, 즉 자연 선택에 의한 진화 법칙의 단순한 표현은 잡초의 아주 오랜 속임수였다. 그것은 놀라운 변이를 낳을 수 있다.

야생귀리는 함께 자라는 농작물과 섞이기 위해 모양이 다른 품종들을 진화시켰다. 봄보리와 겨울보리를 번갈아 심는 밭에서 월동하는 보리의 로제트 사이에서 싹이 트는 메귀리는 로제트 모양으로 자라기 시작하고, 키 큰 봄보리 사이에서 싹이 트는 메귀리는 봄보리 흉내를 내며 급성장한다.

동남아시아의 논에는 재배 벼와 비슷한 잡초 풀이 있는데, 농부들은 그 들풀에 꽃이 피어야 알아볼 수 있다. 식물 품종 개량자들은 보라 색조를 띤 다양한 벼를 개발하면 잡초가 저절로 모습을 드러낼 것이라고 생각했다. 하지만 몇 년 만에 그 잡초도 보라색으로 변해버렸다. 식물 품종 개량자들이 색깔 있는 벼를 개발하는 데 이용했던 약간의 색소 형성이 이 잡초에도 가끔 나타나는 것이다. 이 품종은 수확이 거듭될 때마다 쌀로 오인되어 다음 해에 심을 종자를 파는 상점으로 전달되었다.

메소포타미아에서는 엄청나게 교묘하게 자라는 가시와 엉겅퀴로부터 벗어날 탈출구가 없는 것 같았다. 들에서 일하는 사람들이 없애려고 하면 할수록 그것들은 더욱 번성했다. 그들의 사나운 반항은 틀림없이 창세기에서 그렇게 자세히 설명하기 훨씬 전부터 형벌처럼 느껴졌을 것이다. 중동의 가치관과 종교적 관점은 농업으로 인해 완전히 바뀌었다. 원래 그 지역에 살던 수렵채집가들은 동물을 인간과는 별개지만 유순한 존재라고 생각하며 그 혼을 숭배하거나 적어도 존중했다. 하지만 새로운 힘을 갖게 되었다는 사실을 알게 된 최초의 농부들은 자신이 자연을 지배하는 데 권위를 부여하고 그것을 강화시켜줄 수 있는 초자연적 존재가 필요했다. 동물의 영혼이나 자연의 신들은 모두 그러한 역할을 해 줄 수 없었다. 그래서 새로운 신은 인간의 형상을 지닌 초인적인 신, 말하자면 '인간의 보호자'가 되었다.

하지만 이 새로운 권력과 새로운 신들은 대가를 치렀다. 수렵 채집의 자유는 고된 노동과 노동의 분업, 그리고 실제적, 상징적으로 정착 생활의 뒤얽힌 짐인 잡초로 대체 되었다. 야훼의 지파인 농부와 목동들, 즉 초기 유대인에게는 엄청난 추가적 외상이 있었다. 예루살렘에 있는 그들의 심장부가 기원전 586년에 파괴된 것이다.

유대인들은 바빌로니아 사막으로 추방되었다. 유대인들은 그것을 형벌로 해석했지만, 이 형벌을 신학적으로 교묘하게 왜곡해 자기들이 신의 보살핌을 받기 위해 선택되었다는 신호로 여겼다. 그들은 중동의 수준 높은 문화와 다양한 다산의 신들을 거절하고, 스스로 유일신이 선택한 민족이라고 선언했다. 그렇게 유일신교가 발명된 것이다.

하지만 그들은 삶의 방식에 대한 불만으로 여전히 속이 부글거리며 끓고 있었다. 그것은 그들이 만든 창조 신화의 세세한 부분으로 가공된다.

창세기는 초기 중동의 목자이자 농부들이 힘들게 노동해야 하는 이유를 스스로에게 설명하기 위한 시도로 읽힐 수 있다. 자연의 정복, 즉 지식의 탈취는 그들이 처벌을 받은 원인이자 형태였다. 20세기의 철학자 존 패스모어John Passmore가 주장하는 바와 같이, 창조 신화는 일종의 합리화다.

'창세기 이야기들이 구성되었을 때는 이미 인간이 자연을 변화시키는 일에 착수한 다음이었다. [거기서 인간은] 자신의 행동을 정당화한다. 인간은 번식시키기 시작하는 것 이상의 일인 세상을 지배하는 것은 시작하지 않았다. 왜냐하면 창세기에서 그러라고 했기 때문이다. 오히려 창세기는 그의 양심의 가책을 덜어주었다.'

목가적인 정원과 종교적 타락, 뱀, 나무, 한편으로는 벌이고, 한편으로는 골칫거리인 잡초의 발생 등 창세기 이야기의 많은 핵심 요소들이 흥미롭게도 다른 문화의 창조 신화에서 되풀이된다. 마치 그것들은 상징으로서 인간의 의식 속에서 어떤 깊은 구조적인 역할을 하는 것 같다. 고전 신화에도 에덴과 같은 영원한 봄의 상태로 보존된, 고되게 농사를 짓지 않아도 먹을 것을 풍부하게 수확할 수 있는 목가적 유토피아가 있다.

인간들은 이 낙원에서도 추방당한다. 그러나 여기서 추방의 목적은 처벌이 아니라 도전이다. 신들은 인간이 가는 길에 장애물을 두면 그들이 더 많이 생각하고 진화할 것이라고 믿는다. 잡초는 인격을 형성한다. 기원전 이탈리아 시골 생활에 대한 버질

Virgil의 위대한 교훈적 시인 〈농경시The Georgics〉는 신들의 왕 주피터가 어떻게 '경작의 길이 순탄해서는 안 된다'고 의도하고, 일종의 에덴동산에서 인간을 추방하게 되었는지 묘사하고 있다.

그는 독사의 송곳니에 독약을 넣었다.
늑대들에게 약탈을 명령하고, 바다를 격노하게 했다.
꿀의 잎을 뜯어내고, 불을 숨겼다.
철철 흐르던 포도주를 멎게 했다.
그러니 그 경험 속에서 생각을 거듭하면서
차츰 기술을 만들어 냈을 것이고,
이랑에서 옥수수 잎을 구하게 되었을 것이다.

케레스는 사람들에게 철로 쟁기질하는 법을 가르치면서 문제도 심어놓았다. '잡초와 끊임없이 전쟁을 치러야' 했던 것이다.

(…) 그리고 한가한 엉겅퀴가
털이 곤두선 머리를 들어 올렸다.
그러자 농작물이 죽어가기 시작했다,
솔나물이 성가시게 자라났다.
그리고 남가새, 그리고 반짝이는 옥수수 속에
열매를 맺지 않는 독보리와 메귀리가 무성했다.

농업의 기원에 대한 남아메리카의 전형적인 부족 신화는 인간이 열매와 잎을 먹고 살았던 타락 이전의 시대에 대해 들려준다. 당시 그 부족은 주머니쥐의 형태로 등장한 한 여성을 통해 옥수수를 발견했다. 나무만큼 키가 큰 그 식물은 숲에서 야생으로 자랐다. 그들은 견과류 채집자들처럼 씨앗을 수확하는 대신 나무를 베어 넘어뜨렸다. 그러고 나서 일회성 작물로는 만족할 수 없다는 걸 알게 되자 어쩔 수 없이 씨앗을 나눠 갖고 숲을 비운 다음, 그것들을 첫 재배 작물로 심어야만 했다.

남아메리카의 다른 곳, 브라질의 마토 그로소Mato Grosso에서는 인류학자 클로드 레비 스트로스Claude Levi-Strauss가 창세기의 농업 이야기와 거의 정반대라고 할 수 있는 오피아 차반트Ofaie-Chavante 부족의 특이한 신화를 기록하고 있다. 꿀은 산업화 이전에는 많은 사회에서 식물로 분류되었다.

이 신화에서도 꿀은 재배 작물로 시작하는데, 재배 작물이란 땅에 심으면 자라고 익는 것을 말한다. 그러나 꿀은 너무 쉽게 접근할 수 있고, 너무 유혹적이어서 곧 과소비로 인해 공급이 고갈된다. 그래서 동물들이 직접 야생 꿀, 그러니까 '잡초' 꿀을 모으러 야생으로 나간다. 재배의 문제점이 일거에 없어진 것이다. 레비 스트로스는 이렇게 지적한다.

'이 신화의 독창성이 어디에 있는지는 의심할 여지가 없다. 어떤 사람은 이 신화의 관점이 "반신석기적"이며, 대부분의 다른 신화와 정반대의 관점에서 인간이 문명의 기술을 채택한 결과물이라고 주장한다. 다양성과 풍부함, 저장이라는 덕목이 수집과 채집을 바탕으로 한 경제 덕분이라며 이것이 곧 그에 대한 지지를 호소한다고 말할지도 모른다.'

인간의 생존에 크게 기여한 식물

비옥한 초승달 지역의 잡초는 그 지역의 종교보다 오래전에 영국에 들어왔다. 지중해 동쪽에서 온 최초의 신석기 시대 정착민이 기원전 4,500년, 그러니까 영국해협이 열린 지 2천 년 후에 남부 해안에 상륙했다. 그들은 밀과 보리알을 냄비나 가죽 주머니에 넣어 들여왔는데, 거기에는 예전에는 영국에서 자라지 않던 잡초의 씨앗들이 섞여 있었다.

기원전 3,500년경에 조성된 신석기 유적지를 발굴하면서 개양귀비와 둥근빗살현호색, 들갓, 무아재비가 존재했다는 최초의 증거가 나왔다. 청동기 시대(기원전 2000년~500년)가 되어서 그들은 뚜껑별꽃과 나도닭의덩굴, 흰명아주, 쇠서나무, 말냉이, 쐐기풀과 만났다. 이들 재배할 수 있는 잡초가 처음 등장한 들판에서 얼마나 빨리 퍼졌을지는 햄프셔에서 실시한 환상적인 실험에서 드러났다. 그것은 고대 농장 프로젝트Butser Ancient Farm Project로 고고학자들이 청동기시대 농업 기법들에 대해 실험을 하고 있다. 그들은 현대식 장비들의 복제품을 사용해 작은 들판에서 고대 농작물의 씨를 뿌린다. 원시적인 삽 하나로 일군 750제곱미터 넓이의 한 들판에서는 80제곱센티미터 정도 되는 땅에서 말냉이가 자라면서 퍼지기 시작하더니 10년 만에 그들을 전부 뒤덮어 버렸다.

나는 클래어주County Clare 버렌Burren의 오래된 석회암 잔디밭이 가축들이 정기적으로 밟아준 지 겨우 몇 년 만에 잡초 지대로 변해 버리는 것을 본 적이 있다. 이 흰색 돌로 이루어진 특이한 풍경 속에 세 가지 기후지대에서 온 식물인 고산성 용담alpine gentian과 대서양 연안 서식 식물, 지중해산 난초들이 마지막 빙하기 말부터 지금까지 함께 자라왔다. 하지만 가축이 밟아 뭉개며 거름까지 준 길을 따라 이 독특한 모자이크는 사라지고 세계적으로 대표적인 골칫덩어리, 즉 돌소리쟁이와 질경이, 눈양지꽃이 그 자리를 대신했다.

손으로 잡초를 뽑거나 먹는 것 빼고는 이들 초기 농부가 잡초를 두고 할 수 있는 일은 많지 않았다. 일부 식물들, 예를 들어 산당근과 같은 식물들은 기존 농작물 사이에서 아주 용케 잘 자라면서 식량으로서 가능성을 보여주었다. 중동지역에서는 작물로 알려지지 않았던 귀리는 옥수수밭 잡초로 자라던 야생 귀리에서 개발된 것이다. 철기시대에는 아마 기름이 많은 씨앗을 얻기 위해 채집한 흰명아주를 일부러 재배했던 것 같다. 그것이 지금도 거름 더미와 거름을 잘 준 들에서 녹회색 무리를 이루는 걸 보면 틀림없이 선사시대 쓰레기 더미에서 눈에 잘 띄었을 것이다. 흰명아주의 푸슬푸슬한 잎과 전분질 씨앗은 모두 묽은 죽으로 만들어 먹었을 것이며, 후자는 아마 효모를 넣지 않은 빵의 재료가 되었을 것이다.

중세 초기에 흰명아주(고대 영어로는 멜데melde)는 그 이름을 딴 정착지가 있을 만큼 매우 중요하게 여겨졌다. 지역 이름의 어원은 어렵기로 악명 높은 분야지만, 스웨덴의 역사 지리학자 에일럿 에크월Eilert Ekwall은 캠브리지셔의 멜번Melbourn(옛 영어로는 멜데부르나Meldeburna)은 '제방에서 멜데(흰명아주)가 자라는 개울'이었고, 서퍽의 밀덴(멜딘지스Meldinges), 1130년경)은 '멜데의 장소'였다고 주장한다(현대의 밀덴 주민들은 이 마을 이름의 유래를 철석같이 믿고 있다. 1970년대에 그들은 말로만 잡초인 마을의 식물을 1.8m 높이의 주철로 된 조각상으로 제작해 교구 경계에 있는 길가에 세워두었다). 다른 곳에서는 쐐기풀, 별꽃, 돌소리쟁이, 물냉이, 아욱 등이 보다 조직화된 농업의 시대가 올 때까지 필수 농작물로서 오랫동안 살아남았다.

그러나 아무 데나 끈질기게 존재하는 강인한 잡초는 신비한 힘이 있었는데, 그 용도는 순전히 지역적이거나 땅에 한정된 것이 아니었다.

1950년에 완벽하게 보존된 철기 시대 남자의 시체 한 구가 덴마크 톨런트 펜Tollund Fen의 한 습지에서 토탄土炭(땅속에 묻힌 시간이 얼마 되지 않아 완전히 탄화하지 못한 석탄)채굴자 두 명에 의해 발견되었다. 인류학자 P. V. 글로브Glob는 이 발견을 흥미진진하고 서정적으로 설명한 그의 책 『늪지 인간들The Bog People』에서 이 남자의 모습이 얼마나 선명하고 생생했던지 처음에는 아주 최근에 죽었다고 생각할 정도였다고 말한다. '그는 잠든 것같이 축축한 침대 위에 옆으로 누워 머리를 약간 앞으로 숙이고 팔다리를 구부리고 있었다. 표정은 부드러웠다. 마치 기도하듯이 눈을 가볍게 감고 입술을 부드럽게 오므리고 있었다. 그는 죽은 사람의 영혼이 서쪽 하늘에 난 문을 통해 저세상에서 잠시 되돌아온 것 같았다.'

그러나 그는 2,000살이었고, 목 주위에 가죽끈으로 된 올가미를 팽팽하게 두르고 있었다. 그는 교수형에 처해진 것이다. 부검 중에 발견된 것도 마찬가지로 특이했다. 뱃속에 있던 위장에는 청년이 마지막으로 먹은 음식물의 잔재가 현미경으로 확인할 수 있을 정도로 잘 보존되어 있었다. 처형되기 약 12시간에서 24시간 전에 톨런트맨은 경작된 곡물(주로 보리와 아마씨)과 아주 다양한 잡초들로 만든 묽은 죽을 먹었다. 이들 중 일부, 돌소리쟁이와 나도닭의덩굴, 강아지풀, 콘캐모마일, 양구슬냉이 등은 곡물과 함께 우연히 들어갔을 것이다. 하지만 특이하게도 마디풀 씨앗은 의도적으로 모아놓은 것으로 여겨질 만큼 아주 많았다. 이상한 일이었다.

마디풀 씨앗은 크기가 작고 특별히 풍부하지도 않다. 그러니 번거롭게 음식으로 모을 가치가 없었다. 하지만 이 잡초는 그 속명 '악마의 혀Devil's lingels'(예를 들어 악마의 채찍Devil's thongs)이라는 이름에서도 알 수 있듯이 특별한 뿌리 체계, 즉 단단히 얽히고설켜서 흙에서 분리하기 어려운 덩굴손 그물망을 가지고 있다. 아마도 마디풀 씨앗은 그들의 농작물 들판을 그렇게도 끈질기게 점령한 이 잡초의 정수로 보였을 테고, 그것에 경의를 표하는 징표로 채집되었을 것이다.

2년 후, 톨런트에서 동쪽으로 18킬로미터 떨어진 그라우밸레Grauballe 숲지에서 또 다른 철기 시대 남자가 발견되었다. 그 사람의 위에 남아 있던 내용물은 전임자의 것보다 더 잘 보존되어 있었고 내용이 풍부했다. 발견된 씨앗만 최소 63가지였는데, 톨런트맨에게서 발견된 종뿐만 아니라 토끼풀, 호밀풀, 흰털새, 흰명아주, 미나리아재비, 알케밀라종, 서양톱풀, 부드러운 보리뱅이 smooth hawksbeard가 포함되어 있었다.

글로브는 두 사람 중 어느 사람의 위에도 야채류나 가을 과일의 흔적이 없다는 것에 주목했다. 희생자들은 식물에 잎이 나기 전인 겨울이나 초봄에 죽음을 맞이했던 것이다.

그는 그들이 봄을 재촉하기 위해 행해진 한겨울의 기념행사에서 사망했다고 추측했다. 그때는 인간을 제물로 바치는 일이 종종 있었다. 그 사실은 철기 시대 다산의 여신인 네르투스Nerthus를 기쁘게 하기 위해 의식적으로 농작물과 잡초를 혼합하여 식사를 했다는 가능성을 높여준다. 글로브는 이렇게 주장했다. '그것은 여신의 봄 풍경 여행으로 싹이 터 성장하고 무르익게 될 곡물과 꽃씨들로만 풍부하게 구성되어 있었다.'

톨런트맨의 마지막 만찬에는 몇 년 후에 삐딱한 해석이 달렸다. 1954년 여름, BBC 텔레비전의 유명한 고고학자 모티머 휠러 경Sir Mortimer Wheeler과 글린 대니얼Glyn Daniel박사는 프로그램을 위해 준비된 묽은 죽을 먹었는데, 그것은 톨런트맨이 먹었던 것과 같은 것이었다. 그들은 젖소 뿔에 덴마크 브랜디를 담아 죽과 같이 먹었는데도 먹기가 쉽지 않았다. 그래서 구레나룻을 기르고 말을 매우 직설적으로 하는 모티머 경이 대니얼에게 습지의 남자가 희생된 게 아니라, 아내의 요리에서 벗어나기 위해 자살한 것 같다고 한 것이다.

잡초와 야생 식물은 중세 시대에 와서 보조 식량이라는 경제적 중요성을 대부분 잃었다. 켈트 주변 사람들은(흔히 아일랜드·스코틀랜드·웨일스의 켈트 후손들을 가리킬 때 씀) 쐐기풀 죽과 야생 마늘을 고수했고, 잉글랜드 중부 지역 농민들은 갈증을 해소하기 위해 레몬 향 나는 수영 잎을 우걱우걱 씹어 먹었다. 요크셔 사람들은 범꼬리(중서부에서는 '열정 소리쟁이passion Dock'로 불림)의 소박한 잎으로 사순절 의식을 위한 음식을 만들었고, 전쟁과 가난의 시대에는 갈퀴덩굴의 털북숭이 덩굴손까지도 가리지 않고 무엇이든 다 먹었다.

그렇지만 영국의 농민 경제에서는 적어도 빵과 재배한 뿌리채소들이 여기저기서 주워온 견과류와 씨앗을 대체했다.

오래 남아 있는 것-그리고 현대에 와서도 계속 훨씬 더 크게 번성하고 있는 것-은 수렵채집이 주는 의례적 환상에 대한 관심이었다. 사람들은 야생 식물을 섭취하면 마치 자신의 생물학적 뿌리와 계절 감각과 교감하고 음식을 전적으로 자연 과정의 산물로서 이해하게 될 거라고 생각했던 것이다.

프랑스 남서부에서는 야생 나물과 버섯의 계절적 채취인 라 크이예트la cueillette(야생 식물 채취라는 의미의 프랑스어)라는 오랜 전통이 아직도 이어지고 있다. 코끼리마늘과 민들레 그리고 검정 브리오니아black bryony의 뾰족한 끝부분은 봄에 사람들이 선호하는 수확물 가운데 하나였다. 라 크이예트는 더 이상 경제적으로 반드시 필요하지 않지만, 그 땅에 대한 오래된 권리를 보여주는 것, 즉 한 사람이 자신의 고장에 속하는 것을 기리는 축제로 살아남는다. 크레타에서는 부활절 기간 중 일요일 날, 마을 사람들이 가장 좋은 옷을 차려입고 겨울 소화불량을 해결한다며 치커리의 쓴 맛 나는 로제타 스탬나가티stamnagathi를 채취하러 나간다.

19세기 미국에서는 헨리 소로가 '여기저기 찾아다닌 야생 식물에 일종의 맛처럼 달라붙어 있는 '집요함'이라는 불가사의한 특징을 다음과 같이 기렸다. '차가운 11월에 풀 한 포기 없는 땅을 걸으며 네가 조금씩 갉아먹는 흰색 참나무 도토리의 달고도 쓴맛은 수입산 파인애플 한 조각보다 나에게 더 중요하다.'

한 세기가 지나고, 또 한 명의 미국인이 선험적인 채집의 전통을 부활시키며 그 나라에서 더는 있을 법하지 않은 베스트셀러 중 하나를 집필했다. 유엘 기번스Euell Gibbons는 가난한 가정에서 태어나 황진(1930~36년에 미국의 평원에서 일어난 미세먼지 폭풍) 시대에 뉴멕시코에서 자랐다. 그가 10대였을 때 그의 아버지는 일을 찾아 나간 뒤 돌아오지 않았고, 남은 가족 다섯 명은 콩 한 줌과 달걀 한 알로 살아남아야 했다. 유엘은 배낭을 메고 산에 올라가 먹을 수 있는 야생풀을 가득 채워 돌아왔다. 이후 한 달 내내 그의 가족은 전적으로 그것을 먹고살았다. 그의 말대로, 자신의 가족들 목숨을 구했던 것이다.

그 후 30년 동안, 기번스는 변직공, 조선소 노동자, 해변족으로 살면서도 항상 작가를 꿈꿨다. 하지만 그가 쓴 소설은 출판조차 되지 못했다. 그러던 중 한 문학 에이전트의 조언을 듣고, 그는 야생에서 식량을 찾아다녔던 경험을 정리하여 『야생 아스파라거스를 찾아다니며 Stalking the Wild Asparagus』(1962년)라는 매우 영리한 제목의 책을 쓰게 되었다. 이 책에는 미국 원주민의 민간전승과 과일이나 잡초 찾기 여행에 대한 설명, 특이한 재료를 사용한 터무니없는 요리법(무늬왕호장근 잼, 우엉 속(식물체의 줄기에서 관다발에 둘러싸인 중심에서 볼 수 있는 유조직) 절임)들로 가득 차 있었다.

이 책은 그가 어렸을 때 체험했던 채집처럼 생존에 관한 것이 아니라, 풍경과 계절과 다시 연결되고 슈퍼마켓 문화로 타락한 시대에서 음식의 본질을 재발견하는 것이었다.

생태계를 걱정하는 1960년대 중산층의 분위기를 완벽하게 파악한 그 책 덕분에 지금도 대서양 양쪽 해안에서 유행하고 있는 채집 예찬자들(기번스는 이를 '신원시주의 식량 채집자들'이라고 부른다)이 생겨나기 시작했다. 하지만 기번스가 그 말을 사용하면서 깨달은 것처럼, 그 관행의 뿌리는 매우 깊어서 잡초의 기독교적 악마화를 넘어선다. 더 나아가 신석기 시대에 풍작을 비는 의식의 제물에게 먹이는 식사로까지 거슬러 올라간다.

04
독초인가, 약초인가?

알브레히트 뒤러Albrecht Durer의 걸출한 그림 《들풀Large Piece of Turf(Das Grose Rasenstuck, 1503년)》을 보면, 그 시대의 예술적 관습과 문화적 가정을 꿰뚫어보고, 3세기 앞을 내다보며 스스로를 예측하는 상상력을 언뜻 볼 수 있다.

이것은 그림에서 발견한 생태계로 21세기 초, 아니 어느 시대에나 존재하는 버려진 땅의 한구석이다. 그리고 엘리시움 Elysium(선량한 사람들이 죽은 후 사는 곳)의 꽃이었을지도 모른다는 경건한 마음으로 한 무리의 잡초를 보게 된다.

그림의 구조는 더할 나위 없이 단순하다. 마치 뒤러가 땅 아무 데나 삽을 꽂고 퍼 올린 평범한 풀밭 한 부분을 배경으로 사용한 것처럼 풀들이 자라는 모양 그대로다. 그림의 앞쪽에는 왕질경이 로제트 세 포기가 자리 잡고 있는데, 왕질경이는 길 위의 빵waybread이나 여행자의 발Traveller's-foot로 알려져 있을 만큼 전 세계 어디서나 인간이 밟아 다져놓은 길이면 그림자처럼 따라다닌 잡초로 이 그림에서는 왕포아풀 무리에 둘러싸여 있다. 그리고 민들레 이삭 두 개가 꽃 피는 시기가 훨씬 지났는데도 여전히 윗부분이 노란 채 왼쪽으로 기울어져 있다. 그림의 맨 뒷부분, 그러니까 덜 평범한 것에 유일하게 자리를 양보한 그 부분에서 잔디 사이로 백약이참나물burnetsaxifrage 잎이 몇 장 보일 뿐이다. 이 식물 군락은 위쪽이나 다른 관습적으로 이미 정해진 위치가 아니라 아래쪽에서 관찰한 모습이다.

그림의 아래쪽 사분면은 거의 전부 잡초의 뿌리가 눈에 보이게 드러난 얼룩덜룩한 지면에 할애되어 있다. 키가 가장 큰 풀들은 마치 작은 사촌들에게 그늘을 드리우는 숲의 지붕이라도 되는 양 그림이라는 '무대' 위로 솟아올라 있다. 그 구성은 시각적으로 정교하고 과학적으로 정확하다. 바닥의 축축한 진흙에서부터 막 날아가려는 씨앗에 이르기까지 눈에 보이는 모든 구성 요소가 연결되어 있는 생태계의 축소판인 것이다.

시인 존 클레어가 '엎드려서' 자기가 좋아하는 잡초에 경탄하고, 괴테가 '나는 키 큰 풀 속에 누워 땅에 몸을 더 가까이 대고 수천 종의 작은 풀들을 알게 된다(…)'라며 자신의 주인공인 젊은 베르테르에게 풀밭에 배를 깔고 엎드려 초월적인 경험을 하게 했던 19세기 초가 될 때까지 아무도 그렇게 집중적으로 평범한 초목들이 자라는 대지의 모습을 다시 볼 수 없었다.

뒤러의 《들풀Turf》은 잡초 군락의 첫 초상화일 뿐 아니라, 유럽 최초의 진정한 자연주의적 꽃 그림이자 자연을 향한 새로운 인본주의적 태도를 알리는 것이었다. 식물 그림에 있어 처음으로 사실주의적 시도를 한 후 이 지점에 이르기까지 무려 300년이 넘는 시간이 걸렸다. 중세 시대에 식물은 주로 두 가지 형태의 모습으로 나타난다.

시과기도서Books of Hours(중세 수도원의 기도 생활을 일반인들이 따르기 쉽게 삽화 등을 곁들여 만든 기도서)의 테두리나 꽃으로 뒤덮인 벌꿀 술을 고상하게 그린 그림을 꾸미는 장식적 역할 아니면, 약용 식물의 모양을 시각적으로 설명하는 기능적 역할, 이렇게 둘 중 하나였다. 어느 상황에서도 식물학적 정확성을 시도하지는 않았다. 이것은 제철 꽃들의 분위기만 어렴풋이 내려 할 때는 거의 문제가 되지 않았다. 하지만 병을 치료하는 것은 다른 차원의 문제였다. 치료 속성을 가진 것으로 추정되는 물질의 90% 이상은 아마 식물일 것이다. 과학 이전의 인체의 작용에 대한 주술적인 믿음들을 기이하게 혼합해, 특히 히포크라테스Hippocrates와 갈렌Galen 같은 고대 그리스와 로마의 의사들이 내세운 네 가지 체액 이론에 따라 많은 식물이 처방되었다. 하지만 아무리 사리에 맞지 않는 것이라 하더라도 모든 치료 체계는 '올바른' 식물 식별에 의존했다. 이것이 곧 약초 의학서가 할 일이었다.

그러나 16세기까지 약초 삽화들은 종종 추상화라고 해도 될 만큼 양식화되어 있었다. 중세 삽화가들이 기술이 부족했던 것은 아니었다. 그 시대에 인간과 동물의 형상을 스케치한 것을 보면 그들은 설득력 있는 사실주의를 조금도 잃지 않았고, 종종 활기차고 상상력이 풍부했던 것이다. 그런데 식물은 패턴 북에 나오는 모티브의 모습을 하고 있다. 그것들은 단순화되어 있고 대칭적이다. 꽃들은 뻣뻣한 줄기 끝에 매달린 무정형의 얼룩들이고, 뿌리는 당근이라는 하나의 주제를 변형한 것이다. 마치 식물에 예술가가 공감할 수 있는 어떤 본질적인 생기를 주는 정신이 부족하기라도 한 것 같다.

그러나 삽화가들이 종종 자기가 무엇을 보여주려고 하는지 분명히 알지 못하는 경우도 있다. 아리스토텔레스와 테오프라스토스Theophrastus에 의해 시작된 자연을 예리하고 사색적으로 관찰하는 전통은 그리스와 로마의 몰락과 함께 자취를 감추고 말았다. 특히 중세 영국에서는 앵글로색슨족의 주술적 믿음과 매우 권위적인 기독교 교회로 인해 식물의 생명과 속성에 대해 적극적으로 조사하기 힘들어졌다. 자연의 작동 방식에 의문을 제기하는 것이 마치 전통적인 성직자의 언명을 받아들이지 않고 일종의 신성모독, 그러니까 하나님의 세상 질서에 도전하는 것으로 여겼던 것이다. 이상하게도, 적어도 약용 식물의 신원을 확인하는 데 있어서는 이교도 고전 작가들의 가르침이 높이 평가되었다. 그들은 영국의 중세 암흑시대에 오랫동안 잊고 있었던 지혜를 가졌다고 여겨졌다. 중세 식물학과 의학의 지적 노력이라고 할 수 있는 것의 상당 부분은 고전 문서를 이해하고 재해석하는 데 쓰였다. 그것은 실제로 끝없이 반복하며 복사하는 것을 의미했으며, 이로 인해 오류가 발생할 가능성이 매우 높았다. 이 일은 주로 수도원의 명령에 의해서 행해졌다. 수도사들은 리틴이를 읽을 수 있었고, 종종 약간의 의학 지식도 있었으며, 십중팔구 자신의 질병과 인근 지역 사회의 질병 치료에 쓰이는 허브 정원을 가지고 있곤 했다.

그들의 치유 식물에 관한 정보의 가장 중요한 원천은 1세기에 그리스어로 쓰인 『약물지*DeMateria Medica*』였다. 어떤 점에서는 그 후 1,500년 동안 유럽의 모든 약초 의학서는 이 단 하나의 신성한 원천에서 영감을 받거나 파생되었다. 오늘날 디오스코리데스Dioscorides로 알려진 『약물지』의 저자 페디아노스 디오스쿠리데스Pedianos Dioskurides는 아마 소아시아에서 온 군의관이자 뛰어난 식물학자였을 것이다. 그는 저서에서 현장에서 식물을 알아가는 것이 근본적으로 중요하다고 강조한다.

이제 식물이 처음 땅을 비집고 나올 때와 다 자랐을 때, 그리고 시들어 사라지기 시작할 때, 그 자리에서 지켜보는 것은 숙련된 식물학자가 되고자 하는 사람들이라면 누구나 해야 할 의 무다. 약초가 싹이 틀 때만 본 사람은 다 자란 약초를 알아볼 수 없고, 다 자란 약초만 살펴본 사람은 그것이 땅 위에 막 나타났을 때 알아볼 수 없다. 잎 모양과 줄기의 크기 변화와 꽃과 열매의 변화, 그리고 알려진 다른 특정한 특징들의 변화 때문에, 이런 식으로 제대로 주의를 기울이지 않은 사람들은 큰 실수를 저질러 왔다.

안타깝게도 후대의 작가와 편집자들은 그의 세심한 지시에 거의 관심을 기울이지 않았다. 6세기에 콘스탄티노플Constantinople에는 『코덱스 빈도보넨시스Codex Vindobonensis』라는 훌륭한 책이 있었다. 이 책에는 전면 컬러 삽화 400페이지 가운데 자연을 상세히 묘사한 것들이 약간 있다. 하지만 초기에 간행된 많은 책들은 전혀 도해 설명이 없었다. 도해 설명이 있는 책들이라도 양식화된 개념적 식물 그림이나 이전 삽화가들의 그림, 식물에 대한 평범한 환상을 그대로 복사한 그림이 전부였다.

이 과정이 수 세기 동안 계속되면서 점점 더 많은 복사본들이 실제 식물로 잘못 알려지게 되었다. 더 나아가 몇몇 삽화가들은 밖으로 나가 진짜 살아 있는 식물을 그리지 않으려는 것 같았다. 그것은 일부분 삽화가들이 고전 작가들이 말하고 있는 종이 어떤 것인지 식별할 수 없는 경우가 많았기 때문이기도 했다. 하지만 그들은 그렇게 할 필요가 없다거나 온당치 못하다는, 그러니까 세상의 평범한 현실을 두고 고전적 칙령을 확인하는 것이 일종의 무례라고 생각하기도 했다.

영국 약초 의학서의 전통에서, 처음으로 짧게나마 다른 접근법을 경험한 것은 12세기 초였다. 1120년경 서퍽에 있는 베리 세인트 에드먼즈 수도원Bury St Edmunds Abbey의 수도사들은 5세기 혹은 6세기의 책 중 가장 오래된 것으로 알려진 아풀레이우스 플라토니쿠스Apuleius Platonicus의 『식물표본집Herbarium』의 번역서를 냈다. 이 라틴 자료는 디오스코리데스와 다른 그리스 정보원들에서 나온 의학 처방을 모방한 편집본이지만 그때까지 북유럽에서는 본 적이 없는 신선하고 사실적인 식물 삽화가 드문드문 등장한다.

아풀레이우스의 『식물표본집』의 원고는 지금까지 전해져, 현재 옥스퍼드 대학교 보들리언 도서관Bodleian Library에서 소장하고 있다. 요즘의 보급판 책만 한 크기의 이 호기심 많고 겸손한 책은 양피지에 100가지 남짓한 식물종을 다루고 있다. 불완전한 옛 로마인들을 이해할 수 있는 이 책은 때때로 주문서처럼 읽힌다. 쑥에 대해서 그 책은 '만약 어떤 집의 문 위에 이 잡초의 뿌리가 걸려 있으면, 어떤 사람도 그 집을 해치지 못할 것이다'라고 주장한다. 피마자는 '그 씨앗을 집에 매달아 두거나 집안 어디나 두기만 해도 우박이 쏟아지는 걸 막을 수 있다. 또한 그것이 얼마나 훌륭한가 하면 씨앗을 배에 걸어두면 모든 비바람을 잠재운다.' 수록된 삽화들도 있는 그대로 똑같이 베낀 것과 양식화된 창작물이 혼합된 것으로 기상천외하다. 어떤 식물인지 추측하기 어려운 '헤르바 라판Herba Lapan'(이름들은 라틴어, 프랑스어, 심지어 이집트어로 주어진다)은 녹색 잎과 청색 잎이 번갈아 난 이파리들과 황금색 잎으로 장식된 입맥을 가진 것으로 그려져 있다. 용처럼 생긴 뿌리를 가진 아스포델Asphodel(그리스 신화에 나오는 낙원에 피는 지지 않는 꽃 수선화)은 아래위가 뒤집어져 보인다. '헤르바 그람Herba Gram'(아마도 협과)이라는 식물은 파울 클레Paul Klee의 스케치에 나오는 선처럼 가늘고 구불구불하다. 하지만 그 삽화들 뒤에는 여러 다른 손길이 있다.

수도원 정원과 서퍽 시골 지역으로 나가 디오스코리데스를 흐뭇하게 할 만큼 주의 깊게 식물들이 자라는 모습을 관찰했던 호기심 많은 수도사들이 그중 십여 개는 아마 실물 그대로 선명하게 스케치했을 것이다. 자연을 그린 거의 모든 삽화가 흔하디흔하고, 접근하기 쉽고, 쉽게 알아볼 수 있는 잡초라는 것은 놀랄 일이 아니다. 거기에는 왕질경이와 마편초, 민트, 민들레(비뇨기 문제에 추천됨)의 잎이 화려하게 원형으로 펼쳐져 있다.

캐모마일은 꽃 한가운데 샛노란 찻주전자 덮개가 올려져 있다. 삼엽형 잎과 작은 꽃 무리가 달린 풀은 붉은토끼풀밖에는 달리 생각할 게 없다. 예를 들어 울타리쐐기풀(베인 상처와 궤양에 추천됨)의 복잡한 입술 모양 꽃 그림은 스케치가 일부분 상당히 숙련되어 있다. 하지만 월등히 뛰어난 작품은 블랙베리로 본문에서 뱀serpentis에 물리는 것에 대한 불길한 예언 주위를 가시로 휘감고 있다.

블랙베리 다발이 마치 900년 동안 계속 이슬을 머금고 있는 듯 아직도 먹음직스럽게 보인다. 그리고 시골에서 항상 보는 것처럼 나뭇가지마다 덜 익은 붉은 열매가 몇 개씩 달려있고, 더 검은 열매들은 한가운데 찍힌 청회색 물감 한 점으로 윤기가 흐른다.

스케치가 허황되고 마법의 주문과 별반 다르지 않은 언어로 쓰인 베리 세인트 에드먼즈Bury St Edmunds 약초 의학서에 나오는 왕질경이와 민들레와, 분위기를 환기시키면서 생태학적 정보까지 제공하는 뒤러의 그림에서 한 자리에 어우러진 왕질경이와 민들레 사이의 격차는 잡초에 대한 중세적 태도가 구체적으로 보이는 공간이다. 아주 간단히 말해, 잡초는 삶의 모든 측면에 존재하면서 계속 아담이 받은 저주의 일부로 여겨진 것이다. 사람들은 잡초들이 어디서 왔는지 알 수 없었고, 마법으로 변신할 수 있다고 믿었다. 똑같은 식물인데 사람들을 독살할 수도 있고 그들의 고통을 치료할 수도 있었다. 식량 작물이 '타락'해 주변 식물의 씨를 말리는 식물 질병으로 변할 수도 있었다. 중세 시대 사람의 사고로는, 이들 고통을 안겨주는 심술궂은 식물에서 운율이나 이유를 찾아봐야 그것은 의미 없는 일이었다. 물리적 세계에서 겪는 불가사의한 불합리함은 인류가 에덴동산에서 추방당한 사건에서 물려받은 쓰라린 유산으로 견뎌내야만 했던 것이다.

지역 역사가인 목사 포스터 바르함 진케Foster Barham Zincke(빅토리아 여왕에게 소속된 성공회 사제)는 이러한 금욕주의적 태도가

19세기 후반까지 서퍽의 시골에서 지속되었다는 사실을 알게 되었다.

땅이 잡초를 나게 한다는 의미에서 잡초가 땅에서 자연 발생한다고 마치 아무 의심할 것도 없다는 듯이 자신 있게 단언하는 걸 들었다. 그리고 아무도 그것들을 뿌리 뽑을 수 있었던 적이 없었기 때문에 아무도 그렇게 하지 않았다는 말도 들었다. 그것들은 영원히 땅 그 자체에서 싹이 튼다. 어버이 잡초의 씨앗에서 나와야 할 필요가 없는 것이다. 잡초의 경우에는 이러한 무지에 신학적 개념이 엄청나게 많이 더해졌다. 그것은 인간의 불복종에 대한 벌로서 땅이 잡초를 자라게 해야 하는 저주를 받았다는 것이다. 그러므로 땅은 남자인 남편에게 벌을 주기 위해(그런데 왜 남자인 남편만 처벌을 받아야 하는 걸까?) 왕질경이와 양귀비, 스피어그라스speargrass를 낳았고, 또 앞으로도 계속 그렇게 할 것이다.

악마의 배짱

중세 말기에 토머스 투서Thomas Tusser는 세상의 산고와 벌이는 힘든 농사일에 관한 이야기인 『좋은 농부가 되는 500가지 방법 *Five Hundred Points of Good Husbandry*』을 썼다. 그 이야기는 이전 시기의 두려움에 찬 체념에서 벗어나 다가오는 과학의 시대에 대한 확신과 그 실현 가능성에 들떠있다. 투서가 경쾌한 대구로 전체 글을 쓰기로 결정함으로써 이 책의 자기 과신적인 분위기는 더욱 고조되었다. 그럼에도 불구하고, 그것은 중세 농부의 일상사와 그들이 잡초를 어떻게 생각했는지를 눈에 선하게 분명히 알려주는 유일한 직접적 설명 중 하나다. 하지만 투서는 끈질기게 문제를 일으키더라도 현명한 에식스의 자작농에게는 아무것도 진짜 상대가 되지 않는다고 이야기하는 것 같다. 초여름은 그것들을 처리하는 시기였다. 특히 소나기가 내리고 나서 그들의 뿌리가 헐거워지면 말이다.

> 5월에는 잡초 뽑는 갈고리와 장갑을 집어 들라.
> 그리고 옥수수가 싫어하는 잡초를 뽑아내라.
> 겨울 옥수수의 잡초를 뽑는 데는 지금이
> 가장 좋은 때다.
> 하지만 다른 잡초들은 6월이 더 낫다.
> 5월의 잡초가 불에 타고 엉겅퀴가 안달한다.
> 긴털족제비가 호밀과 밀을 모두 다 쓰러뜨린다.
> 고사리와 선용초는 너무 많이 해롭다.
> 그러나 부들boodle(공작국화의 다른 말)만한 잡초는 없다.

투서의 잡초 뽑는 고리는 긴 손잡이에 한 쌍의 갈퀴가 달렸는데, 그중 하나는 끝이 갈라져 있고, 다른 하나는 끝에 금속 고리가 달려 있어서 그것으로 잡초를 하나하나 배배꼬아서 뽑아낸다(괭이질은 아메리카 원주민에게 익숙한 기술로 유럽에서는 적어도 베르길리우스 시대 이후부터 땅에 공기를 통하게 하는 방법으로서 실행되었다. 하지만 영국에서는 그 후 2세기가 지나는 동안에도 잡초 관리에 사용되지 않았다).

사회 역사학자 도로시 하틀리Dorothy Hartley는 자신의 책 『영국의 땅The Land of England』에서 제초 기구가 힘겹게 진보한 길을 따라갔다. 그녀는 어떻게 정확하고 단계적으로 그것을 설명을 할 수 있었는지는 밝히지 않는다. 하지만 그것은 옛날 그림에서 찾은 단서와 그녀 자신이 평생 밭일을 하면서 언뜻 보았던 오래된 관행의 흔적을 직관적으로 재구성해 짜 맞춘 것 같았다. 다음은 그녀가 쓴 글이다.

그는 막대기 두 개를 사용한다. 첫 번째 갈고리 달린 막대기로 옥수수 줄기 밑에 있는 잡초를 잡아 뽑는다. 두 번째 끝이 갈라진 막대로는 잡초의 머리 부분을 갈퀴 아래 놓고 꾹 누른다. 그런 다음 제초자는 잡초의 머리 부분을 발로 밟고 한 걸음 앞으로 내딛는 것과 동시에 갈고리 달린 막대를 몸 뒤쪽에서 흔들며 잡초 뿌리를 땅에서 높이 들어 올렸다가 그대로 떨어뜨린다. 이런 식으로 뽑아낸 잡초는 하나하나 흙을 깨끗하게 털어내고 먼저 캐낸 잡초의 머리 부분이 묻힌 자리 위에 뿌리를 두고 놓는다. 그렇게 제초자는 밭고랑을 따라 걸으면서 옥수수 뿌리 옆에 썩고 있는 잡초를 뿌리덮개로 놓으며 옥수수가 늘어선 줄 사이에 적어도 자기 발만 한 너비의 경계선을 만든다. 김을 매는 데는 뚜렷한 리듬이 있으며, 제초자의 발은 수확하는 사람들의 작업 중 많은 부분을 좌우하는 경계선을 여러 줄 만든다.

이것은 잡초를 충치처럼 정확하게 축출하는 맞춤형 잡초 통제를 위한 묘안처럼 들린다. 그러나 중세의 제초는 가장 공격적인 종의 진화적 속임수는 당해내지 못했다. 특정한 계절에 눈에 보이는 잡초를 제거하는 데 있어, 뿌리가 깊고 넓게 퍼져서 갈고리로는 파낼 수 없는 품종이나 제초자가 오기 전에 꽃을 피우고 씨를 뿌릴 수 있는 품종, 제초자가 뽑아서 땅에 펼쳐놓을 때 사실상 그를 파종자로 삼아 씨앗을 뿌리는 품종, 반대로 연말에 훨씬 늦게, 아마 수확 시기와 첫 쟁기질 사이 정도에 싹을 틔우는 품종들에게 그런 방법은 선별적으로 이점을 제공했다. 예를 들어, 경작지에서 자라는 갈퀴덩굴은 산울타리에서 자라는 것과 상당히 다른 습성을 가지고 있다. 그들은 발아 시기가 다르고, 씨앗의 크기가 농작물과 비슷하며, 2,000년 또는 3,000년 동안 이어져 온 잡초 통제 방법에 적응한 결과라고 할 수 있는 더 잠행적인 습성을 갖고 자란다.

줄기차게 손으로 뽑고 또 뽑으면 결국 대부분의 품종들, 특히 씨앗을 뿌리기 전에 뽑히거나 죽임을 당할 수 있는 한해살이풀들은 사그라든다. 뿌리가 깊고 넓은 여러해살이풀은 영향을 덜 받으며, 종종 생각지도 않게 확산된다. 이런 품종 중 가는미나리아재비와 눈양지꽃과 같은 종들은 뿌리나 줄기의 아주 작은 조각에서도 재생할 수 있다. 그래서 기본적으로 뽑아낸 잡초 뿌리의 대부분(결코 전부가 아닌)을 땅에 도로 던져두는 식의 제초 기법은 그저 잡초가 될 식물의 수만 배가시킬 뿐이었다. 창세기에서 약속한 것처럼 농사의 비애는 '네 평생' 계속될 것이었다.

서양쐐기풀은 경작과 제초에 힘입어 엄청나게 증가한 여러해살이풀이다. 이 식물의 자연 서식지는 진흙투성이의 비옥하고 다소 거친 땅으로, 특히 강 유역의 영양분이 풍부한 침니沈泥(모래보다 곱고 진흙보다 거친 침적토沈積土)와 방목되는 짐승들이 거름을 주는 삼림지대 빈터의 푸르게 우거진 초목들 사이다. 그것은 개간할 수 있는 비옥한 땅과 목초지(특히 빈번히 연못과 강에서 들로 흘러 들어온 침니가 퍼지면서 토지가 더 비옥해졌기 때문에), 질소와 인이 풍부한 조개무지나 화롯불 자리 같은 인간이 만들어 놓은 자리, 그리고 교회의 경내에 아주 쉽게 적응했다.

1년에 60센티미터 넘게 자랄 수 있는 서양쐐기풀은 씨앗뿐 아니라 땅 밑에서도 공격적으로 성장하는 줄기를 통해 세력을 넓힐 수 있다. 심지어 줄기의 잘린 부분도 가로로 누워 퍼지면서 섬유질로 된 단단한 뿌리를 땅 밑으로 내려 보낸다. 그러다 마침내 새로운 잎이 달린 줄기가 지표면을 뚫고 나온다. 이렇게 사방으로 퍼지는 땅속 구조로 인해 쐐기풀의 광활한 군락이 건설되는 것이다. 인산염은 토양에 유난히 오래 남는다. 그래서 솔즈베리 근처 그로블리 리지Grovely Ridge에 있는 로마제국 시대 영국 정착지의 나무가 우거진 대지는 1,600년 전에 인간이 떠나며 남긴 점령지 잔해 위에 쐐기풀이 빽빽하고 무성하게 자라고 있다(그들은 윌트셔의 현대적인 풍경에서도 번성하고 있다. 이 주의 산업용 경작 농업이 엄청난 규모로 확장하면서 유출되는 비료가 가정용 세제에서 나온 인산염까지 더해져 케닛강으로 흘러 들어간다. 여름이 되면 약 20킬로미터 가까이 뻗은 길이 거의 끊긴 데 없이 이중으로 띠를 이룬 쐐기풀로 뒤덮여 있는데, 그중 일부는 높이가 3미터나 되기도 한다).

덩굴식물은 아주 다양하고 엄청난 생존 기술을 완성한 집안이다. 다른 초목의 성장을 방해하는 꾸불꾸불한 뿌리와 위로 올라가는 줄기 때문에 그들은 '악마의 배짱Devil's guts'이라는 피하기 어려운 속명을 갖게 되었다.

화학 제초제가 개발되기 전에는 밭 품종이었던 서양메꽃 Convolvulus arvensis은 경작 가능한 잡초 중 가장 다루기 힘든 종이었다. 그것은 묘하게 매력적인 식물로, 분홍색이나 흰색, 혹은 두 가지 색이 번갈아 줄무늬를 이루는 종 모양의 꽃이 핀다.

그 꽃은 태양을 받으면 옅은 아몬드 향을 풍기며, 꿀로 아주 많은 곤충들을 유인한다. 휘감는 줄기들이 이 식물의 야생의 기원에 대한 단서가 될 수도 있다. 그들은 기껏해야 90센티미터 정도밖에 오르지 못한다. 나무를 오르는 큰메꽃의 동아줄에 비하면 아무것도 아니다.

서양메꽃은 쌍떡잎식물 통화식물목 메꽃과의 덩굴성 여러해살이풀이다.
유럽 원산의 귀화식물이다.

악마의 배짱은 키 작은 관목들, 예를 들면 흔들거리는 절벽 아래서 발생한 종들이 흩어져 자라는 거친 땅에서 벗어나 농장과 정원을 점령하기 시작했을지도 모른다. 서양메꽃의 가장 자연스러운 현대의 서식지는 바다와 가깝고 돌이 많으며 짧은 풀이 난 목초지다. 하지만 오늘날 우리가 알고 있는 그 식물이 재배의 압박에 대응할 수 있도록 아주 정교하게 설계된 것을 보면, 그것은 지난 몇 천 년간 농경 시대를 거치며 계속 진화해왔던 것 같다.

서양메꽃은 있을 수 있는 모든 우연에 대응하기 위해 다양한 재생산 및 재생 기술이라는 실패 없는 보험을 여러 가지 들어 놓았다. 그것은 개체마다 씨앗을 약 600개가량 생산하는데, 그중 어떤 것은 여름에, 어떤 것은 가을에 발아한다. 혹은 충분히 깊이 묻히면, 이후 40년 동안 아무 때나 싹이 트기도 한다. 모종은 일단 자리를 잡고 뿌리를 내리면 땅속줄기를 통해 옆으로 확장한다. 전체 지하 체계는 아마 한 계절에 25제곱미터 넘게 퍼질 수 있으며, 수직 뿌리들은 아래로 5.5미터 이상 뚫고 내려갈 수 있다. 지상에 새롭게 나는 싹은 땅속줄기나 뿌리에서 바로 돋을 수 있다.

호미나 쟁기로 뿌리를 자르면, 풀은 일시적으로 약해지지만 새로운 싹이 더 많이 나오기도 한다. 이 풀이 보이는 반응은 빠르고 단호하다. 몇 초 만에 상처에서 우윳빛 유액이 조금씩 흘러나와 베인 상처 위에 뭉치며 유합조직인 살균용 막을 형성한다.

그리고 며칠 내에 상처 가까이에서 동면 중이던 싹의 눈이 부풀어 올라 새로운 뿌리와 잎맥을 형성하기 시작한다. 이러한 현상은 이 식물의 가장 작은 조각에서도 일어난다. 절망한 정원사가 1백 개 조각으로 잘라낸 서양메꽃의 뿌리나 줄기는 그저 1백 개의 새로운 풀이 시작되는 지점일 뿐이다.

땅 위에서는, 지지력을 얻기 위해 얽힌 줄기의 끝이 다른 식물을 비롯해 모든 수직 물체들을 감아 오르며 빛을 사냥한다(화장실에서 서양메꽃은 검게 칠한 관들이 이루고 있는 미로를 타고 광원으로 가는 길을 찾을 수 있다). 숙주 식물들에 주는 이런 피해는 부수적인 것이다. 서양메꽃은 그저 발판이 필요할 뿐이다. 휘감긴 줄기의 일부가 땅이나 돌 아래 묻히면 뿌리를 내릴 수 있다. 이 식물은 자꾸 잘리면 관목 형태를 취하며 집합성 가지를 생산하는 것으로 보충한다. 만약 이 식물을 가축이 먹으면, 줄기의 화학물질들이 동물의 침에서 성장 호르몬을 인식해 훨씬 더 빨리 재성장하도록 자극받는다.

놀랍게도 서양메꽃이 손쉽게 모습을 바꾸는 이 이야기에는 희망적인 교훈이 있다. 그 모든 가공할 생존 전략에도 불구하고 경작지나 거친 땅을 벗어나서는 번성할 수 없다는 것이다. 이 식물은 절대적으로 빛에 의존하기 때문에 삼림지에서는 찾아볼 수 없다. 그리고 오래된 목초지와 잔디밭에 정착한 식물 군락에도 침투할 수 없다. 때때로 새로 조성된 잔디밭을 침범하지만 1, 2년 동안 끊임없이 베어내면 이 끈질기게 원기 왕성한 뿌리 체계조차도 항복시킬 수 있을 것이다. 악마의 배짱은 최고의 생존자다. 하지만 슈퍼 잡초는 아니다.

요정의 화살

쐐기풀과 서양메꽃 같은 잡초가 딱 봐도 악랄한 힘을 가졌음에도 불구하고, 내가 알기로는 어느 것도 주술이나 신성모독, 이상스러운 습성 때문에 법정에 선 적은 없다. 그들은 운 좋게도 그런 상황은 모면했다. 중세 시대, 사실 19세기 중반까지만 해도 신의 법이나 사회 규범을 위반한다고 생각되면 법정에 서야 했다. 1499년에 프랑스에서는 참새 몇 마리가 성 뱅상St Vincent의 신도석에 똥을 눈 죄로 파문되었다. 1546년에는 바구미 한 무리가 생 쥘리앙St Julien에 있는 교회 포도밭에 피해를 입힌 죄로 재판을 받았다. 그런 종류의 재판은 16세기에 만연했다. 이런 상황에서 유명한 프랑스 변호사 바르톨로뮤 체세니Bartholomew Chassenee는 동물 변호인으로 명성을 얻게 되었다. 그의 업적은 줄리언 반스Julian Barnes의 짓궂은 단편 『종교전쟁The Wars of Religion』에서 기념된다. 이 단편소설에서는 브장송 주교Bishop of Besancon가 앉는 의자의 다리를 갉아먹어 주교를 '본의 아니게 나자빠지게 했던' 나무좀 무리를 파문하려고 한다. 거기서 체세니는 곤충들에게 온화한 판결이 내려지도록 협상한다. 지역 거주민들이 '앞서 말한 곤충들에게 앞으로 생 미셸 교회에 해를 끼치지 않고 평화롭게 풀을 뜯을 수 있는 대안 목초지를 따로 마련해 주고, 그럴 권한이 있는 법원의 명령을 받아 앞서 말한 목초지로 이주한다는 조건으로' 곤충들은 면죄부를 받는다(탐탁지 않은 존재에게 지정된 공간을 내준다는 이 시대를 앞선 생각에서 정원과 경작지 옆에 있는 개간하지 않는 좁은 땅에 존재하는 잡초가 자라는 '한 귀퉁이'라는 현대적 개념을 미리 엿볼 수 있다).

신앙심 깊은 중세인들이 잡초에 가한 최악의 행위는 그들을 나쁜 이름으로 부르는 것이었다. 나라마다 악마의 식물로 규정하는 꼬리표(이제는 거의 쓸모없는)가 달린 품종이 적어도 20여 종이 넘는다.

개꽃아재비는 '악마의 데이지'였다. 좀미나리아재비는 '악마의 발톱', '온 사방의 악마', '악마의 수레바퀴', '아마의 말빗(대개 씨앗 모양을 참고해서)'이었고, 벨라돈나는 '악마의 장군풀'과 '악마의 베리'였으며, 우단담배풀은 '악마의 이불(폭신폭신한 잎들에서 나옴)', 적설초는 '악마의 촛대', 새삼은 '악마의 실', '악마의 망(또한 지옥의 씨앗과 지옥의 덩굴)', 서양벌노랑이는 '악마의 손가락들(또한 성모 마리아의 손가락)', 별꽃은 '악마의 옥수수'와 '악마의 치마단추', 바늘풀은 '악마의 바늘', 사리풀은 '악마의 눈', 쐐기풀은 '악마의 잎'이었다. 전호는 '악마의 고기'와 '악마의 오트밀'. 민들레는 '악마의 우유 통(흰색 유액에서 나온 이름)', 봄여뀌는 '악마의 꼬집음', 나도닭의덩굴은 '악마의 사슬', 개양귀비는 '악마의 혀', 개파슬리는 '악마의 지팡이'였으며, 20센티미터가 넘게 자라는 온화한 한해살이풀인 등대풀은 스코틀랜드 일부 지역에서 '악마의 사과나무'로 불리며 그중에서도 가장 과장된 훈장을 받았다.

하지만 이 잡초들이 모두 어둠의 왕자의 친척으로 여겨졌는지는 확실하지 않다. 악마 같다는 형용사들은 '저 악마같은 꼬마'에서처럼 어쩌면 악의 없이 놀리는 말이었는지도 모른다. 앞으로 보게 될 것처럼 식물의 초자연적 연결은 매우 다른 영역에 놓여 있는 것이다.

더 사실적인 이름(그것은 첫 잡초 블랙리스트에 해당된다)들에 대한 이야기는 1523년에 나온 존 피처버트John Fitzherbert의 『농사일의 완전한 역겨움Complete Boke of Husbandry』에 수록되어 있다. 그는 투서를 예시하면서 '오월 말은 옥수수의 잡초를 뽑을 때다'라고 썼다. '엉겅퀴와 들갓, 소리쟁이, 선옹초, 다놀드Darnolde, 굴드Goulde, 개회향과 같은 다양한 잡초가 있다.' 여기서 마지막 잡초는 투서의 '메이위드May-weed(오늘날에는 악취 나는 메이위드stinking mayweed로 역한 냄새가 나는 분비물 때문에 농부들의 피부가 부풀어 오르기도 했다)였고, 굴드는 노란 꽃이 피는 공작국화Corn Marigold로 투서의 '부들Boodle'이며, 길드위드guildweed 또는 골드gold(금은 만화 강도들의 시대 훨씬 이전에 부들Boodle'이었다)로도 알려진, 중세에 가장 다루기 힘든 잡초 중 하나였다. 그것은 헨리 2세가 없애버리라는 법령을 발효할 정도로 12세기에 골칫거리였으며, 그 법령은 20세기에 잡초법Weeds Acts이 발효될 때까지 구속력 면에서 필적할 만한 것이 없었다.

하지만 인간에 끼친 영향 면에서 가장 심각한 침입자는 선옹초cockle였다. 그 이름은 밀과 함께 갈린 씨가 밀가루에 좋지 않은 맛이 나게 하고 종종 독성까지 생기게 한다는 사실로 연결된, 완전히 다른 두 품종을 가리킨다. 선옹초Corn cockle는 펼쳐진 깃발처럼 꽃봉오리가 활짝 열린 미묘한 보라색 꽃이 피는 분홍색 석죽과 식물로 밀과 같은 시기에 씨앗을 맺는다. 그런데 그 씨앗이 밀 이삭과 크기와 무게가 똑같아서 체질로는 쉽게 골라낼 수 없다. 그래서 밀가루에 섞여 회색 빵이 된다.

사포닌으로 알려진 이 풀의 유독한 배당체는 혈류를 타고 들어가 적혈구와 다른 세포들을 파괴한다. 그러한 질환(인도에서는 아직도 흔한)을 이 식물의 라틴어 이름 아그로스템마 기타고 *Agrostemma githago*에서 유래한 기타시즘*githagism*이라고 하며, 피로감과 하품, 체중 감소, 장염 증상이 나타난다.

피처버트의 '다놀드Darnold'이자 성경의 잡초인 또 다른 선옹초는 독보리-선옹초Darnel-cockle로서 지금은 그저 쥐보리의 가까운 친척인 독보리로 잘 알려진 풀이다. 오래가는 경우는 드물지만 운 없게 이 풀의 씨앗이 들어간 빵을 먹은 사람들은 이명이나 메스꺼움, 시력 손상, 복통, 설사와 같은 또 다른 여러 가지 증상을 겪었다.

놀라운 것은 5월 말과 6월 초에 제초를 한 직후, 제초 갈고리로 뽑아 아무렇게나 땅에 묻은 이 품종들 중 많은 것들이 하지축제Midsummer의 다산 기원 의식에서 소생하거나 건강에 좋은 진액을 내놓았다. 하지축제 전날 밤, 시골에서는 거대한 횃불을 밝히고 거기에 야생 식물을 한 무더기 던진다. 풀 대부분은 고추나물이나 공작국화, 개양귀비, 메이위드, 쑥, 솜방망이, 왕질경이, 마편초를 비롯한 농경 잡초들이었다.

하지축제는 북유럽의 자연년 중 가장 중요한 중심점 중 하나다. 해가 겨울로 길게 지기 전에 '가만히 서 있는' 것처럼 보이고 밤이 너무 짧아서 낮에 합쳐진 것처럼 보이는 때인 하지라는 시기다.

중세 시대에 있어 그것은 인간과 자연 사이의 장벽, 즉 일하는 세계와 마술의 영역 사이의 장벽이 허물어질 수 있는 순간이었다. 그도 그럴 것이 그것은 관념적으로 기독교적인 영국에서도 19세기까지(그리고 일부 지역에서는 21세기까지도) 줄곧 공들여 지키는 이교도적 의식의 시간이었다. 미래가 어렴풋이 보일지도 모르고 다산이 보장되었기 때문이다.

거의 모든 과학 이전의 문화에 있어 주술적 믿음 뒤에 있는 가장 중요한 원리는 공감sympathy이다. 간단히 말해서, 겉으로 보기에 유사한 것들 중 한쪽을 사용해 다른 한 쪽을 치료하거나, 촉진하거나, 불러일으키거나, 때때로 물리쳤다. 다리가 부러진 아이를 갈라진 나무 몸통을 지나가게 한 다음 그 나무를 붕대로 감으면 아이의 뼈가 빨리 붙는다. 동물들의 짝짓기 의식 그대로 인간이 춤을 추면 동물들이 새끼를 더 많이 낳게 할 수 있고, 어쩌면 인간도 자식을 더 많이 낳을 수 있다. 정원 문에 거울을 걸어 두면 먹구름을 반사해 비껴가게 할 것이다.

공감 주술sympathetic magic(어떤 사물이나 사건 등이 공감 작용에 의하여 떨어진 곳의 사물·사건에 영향을 미칠 수 있다는 신앙을 바탕으로 함) 의 중심에는 유사성이라는 개념, 말하자면 우주의 서로 다른 요소들이 물리적이나 생태적으로가 아닌, 그들의 겉모습이 암시하는 '영향력'을 통해 연결되어 있다는 믿음이 있었다. 그러므로 타오르는 횃불은 태양의 열기를 북돋을 것이다.

유럽 전역에서 행해졌던 하지 불꽃 축제는 공감 주술로 충만했다. 횃불의 현란한 빛과 열기는 쇠약해지기 시작하는 순간을 맞은 태양에 힘을 불어넣어 줄 것이다. 그리고 이 땅의 유행병과 '유독한 기운'을 태워 없애는 특별한 선물까지 선사할 것이다. 그 불꽃들은 여전히 일부 지역에 남아 있다. 피레네산맥에서는 교구의 지도자들이나 때로는 거리 한 곳에서 주민들이 횃불에 불을 붙인다.

스웨덴에서는 거대한 횃불에 5월의 기둥이 동반하는데, 그것들은 다른 북부 국가들과 마찬가지로 5월이 아닌 6월 말에 등장한다. 콘월에서는 최근에 그러한 전통이 되살아나 세례 요한 축일에 꼭대기에 타르 통이 불타고 있는 장대의 행렬과 함께 횃불들이 콘월 언덕에 왕관을 씌운 것처럼 잇달아 놓여 있는 것을 볼 수 있다. 영국 일부 지역에서는 불길이 바람을 받는 쪽 들판에 옮겨 붙어 연기가 농작물과 가축 위를 덮치며 정화한다. 태울 식물을 선택하는 것은 횃불 자체가 태양의 마법이라는 사실을 반영한 것이었다. 그것들은 대부분 여름에 꽃이 피는 종으로 흰색, 빨간색 또는 노란색 꽃이 태양의 모양과 색을 닮았다. 톨런트 맨에게 행해진 신석기 풍요 기원 의식에서 마디풀을 사용한 것처럼 아마도 농작물의 친구들로서 그들의 기원 또한 중요했을 것이다.

중세 시대에는 기독교 교회가 하지 축제의 횃불을 도용해 세례 요한에게 경의를 표하기 위해 밝혔다. 그의 축제(그의 죽음이 아닌 생일을 기념하는)는 6월 24일 세례 요한 축일이다. 하지만 의식의 이교도적 내용은 변치 않고 그대로 남아 있었다. 어린 소녀들은 여전히 그들의 미래의 연인을 점지 받고, 사내다운 농장 소년들은 불꽃 사이를 이리저리 뛰어다녔다. 그리고 횃불이 모여 있는 곳에 핀 모든 식물들 중 가장 주술적인 식물에 성인의 이름을 받는 영예가 돌아갔다.

성 요한 풀(이 기독교적 이름 이전의 이름은 알 수 없다)은 한여름에 밝은 노란색 별 모양의 꽃이 피는 풀로, 바로 태양의 풀이라 할 만한 품종이다. 이 풀에는 중세인들에게 자신을 태양의 생명의 빛에 탄원하는 존재로서 분명히 각인시키는 또 다른 특징이 있다. 작고 투명한 점(라틴어 이름으로는 구멍을 뜻하는 하이페리쿰 페라파툼_Hypericum perapatum_)들로 뒤덮여 하늘을 떠받치듯 매달려있는 잎은 태양 광선이 뚫고 지나가면 봄철 나무에 얼룩이 진 것처럼 보인다.

중세의 약초 의학서들이 고전에 대한 혼란스러운 해석과 자연계에 대한 변화무쌍한 관점으로 식물의 작용과 영향에 대한 동시대의 기독교적 관점을 표현했다면, 성요한 축제의 횃불과 같은 의식들은 어쩌면 보통 사람의 믿음을 가장 잘 통찰한 것일지도 모른다. 거기에 식물의 힘, 켈트족 전설과 공감 주술이 여러 면에서 혼합된 결과물, 그리고 소박한 기독교 의식을 대중이 어떻게 바라봤는지에 대한 실마리를 제공하는 앵글로 색슨의 식물 서적들이 조금 있다.

이 시기에는 식물이 더 이상 신들에 의해 존재하는 것으로 여기지 않았다. 그러나 그들은 나쁜 영향을 피하거나 방어할 수 있는 강력한 본질을 지니고 있었다. 대기는 수확 실패부터 남편의 간통까지 모든 것을 자극할 수 있는 위험한 힘들로 가득 차 있었다.

질병은 종종 '요정의 화살elf-shot'이라고 불리는 신비스럽고 비정형적인 물질에 기인했다. 그것은 초자연적 존재에 의해 불운한 인간들에게 조준되었다. 베리 세인트 에드먼즈Bury St Edmunds의 『식물표본집Herbarium』이 나오기 약 2세기 전에 쓰인 『대머리의 의학책The Leech Book of Bald』에 나오는 '요정의 화살 치료법'은 식물 마법과 교회 의식이 결합한 놀라운 결과물이다.

목요일 해 질 녘 헬레니움helenium[아마 모든 데이지과 풀로, 특히 캐모마일Chamomile처럼 동글납작한 꽃이 피는 태양의 잡초]이 있는 곳으로 가라. 그런 다음 축복의 기도나 주님의 기도와 호칭 기도(교회 예배에서 사제 등이 먼저 말하면 신도들이 그에 대응하는 형식으로 이어지는 일련의 기도)를 외고 칼로 그 풀을 베어라. (…) 그리고 최대한 빨리 교회로 가서 풀을 칼과 함께 제단 밑에 놓아라. 그리고 해가 뜰 때까지 거기 두었다가 씻은 다음, 예수님이 못 박힌 십자가와 떨어진 곳에서 주교초와 이끼를 섞어 음료로 만들어라. 음료를 우유에 넣어 세 번 끓이고, 성수를 세 번 부어라. 그리고 음료를 두고 주님의 기도와 사도신경, 대영광송을 부른 다음, 호칭 기도를 외고, 그 사람에게 그 주위 삼면에 십자가를 긋게 하고 나서 마시게 하라. 곧 나을 것이다.

요정의 화살이라는 생각과 밀접하게 연관된 것으로 바람에 날아다니는 위험한 영기靈氣의 흐름인 '날아다니는 독flying venom'이 있었다. 사람들은 때때로 이것이 뱀이나 벌레의 파편에서 유래한다고 여겼다.

보단Woden(고대 영어에서 북유럽 신화의 오딘Odin에 해당하는 신을 부른 이름)은 9개의 조각으로 나누어져 있었는데, 이것은 질병의 원인이라는 개념을 악을 상징하는 가장 오래된 상징으로 돌리는 교리다.

가장 강력한 방어책은 앵글로 색슨족의 9가지 신성한 풀에 기초한 주문이나 물약을 사용하는 것으로, 9가지 신성한 풀이란

쑥, 왕질경이, 스티임stime(물냉이), 메이텐maythen(메이위드 또는 캐모마일), 애털로스atterlothe(아마도 베토니), 워글루wergulu(서양쐐기풀), 챠빌, 회향, 원생종 사과다. 잡초가 저주인 동시에 축복일 수도 있다는 사실은 혼란을 일으키는 원인이 아니었다. 오늘날처럼 그것은 상황의 문제였다. 그들은 땅에서는 골칫거리였고, 병실에서는 치료제였다. 그들이 들판 어디에나 존재한다는 점과 끈질긴 생명력을 지녔다는 점이 그들의 치유의 이미지까지 강화시켰던 것 같다.

'잡초의 어머니'라고 불리는 왕질경이는 초기 켈트족의 횃불 의식만큼이나 먼 옛날부터 주술적 풀들로 구성된 거의 모든 초기 처방전에 존재했다. 그런 생기 없는 풀, 그러니까 평평한 녹회색 로제트 위에 쥐꼬리 같은 수상꽃차례(한 개의 긴 꽃대에 여러 개의 꽃이 이삭 모양으로 피는 것)가 달린 풀이 어째서 그렇게 탁월한 지위를 누려야 하는지 그 이유는 분명하지 않다. 하지만 이 잡초의 무성함이 인간 무리를 너그럽게 대해주겠다는 의지를 보여준다고 본 것이 그것과 관계가 깊은 듯 같다.

앵글로 색슨족이 왕질경이를 말할 때 사용한 '웨이브로드Waybroad 또는 웨이브레드Waybread'라는 이름은 '길가에서 자라는 잎이 넓은 풀'을 의미한다. 이 풀은 길가나 들에 난 길이나 교회 계단에서 무성하게 자란다. 말 그대로 인간이 가는 곳마다 그 발걸음을 바짝 따라다니는 것이다. 땅 위에서 바로 자라는 이 풀의 거칠고 탄력 있는 이파리들은 밟혀도 끄떡없다.

그것들은 밟으며 걷고, 비비고, 심지어 그 위로 차를 몰아도 된다. 그래도 그들은 계속 살아남는다. 발에 밟히면서 주변의 더 연약한 풀들이 짓이겨져 버리기 때문에 더 활기차게 번성하는 것 같다. 그러므로 공감 주술의 원리들은 왕질경이가 으깨지고 찢어진 상처에 효과적이라는 것을 암시한다(그리고 어떤 면에서는 그런 효과가 있다고 할 수도 있는 게 잎에 타닌의 함량이 높아서 상처를 아물게 하고 출혈을 멈추는 데 도움이 된다).

그렇지만 왕질경이의 불굴의 힘은 응급처치 너머로 확장되었다. 그것은 미래로 시선을 확장시킨 예언의 풀이기도 했는데, 특히 인간과 초자연적 세계 사이의 얇은 막이 가장 얇아졌을 때 사용되었다. 버릭셔의 세례 요한 축일 전날 밤, 젊은 여성들이 자신이 사랑에 빠질지 미리 알아보는 부적으로 썼던 것이다. 그것은 섬세한, 그리고 거의 성적인 과정으로 왕질경이의 생식 기관들이 상징적 장치로 사용되었다. 여성들은 쥐꼬리 모양의 뾰족한 꽃대를 2대 꺾어 눈에 보이는 모든 보라색 꽃밥(수기관雙機關)의 꽃가루가 들어 있는 끝부분을 제거했다. 그리고 그것들을 소리쟁이 잎에 싸서 돌 아래 넣어두었다. 다음날 더 많은 꽃밥이 꽃대에 곧추서있으면, 사랑이 임박한 것이었다.

왕질경이 점괘는 17세기에 런던에서도 세례 요한 축일에 행해지고 있었다. 존 오브리John Aubrey는 1694년 6월 24일 몬태규 하우스Montagu House의 목초지를 걷다가 스무 명 정도의 여자들을 보았는데, '그들은 대부분 옷을 잘 차려입고, 마치 잡초를 뽑고 있는 것처럼 무릎을 꿇은 채 매우 바빠 보였다.' 그는 어떤 젊은 남자에게 그들이 뭘 하고 있는지 물었다. 그 남자는 '저들은 그날 밤 자기 머리 밑에 놓을 왕질경이 뿌리 아래 있는 석탄을 찾고 있는 중'이며 그들은 꿈에서 자신의 남편이 될 사람을 만나게 될 것이라고 들었다.

앵글로 색슨의 '아홉 가지 풀의 시 Lay of Nine Herbs'는 거의 1천 년 전에 이 모든 회복력 있고, 마귀를 쫓을 수 있으며, 미래를 예측하는 능력을 상세히 설명해 주었다.

그리고 당신, 웨이브레드(왕질경이), 잡초의 어머니여,
동쪽으로부터 피어나 강한 내면을 가진,
마차가 그대 위로 굴러가고,
여왕들이 그대를 타고 가고,
신부들이 그대를 놓고 울고,
황소들이 그대 위에서 발정 나서 울어도
그대는 이 모든 것을 견디고, 이것들을 물리친다.
이제는 그렇게 공기 중에 돌아다니는 독을 견디고,
이 땅을 온통 돌아다니는 혐오스러운 것들을
견뎌 낸다.

기생 식물

1천 년 후, 우리는 잡초가 날아다니는 독을 물리치도록 도와줄 수 있는 것이 아니라, 그것들 자체가 독을 퍼뜨리는 존재라는 것을 알고 있다. 공기와 토양은 화학적 메시지, 그러니까 포식자 곤충을 감지하고, 꽃가루 매개자를 유혹하고, 경쟁자를 죽여 없애고, 동료 식물들을 독려하고, 다른 식물들에게 곤충의 공격을 알리는 식물 페로몬이 끊임없이 분주하게 흘러 다닌다.

페로몬은 아마 휘발성이며, 잎에서 나와 공기를 통해 전파되거나 토양으로 스며드는 수용성 뿌리 침출물을 통해 전파되는 것 같다. 관계된 식물이 많을수록 페로몬 메시지의 역할은 더 복잡해지며, 오랜 기간 정착된 식물 군락에서 이러한 화학적 대위법은 잡초 같은 침입자들을 쫓아내는 장치 중 하나인 것 같다. 하지만 몇몇 정착종이 자라는 교란된 땅에는 기존의 활동이 거의 없으며, 그래서 잡초들은 자신의 화학물질을 퍼부어 경쟁자들을 진압할 수 있다.

서양메꽃과 캐나다엉겅퀴는 대부분의 곡류 작물의 발아를 방해하는 페로몬을 발산한다. 여러 번의 명쾌한 실험을 통해 미국 잡초 개밀의 뿌리가 단지 전형적인 방식뿐 아니라 땅속에 영양분을 독점함으로써 옥수수의 성장을 억제하는 것으로 밝혀졌다. 개밀은 모든 부분에서 이 독소를 생산한다. 그러니 일부 영향은 공기로 전해질 수도 있다. 어떤 종류의 잡초들, 예를 들면 흰명아주나 독말풀, 돌피의 씨앗들조차 땅으로 화학물질을 침출시켜 양배추나 당근, 토마토 같은 작물들의 발아를 방해할 수 있다. 하지만 화학물질의 이동은 일방적이지 않다.

밀이나 귀리, 완두콩은 흰명아주를 억제한다. 목화 나무에서 나오는 분비물은 목화가 기생 식물 스트리가striga(때로는 독각금으로 알려진)의 숙주가 아닌데도 스트리가의 발아를 촉진한다.

잡초와 다른 식물 간의 눈에 보이지 않는 화학적 거래는 아직도 거의 제대로 설명할 수 없다. 하지만 500년 전, 식물학자들은 이미 또 다른 골치 아픈 잡초와의 이러한 화학적 메시지 교환에 대해 무언가를 직감했다. 새삼은 완전히 기생적일 뿐 아니라, 뿌리 없이도 꽤 많이 존재하는 놀라운 식물 집단이다. 그들은 백리향이나 콩과 식물을 먹이로 삼으며, 중세에는 특히 아마를 먹이로 했다. 어쩌면 새삼은 작물을 몽땅 쓸어버릴 수도 있었다.

새삼의 성장은 불가사의하고 터무니없다. 늦봄에 씨앗에서 싹이 트면 붉은색이나 노란색 가는 줄기가 자란다. 줄기에는 잎이나 엽록소, 땅에 붙은 부분이 없다. 그것들은 자란다기보다는 미끄러지는 것처럼 보인다.

땅 위로 솟아난 묘목의 끝부분은 앞으로 미끄러지듯 천천히 나아간다. 그러는 사이에 줄기 전체는 소용돌이 꼴로 변한다. 그래서 새삼을 언뜻 보면 뱀처럼 움직이면서 앞으로 나아가는 것

새삼은 쌍떡잎식물 통화식물목 메꽃과의 한해살이풀이다.
종자는 땅 위에서 발아하지만 숙주식물에 올라붙으면 땅 속의 뿌리가
없어지고 숙주식물에서 전적으로 양분을 흡수한다.

처럼 보인다.

새삼이 적합한 숙주를 만나 그것을 알아보면 헐겁게 감긴 부분을 조이며 그것을 휘감기 시작한다. 그리고 감긴 부분에서 여러 줄 생긴 작은 흡착 이삭이 숙주 식물의 조직에 파고들어 물과 영양분을 추출할 도관을 준비한다.

새삼이 유럽가시금작화나 헤더같이 나무처럼 커다란 식물에 붙으면 숙주를 약화시키기는 하지만 죽이는 일은 드물다. 하지만 아마와 같이 더 작고 더 다육질인 품종에는 종종 치명적일 수 있다. 물론 그것이 스스로 씨를 맺어 자손에게 미래를 보장하기 전까지는 그렇지 않지만.

처음으로 새삼을 호기심을 갖고 본 사람은 캠브리지 대학에서 공부한 동식물 학자이면서 성직자이자 의사인 윌리엄 터너 William Turner이다.

유명한 영국 식물학자 존 길모어John Gilmour는 터너가 '유럽 대륙의 선구적인 식물학자라는 불꽃으로 자신의 횃불을 밝히고 권위주의와 미신에서 벗어나 최초로 자신이 관찰하고 경험한 것을 바탕으로 영국 식물들을 묘사했다'고 설명했다.

그의 약초 의학서는 뒤러의 획기적 그림이 나온 지 겨우 30년 만인 1543년에 출판되었다. 거기서 그는 새삼이 다른 식물에 의존한다는 점에 주목했다.

'겨우살이가 나무들 사이에서 자라듯이 새삼은 여러 풀과 작은 관목들 사이에서 자란다. 거대한 빨간색 하프 줄 같은 새삼은 풀 쪽으로 몸을 많이 접으면서 그것들을 휘감는다. (…) 내가 새삼과 함께 잘 자란다고 알게 된 풀은 아마와 살갈퀴tare다.'

존 제라드John Gerard는 1597년에 자신의 약초 의학서에서 조금 더 나아가 '이 풀의 성질은 자기가 자라는 자연과 그곳의 다른 식물들의 성질에 따라 변하다'고 주장했다. 현대의 식물학자들은 새삼이 정말로 수많은 품종과 유형으로 존재한다는 것과 저마다 자신만의 특정 숙주의 화학적 특징을 인식하도록 변했다는 사실을 알게 되었다.

새삼은 잎이 내뿜는 휘발성 화학물질의 독특한 조합을 고르면서 자기 숙주의 '냄새를 맡는 것'으로 보인다.

펜실베이니아 주에서는 생물학자 콘수엘로 드 모라에스Consuelo de Moraes가 토마토를 먹이로 삼는 여러 새삼의 추적 기술을 연구했다(새삼은 미국에서 교살 잡초나 사랑 덩굴lovevine로 알려져 있다). 그녀는 이 식물의 끝부분이 성장하면서 숙주의 '냄새를 맡으며' 천천히 회전하다가 결정적으로 그것을 목표로 삼는다는 사실을 발견했다. 그것은 빨간색 펠트(모직이나 털을 압축해서 만든 부드럽고 두꺼운 천)와 파이프 청소줄로 장식한 가짜 토마토와 색깔 있는 유동액이 든 공은 무시했다. 그러니까 그것은 색깔 단서에는 반응하지 않은 것이었다. 하지만 드 모라에스가 진짜 토마토에서 추출한 향기 화학물질을 고무 조각에 묻히자 새삼은 즉시 그 방향으로 덩굴손을 뻗었다.

식물의 교통기관

중세 시대의 미신에서 이성의 시대의 열린 호기심으로의 이동에 대해 말하는 이 이야기에는 얄궂은 각주가 달린다. 그것은 말 그대로 세속과 격리된 이야기다.

수도원과 대학은 모두 벽이 있다는 물리적인 특징이 있다. 그들의 허브 정원을 둘러싸고 있는 벽은 상징적으로 그들의 지식을 에워싸고, 바깥세상에 지적 권위가 어디에 있는지를 분명히 했다. 잡초가 될 가능성이 있는 식물들은 물론 그들이 경계를 우습게 보는 것으로 정의된다.

수도원의 허브 정원에 일어난 일은 의학용 풀 중 일부가 그 벽 안쪽에서 자라기를 좋아하게 되었다는 것이었다. 그것들은 벽을 바깥세상, 그리고 더 대중적 인지도를 얻는 세상으로 나가는 디딤돌로 사용했던 것이다.

수도원 자체가 잡초들의 교통기관이었다. 클뤼니 교단Cluniac Order(베네딕트 수도회의 한 교단) 같은 곳은 프랑스 먼 남부 지방에 수도원이 여럿 있었는데, 그들은 의학용 풀을 여러 곳에서 들여오곤 했다. 이들 중에는 농경 잡초처럼 지중해의 건조하고 돌이 많은 지역 태생인 품종들이 있었는데, 그것들은 자기를 안에 가둬두려고 고안된 건조한 돌벽이 나가는 길을 찾기에 적합한 도약판이 된다는 사실을 알게 되었다.

아풀레이우스 플라토니쿠스의 1120년 『식물표본집』이 나왔던 베리 세인트 에드먼즈 수도원 담장의 잔해에는 지금도 잡초들이 수놓아져 있다. 어떤 것들은 벽이 식물들이 그 안에 들어오는 장치이기도 하다는 것을 보여주는 비교적 새로운 종(예를 들어 부들레야)들이다. 그러나 어떤 것들-피버퓨(두통에 좋음), 애기똥풀(안구 통증에 좋음), 꽃무(종기에 좋고, '항문의 상처나 파열' 치료에 도움을 줌)는 그저 900년 전 수도원 약초원에서 자라던 식물들의 후손일지도 모른다. 이제는 모두 영국 전역의 석조물과 쓰레기장에서 흔히 볼 수 있게 되었다.

시골에서 경작지가 잡초들에게 커다란 입구를 제공했다면, 경계벽과 도로는 도시 세계로 가는 관문이 되었다. 인간이 야생으로부터 자신의 문명을 보전하기 위해 어떤 시설을 만들든 잡초는 그것들을 활용할 방법을 찾아내고야 말았다.

05

주술과 의학의 경계에서

마법의 시대에 명성을 떨친 잡초는 맨드레이크다. 이 가짓과의 전설적인 일원은 지중해 지역에 널리 퍼져있는 잡초로 깊이 쟁기질을 하지 않는 올리브 밭이나 휴한지, 밀밭에서 불쑥 모습을 드러낸다. 맨드레이크는 불가사의한 매력이 있다. 이 풀은 커다랗고 주름진 짙은 녹색 잎이 땅 위에 서로 겹쳐 방사형으로 돋아나며, 종종 늦가을에는 그 한가운데서 짙은 보라색 꽃송이가 핀다. 하지만 식물학자들을 매료시킨 것은 바로 뿌리였다.

사람의 피부색을 띤 뿌리는 끝이 깊게 갈라져 있으며, 간혹 어찌 보면 생식기까지 달린 난쟁이 같아 보인다. 그런 이유로 공감주술에 의해 최음제나 불임 치료제, 심지어 악령을 쫓아내는 약의 공급원으로 여겨졌다.

맨드레이크의 실물과 용도를 둘러싸고는 여러 신화가 얽혀 있다. 그것은 교수대 아래에서 가장 잘 자란다고 전해졌다. 남자 시신이 부패하면서 맨드레이크에 거름이 되어주면 그 뿌리는 남성의 생식기 모양으로 자랄 것이다. 그리고 시신이 여자면 여성의 모습을 띨 것이다. 뿌리가 인간의 모습과 유사하기 때문에 그것을 캐는 사람들이 일종의 살인을 저지른 셈이 되어 마법으로 보복을 당하지 않으려면 직접 캐지 말고 특수한 기술을 사용하라는 조언도 있었다. 이 풀은 뽑힐 때 날카로운 비명을 지를 것이다. 그래서 그것을 캐는 사람들은 개를 줄기에 묶어 풀을 뽑도록 하라는 조언도 받았다. 이 경우 불가피하게 개가 죽기도 한다.

의학적 사실을 보면 맨드레이크는 마약성 알칼로이드를 함유하고 있다. 그것은 고대에 수술 중 약한 마취제로 사용되던 물질이었다. 영국에서는 맨드레이크를 밀매하는 약초상들이 항상 진짜 뿌리를 손에 넣을 수 있었던 게 아니어서 다른 식물의 뿌리로 대체하기도 했는데, 종종 훨씬 더 독성이 강한 화이트 브리오니아white bryony의 뿌리가 대신 쓰이기도 했다. 사실 이 뿌리를 캐는 것과 연관된 미신, 그러니까 치명적인 비명 소리나 사형

집행 장소에서 자란다는 것 등과 관련된 미신은 전문 약초 채집가들과 상인들이 수지맞는 작물을 외부인들이 가로채지 못하게 하려고 널리 퍼뜨린 것이었다. 명민한 윌리엄 터너는 맨드레이크의 엉터리 치료에 대해 이렇게 대놓고 가차 없이 비난했다.

영국에서는 작은 꼭두각시나 인형처럼 가짜로 만든 뿌리가 머리카락을 달고 사람의 형태를 갖춘 상자에 담겨 팔리고 있다. 그들은 모두 가난한 사람들을 희롱하면서 그들의 지혜와 돈을 모두 빼앗으려는 교활한 생각에만 사로잡혀 있다. 나는 여러 번 맨드레이크 뿌리를 땅에서 뽑아봤지만 내가 뽑은 것 어느 부분에서도 상인들이 상자에 담아 흔히 팔고 있는 뿌리에서 볼 수 있는 것들을 결코 보지 못했다.

문제는 터너가 대표하는 식물 관찰에 대한 고조된 관심이 약초 판매상들에 의해, 그리고 어느 정도 교회에 의해 이용되어 지적 설계Intelligent Design 이론의 초기 원형을 형성하는 데 활용되었다는 사실이었다.

약징주의Doctrine of Signatures, 藥徵主義(병이 발생한 신체 기관과 비슷하게 생긴 식물을 치료 목적으로 사용)는 눈에 띄는 주술적 영향을 깨끗이 정리해 걷어내고 기독교의 권위가 부여된 공감 주술이었다. 그것이 가르치는 바는 인간이 식물들이 치료하도록 계획된 질병을 '읽을' 수 있도록 하기 위해 신이 어떤 암시적인 모습

맨드레이크는 화식물목 가지과의 여러해살이풀이다. 고대 아랍인과 게르만인은 '맨드라고라(Mandragora)'라는 작은 남자의 악령이 이 식물에 산다고 믿었다.

과 색깔로, 말하자면 그것들에 '서명'을 했다는 것이었다. 그런 이유로 그 설계 내용을 해석하기 위해 풀을 자세히 들여다보는 것이 기독교적 헌신의 행위로 여겨질 수 있게 되었다. 그러한 주의의 가장 복음주의적인 지지자는 17세기에 옥스퍼드대학교에서 공부한 식물학자 윌리엄 콜스William Coles였다. 그는 『에덴 동산의 아담Adam in Eden』 또는 『자연의 낙원Nature's Paradise』(1657년)에서 그 체계를 이렇게 설명했다.

> 죄와 사탄이 인간을 질병이라는 바다에 빠뜨렸지만, 신은 자신의 모든 작품에 자비를 베풀어 산에서 자라는 풀과 인간이 사용할 약초를 만드시고 인간에게 하신 것처럼 그들에게서도 독특한 형태의 줄기가 돋아나게 할 뿐 아니라, 고유한 특징을 부여해 인간이 그것을 훤히 알아보고 그들의 사용처를 읽을 수 있도록 하셨다.
> 심장 클로버[스포티드 메딕spotted medick]는 잎이 사람의 심장처럼 삼각형 모양일 뿐 아니라, 잎마다 심장과 똑같은 모양의 점이 나 있는데 심장과 같은 색이기 때문에 그렇게 불린다. 개혓바닥풀hound's toungue은 자기 이름과 크게 다르지 않게, 짖지 못하게 묶은 사냥개의 혀 모양을 하고 있다. 서명들, 그렇게 해서 신성하게 인정된 유용성은 가장 하찮은 잡초들에서 발견할 수 있었다.

애기똥풀의 작은 혹 같이 생긴 뿌리들은 짧은 털에 서명되었다. 냉이의 칼날 모양 삭蒴은 비뇨기분야의 질병을 치료한다는 것을 보여주었다.

맨드레이크는 그 부속물이 진짜든 일부러 만들어 붙인 것이든 불감증이나 성욕 감퇴에 특화되었다. 의미를 찾아 훑어본 것은 식물의 겉모습뿐만이 아니었다. 그들의 습성도 훑어보아야 했다.

넓게 퍼지는 벽의 펠리트륨Pellitory-of-the-wall(천식풀)은 뿌리가 돌도 뚫을 수 있는 잡초로 신장 결석과 '요로 결석'에 같은 역할을 할 수 있을 것이다.

황화구륜초의 줄기 끝에 핀 바람에 흔들리는 꽃송이들은 파킨슨병인 '진전마비'치료를 할 수 있다는 서명을 받았다.

콜스가 주장하는 진정한 잡초, 그러니까 그에게 부적절한 식물들이란 아무런 서명도 받지 못한 것들이었다. 그것들은 처음에 목적 없이 땅 위에 존재하는 것처럼 보였다. 하지만 그는 독자들에게 그것들을 너무 성급하게 멀리하지 말라고 경고한다. 그들의 가치는 단지 아직 발견되지 않은 것일지도 모른다. 그는 이 세상에서 겉으로 보기에 당장은 쓸모없어 보이는 식물들의 존재에 대해 계속 설명한다.

그것은 주피터의 잡초 창조에 관한 내용인 〈전원시The Georgics〉에 대한 베리길리우스Virgil의 설명이 떠오르게 한다.

'그것들은 저마다 사용처가 있다. 그것들이 어떤 것에도 이득이 되지 못하고 그것을 뽑도록 부지런한 인간을 훈련시키기만 한다면, 그리고 그가 애써 분투할 것이 없다면, 그의 영혼의 불

꽃은 반쯤 꺼지게 될 것이다.'

물론 17세기에는 놀랄 일이 아니긴 하지만, 약징주의Doctrine of Signatures의 비타협적인 인간 중심성은 주목할 만하다. 그 지지자들은 식물에 그러한 모양과 색깔을 갖게 된 소위 자신만의 이유가 있을 수 있다는 사실을 전혀 몰랐다. 민들레꽃이 노란색인 것은 수분 매개 곤충을 유혹하는 것과 전혀 관계가 없었다. 그것은 그 잡초가 배뇨장애에 적합하다는 사실을 알려주는 것이었다.

우엉 씨앗의 갈고리는 씨앗이 수월하게 이동하기 위해서가 아니라 독사에 물렸을 때 독을 빼내기 위해 존재하는 것이었다.

호두(뇌의 장애에 특화된 서명)에 대해서 말하자면, 그것은 서명된 식물의 전형이었다. 호두 껍데기의 모양은 호두를 완벽하게 담기 위해 고안된 것이라기보다는 우리의 뇌와 하나님이 거기에 심으신 지혜를 상기시키도록 설계된 것이었다.

식물의 유용성

특이하게도, 약징주의는 현대에 이르러서도 약초학에 영향을 계속 미치고 있다. 그러나 식물 기반 주류 의학은 점점 더 터너가 선호하는 관찰 기반 접근법을 따르기 시작했다. 진정한 의미에서 식물과 식물의 특성에 대한 영국 최초의 대중적인 안내서는 존 제라드John Gerard의 『약초 의학서Herball』 또는 『식물 일반사General History of Plants』였다. 그 내용의 대부분은 원본과는 거리가 멀고, 플랑드르의 식물학자 렘베르트 도도엔스Rembert Dodoens가 1583년에 쓴 문서에서 차용한 공인되지 않은 내용을 기초로 하고 있다. 하지만 제라드는 식물에 대한 열정과 식물의 특성을 포착하는 시인의 재능을 지니고 있었다. 그는 자신의 약초 의학서에서 약 2,000종의 식물을 다루는데, 비록 잡초(거의 그렇게 언급되지는 않지만)에 대한 그의 설명은 영어로 쓰인 최초의 것은 아니지만, 모든 종류의 미적 평가를 표현한 첫 번째 저작물임은 틀림없다. 제라드는 또한 현대적이고 이성적인 전망을 하기 시작했다. 그는 약징주의자들의 과장된 믿음을 경멸했고, 그 시금석이 되는 종인 맨드레이크를 이렇게 혹평했다.

 '이 식물에 해당되는 우스꽝스러운 이야기들이 많이 있다. 늙은 아내들이든, 혹은 내가 모르는 도주 중인 외과의사나 약장수든 확실히 다른 사람보다 유명하고 능숙해지고 싶은 여러 종류의 사람들이 내가 말한 그 오류의 첫 번째 안내자였다.'

 도주 중인 외과 의사 또는 약장수에 대한 그의 조롱은 17세기 말 영국 의학의 관행을 바꿀 식물 치료법에 대해 견해가 서로 다른 집단들 간에 벌어진 전쟁에서 처음으로 취해진 맹렬한 공격 중 하나다.

 당시 세 개의 전문 기관들이 끊임없이 논쟁을 벌이며 우위를 차지하기 위해 계속 다투었는데, 왕국 전체의 의학을 규제하려는 왕립 기관인 의사 협회Society of Apothecaries와 약품 제조업자와 납품업자들인 약제사 협회Society of Apo thecaries, 수술 집도 허가를 받은 이발사 단체Company of Barbers가 그들이었다.

존 제라드는 본인이 외과의사였다. 물론 도주자는 아니었지만. 그는 17살이었던 1562년에 알렉산더 메이슨Alexan der Mason이라는 런던의 이발사이자 외과 의사의 도제로 들어갔고, 말년에는 그 단체의 회장이 되었다. 하지만 제라드의 진정한 열정은 정원을 가꾸는 데 있었다.

그래서 그는 1577년부터 스트랜드 가에 있는 윌리엄 세실 경 Sir William Cecil이 정성스럽게 가꾼 정원을 담당했고, 페터 레인 Fetter Lane의 한 모퉁이에 자신의 정원을 가지고 있었다. 그리고 그는 런던을 잘 알고 있었다. 그의 책이 주는 즐거움 중 하나는 16세기에 그 도시의 식물들이 이룬 경관을 떠올릴 수 있도록 그려 넣은 그림이다. 그는 배꼽풀navel wort이 '초서Chaucer의 무덤에서 고궁으로 이어지는 문을 넘어 웨스트민스터 사원에서' 자라고 있고, 사향아욱은 '런던에서 '올드 포드Old Foorde'라 불리는 목욕탕으로 가는 길의 덤불과 산울타리 사이에 있는 티본 Tyborne이라는 처형장 왼쪽'에서 자라고 있으며, 솔라눔 둘카마라는 벌몬지 가Bermonsey Street의 서식스 백작Earle of Sussex의 집 정원 벽에 난 배수구에서 자라고 있고, 루타 잎이 달린 바위취

rue-leaved saxifrage는 챈서리 레인Chauncerie Lane의 벽돌담 위에서 자라고 있다고 묘사했다.

케임브리지 대학교 신성 및 식물 사학과 교수 찰스 E. 레이븐Charles E. Raven은 이렇게 말했다.

"사람들은 도시를 아주 화려하게 장식할 수 있다면 그의 많은 범죄를 용서할 수 있었다."

하지만 제라드는 영국 전역을 널리 여행하며 현지 식물들을 폭넓게 많이 만났다. 당시에는 흔하지 않았던 풀인 분홍바늘꽃과 3세기 후에 분홍바늘꽃을 그렇게 성공적인 잡초로 만들어준 공중에 떠다니는 씨앗에 대한 정확하고 풍부한 설명은 그가 요크셔에서 얻어와 자기 정원에 심었던 한 식물을 기초로 한 것이다. '줄기가 땅에서 엄청나게 많이 돋아나 1.8미터까지 자라더니 꽃잎이 네 개 달린 보라색 꽃이 피어나 찬란하게 장식한다. 꼬투리는 길고, 안에 솜털 같은 물질로 가득 차 있는데, 그것은 꼬투리가 열리면 바람을 타고 날아가 버린다.' 켄트의 한 '백악질 옥수수밭'에서 그는 후에 에드워드 솔즈베리Edward Salisbury가 발견한 것과 유사한 파란색 핌퍼넬blue pimpernel과 이 풀의 주황색 사촌 꽃들을 청우계晴雨計로 사용한 기록을 발견했다. 농부들은 꽃잎이 닫혀있으면 다음 날 비가 오고, 열려있으면 날이 맑을 거라고 예상했던 것이다.

첫 부분은 이와 같은 단편적인 민간전승으로 가득 차 있다. 다른 데 잘 들러붙는 가시 털로 뒤덮인 갈퀴덩굴의 긴 줄기는 우유를 걸러내는 데 사용되었다. 그리고 독거미한테 물렸을 때 치료약으로 사용되기도 했다. 담배처럼 연기를 피울 수 있는 말린 머위 잎은 폐 질환에 '대단히 효과가 좋았다.' 노란 꽃이 피는 공작 국화는 목욕을 하고 나오면 황달이 생겨 고생하는 사람들이 먹으면 피부색이 정상으로 돌아온다.

제라드의 말도 안 되는 생각들은 그가 그런 재미있는 작가가 아니었다면 사람들을 화나게 했을 것이다. 그리고 그는 돌팔이들에게 폭언을 하면서도 정작 자신은 마녀의 커다란 솥단지에서나 나올 법한 치료법들을 선전했다. 하지만 거기에는 일리 있는 충고도 있었다.

예를 들면, 타닌이 풍부한 꿀풀의 잎을 지혈제로 사용한다거나 위에 탈이 났을 때 박하를 먹는 것 같이 오랫동안 이어진 대중적 경험을 바탕으로 한 것들이었다. 하지만 당시 제라드의 속기 쉬운 성격, 아니면 장난기는 정말 말도 안 되는 말도 만들어냈다.

그는 시클라멘에 대해서 조언하면서, 다음과 같이 임산부는 이 식물과 접촉해서는 안 된다고 주장한다. 임산부들은 심지어 '그 풀의 자연스러운 사람을 끄는 매력 때문에 그 풀이 난 곳을 걸어서도 안 된다. 그렇게 했다간 두말할 것도 없이 분만 예정일에 앞서 아기를 낳을 수도 있다.'

그는 '여자들이 내 말이 사실인지 알아보려고 그런 곳을 걸어보는 통탄할 실험을 하지 못하도록' 자기 정원에 있는 시클라멘 위에 막대기 격자를 만들어 씌워놓았다며 독자들을 안심시켰다.

요크셔의 신사이자 런던의 약제사, 그리고 왕당파 군인이었던 토마스 존슨Thomas Johnson은 1633년에 『약초 의학서The Herball』를 '증보하고 수정한' 새 책을 준비할 때 '어떤 이유나 경험에 의해서라기보다 쓸데없는 의견을 앞세운' 시클라멘에 대한 그의 경고에서 '여성스러워'야 한다고 한 점을 두고 제라드를 조롱했다. 그는 또한 마스쿨라 작약에 관한 제라드의 놀라운 기록에 대해 다른 사람에게 들은 악의에 찬 소문을 조금 전했다. 소문에 의하면, 제라드는 사우스플리트Southfleet의 토끼 사육장에서 그 식물을 발견했다.

'우리의 작가가 스스로 작약을 거기에 심은 다음 우연히 발견한 척했다고 들었는데, 아무도 그 이전이나 이후에 이 왕국 어디에서도 그 식물이 야생에서 자라는 것을 보거나 들은 적이 없기 때문에 나는 그 말이 맞다고 믿는다.(오늘날까지 식물 보호 세계에서 계속되고 있는 관행임)'

이것은 점잖게 가벼운 경고 정도였다. 제라드보다 더 실용주의자였던 존슨은 근엄함과는 거리가 멀었다. 그의 일 중 하나는 약제사 협회의 도제들이 약용 식물에 대해 제대로 익히도록 '식물 채집' 여행을 지도하는 것이었고, 이런 탐험 여행에 대한 그의 일지에는 떠들썩한 읽을거리가 많았다.

야외 수업에서 제멋대로 구는 학생들의 모험을 일일이 열거했다는 점을 생각해 보면 그것이 어떠했을지 잘 알 수 있을 것이다. 가장 의욕에 넘쳤던 것은 1629년에 켄트 북부로 떠난 여행이었다.

7월 13일, 사람들 열 명이 시티 오브 런던에서 배 두 척을 타고 그레이브젠드Gravesend로 출발했다. 그런데 출발하자마자 폭풍을 만나 무리의 반은 그리니치의 해변으로 가야 했다. 그들은 로체스터Rochester에서 다시 만나 여관에서 그날 밤을 보냈다. 음주가 연구 시간의 많은 부분을 차지했던 것 같았고, 발견 목록에 오른 첫 번째 식물이 '그 여관 벽에서 뽑은 이끼'였다는 게 그 여행의 대체적인 분위기였다.

다음날 그들은 켄트 시골 지역 곳곳을 천천히 거닐며 인상적인 식물들을 하나하나 적으면서 채텀Chatham과 질링엄Gillingham으로 향했다. 목록에는 잡초, 그러니까 약초학에서 희귀종들만큼이나 중요한 잡초들이 영예로운 위치를 차지하고 있었다.

첫날 그들은 사리풀과 독당근, 솜방망이, 냉이, 까마중, 솔라눔 둘카마라, 천식풀(공동묘지에서), 하우스릭, 옥수수밭 잡초인 플루엘렌 3개 품종, 냄새나는 캐모마일, 바늘풀, 노랑 딸랑이, 꿀풀을 발견하고 기록했다.

세페이 섬Isle of Sheppey에서 그들은 이 이방인 무리들이 건들거리며 자기 동네를 돌아다니는 게 신경 쓰였던 퀸즈보로

Queenborough의 시장의 심문을 받았다. 그들은 여행의 목적이 진지한 것이라며 시장을 안심시키고 켄트 주의 맥주를 대접받았다. 그런 다음 낡은 배를 타고 그레인 섬Isle of Grain에 도착해, 10킬로미터 가량 걸었는데 그동안 조금이라도 즐거움을 줄 수 있는 것은 단 하나도 보지 못했다. 아니, 술집 하나는 본 것 같다. '그 길은 물가를 따라 이어졌다. 한낮의 열기 속에서 우리는 물 한가운데서 갈증이라는 고통을 겪은 탄탈로스Tantalus 마냥 괴로워했다.' 그 무리가 맥주 양조업자가 마차를 타고 로체스터로 간다는 사실을 알게 된 것은 분명히 다행스러운 일이었다.

존슨은 거기에 도제들을 실어 보내며 맥주 통에 기대어 그들에게 손을 흔들며 행복하게 인사를 하고는 클리프Cliffe에서 계속 삼과 양귀비를 찾아다녔다('게으르고 부주의하다고 비난받지 않기 위해서').

의학의 발전에 기여한 식물들

존슨은 1643년에 옥스퍼드 대학교에서 명예 물리학 박사 학위를 받았다. 그리고 한 해 뒤, 왕당파 군에서 중령으로 임명된 그는 햄프셔에서 벌어진 소규모 내전에서 치명적인 부상을 입었다. 같은 해, 17세기의 가장 훌륭한 식물학자가 아니라면 가장 잘 알려진 식물학자인 니콜라스 컬페퍼Nicholas Culpeper도 뉴베리

Newbury 전투에 적군으로 참가해 심각한 부상을 입었다. 그들이 서로 다른 편에 선 것은 아무 의미가 없는 게 아니었다.

컬페퍼는 딱 봐도 제라드와 존슨이 저주한 일종의 돌팔이였다. 그의 약초에 대한 철학은 난해한 점성술 이론과 알기 쉬운 상식을 바탕으로 했다. 하지만 그는 정치적으로는 급진주의자이자 인민주의자였으며, 영국 혁명이라는 격동의 시기에 다른 작가나 전문의 이상으로 식물 기반 의학 체계를 일반인들이 이용할 수 있도록 하기 위한 시도를 했다. 그는 의회 민병단의 편에 서서 싸우다가 입은 부상에서 완전히 회복되지 못했다. 하지만 마지막으로 주어진 10년 동안 17세기에 가장 예기치 못한 베스트셀러 중 하나를 썼다.

『영국 의사The English Physician』는 말하자면 약초 의학지의 요약본으로 대부분 자생식물을 사용한 자가 치료에 대해 재미있게 저술한 구하기 쉽고 저렴한 안내서였다.

컬페퍼가 다룬 식물 330여 종 가운데 약 3분의 1은 대개 오늘날 잡초로 여겨지는 것들이었다. 하지만 『영국 의사』는 좀 더 상징적인 면에서 잡초 안내서라고 할 수 있으며, 잡초 그 자체든, 사용 방법이든 그 안에 있는 통속성에 건네는 인사였다.

이 책의 저속한 표현법은 벌 떼 같은 논란을 일으켰다. 하지만 묘하게도 사람들은 거기에 끌렸다. 『영국 의사』는 반복적으로 번갈아가며 강박적이었다가, 매력적이었다가, 이해할 수 없다가, 위안이 되었다가, 비꼬다가, 호전적이었다가, 편집적이었다.

이 작가는 '매섭게 톡 쏘는 풀'인 미나리아재비(아마도 가는미나리아재비)는 '산울타리를 머리로 들이받지 않는다면 온 사방에 널려 있는 것을 볼 수 있다'며 경멸한다. 제대로 이성을 갖춘 인간이라면 이 책의 미신과 우주론적 환상으로 떠나는 여행들이 터무니없다고 생각할 것이다. 심지어 컬페퍼와 동시대인들조차 이 책이 자기중심적인 멍청이가 쓴 것이라고 생각했다. 하지만 그의 공상과 때로는 돌팔이 같은 헛소리들은 적어도 일부분 그 책의 집필 동기와 균형을 이룬다.

이 책은 대중을 위한 약초 의학지로 고통받는 가난한 사람들을 위한 것이었다. 이 책에는 라틴어나 위험한 독초도 없고, 평범한 정원이나 시골길에서 찾아볼 수 없는 희귀한 품종도 없었다. 한 전기작가는 『영국 의사』가 국민 건강 보험 제도National Health Service로 가는 긴 여정의 첫 번째 발걸음이었다고 아주 조심스럽게 주장하기도 했다.

컬페퍼는 1616년에 서식스 주 오클리Ockley에서 아버지가 장티푸스로 추정되는 병으로 죽은 지 2주일 만에 태어났다. 그래서 이스필드Isfield라는 마을의 목사였던 할아버지 윌리엄 애터솔William Attersoll의 집에서 자라게 되었다. 그 집안의 외동아들로서 여자들과 많은 시간을 보냈던 그는 병을 치료하는 기술과 요리 기술을 배우게 되었다. 그의 집 현관 앞에는 3세기 후에 곰돌이 푸Winnie the Pooh의 배경인 헌드레드 에이커 숲Hundred Acre Wood

의 무대가 될 애쉬다운 숲Ashdown Forest에서 나오는 초목 쓰레기를 버리는 넓은 터가 있었다. 그는 거기서 A. A. 밀른Milne의 캐릭터들처럼 신명 나게 놀았다.

1632년 그가 16살이 되던 해, 할아버지는 그를 케임브리지 대학교로 보냈다. 신학을 공부하기 위해서였다. 하지만 2년 후, 그와 그의 가족이 품었던 커다란 꿈은 갑자기 깨져버리고 말았다.

컬페퍼가 자기보다 훨씬 신분이 높은 서식스의 소녀와 사랑에 빠진 것이다. 그들의 관계는 아무런 희망이 없어 보였다. 그는 온갖 용기를 쥐어짜 멀리 도망가자고 그녀를 설득했다. 그들은 루이Lewes의 한 예배당에서 결혼할 계획을 세웠다. 그러나 그들이 만나기로 약속한 날이 가까워질 무렵, 컬페퍼는 하늘이 무너지는 소식을 듣게 되었다. 예비 신부가 사우스 다운스South Downs를 지나다 번개에 맞아 죽었다는 것이었다.

그 재앙은 컬페퍼의 사고방식과 장래에 심각한 영향을 끼쳤다. 그는 이미 점성술의 마술과 종교적 급진주의에 빠져들고 있었다. 그 청천벽력 같은 사고는 그에게 말도 안 되게 불공평한 동시에 자신의 무분별한 계획에 대한 일종의 형벌처럼 보였을 게 틀림없었다. 이후 그는 질병과 자연재해라는 불가항력적 횡포에 맞서 그것을 치유하는 방법을 찾는데 열정을 불태웠다. 약혼녀가 죽고 며칠 후, 그는 케임브리지 대학교를 그만두고 런던으로 향했다. 그리고 템플 바Temple Bar에서 사이먼 화이트Simon

White가 운영하는 약국의 도제가 되었다.

그는 자신이 받아들이기 시작한 약초에 관한 민간전승에 둘러싸여 함께 자라고 있는 식물을 화재와 번개로부터 보호할 수 있는 '하우스릭, 혹은 센그린Sengreen'이라 불리는 풀에 대해 배웠을 것이다. 이러한 도제 과정을 마친 결과, 그는 약제사 협회Society of Apothecaries의 회원으로 선출되었다. 이후 점성가이자 식물학자로서 런던 동쪽의 스피탈필즈Spitalfields에 직접 약국을 열었다.

당시 대변혁을 겪고 있던 런던은 괴상한 것을 숭배하는 극단적인 사람들과 이데올로기들이 들끓으며 모두 시민 사회의 혼돈이라는 이 짧은 기간을 최대한 활용하고 있었다. 그들은 엘리자베스 1세의 악명 높은 점성술사인 존 디John Dee 박사의 아들 아서 디Arthur Dee와 같은 사람들로 여러 종파들과 달 숭배자들, 정치 전복 분자들, 반체제적 출판업자들, 공공연한 마법사들이었다. 연이어 기승을 부리는 전염병과 흉작으로 인해 활동하기 좋은 무대가 추가되면서 치료사가 되려는 다양한 유형의 사람들이 번성하고 있었다. 계시록의 기운이 감돌고 있었던 것이었다.

혼란은 좀 더 정통적인 의학계에 나타났다. 윌리엄 하베이 William Harvey는 혈액 순환과 심장의 정확한 기능을 밝혀냄으로써 널리 인정되던 인체에 대한 생각을 완전히 뒤집었다.

하베이는 왕실의 의사이자 의과 대학을 지휘하는 인물이었는데, 당시 의과 대학은 약제사 집단과 이발사 집단 사이에서 경계선 분쟁을 하느라 정신이 없었다. 대학은 제약 활동을 약품의 혼합과 분배에 한정하고, 약제사들이 치료를 권하거나 '이상한' 치료약을 판매하지 못하게 하려는 시도를 하고 있었다.

1618년 4월, 대학은 모든 약제사들에게 새로 출판된 『런던 약전Pharmacopoeia Londinensis』을 구입해 그대로 따르라는 왕명을 받아냈는데, 그 책에는 약제사에게 허용된 치료법과 그것을 행하는 방법이 마지막 드람(야드 파운드 단위계의 질량 단위)과 증류액 한 방울까지 상세히 열거되어 있었다.

외관상 『약전』은 무면허 약제사가 최악의 월권을 하지 못하도록 감시하는 한 가지 방식으로 규제라는 것을 계몽적으로 시도하는 것처럼 보였다. 하지만 실제로는 권위를 통합해 대학이 전체를 지배하려는 프로젝트의 연장선일 뿐이었다. 우리의 기준뿐 아니라 컬페퍼가 살던 시대의 기준에서도 컬페퍼가 돌팔이였다고 믿는 사람은 누구나 『약전』의 목록에 있는 승인된 물질을 고려해야 했다.

개미ants부터 늑대wolf의 창자에 이르기까지 알파벳순으로 정리된 그 목록에는 독성이 있는 이국적인 약초나 완전히 상상 속에 있는 풀 뿐만 아니라 유니콘의 뿔이나 인간의 눈물, 가루로 만든 오물, 나방, 독수리 비계, 페르시아 야생 염소의 장에서 나온 결석이 들어 있다.

컬페퍼는 극동 시장의 무역상처럼 이 까다로운 세계에 발을 들여놓았다. 그는 약국에서 진료를 하고 거리에 나가 자기 제품과 신념을 전파했다. 정원 사학자 엘레노어 싱클레어 로데 Eleanour Sinclair Rohde는 그의 비범한 통솔력을 이렇게 상기시켰다.

'그의 기괴한 책은 어느 부분을 읽으나 길모퉁이에 서서 사람들이 이해하고 인정하기도 하는 그런 종류의 주장을 펼치며 거기에 호기심을 느낀 평범한 사람들을 끌어 모으기만 하는 게 아니라 붙잡아두기까지 하는 늙은 부랑자[사실은 젊은]가 떠오른다.'

그는 고전 작가들을 호되게 비난하고, 자신의 우월한 지식을 자랑했으며, 심지어 다른 점성가까지 비난했다. 그는 환자들의 요강 속 오물에 천궁도를 던지는 사람들에게 '오줌 예언가 piss prophets'라는 작위를 수여했다. 그리고 나머지, 그러니까 환자가 불만을 이야기하는 순간에 따라 치료법을 처방하는 '호라리hororary' 점성술사들은 대부분 '계란이 고기로 가득 찬 것처럼 터무니없는 생각과 모순으로 가득 차 있다고' 주장했다.

'디컴비처decumbiture'라고 불리는 그의 점성술 기법은 질병이 드러나거나 상처가 발생한 바로 그 순간의 차트를 그려야 했다. 이때를 행성과 우주의 힘이 가장 강력하게 환자의 몸에 모이는 순간으로 여긴 것이다. 그때 그것은 다음과 같은 점성술적 연결 -컬페퍼가 설명하지 않는 신비한 과정- 아래 놓인 약초를 치료약으로 선택하는 문제였다. 하지만 그런 차트를 그리는 것은 해당 질병의 전 역사를 고려한다는 것을 의미했다. 그 때문에 현대식으로 말하면, 그는 질병뿐 아니라 환자까지 고려하는 전체론적 의학에 입각한 의사로 분류된다.

컬페퍼의 접근 방식은 그 기괴한 이데올로기의 뿌리가 무엇이든 스피탈필즈와 그 인근에서 계속 유명세를 이어갔다. 그는 저렴한 진찰료와 관습에 얽매이지 않는 언행으로 그 지역에서 유명해졌다.

한 세기하고도 반세기가 더 지난 1797년 5월 《젠틀 맨즈 매거진Gentleman's Magazine》에 실린, 목격자의 말을 토대로 그린 그의 모습을 보면 그는 갈색 긴 머리와 '마른 몸'을 가졌으며, '매우 변덕스럽고 웃긴 얘기를 많이 했지만 훌륭한 연설가' 같아 보인디. 그 어떤 것도 그의 이미지를 손상시켰을 리 없었다.

컬페퍼의 영향은 더 넓은 세상에도 미치기 시작했다. 그는 새로 조직된 점성가 협회Society of Astrologers에서 강의를 했다. 그리고 찰스 왕King Charles의 참수가 가까워지면서 발생한 일식의 조산술과 가정의학 등에 관한 팸플릿과 책을 연이어 출판했다. 하지만 자기모순적인 골수 원두圓頭당원(1642-51년 내란 당시 왕당파와 대립하여 머리를 짧게 깎았던 청교도·의회파의 별명)이었던 그는 어려움을 겪기도 했다.

1640년에 그는 결혼을 한 직후 결투를 치렀다. 이유는 알려지지 않았지만 컬페퍼는 상대편의 치료비를 물어주고 3개월 동안 프랑스로 피신해 있어야 했다. 그리고 1642년에는 시민전쟁이 발발한 영국에서 마법을 썼다는 이유로 유죄 선고를 받았다.

컬페퍼한테 치료를 받자마자 '쇠약'해지기 시작한 사라 린지Sarah Lynge라는 여인이 악마의 행위를 했다며 그를 고소를 한 것이다. 그 바람에 그는 재판을 받고, 1643년에 뉴게이트Newgate에 수감되었던 것 같다.

석방되자마자 그는 글로스터Gloucester에 잡혀 있는(얄궂게도 니콜라스의 먼 왕당파 친척 존 컬페퍼John Culpeper 경에 의해) 전우들을 구하기 위해 런던을 떠나 행군하고 있는 민병단Trained Bands의 거대한 인파에 합류했다.

행군 도중 그들은 뉴베리에서 마주친 에식스 백작Earl of Essex의 군대와 3시간 동안 치열한 전투를 치렀는데, 거기서 니콜라스 컬페퍼는 가슴에 총탄의 파편을 맞았다.

그는 부상에서 완전히 회복하지 못하고, 10년 후 겨우 37살의 나이에 죽음을 맞았다. 하지만 그 트라우마는 그의 목적에 대단히 큰 영향을 끼쳤던 것 같았다. 다운스Downs에서 처음에 대성공을 거두었던 것처럼. 1648년 즈음 때때로 그는 급진적인 출판업자 피터 콜Peter Cole의 의뢰를 받아 『약전Pharmacopoeia』 최신판의 영어 번역본을 준비했다. 그것은 의학 기관에 대한 반역적인 행위, 아니 어쩌면 신에 대한 불경처럼 보였다. 대학이 감추고 있던 비밀이 잡초 씨앗처럼 방방곡곡 알려지게 된 것이다. 그렇게 치료라는 특권이 모든 사람에게 주어졌다.

컬페퍼의 『신체 안내서Physical Directory』는 1649년 8월에 출판되었다. 컬페퍼가 그저 번역만 한 게 아니라 원본에는 없는 100가지 식물의 사용법을 비롯해 완전히 새로운 내용을 추가했다는 사실로 인해 그 책은 의과 대학에 더 큰 분노를 불러일으켰다.

컬페퍼는 자신의 용기 있고, 어쩌면 무모한 번역이 의학적 진술인 것만큼 정치적 진술이기도 하다는 점을 명백히 했다. 그 첫 장은 몸의 역학관계와 인간을 연결하는 비범한 선언인 '번역자가 독자에게'에 수록된 서명 편지다.

> 우리가 지금, 그리고 그들이 몇 년 후에 사람들이 반드시 이루어야 할 것은 자유라는 주제THE LIBERTY OF THE SUBJECT다. (…) 내가 내 시신경의 도움으로 볼 수 있는 한(그것이 인트로미텐도 스페시에스 Intromittendo Species든 엑스트라미텐도 라디오스Extramitendo Radios 든 그것은 크게 중요하지 않다) 우리 국민(예의에 어긋나지 않게 그것을 그렇게 부른다면)의 자유는 대부분 세 가지 종류의 인간들, 사제와 의사, 법률가에 의해 침해된다. (…) 한 종류는 사람들의 영혼에 속하는 문제들에서 그들을 속이고, 다른 부류는 몸에 관한 문제에서, 세 번째 부류는 사람들의 재산에 관한 문제에서 그들을 기만한다.

이 책이 성공을 거두자 출판된 지 3주가 지나기도 전에 해적판이 등장하기 시작했다. 컬페퍼는 신뢰가 생기자 그 순간을 이용하기로 결심한다.

그리고 자신의 『안내서Directory』 1651년 판에서 '나는 반년 더 늦기 전에 약초에 대한 지식에 관한' 대중적인 안내서를 발간할 것이라고 광고했다. 그의 약초 의학서는 그해 가을, 『영국 의사The English Physitian』라는 이름으로 '의학의 완벽한 수단, 이것으로 단돈

3펜스에 영국에서만 자라는 풀로 건강하게 몸을 유지하거나 아플 때 스스로 치유한다'라는 부제목을 달고 당당하게 등장했다.

이전의 약초는 대부분 지식인을 위한 사치품이었다. 심지어 제라드의 읽기 쉽고 동정적인 책도 사실 장티푸스에 걸린 가난한 사람들이 아니라 정원을 가꾸는 중산층의 값비싼 응접실 탁자를 위한 것이었다. 컬페퍼의 혁신적인 책은 그러한 관습을 깨뜨렸다. 그리고 그가 약속한 대로 가격도 3펜스였다. 식물의 배열도 어떤 불가해한 분류법에 의한 것이 아니라, 나도고사리삼 adder's-tongue부터 서양톱풀까지 대략 알파벳 순서로 되어 있다. 소개된 거의 모든 종은 아티초크나 호두 같은 몇몇 종을 제외하고는 영국이 원산지인 식물들로, 정원에서 아주 흔히 볼 수 있는 것들이었다(이것은 실용적인 결정으로 그것들이 저렴하고 쉽게 구할 수 있다는 사실을 보여주는 것이지 영국 땅에서 자라는 영국 식물들이 영국 사람의 몸에 더 적합하다는 후대 약초학자들의 신비주의적 믿음을 표현한 것은 아니다).

식물들은 하나하나 그들의 서식지와 개화 시기, 효능과 용도로 설명되어 있다. 그리고 각각 다음과 같이 '지배하는' 행성이 부여되어 있다. 적설초는 금성, 별꽃은 달, 쐐기풀은 화성의 지배를 받는다. 가끔 힌트가 있기는 하지만 이러한 연관성의 근거는 설명되어 있지 않다. '맵고 얼얼한 맛이 나는 여뀌는 화성의 지배하에 있지만, 토성은 그가 그 잎 위에 놓은 납빛 점에서 알 수 있듯이 상대방에게 도전한다'라고 그는 금언적으로 주장한다. 그러나 그가 점성술의 영향이 중요하다고 열정적으로 옹호했음에도 불구하고, 그것들은 초기의 꼬리표를 넘어서는 모습을 크게 보여주지 못한다.

컬페퍼는 점성술이 현대식으로 말하자면 광고주가 경의와 기억을 불러일으키도록 고안한 전문용어 '인그리디언트 X Ingredient X'의 17세기 판인 일종의 초자연적 힘 마나mana로 작용하기를 바랐던 것 같다. '효능과 용도'에 대한 항목은 대부분 약징주의 signiturist 교리와 고전적 처방전, 시골의 오래된 민간전승의 훌륭한 기준들을 취사선택해 만들어진 것이다.

민들레는 작은 꽃들 '한가운데 노란색 짙은 반점이 있다'고 아름답게 묘사되면서 '목성의 지배하'에 있다고 한다. 그러나 '젊은이와 노인들의 요로'를 뚫어준다는 설명과 이 풀의 속명이 '잠자리에서 오줌싸기Piss-a-Bed'라고 언급한 부분은 점성술과는 아무런 관련이 없다. 또한 치질에 라넌큘러스 피카리아를 적게 쓰라는 노점상의 권유나 이 식물의 뾰족한 끝과 부은 혈관의 모양이 비슷하다는 이유로 정당화된 약징주의자들의 다음과 같은 묘한 처방들을 조롱한 것도 그러하다.

'여기 우리 동포들을 위한 또 다른 비밀이 있다. (…) 오일 연고나 고약으로 만들어지는 더미풀(pilewort를 해석한 것임. 라넌큘러스 피카리아의 다른 이름)은 치질과 왕이 없는 지금 내가 합법적으로 이렇게 부를 수 있다면 왕의 악king's evil[연주창]을 쉽게 치료할 수 있다.' 그리고 소리쟁이는 진찰실뿐 아니라 부엌에서도 좋은 풀로 추천되는데, '정원에서 자라는 것들처럼 데쳐 먹을 수 있는 건강에 좋은 풀이다. 하지만 이 풀이 냄비를 검게 만들기 때문에 여자들이 그것을 냄비에 넣으려 하지 않는다는 게 우리 시대의 현실이다. 그것은 건강에 앞서 보기 좋은 것만 선호하는 오만과 무지(그 동물 안에 있는 두 괴물)다.'

컬페퍼 본인의 주장에 의하면, 이 책을 이해하는 열쇠는 향쑥이다. 이 식물은 후에 압생트의 가공 전 원액으로 악명이 높아진 풀로 맛이 얼얼하고 은색 잎이 나는 여러해살이 잡초다. 하지만 이 종에 대한 항목은 그의 약초 의학지에 나오는 다른 것들과는 다르다. 그것은 화성과 금성, 그리고 그 자신 간의 삼자 대화 속에 나오는 이해할 수 없는 실없는 소리로 술주정뱅이가 횡설수설하는 것처럼 들린다. 그리고 향쑥과 나방 모두 화성의 지배를 받기 때문에 향쑥이 나방을 쫓을 수 있다는 이야기가 나온다.

어쩌면 컬페퍼는 향쑥 위에 혼자 누워 화성이 아니라 압생트의 톡 쏘는 맛을 내는 환각성 화학물질에 취해서 글을 쓴 것 같다. 그리고 이어서 그는 '우울한 남자는 좋은 평판을 얻지 못하고 오해를 받는 것을 견디지 못한다'라고 쓴다.

벤저민 울리Benjamin Woolley는 자신이 쓴 컬페퍼 자서전에서 가장 쓴 풀 중 하나에 대한 이러한 의식의 흐름이 등장한 것은 아마도 쓴맛 그 자체에 대한 비유, 그러니까 인생이 기존의 권력 기구와의 끊임없는 전투였던, 그리고 세상의 제대로 된 질서에 대해 전혀 다른 관점을 가지고 그것을 지키기 위해 치렀던 희생 때문에 하마터면 죽을 뻔했던 한 남자의 혼란스러운 감상 때문인 것 같다고 주장한다.

컬페퍼의 영향은 지금도 남아 있다. 비록 동명의 저자가 묘사한 것보다 취급하는 제품의 규모가 상당히 작고 단조로우며, 길가의 잡초보다는 허브 정원 식물에 더 강하긴 하지만 현재 컬페퍼 숍 체인점에서 약초를 판매하고 있다. 그의 책은 아직도 찾는 사람이 있지만, 내 생각에 그것은 혁명으로 갈라진 영국 도시의 낯선 돌출부 중 하나가 아니라 예스러운 것으로 데려다주는 기이한 안내서로서 읽히는 것이다. 그것은 확실히 더 이상 자가 치료 안내서로 널리 쓰이고 있지 않다. 그러나 그 책에서 추천하는 식물들은 어느 누구에게도 해를 끼칠 것 같지는 않다.

컬페퍼가 제안하는 이유 때문은 아닐지 몰라도, 아마 몇몇은 사소한 병을 치료하는 데 도움을 주기도 했을 것이다. 그가 남긴 가장 중요한 유산은 보다 미묘하고 간접적이다. 단순하고 독성이 없는 약재를 고집하고 약물 정보에 접근할 수 있는 대중의 권리를 주장하면서 그는 의학의 민주화에 미력을 다했고, 기이하고 불쾌한 물질이 조제서에서 빨리 사라지도록 하는데 도움이 되었다. 쐐기풀 습포제('우리의 피곤한 회원'들의 기운을 솟게 하기 위한)가 제비를 가루로 만든 것보다는 훨씬 더 나아 보인다.

06

문학이 사랑한
식물들

야생의 팬지는 널리 퍼진 곡물 밭의 잡초로 식물학적으로는 2가지 주요 종으로 구분된다. 보라색과 노란색이 섞인 꽃이 피는 와일드 팬지wild pans는 비올라 트라이칼라Viola tricolor 또는 마음의 평화heartsease로도 불리며, 영국 전역의 모래가 섞인 산성 토양에서 드문드문 보이는 더 까다로운 종이다. 그리고 비올라 아르벤시스Viola arvensis라고도 하며 더 작은 꽃이 피는 필드 팬지field pansy는 경작지 어디에서나 흔히 볼 수 있는 종이다. 두 종류

모두 크기와 색깔이 매우 다양하고, 자라는 곳에서 자유롭게 잡종을 이룬다. 팬지는 어디서나 볼 수 있고 모양이 흥미로운 데도 불구하고 약제로 많이 쓰이지 않았다. 제라드는 그것들이 소아 경기나 가려움증, 성병 치료에 유용하다고 생각했다.

컬페퍼는 그 생각에 동의하고 특유의 짓궂은 눈길을 보내며 다음과 같이 보탰다.

'그 풀은 사실 토성의 영향을 받는다. 그리고 차갑고 끈적이며 미끈거린다. 풀과 꽃으로 달인 강한 탕약은 (…) 매독의 훌륭한 치료제로 이 약초는 성병에 강한 효험이 있다.'

이 주장은 오히려 삼색제비꽃이 외부 의학에서 받고 있는 평판과 반대였다. 어쩌면 마법에서 빈번하게 쓰는 동종 요법에서 행하는 위험한 줄타기의 한 예였을 수도 있다. 어떤 질병을 자극해 그 병을 치료하는 잡초 말이다.

평범한 세상에서는 팬지가 사랑의 징표이자 환상이었기 때문에 그렇게 말할 수도 있다. 적어도 중세 시대부터, 팬지는 로맨틱한 상상을 불러일으키며 사람들을 매혹시켰다. 여기서 팬지는 시골 사람들이 너무 바쁘거나 너무 멍청해서 야생 식물들에 집요하게 실용적인 관심을 갖는 것 외에는 달리 아무것도 할 수 없다는 통념에 반하는 또 하나의 증거다.

그 이유를 알기 어렵지 않다. 팬지꽃은 사람의 얼굴과 닮아 높은 눈썹 두 개와 볼 두 개, 턱 하나, 그리고 눈이나 웃을 때 생기는 주름처럼 보이는 줄무늬가 있다. 꽃은 보통 보라색 줄무늬가 있는 옅은 크림색이지만, 꽃마다 아무렇게나 수채화 붓으로 대충 그린 것처럼 놀라울 정도로 모양이 가지각색이다. 어떤 것은 짙은 색 안대를 한 것 같기도 하고, 또 어떤 것에는 눈썹이나 턱에 아름다운 보라색 점이 찍혀 있기도 하다. 나는 파란색과 보라색 줄무늬나 얼룩이 있는 꽃들을 발견한 적이 있으며, 전체가 보라색인 꽃도 몇 번 봤다.

이 풀은 중세 시대 프랑스에서 명상하는 듯한 '얼굴'이 생각하는 사람처럼 보인다는 이유로 팡세pensees(생각)로 알려지다 나중에 영어식으로 '팬지pansy'가 되었다. 하지만 영국 교구 주민들은 훨씬 덜 지적인 관심을 갖고서 얼굴이 두 개 있는 것으로 그 꽃을 보았다. 그것은 옆에 달린 꽃잎이 위쪽 꽃잎이 만들어 준 덮개 안에서 입술과 입술을 포개고 키스를 하고 있는 것으로 보였다.

'올려다보고 키스하세요Kiss-and-look-up'는 서머싯 등지에서 불린 별명이었고, '정원입구 뒤편에서 키스하세요.', '정원 입구에서 키스해 주세요.', '빨리 키스해 주세요.', '왈칵 키스해 주세요.'가 있었으며, 그 최고봉은 링컨셔Lincolnshire의 위층-아래층 버전인 '입구에서 그녀를 만나 저장고에서 키스하세요'였다. 그러나 삼색제비꽃은 마음의 평온heartsease으로 더 널리 알려져 있었다. 그리고 어쩌면 자기 모양대로 키스를 구하는 꽃으로 꺾이며 오로지 그 목적을 위해 사용되었을 것이다.

워릭셔Warwickshire와 미들랜드Midlands 서부에는 더 울적한 이름이 있었다. 헛된 사랑Love-in-idleness은 어쩌면 삼색제비꽃의 아래쪽 꽃잎 세 장이 한 여인 옆에 좌우로 두 연인이 서있는 것처럼 보일 수도 있기 때문에 생긴 이름일지도 모른다. 그래서 삼색제비꽃이 아무 결실 없고 절망적인 '헛된' 사랑을 나타내는 꽃이 된 것이다. 그리고 16세기 후반에 워릭셔의 가장 총명한 아들이 포착해 이 식물에 대해 과장된 시적 환상을 자아낸 것이 바로 그 느낌이었다.

셰익스피어의 『한여름 밤의 꿈』은 영어로 쓰인 희곡 중 줄거리가 잡초의 효능에 전적으로 의존하고 있는 유일한 작품일 것이다. 퍽Puck이라는 요정 왕의 대리인이 등장인물들이 잠들었을 때 삼색제비꽃의 즙을 짜 그들의 눈에 바르는 바람에 숲에서 사람을 착각하는 대혼란이 벌어진다. 그들은 잠에서 깨어나 눈을 뜨면서 처음으로 보게 되는 존재와 사랑에 빠질 것이다.

셰익스피어는 스트랫퍼드 어폰 에이번Stratford-upon-Avon에서 태어나 자랐으며, 워릭셔의 야생화와 민간전승에 대해 잘 알고 있었다. 그리고 그는 청중들이 당연히 야생화와 그들의 속명, 그리고 그 속명이 불러일으키는 저속한 연상에도 친숙할 것이라 여겼다. 그의 작품에는 100여 종의 야생 식물이 언급되어 있다. 그리고 그들 중 많은 수가 흔하디흔한 식물, 즉 의미를 생각나게 하는 잡초들이라는 것은 놀랄 일이 아니다.

『사랑의 헛수고Love's Labour's Lost』에 나오는 '얼룩덜룩한' 데이지인 화이트 데이지는 최소한 희곡 네 작품에서 불쑥 등장한다. 그리고 『루크리스의 겁탈 The Rape of Lucrece』에서는 순결한 흰색뿐 아니라 봄의 도래를 상징하기도 한다.

　침대 없이 그녀의 다른 흰 손이 그 녹색 이불 위에 놓여 있었다. 그 손의 순백은 잔디 위에 핀 4월의 데이지 꽃 같았다.

데이지는 또한 물에 빠진 오필리아의 환상적인 화환을 꾸미고 있다. 화환을 꾸미는 꽃들인 '미나리아재비와 쐐기풀, 데이지, 긴 보라색 꽃'은 식물학자와 비평가들 사이에서 여전히 논쟁이 되고 있다.

셰익스피어의 관객들이라면 그것들이 무엇이며, 또 무엇을 상징하는지 잘 알고 있었을 것이다. 16세기에는 자연 은유법이 흔히 사용되었고, 셰익스피어는 말장난과 암시, 선잠, 도취 상태를 끊임없이 사용했다. 그리고 그중 많은 것이 너무 특정 지방과 관련된 것이거나 지역적이어서 동조를 받지 못했다.

『심벨린 Cymbeline』의 구슬픈 구절인 '눈부신 소년과 소녀들은 모두 반드시 / 굴뚝 청소부처럼, 먼지 구덩이로 들어와야 한다'는 '굴뚝 청소부'가 황금빛 민들레꽃을 따라 바람에 흩날리며 시간을 알려주는 시계를 가리키는 워릭셔 지방의 사투리라는 것을 모른다면 이상한 은유처럼 보일 것이다.

『한여름 밤의 꿈』에는 식물에 비유한 표현들이 많이 있다. 이

데이지는 쌍떡잎식물 초롱꽃목 국화과의 여러해살이풀이다. 유럽 원산이다. 수염뿌리가 사방으로 퍼진다. 잎은 뿌리에서 나오고 달걀을 거꾸로 세운 듯한 주걱 모양이며 밑쪽이 밑으로 흘러 잎자루 윗부분의 날개로 된다.

희곡의 배경은 분명히 영국의 꽃이 자라고 있는 영국 풍경이지만 관념적으로는 대부분 아테네 근처에 있는 숲을 배경으로 한다. 그렇지만 위치가 말로 표현되어 있지는 않다. 식물 등장인물dramatis personae은 서로 다른 계절과 다른 서식지에서 자라는 식물들이다. 워릭셔의 아르덴 숲에서조차 일 년 중 단 한 번이라도 '야생 백리향이 자라고 있는' 티타니아 둑의 향기롭지만 현란한 꽃들과 삼색제비꽃을 모아 꽃다발을 만들 수는 없었다. 그 꿈의 내용은 믿을 수 없을 정도로 단순하다. 아테네의 귀족인 에게우스Egeus가 딸 헤르미아Hermia를 데메트리오스Demetrius와 맺어 주기 위해 성대한 결혼식을 계획한다.

하지만 그녀는 리산더Lysander라는 다른 남자를 사랑하기 때문에 결혼을 하지 않겠다며 숲으로 도망간다. 그리고 거기서 약혼자와 자신의 가장 친한 친구이자 데메트리오스를 남몰래 연모하는 헬레나Helena에게 쫓긴다. 하지만 숲에는 이미 문제가 있었다. 요정의 왕 오베론Oberon이 그의 여왕 티타니아Titania와 다툰 것이다. 티타니아가 바뀌친 소년(요정들은 민가에서 예쁜 인간아이를 훔쳐가고 대신 못생긴 요정아이를 두고 간다.)을 시동으로 주지 않겠다고 했기 때문이었다. 그러자 그 행동을 완전히 어처구니없는 일로 바꾸어 놓는, 약간 식물 만화 같은 잡초 마법이 등장한다.

식물에 관한 민간전승 같은 지식을 몽환적인 극적 장치로 변형시킬 수 있는 능력은 셰익스피어가 지닌 천재성의 일부다. 그것은 엘리자베스 시대 사람들이 '아슬아슬한 반전'이라고 불렀던 기법으로 그는 학교에서 그 기술을 배우기 시작했을 것이다. 그는 미신이나 스캔들, 신화, 실제 역사적 사건을 통해 이야기를 능수능란하게 비틀어버림으로써 새로운 생명을 불어넣는다. 오베론의 친구 퍽Puck 또한 아슬아슬한 반전이다. 그는 로빈 굿펠로Robin Goodfellow(오베론의 아들, 영국의 장난꾸러기 꼬마요정)를 아는 것 많고 익살스러운, 나이 든 사람으로 변형시킨 인물이다. 티타니아의 고집에 화가 난 오베론이 그녀가 처음으로 보는 생명체에 홀딱 빠져버리게 하려고 그에게 특별한 꽃의 즙을 가져와 그녀가 잠든 사이에 눈에 바르라고 명령했다. 하지만 퍽은 충동적인 열정에 사로잡혀 숲을 돌아다니는 절망적인 연인들 거의 모두에게 마법의 즙을 뿌린다.

　여기서 셰익스피어는 고전 신화와 미들랜드의 방언, 순수한 희극적 창작을 뒤섞고 있다. 오베론은 팬지를 먼 아테네에서 관객들의 집 마당에 가져다 놓으면서 그것을 '작은 서양 꽃'이라고 묘사한다. 그러나 그 꽃은 큐피드의 화살로 마법에 걸려서 우윳빛 하얀색에서 '사랑의 상처를 입은 보라색'으로 색깔이 바뀌었는데, 그것은 회색에서 핏자국 난 면사포 색으로 변한 뽕나무에 대해 오비디우스Ovid(로마의 시인)가 지은 이야기를 흉내 냈을 뿐 아니라 삼색제비꽃의 여러 색을 충실히 반영한 묘사다. 그는 그 젊은 아테네인의 사랑의 고통을 위해 맞춤 제작된 식물을 '헛된 사랑love-in-idleness'이라는 가장 암시적인 현지 이름으로 부른다.

하지만 퍽이 그 꽃의 즙을 짜서 그 불운한 사람들에게 발라버린다는 장치는 민간전승에 뿌리를 두고 있지 않다. 그래서 나는 셰익스피어가 유용한 희극적 장치로서 그것을 그냥 고안해낸 것이 아닐까 상상한다.

식물 상징주의

혼자서 했다면 아마 여기까지가 내가 할 수 있는 셰익스피어의 식물 상징주의에 대한 연구였을 것이다. 하지만 나는 운 좋게도 이 주제에 대해 전문가의 의견을 들을 수 있었다. 2005년 스트랫퍼드Stratford에 있는 로열 셰익스피어 극단의 이사 그레그 도란Greg Doran은 『꿈Dream』이라는 새로운 작품을 시작하면서, 그와 동시에 제작하는 텔레비전 다큐멘터리를 위해 그 희곡에서 사용된 자연 상징을 함께 연구하자며 나를 초대했다. 그는 특히 티타니아의 제방에 대한 묘사와 무엇이 이 식물 마법에 특별한 역할을 담당하게 했는지에 흥미를 가지고 있었다.

난 야생 백리향이 바람에 날리는 곳,
끈질긴 인동덩굴이 지붕이 되어주고
옥슬립과 바위바이올렛이 달콤한 사향 장미와
에글란틴과 함께 자라는 둑을 안다.

티타니아가 그날 밤, 춤을 추며 즐거움에 젖어
이 꽃들 속에서
마음을 달래며 자고 있다.

확실히 매우 이상한 목록이다. 그 식물들은 모두(사향 장미 하나만 제외하고) 야생이긴 하지만, 정확히 말하자면 잡초는 아니다. 하지만 외견상 다른 점들이 그들의 유사성을 가리고 있다. 어떤 것은 관목이고, 어떤 것은 담쟁이 따위의 반연 식물이고, 어떤 것은 꽃이 술처럼 달리는 여러해살이풀들이다. 서식지도 서로 다르며, 꽃도 연중 다른 시기에 핀다.

그레그가 우리가 촬영지에 대해 논의하는 것을 찍고 싶어 했을 때, 이것이 구절의 의미를 알아내는 것뿐 아니라 프로그램의 병참학적 계획에 있어서도 하나의 도전임이 드러났다. 우리는 여러 후보지들을 찬찬히 살펴보며, 여행 시간과 경치가 주는 보상을 저울질하고 장기적인 일기 예보도 꼼꼼히 확인했다. 그런 다음, 마침내 내가 어느 정도 잘 알고 있는 곳이자 티타니아의 여섯 종 중 네 종을 촬영할 수 있을 것으로 생각되는, 경치가 아름다운 칠턴스의 백악질 언덕으로 결정했다. 우리는 하지를 겨우 며칠 남기고 터빌Turville의 풍차를 향해 올라갔다. 그 옥슬립(가짜 옥슬립)과 제비꽃(향기제비꽃)은 멀리 날아가 버렸지만, 우리는 야생 백리향이 피어있는 진짜 제방과 '향미로운 에글란틴'(향기로운 들장미)을 발견했다.

우리는 그 제방에 앉아 계곡에 있는 마을을 내려다보며 옛 생각이 나게 하는 티타니아의 탄원 기도에 대해 깊이 생각했다. 이들 언덕에 새로이 돌아온 붉은 솔개와 독수리들이 셰익스피어 시대에 그랬던 것처럼 상승기류를 타고 선회하고 있었다.

흰색 백악암으로 가장자리가 둘러쳐진 아래쪽 밀밭에서는 거대한 주홍색 둥근빗살현호색 밭이 내뿜는 타는 듯한 빛 때문에 연기가 피어오르는 것처럼 보였다. 그 잡초는 가늘고 연약한 녹회색 잎에서 이름을 땄는데, 비현실적으로 안개, 그러니까 땅에서 피어오르는 연기, 푸무스 테레fumus terrae를 닮았다고 생각된다. 하지만 여기서는 활짝 핀 꽃이 오히려 흙이 타다 남은 것처럼 보였다. 그레그는 내게 셰익스피어가 미치광이 리어 왕의 분노를 묘사하는 데 이 식물의 속명인 'fumiter'를 사용했다는 점을 상기시켰다. '크게 노래하면서/악취가 나는 둥근빗살현호색fumiter과 밭에 난 잡초들로 왕관을 만들어 쓰고는/하독hardock[우엉]과 독당근, 쐐기풀, 뻐꾹냉이/독보리, 그 외에 특별히 쓸 데 없이 자라고 있는 모든 잡초들/우리 몸에 좋은 옥수수 사이에서' 잡초를 왕관으로 승격시킨 것은 리어왕의 정신이 혼미하다는 것을 보여주는 결정적인 신호였다.

나는 그레그가 그 구절을 읊조리는 것을 들으면서 무례한 것 같았지만 같이 그것을 되뇌면서 식물의 이름의 힘을 새길 수 있었다. 그는 내게 『꿈』의 기원과 작가가 후원자 중 한 사람의 결혼식을 축하하기 위해 그 작품을 쓰게 되었다고 알려주며, 이 작품에는 사적이고 시사적인 농담들이 가득하다고 했다. 퍽의 요정 친구들 중 하나가 황화구륜초에 대해 노래한다.

'그것들이 입은 황금색 코트에 보이는 점들/ 그것들은 요정들이 베푼 호의, 루비들이다./ 그들의 반점에는 그들의 향기가 산다.'

그녀는 황화구륜초를 엘리자베스 여왕에게 알랑거리며 황금으로 수놓은 과장된 옷차림을 하고 으스대며 다니는 '가신들'이라고 부른다.

우리는 티타니아의 꽃 목록을 살펴보았는데, 내가 보기에 유일한 연결고리는 좋은 향기인 것 같았다. 야생 백리향은 향긋하다. 그리고 『꿈』이 처음 공연된 후인 1507년에 출판된 제라드의 『약초 의학서 Herball』에서도 그것을 '향이 좋다'라고 묘사한다. 제비꽃도 야생화 중에서 가장 냄새가 달콤한 것 중 하나다. 셰익스피어는 종종 그에 대해 언급한다. 『겨울 이야기 The Winter's Tale』에서 제비꽃은 '주노 Juno(제우스의 아내 헤라의 로마 이름)의 눈꺼풀보다 더 달콤하다/ 아니면 키테레이아 Cytherea(비너스의 별명)의 숨결보다도'. 인동덩굴은 꿀을 먹이는 자 honeysuckler로 꽃들이 밤에 아주 강한 향기를 내뿜는다. 에글란틴(달콤한 들장미) 잎은 매혹적인 사과 냄새가 난다. 비가 온 뒤엔 특히 더 하다. 사향 장미는 이름으로도 알 수 있다. 이들 식물 중 어느 하나도 엘리자베스 시대의 약초 학자들이 '정력제'라고 부른 것들처럼 그야말로 최음제는 아니었다. 하지만 그들의 유혹적인 냄새는 티타니아를

'진정시키기'보다는 자극할 가능성이 더 높았다. 그녀는 한밤의 깊은 잠보다는 '춤과 즐거운 일들'을 쫓고 있었던 것이다.

옥슬립만 이렇다 하게 향기롭지도 않고 상징적이지도 않기 때문에 여기에 부합하지 않는 것 같다. 이것은 식물학자가 말하는 옥슬립(프리뮬라 엘라티오르 Primula elatior, 동부 앵글리아(잉글랜드의 라틴어)에만 제한적으로 서식해 셰익스피어의 시대에는 잘 알려지지 않음)은 아니지만 앵초와 황화구륜초 간의 혼혈종으로 널리 퍼져있는 식물이다. 그레그는 시인이 옥슬립을 언급한 것은 간접적인 농담으로, 어쩌면 자기 후원자의 별명이나 약혼자를 훨씬 더 유치하게 부른 것일지도 모른다고 주장한다. 나는 '옥슬립'이 목록에 있는 'l'들, 즉 wild(야생), violet(제비꽃), luscious(관능적인), eglantine(에글란틴), lull'd(진정된, lull의 과거형으로 고어임)와 같은 여러 'l'에 더 멋진 항목을 하나 더 추가하기 위해 존재하는 게 아닌가 싶다.

love(사랑)와 lust(정욕)의 감미로운 'l'과 스탠자(시의 연聯) 마지막에 제방 위를 오색으로 아로새기며 펼쳐져 있는 허물 벗은 뱀의 가죽은 성적인 이미지를 상징한다. 방식은 비슷하지만 내용은 그와 반대로, 리어 왕의 골칫거리 잡초 목록에 있는 '우엉, 독당근, 쐐기풀, 뻐꾹냉이'는 심술궂은 k들로 바지직 소리가 난다. 그의 분노는 불편하고 기이하게 들리고, 티타니아의 침대는 유혹적으로 들린다. 우리가 그 식물들에 대해 전혀 아는 게 없더라도 말이다. 두 목록 모두 문자로 표현된 내용만큼이나 소리로도 듣는 사람을 현혹시키거나 정떨어지게 하기 위해 고안된 극적인 주문들인 것이다.

물론 셰익스피어의 모든 작품에서 그가 사용한 언어는 다층적이다. 설명적인 동시에 매혹적이고, 소리도 낭랑하다. 그가 자신 있게 잡초를 상징으로 사용했다는 사실은 그들의 통속적 의미가 피상적이지 않고(적어도 피상적이지 않았고), 순전히 힘든 농사일하고만 관련되어 있는 게 아니지만, 그들 이름의 유전적 구조에 내재한 문화적, 생태적 밑바탕을 지니고 있다는 것을 암시한다.

솜방망이

2세기 후에 시인 존 클레어John Clare는 그 삼색제비꽃의 이름을 지을 때 대안적 입장을 취했다. 1820년에 그는 자신의 첫 번째 시집인 『전원생활과 풍경 서술의 시집Poems Descriptive of Rural Life and Scenery』을 출판하면서 파문을 일으켰다. 그 주된 이유는 그가 지방 사투리를 사용하는 것을 꺼리지 않는 노샘프턴셔Northamptonshire의 젊은 시골 노동자라는 것이었다. 그의 시에는 야생화와 잡초에 관한 놀랍도록 생생하고 친밀한 글이 실려 있다. 클레어는 획기적으로 관점을 바꿔 그들을 동료 시민으로서 대하고 인사한다. '어서 오시오, 늙은 형씨!Welcome, old matey!'

는 첫 번째 스탠자를 '에이프릴 데이지에게', '안녕, 미인의 보석! 시간도, 장소도 아랑곳하지 않고/똥 더미 옆을 태평하게 기어 다니는구나'로 시작한다.

그 시들은 수필가 레이 헌트Leigh Hunt의 시누이인 원예 작가 엘리자베스 켄트Elizabeth Kent의 마음에 들었다. 그녀는 1823년 테일러 앤 헤시Taylor and Hessey에서 출판한 『집에서 키우는 식물 또는 휴대용 꽃밭』에서 그 시들에 대해 언급했다.

클레어의 출판사이기도 한 테일러 앤 헤시는 그 시인에게 증정본을 보냈다. 클레어는 광범위하게 혼합된 실질적인 원예에 관한 민간전승과 식물에 대한 서정적인 묘사, 시적 암시를 좋아했으며, 당연히(그녀의 아랫사람 대하듯 하는 논조에도 불구하고) 켄트가 자신의 꽃 시에 바친 찬사인 '누구도 이 소박한 마음을 지닌 농부이자 시인, 클레어보다 꽃들의 언어를 더 잘 이해하지 못한다. 그의 책은 마치 숲과 풀밭, 히스들, 꽃밭이 다양하게 펼쳐진 아름다운 시골 같다'라는 구절을 마음에 들어 했다. 얼마 지나지 않아 그는 책으로 엮어도 되겠다 싶은, 자기 지역에 사는 풀에 대한 메모를 적은 편지를 답장으로 보냈다. 거기에는 전반적으로 야생화와 인간의 관계에 대해 셰익스피어보다 더욱 직접적인 견해가 담겨 있었다.

그는 그 편지에 '삼색제비꽃Heats-ease'에 대해 다음과 같이 쓴다('양백당나무Guelder Rose'와 '히스heath'사이에).

우리는 삼색제비꽃을 '팬지pansys'와 '구멍 뚫는 존pinking-Johns'으로 부릅니다. 그런데 이유는 모르겠지만 우리 들판에는 아주 작은 노란색 꽃과 잎을 가진 야생종이 있습니다. 그것은 제가 정원에서 키우면서 어떻게 변하는지 보려고 했지만 야생을 너무 좋아하는 습성 때문에 다루기가 힘들어서 다시 들판으로 돌려보내려 한 것과 정확히 똑같은 품종이었습니다. 저는 이 작가 [켄트]가 지은 이름 중 몇 가지가 정말 마음에 듭니다. 삼색제비꽃의 특색과 얼마나 잘 어울리는 이름인지 모르겠습니다.

'버터플라이 바이올렛' & '윙드 바이올렛'butterfly violet' & 'wingd violet', 이 첫 번째 이름이 가장 좋군요. L. 헌츠Hunts '불꽃Sparkler'은 별로입니다. 그 이름은 기발하기는 하나 꽃보다는 술에 더 어울리는 기상奇想(상식적으로는 결부시킬 수 없는 2개 이상의 관계에서 공통성을 발견하여 억지로 결부시키는 수사법으로 16, 17세기 영국 문학에서 찾아볼 수 있다)인 것 같습니다.

클레어는 '헛된 사랑love-in-idleness'도 '기상'으로 여기고, 그것을 약간 너무 점잖고 격식을 차린 것으로 보았을까? 당시 그의 고향인 노샘프턴셔에서는 그 이름을 사용했다. 하지만 그는 그 이름은 언급하지 않았다.

식물에 대한 그의 열정은 처음부터 식물들의 활력과 독립성에 초점을 맞추고 있다. 그는 식물을 자신만의 삶의 계획과 거주지를 가진 생명체로서 우리의 동료라고 쓴다. 그의 시는 식물들의 속명과 문학적 연관성에 대한 미묘한 암시들로 가득 차 있지만, 무엇보다도 그는 그것들을 상징과 은유가 넘치는 화려한 팔레트가 아닌 그들 자체로서 쓴다. 이 점에서 그는 셰익스피어와 근본적으로 다르다. 그리고 그는 그 극작가의 작품을 알고 감탄했음에도 불구하고 이러한 차이점에 대해 노골적으로 말하는 것을 두려워하지 않는다.

1824년 자신의 꽃 편지 앞부분에서, 그는 '뻐꾸기cuckoo'라는 속명을 가진 식물의 정체를 두고 이렇게 주장했다.

'카다민Cardamine(황새냉이)' (…) 이것은 우리에게 '여인의 속옷ladysmock'뿐 아니라 라일락이라고도 불리지만, 나는 살면서 책이 아닌 데서 그것을 뻐꾸기라고 부르는 것을 들어본 적이 없다. 숲바람꽃도 아이들이 '여인의 속옷lady smock'이라고 부른다. 일반인들이 '뻐꾸기'라고 부르는 것은 '오르키스Orchis'다 (…) 내게는 이것이 뻐꾸기고, 봄에 블루벨과 함께 볼 수 있는 것이 '주머니 같은 입 모양을 한 뻐꾸기 싹'이다. 나는 그 꽃들이 보라색이고, 안쪽에 더 희미한 반점이 나 있으며, 잎에는 아룸처럼 짙은 검은색 점이 나 있다고 매우 자주 말해왔다. 그것은 뻐꾸기와 함께 피고 진다. 내 생각에 그것이 영국의 유일한 뻐꾸기 꽃이다. 셰익스피어 해설자들한테 말하고 싶으면 하라 해라. 아니, 셰익스피어 그 자신은 이 특이한 종들에 대해 내게 뭐라고 할 아무런 권한이 없다. 내가 가본 곳마다 보통 사람들은 그것을 오직 이 이름만으로 알고 있다. 그리고 그 통속적인 말들이 그런 것들에는 항상 최고의 어휘들이다.

클레어에게 '통속성'은 가치와 진실성의 시금석이었다. 그것은 그가 인간과 자연 양쪽에서 동경하는 특성들인 평범함과 보잘것 없음, 가식 없는 진솔함을 포용하는 개념이었다. 엘리자베스 켄트는 나중에 그에게 바치는 헌정에서 '이 시인은 진정으로 자연을 사랑하는 사람이다. 자연은 허름한 모습으로도 그를 기쁘게 한다. 수수한 잡초를 바라보는 것도 그에게는 기쁨의 원천인 것 같다'라고 썼다.

클레어는 대놓고 의인화하는 일이 드물다. 하지만 잡초는 그에게 식물 세계의 가난한 농부들이다. 그들은 어디에나 존재하며, 적당히 보기 좋으며, 무시당한다. 그리고 그들은 유용하다. 하지만 끊임없이 착취당한다. 그렇다, 골칫거리다. 하지만 정말로 최선을 다해서 살아보려고 노력할 뿐이다.

어쩌면 한 영국 시(1827년의 《양치기의 달력 The Shepherd's Calendar》이라는 표제시집에 있는)의 잡초에 관한 가장 긴 구절에서 그는 잡초 패거리의 발전(여전히 300년 전 투서 Tusser가 설명한 것과 같은 수법을 사용하여)과 자기들이 몰살시키고 있는 식물들과 그들이 어떻게 맞물리는지 다음과 같이 설명한다.

요즘 매일 아침 사람들이 김을 매러 만나
밀밭에서 엉겅퀴를 베고

해가 떠 있는 동안 꽃이 핀 야생 잡초의 씨를
말려버린다네
역겨운 냄새 때문에 '두통'이라 불리는 진홍색 양귀비,
그리고 5월의 들판에 빽빽하게 펼쳐진 태양빛처럼
노란 칼록 그리고 '마디풀'이
덜 익은 사과가 내어준 하잘것없는 자리,
시시각각 위험한 일이 벌어지고 있는 도로를
기분 좋게 나누고 있구나.
만발한 그 보라색 꽃과, 상처를 줄만한 힘도 없이
머리카락처럼 잡으려는 아이들의 열망에 쪼그라드는
둥글고 두꺼운 엉겅퀴 같은 가시가 달린 이파리들,
그리고 황금색 눈과 진홍색 별 모양 점들이 박혀있는
뚜껑별꽃은 밤과 소나기를 두려워하며
종종 '양치기의 날씨 창'으로 불린다네.
그것은 해가 풀을 다 말려버릴 때까지 자다가
깨어나 느릿느릿 꽃을 펼친 다음 다시 자려고
오그라든다네.
김을 매는 사람들이 보고는 비가 온다고 말하고,
꽃들이 곧 오므릴 것을 아는 소년들은
그것들을 '존은 한낮에 자러 간다'라고 부를 거라네.
그리고 미신으로 명성을 지닌 둥근빗살현호색도
김맬 때 처녀들이

빨간색과 보라색으로 얼룩덜룩한 꽃들을 따서
물 탄 우유와 유장에 넣어 끓인다네.
얼굴을 가꾸고 머릿결을 부드럽게 하고
쉬는 날 여름 볕에 달아오른 뺨을 식히려고.
그리고 부드러운 파란색 꽃 한가운데 찍힌
노란색 점이 눈처럼 보이는
작고 수수한 '나를 잊지 마세요forget-me-nots'가
시인의 눈길을 끈다네.
꽃들은 무리를 지어 그들의 고된 노동을 헛되게 하고
한가로이 지낼 시간을 빼앗구나.
그들은 달콤하기를 바란 5월을 만난 거라네.
정원을 비추던 그녀의 태양이 그들을 만났듯이.
부인들은 종종 어릴 적 기억을 떠올리며
들고 있던 낫을 던져버리고
그것이 애써 모아 놓은 꽃들을
살려주고 싶어진다네.

몰리 마후드Molly Mahood는 『식물학자로서의 시인The Poet as Botanist』에서 이 장면이 아주 수다스럽게 들린다고 지적했다. 클레어는 어쩌면 의식적인 매혹적 언어를 보여주는 유일한 사람일지도 모른다. 하지만 잡초를 제거하는 무리들은 모두 떠들어댄다. 소년들, 하녀들, 심지어 '귀부인'들까지도(김을 매는 데는 성별

이나 나이에 구분이 없었다) 서로 손가락질하며 떠든다. 어쩌면 그러다 자기도 모르는 사이에 둥근빗살현호색 같은 이상한 마법의 약초가 앞치마 주머니로 스르륵 들어갔을지도 모른다. 클레어에게는 잡초도 대화 상대다. 그는 들판이라는 거대한 공동체의 일원으로서 잡초와 일종의 연대를 느낀다. 낯선 장소에서 우연히 냉이를 보면, 그는 '아주 오래된 이웃으로 부른다. (…) 냉이의 아주 하찮은 모든 것이 냉이를 소중하게 만든다.' 데이지에 대해서는 이렇게 말한다.

'작은 데이지는 스위스의 산악 지대에서나 우리 소택지 특유의 평지에서나 똑같이 아래에 붉은 빛이 감도는 얼룩이 있고, 황금색 눈에 은색 테를 두르고 있다.'

우리는 이것이 들녘 입구에서 감상적으로 관찰한 것이 아니라 직접 경험한 것이라는 것을 알기 때문에 농부가 클레어의 다채로운 묘사로 미화되고 있다고는 생각지 않는다. 클레어는 그 자신도 제초자 중 한 명이자 미국에서 아주 사실적으로 말해 '허리 굽히는 노동stoop labour'으로 알려진 일에 참가하는 사람이었다. 그는 제초가 '무너져가는 아름다움'을 통제하는 데 반드시 필요하다는 것을 알고 있었다. 그리고 시인이자 비평가인 제프리 그리그슨Geoffrey Grigson(클레어의 초기 옹호자)이 '남자와 여자들이 작물로 몸을 굽히는 것을 봤을 때, 그것이 그들에게 퍽 달

가운 일은 아니라는 것을 알게 되었다'라고 말하자, 그 말에 동의했다. 하지만 클레어에게 있어 허리를 구부리는 동작 또한 땅에 더 가까워지는 한 방법으로서 그에게는 습관적이고 자발적인 행동방식이었다. 그는 풀이나 곤충과 좀 더 가까이 보거나 낡은 씨앗 자루나 설탕 포대 뒷면에 시의 초고를 끄적이려고 '몸을 낮춘다'는 말을 자주 한다. 그것은 민첩한 움직임으로 탐구적이고 충동적이었다. 하지만 깊이 교감하는 것이기도 했다.

클레어는 땅이라는 공동체의 일부가 되어 세상을 소위 그것의 관점에서 보고 싶어 한다. 뒤러의 《들풀》에서처럼 이것은 그의 열광적인 시선 속에서 그 온건한 유기적 조직의 의미, 그리고 규모를 바꾸어 놓는다. 그는 이렇게 일기를 쓴다. '일요일마다 나는 교회에 가는 대신 작은 숲에 숨어들어 나뭇잎 사이에 기분 좋게 누워 있곤 했다. 나는 양치식물 같은 전나무가 숲 아래를 지키고 있는 이끼 낀 둑 위에 누워 낯선 고요 속에서 작은 곤충들이 목초지의 키 큰 줄기와 넓은 잎들을 오르내리는 것을 여러 시간 동안 지켜본다.' 잡초 밭이 숲이 된다. '대단한 욕지기huge keck'(아마도 호그위드)는 '목재용 나무'의 위엄을 갖추고 있다. 무지개 아래 흐드러지게 핀 바늘금작화는 '황금빛 바다'로 탈바꿈했다.

잡초에 보내진 그의 시 몇 작품에는 제목 자체가 마치 그 식물의 온순함을 보상이라도 하려는 듯이 이렇게 길게 늘려졌다. '외로운 야생에서 몽롱하게 피어난 사소한 꽃에게', '어떤 기념일, 사막의 꽃에게'.

미술사학자 엘리자베스 헬싱거Elizabeth Helsinger는 이렇게 의도적으로 가깝고 진지한 시선으로 보다 보면 '마음에 두게 된다'고 말한다. 스스로 보호하기 위해 도르르 말린 줄기나 꽃잎 위의 얼룩같이 식물에 중요한 것으로 보이는 것은 클레어에게도 중요하다. 그의 묘사는 '주름 프릴이 달린 데이지, 밝은 청동색 미나리아재비'와 같이 세세하고 정확하지만, 가장 모호한 '야생 김매기'조차도 잡초의 서식지와 그곳에 사는 다른 모든 생물들과 생물학적으로 연관되어 있다는 실제 생태학적 의미를 전달한다('야생 김매기'는 존엄-클레어와 잡초의-에 관한 민요의 주제로 클레어가 풀의 연약한 꽃을 꺾지 않고, 풀 전체와 뿌리, 흙, 그렇게 모든 것을 자기 정원으로 가져가 안전하게 가꾸기로 결심하는 것으로 끝을 맺는다).

《스워디 웰의 비탄The Lament of Swordy Well》에서 그는 논리적, 생태적인 결론에 치우쳐 마치 자신이 '땅의 한 부분'인 것처럼 글을 쓴다.

스워디 웰Swordy Well은 헬프스턴Helpston의 남쪽 경계지에서 흔히 볼 수 있는 풀밭으로, 반복적으로 훼손당하며, 밀을 심기 위해 풀이 뿌리째 뽑히고, 모래가 채집되고, 잔디를 심기 위해 파헤쳐 지고 있었다. 클레어는 그러한 운명을 한탄하며, 한때 그곳에 의존했던 복잡한 삶의 네트워크를 묘사하기 위해 스워디 웰에게 발언권을 준다.

잡초는 흙이 움직이지 않게 도와주고 곤충들에게 먹이를 주면서 그 체제의 일부로 존재했다.

'나비가 소식을 전하고 올 수도 있어/나는 지금은 그것들을 지킬 수 없어.'

그는 '솜방망이'에 보내는 소네트에서 그 잡초를 정확한 서식지와 계절에 놓는다.

당신이 없었다면 햇볕에 타서 황량하기만
했을 거친 자리를
여러 가지 아름다움으로 장식하면서
풀밭이 마차가 기름진 들판을 가로지르도록
인도해 주는 갈다만 이랑을 에워싼다

솜방망이를 향한 클레어의 조용한 칭찬은 어쩌면 우리가 잡초를 생태학적으로 이해하는 데서 얼마나 멀어졌는지를 가장 분명히 보여주는 것 같다. 솜방망이는 현재 모든 토종 식물 중 가장 유해한 것 중 하나로 여겨지고 있다. 이 풀에는 알칼로이드가 함유되어 있는데, 풀을 뜯어 먹는 동물이 그것을 다량 섭취하면 간에 회복 불능한 손상을 입고 근육에 경련이 일어나는 '훈도병'을 비롯한 심한 고통을 겪다 죽는다. 솜방망이는 현재 농장 동물에게 일어나는 모든 중독 사례의 원인 중 최대 절반을 차지한다.

이 식물은 1959년의 잡초법과 2003년의 솜방망이 관리법에 포함되어 있는데, 이것들은 토지 소유자에게 솜방망이 확산을 방지하기 위한 조치를 취할 것을 요구하는 법이다. 말(빈번한 희생자들)의 소유주들은 그것을 농약 전면 살포를 비롯해 무슨 수를 써서라도 시골에서 몰아내야 할 '유행병'으로 간주한다. 그러나 자세히 살펴보면 상황은 더 복잡하다.

야생동물이나 가축 모두 다른 먹이가 있으면 대게 지리니고 있는 솜방망이를 먹지 않는다. 중독 사례의 거의 대부분은 건초와 함께 벤 마른 풀과 아이러니하게도 제초제 때문에 시들어 쪼그라든 것들로부터 발생한다(이 식물은 죽어서도 마찬가지로 독성을 지니며 동물들이 알아보기 더 힘들 수 있다).

솜방망이는 클레어의 시대나 그 이전에는 특별한 문제가 아니었던 것 같다. 그 효능은 알려져 있었지만 나는 초기 농사 지침서에서 솜방망이에 대한 언급을 발견할 수 없었다. 속명은 대개 식물들이 어떻게 보였는지에 대한 믿을 만한 기록이다. 그리고 솜방망이의 속명은 그것의 겉모습(노란색들Yallers), 노란잡초Yellow weed이나 고약한 냄새(지독한 냄새 나는 녀석Stinking Billy, 암말의 방귀Mare fart), 개화 시기(여름아 안녕Summer farewell, 제임스의 잡초James's weed)를 가리킨다. 거의 사용되지 않는 속명이 하나 있는데 그것은 '비틀거리며 걷는 잡초Staggerwort'로 그것이 가축에 끼치는 영향을 언급한 것이다.

꽃에 대한 클레어의 감정은 특별했지만, 그도 농부이기 때문에 솜방망이가 오늘날처럼 동물들에게 피해를 주었다면 그것에 대해 그렇게 서정적으로 쓰지는 못했을 것이다. 솜방망이가 당시에 덜 흔했거나(그랬을 가능성은 없지만), 더 민감하게 관리되었거나, 단지 멀리 떨어져 있어서 합리적으로 존중할 수 있었던 걸까?

농장의 동물들이 먹을 풀을 덜 제멋대로, 더 현명하게 선택했던 것일까?

이유가 무엇이든, 클레어는 솜방망이를 심지어 말들이 지나다니는 '천변 길' 옆에서도 여름 풍경을 수놓는 하나의 장식으로 받아들인다. 지역적 적의(종종 다른 종과 연결되어 언급되는)에 대한 언급이 그 시에 없는 것은 그 식물과 일종의 화해를 했음을 암시한다. 그것은 악마로 묘사될 것이 아니라 존중받아야 할 잡초였다.

 (…) 내가 걸어가는 곳마다
 화려한 꽃들이 핀 너의 황무지는
 태양에 그을린 잔디를 불타듯 화려한 색조로
 완전히 감싸준다.
 그 색조가 너무 밝고 눈부셔서
 강렬한 햇빛이 뿜어내는 그 빛마저 창백해지는구나.

그러한 정서와 2003년 솜방망이 통제법 사이에는 기나긴 길이 존재한다. 시대는 변한다. 그러므로 클레어의 많은 잡초 시에 강렬한 감동을 더하는 것은 그 시들이 인간이 갈수록 점점 더 소외될 운명인 파괴된 식물 풍경에 대한 비가이자 기록이라는 사실이다. 그가 16살이었을 때인 1809년에 헬프스턴Helpston과 인근 4개 교구에 울타리를 치는 법령이 통과되었다. 그곳은 클레어에게 '세상의 전부'였다. 이후 11년에 걸쳐 그가 아주 상세히 알고 있던 서식지의 지형은 바뀌고 말았다. 크고 탁 트인 들판들이 여러 곳으로 쪼개지고, 울타리가 쳐졌다. 그리고 개인 토지 소유자들에게 여러 조각으로 나뉘어 분배되었다. 새로운 배수로를 직선으로 연결하기 위해 하천이 막히기도 했다. 도로는 직선화되거나 막히고, 오래된 나무들은 쓰러지고, '출입 금지' 표지판이 처음으로 등장했다.

클레어(역설적이게도 들판에 울타리를 치는 데 도움을 주었던)에게 가장 고통스러운 것은 그가 어릴 적부터 누비고 다녔던 울타리 없는 목초지와 히스가 무성한 황야가 쟁기질로 갈아엎어진 것이었다.

울타리 설치가 완료된 후인 1821년에 그는 두 번째 시집 『마을의 음유시인The Village Minstrel』을 출판했는데, 표제시에는 죽어간 잡초들에 대한 분노가 표출되어 있다.

그런 봄이 있었다. 데이지의 은빛 단추들이

눈처럼 모든 목초지를 뒤덮고 있던,

그런 여름이 있었다.

미나리아재비 싹이

황금빛 햇살처럼 아주 밝은 광채를 내뿜고

루빈의 머리 위로 나무들이 자라던,

달콤하고 낮은 소리로 졸졸졸 흐르던 개울들이 있었다.

이제는 그 개울들이 사라졌다.

미나리아재비와 데이지는 달아났다.

벌거벗은 무어인들은 쓰러진 그들의 마지막

나무 앞에서 통곡하고

그 슬픈 이야기를 전해줄 수풀도

남아 있지 않다.

클레어의 시에서 친숙하던 장소를 잃은 것은 어린 시절의 '기쁨'과 순수함의 상실과 떼어내려야 뗄 수 없이 연결되어 있다. 〈어린 시절Childhood〉('과거, 그것은 마법의 단어다/ 너무 아름다워서 지속될 수 없는'으로 시작하는)에서 그는 어린 시절에 즐겼던 놀이와 어떻게 친구들과 함께 작은 잡초 꽃다발을 만들어 뿌리 없는 꽃들을 심는 정원 놀이를 했는지 묘사한다. 그들은 이렇게 잡초 소풍도 즐겼다.

아욱 씨앗은 치즈가 되었다.

사리풀은 빵 덩어리 되었고
돌 탁자 위에
우리의 식탁보 우엉 잎이 펼쳐져 있었다.
산울타리를 오르는 메꽃이 우리를 위해 술잔이 되었다.
거기 여름 풀밭 위에서
우리는 즐거운 잔치를 벌인다.

이러한 경험을 '시간이 훔쳐 간 것'이다. 그래도 그는 울타리 치기에 반대하는 그의 치열한 전투 찬가, '기억'에서 자신의 상실감에 책임이 있는 것이 불가항력적인 시간의 경과일 뿐 아니라 '보나파르트' 지주들의 탐욕이라는 사실을 확실히 한다.

랭글리 부시Langley Bush 근처를 이리저리 다녀보지만
그 덤불은 언덕을 떠나버렸다.
쿠퍼 그린Cowper Green에서 옆길로 새보니 그곳은
낯설고 으스스한 사막이다.
그리고 넓게 퍼져있던 리어 클로즈 오크Lea Close Oak는 썩기 전에
유언장을 썼다.
약탈자와 사리사욕에 눈이 먼 사람들에게 먹이 감이 떨어진다.

오늘날 쿠퍼 그린은 평범한 거대 경작지가 되었다. 농업 강화와 의회에 의거한 교구의 사유화와 함께 시작된 사회적 폐쇄 과

정이 당연한 결론에 도달한 것이다. 복잡한 생태계와 공동체 자원은 단일재배로 변해버렸다. 공유지가 사라지기 전에 쓴 그곳에 대한 찬사에서 클레어는 모래를 파내거나, 약효가 있는 잡초를 채취하거나, 거기서 자기처럼 '음울한 빛깔을 띤 독당근'이나 악취를 풍기는 사리풀, '히스 위를 짙은 색 가시로' 휘감고 있는 가시금작화 같이 사랑스럽지 않은 것들의 끈질긴 생명력을 즐기곤 했을지도 모르는 사람들에 대한 꿈을 꾼다.

> 이름 없는 잡초들이
> 버려진 채 초라하게 남겨져
> 코로 꽃을 판단하는 사람들에게는
> 역겹게 보이지만
> 야생은 내게 어울리는 풍경이다.
> 그래서 나는 당신을 찾는다.
> 쿠퍼 그린이여!

연료로 사용된 식물들

지적으로 교화되고 있는 농민들이 모두 오만한 보나파르트들은 아니었다. 몇몇 사람들은 자기 땅에서 자라고 있는 식물들을 진정 호기심 어린 눈으로 바라보고 시인의 투명함으로 그들에 대해 기록했다.

1748년 스웨덴의 자연주의자 린네Linnaeus의 제자인 핀란드 젊은이 페흐르 칼름Pehr Kalm은 농업 혁명의 진보에 대한 글을 쓰려고 영국을 여행했다. 그는 특히 유명한 개량자인 윌리엄 엘리스William Ellis를 만나기 위해 영국에 왔다.

윌리엄 엘리스는 칠턴스의 리틀 개드스덴Little Gaddesden에서 농사를 지으면서 잡초 방제와 목초지 관리를 위해 여러 가지 방법들을 실험하고 있었다. 두 사람은 잡초 문화사의 또 다른 면에 대한 기록을 남겼는데, 그것은 잡초가 농장의 생태 환경과 가정 경제 안에서 실제로 얼마나 유용할 수 있는지에 관한 것이었다.

윌리엄 엘리스의 농사에 관한 책들은 진솔하다. 그는 지역 환경에 적합하기만 하다면 최적의 전통 관습을 옹호하는 한 사람으로서 자신은 혁신가라고 할 수 없다고 애써 지적한다. 예를 들어, 『경험 있는 농부The Practical Farmer』나 『허트포드셔 농사꾼Hertfordshire Husbandman』은 제쓰로 툴Jethro Tull의 새로운 말이 끄는 쟁기에 대해 칭찬이 다소 부족하다. 그것은 '인간이 쟁기질을 하는 비용(1에이커당 대개 총 7초)을 줄여주는 꽤 독창적인 발명품'이었는데도 말이다. '허트포드셔에서 일반적으로 사용하는 바퀴 쟁기'는 보습(쟁기, 곡괭이, 가래 등의 농기구의 몸통에 끼우는, 넓적한 삽 모양의 쇳조각으로 농기구에 따라 모양이 조금씩 다름) 끝이 뿌리가 묻힌 땅을 파 엎어서 잡초를 죽일 수 있을 만큼 줄지어 선 콩에 가까이 댈 수 없기 때문에 쓸모가 없었다. 더욱 친숙한 '베일 풋 쟁기질Vale Foot-Plough'은 보습을 줄뿌림 작물에 좀 더 가까이 댈 수 있기 때문에 사용하는 것이었다. 하지만 그는 힘이 더 들어도 잡초에 대고 직접 호미질하는 것을 선호했다.

가장 파괴적이며서 제초자들 가장 괴롭히는 잡초가 엘리스가 '랭글리 비프Langley-Beef'라 부르는 완두콩밭을 주기적으로 침범했다. 올드 잉글랜드의 억센 잡초라니 근사하게 들린다. 사실 그 이름은 프랑스어로 성마르고 털이 뻣뻣한 소의 혀를 가리키는 랑그 뒤 뵈프langue du boeuf의 상스러운 표현으로 개데스덴Gaddesden에서 동쪽으로 8킬로미터 떨어진 마을 킹 랭글리King Langley의 이름을 결합시켜 이해하기 쉽고 발음하기 쉽게 현지화한 것이다.

존 제라드는 거의 프랑스식인 '랭 드 비프Lang-de-Beefe'를 이름으로 사용하면서 이 식물의 잎이 소의 혀를 닮아서 그렇게 불린다고 설명하기는 했지만, 내가 찾아본 바로는 영국 어디에도 그런 이름은 없다. 이 풀의 잎은 부풀어 오른 돌기 위에 일종의 야채 수염이라고 할 만한 것이 붙어 있어 거칠고 뾰루지가 난 것처럼 보인다. 그리고 이 식물에는 전체적으로 길거리 불량배 같은 특징이 있다(내 친구 마크 콕커Mark Cocker는 그것을 처음 봤을 때 '깡패'라고 불렀다).

쇠서나물은 아직도 가끔 리틀 개데스덴 주변 밀밭 가장자리에 나타난다. 그리고 엘리스의 시대에는 정말 골칫덩어리였다.

'이것이 완두콩 밭을 완전히 파괴할 거라고는 말할 수 없지만, 수확량이 4분 1도 되지 않을 정도로 밭을 아주 못 쓰게 만들 것이다.

쇠서나물은 굵직하게 땅을 뚫고 나와 방가지똥처럼 바람에 날아다닌다. 이 잡초는 대개 완두콩을 베거나 꺾을 때 아래로 축 처지는 잎이나 솜털로 일하는 사람들을 괴롭히는데, 그것은 물을 많이 마시게 되는 것이다. 아주 특별한 것은 이 잡초는 아마 평생 한번 문제를 일으킨다. 그래서 때때로 종종, 농부들은 그 이유를 몰라 당황한다. 하지만 이 잡초는 아주 놀랍게도 콩은 해치지 않는다.' 클레어에게 있어 자생하는 야생 식물의 까다로운 취향에 대해서 일반화라는 게 있을 수 없는 것이다.

엘리스는 콩작물의 질소 고정(대기 중의 유리질소를 생물체가 생리적으로 또는 화학적으로 이용할 수 있는 상태의 질소화합물로 바꾸는 것-역주)에 대해서도 잘 알고 있었다. 특히 토끼풀 또한 잡초를 관리하는 효과적이고 정중한 방법이 될 수 있다는 것도 알고 있었다. 그것은 잡초가 화학 제초제들에 내성을 가지게 되었기 때문에 현재 유일하게 재발견되고 있는 가르침이다.

'토끼풀은 또한 쟁기로 일군 땅에 일종의 붕대를 감아주는 역할을 한다. 그리고 무엇보다도 매년 땅에서 잡초를 뽑는 비용을 많이 절약해 준다. 이 풀로 인해 땅이 완전히 회복되고, 제초자들이 옥수수밭을 누비며 옥수수에 입히게 되는 피해도 예방되

는 것이다. 잡초로 무성한 너저분한 땅을 이 풀 만큼 말끔히 청소해 주는 것은 없다.'

페흐르 칼름은 농장 목초지와 들판의 야생 식물들이 꽃을 피우기 전에 엘리스의 농장을 방문했다. 그래서 어쩔 수 없이 그는 확실히 매우 비옥한 목초지에 여러 품종을 자리 잡게 하는 우회적인 방법을 사용해야만 했다. 그는 헛간에 있는 건초를 선별해(아직도 현장 생태학자들이 가끔 사용하는 기법) 24종을 가려냈다. 그중 9가지만 사료용 풀이었고, 나머지는 오늘날 목초지 잡초로 여겨지는 플란타고나 데이지, 서양톱풀, 냅위드Knapweed,(수레국화의 변종), 조밥나물hawkweed 등 몇몇 종을 포함해 잎이 넓은 식물들이었다. 놀랍게도, 건초에서 '절대적으로 우세한' 식물은 친숙한 잔디밭 잡초이자 존 클레어가 '양의 발가락lamb toe', 혹은 '여인의 손가락Lady's fingers'이라고 한 벌노랑이였다.

칼름은 그 표본을 엘리스에게 가져가 '그것이 그가 『현대식 농사꾼Modern Husbandman』에서 가축뿐 아니라 승마용 말이나 사슴, 양, 토끼를 먹이기 가장 적절한 건초가 어떤 것인지를 두고 여러 풀을 비교하면서 최고로 치며 칭찬한, 아니 더 나아가 찬양한 '여인의 손가락'인지 확인한다.

최근 연구에 따르면, 현재 멸시받고 있는 초원의 많은 잡초는 그들이 자리 잡으려고 하는 곳에서 자라는 사료용 풀보다 영양학적으로 훨씬 더 가치가 높다. 반추동물의 필수 영양소인 '무기질 코발트'는 사료용 풀보다 왕질경이와 미나리아재비에 160배나 더 많이 들어 있다.

민들레와 쐐기풀, 엉겅퀴는 사료용 풀에 비해 구리를 최대 5배까지 더 많이 함유하고 있으며, 철은 1.5배 더 많이 들어 있다. 결핍되면 초식동물에게 '목초강직증'을 일으키는 마그네슘은 사료용 풀에는 약 0.4%의 농도로 함유되어 있지만, 치커리나 창질경이, 서양톱풀에는 1% 이상 농축되어 있다.

칼름은 다른 기발하고 소박한 현지 관습을 조사하면서 4월까지 머물렀다. 이 백악질 지역에서 경작할 수 있는 작물들에게 매우 해로운 달팽이는 돼지에게 먹이로 제공되었고, 돼지는 그걸 먹고 살이 너무 찐 바람에 털이 빠져서 '가장 부드럽고 맛있는 고기를 내놓았다'.

감탕나무 덤불은 빨래를 그 위에 널어 말릴 수 있도록 다듬어져 있었다.

야생 백리향과 개장미 덤불들은 토턴호Totternhoe 인근 돌 광산의 벽 틈새에 자리 잡고 있었다. 그곳에서 그들은 확실히 습기를 즐기며 '2달 동안 신선하고 달콤한 냄새를 풍기며 푸른 잎을 자랑하곤 했다'.

그는 또한 가시금작화나 바늘금작화를 연료 식물로, 특히 빵 굽는 오븐의 연료 식물로 사용하는 방법에 대해서도 세심하게 설명한다. 바늘금작화는 칠턴스의 산성 고원지대에서 풍부하게 자란다. 그리고 풀을 먹는 동물들에게 영양가 높은 먹이임에

고사리는 양치류에 속하는 다년생 식물이다. 일본, 중국, 사할린, 유럽, 캄차카 등지에 분포한다. 양지나 음지에서 모두 잘 적응하고 환경조건이 나쁜 곳에서도 잘 생육하지만 토양이 오염된 곳에서는 생육하지 못한다.

도 불구하고 전통적으로 집중적인 경작을 하고 있지 않는 거친 목초지에 침입하면 몹시 혐오스러운 잡초로 취급된다. 하지만 연료로서 가치가 있었기 때문에 일반 사람들은 그것을 참아주었다. 칼름의 설명은 거의 클레어처럼 정확하다.

연료로 쓰려고 사람들이 계속 베고 있었기 때문에, 바늘금작화는 키가 한 뼘 정도밖에 되지 않았다. 남자아이들 몇 명이 한곳에 모여 자루가 긴 큰 낫 같은 것으로 그것을 땅에 바싹대고 베었다. (…) 낫은 날의 두께가 3센티미터 정도 되었다. 그것은 한쪽 면만 날카로워서 오른손을 칼날에 바짝 대고 오른손잡이만 사용하거나, 양손으로 손잡이를 붙들고 사용해야 했다. 나무로 된 자루에 끼운 큰 낫의 쇠날은 자루의 일부 쇠로 된 부분에 단단히 고정되어 있으며 각이 매우 뾰족하게 잡혀있다. 그래서 사람들이 그것을 사용해 풀을 벨 때 허리를 구부리지 않아도 되었다. (…) 남자 아이들은 그 낫으로 바늘금작화와 고사리, 오래된 풀, 그 밖에 필요한 것은 무엇이든지 다 긁어모아 다발로 묶었다. 그들은 가시나무 덤불의 가는 잔가지로 그것들을 묶었다. 가시금작화와 블랙베리는 모두 아주 가시가 많은 관목들이기 때문에 그 일을 하려면 좋은 엄지장갑(벙어리장갑의 새로운 표현)이나 손장갑이 필요했다. (…)

그곳에서는 고사리들을 훨씬 더 다양한 용도로 채취했다. 사람들은 베어낸 고사리를 장작더미 위에 쌓아두었다가 나무를 대신해 온갖 일에 연료로 사용했다. (…) 리틀 개드스덴 주변을 돌아다니다 보면 항상 고사리가 공동 방목지와 언덕에서 무성하게 자라고 있는 게 보였다. 우리는 여러 곳에서 사람들이 연료로 쓰려고 그것을 베어 모으는 것을 보았다. 리틀 개드스덴 인근 브리지워터 공작Duke of Bridgewater의 공원에는 커다란 벽돌 공장이 있었다. 거기서는 벽돌이 많이 생산되었는데, 벽돌을 굽기 위해 가마에 넣어 태우는 연료는 보통 작은 너도밤나무의 잔가지 다발이거나 특히 고사리인 경우가 많았다. 우리는 벽돌 공장에서 커다란 고사리 더미를 짚으로 이어 쌓아놓은 것을 보았다. 사람들은 고사리가 타면서 내는 열이 다른 여러 나무들보다 훨씬 더 강하다고 말했다(…)지역 유지 한 사람이 내게 오랜 경험 상 고사리가 최고의 연료라는 걸 장담한다고 했다. 그는 고사리를 빵을 굽는 등 다른 용도로도 많이 사용했다. 나는 고사리가 다른 짚에 섞여 농장 뜰에서 가축용 깔짚으로 사용되고 있는 걸 곳곳에서 볼 수 있었다. 그것은 거기서 썩어 거름이 된다. 고사리는 또한 밀이나 완두콩, 옥수수 더미 아래 땅에 사용되기도 했다.

나는 인생의 많은 시간을 리틀 개드스덴에서 불과 몇 킬로미터 떨어진 곳에서 살았다. 그 지방의 공유지에서는 아직도 가시금작화와 고사리를 깡그리 베어내고 있다. 소문에 의하면, 페흐르 칼름의 스승 린네가 1730년대의 어느 해 봄 그곳을 방문했을 때, 꽃이 만발한 바늘금작화를 보고는 무릎을 꿇고 하나님에게 감사의 기도를 드렸다고 한다. 1866년에 현지의 급진적인 지주인 어거스트 스미스Augustus Smith가 직접 행동 캠페인을 조직해 드넓은 황무지를 사유화하려는 시도를 물리치는 데 성공했다.

울타리가 허물어지던 날, 그 지역 사람들은 버컴스테드 커먼 Berkhamsted Common으로 몰려와 그곳을 되찾은 증거인 가시금작화의 잔가지를 주워 들고 그날을 기념했다.

1920년대에 결국 그 공유지들이 매각될 때까지 지역 주민들은 잡초 자원의 생존을 보장하는 정중하고 소박한 규정을 지켰다. 그들은 6월 1일에서 9월 1일 사이를 가시금작화와 고사리 채취 금지 기간으로 정했다.

8월 31일이 되면 서민들은 한밤중에 교구 교회에서 울리는 종소리에 귀를 기울이고 있다가 황금을 탐사하는 자들처럼 자기들의 권리를 행사하러 나가곤 했다.

07
잡초의 히치하이킹

나는 운 좋게도 몇 년 동안 전 세계 식물학의 중추신경인 큐 왕립식물원Royal Botanic Gardens at Kew에서 몇 가지 일을 맡아 할 수 있었다.

1980년대에 나는 정원의 역사에 관한 텔레비전 다큐멘터리를 집필했다. 그것은 빅토리아시대 사람들의 '창조의 불가사의the Wonders of Creation'에 대한 강한 흥미와 제국을 탐험하던 사람들이 고향으로 가져온 이국적인 새로운 식물들의 끝없는 퍼레이드가 어떻게 그 나라에 대한 일종의 신의 축복으로 보였는지에 초점을 맞춘 프로그램이었다. 몇 년 후, 나는 1989년에 강타한 태풍이 그 경이로운 식물 컬렉션 중 많은 것을 어떻게 엉망으로 만들어버렸는지 보도하러 그곳에 갔다. 말할 필요도 없이 생명은 계속 지속되고 있었다. 거대한 태풍이 지나간 후, 나는 큐의 과학자들이 뿌리가 파헤쳐진 채 꼼짝도 않고 그대로 자리를 지키고 있는 나무 표본들 사이를 기어 다니고 있는 것을 보았다. 그리고 뿌리를 붙들어주며 공생하고 있던 곰팡이의 뿌리 그물이 갑작스럽게 모습을 드러낸 것도 보았다.

그 두 번의 통찰을 주는 순간들 사이에, 나는 큐의 유명한 식물 도해 모음집과 관련된 일을 하면서 여름 한 달을 보냈다. 그 식물표본집에는 그림들이 실려있는데, 그것들은 품종별(아티스트별로가 아니라)로 보관된 건조 식물들 사이에 같은 순서로 보관되어 있다. 18세기의 정교한 장미 그림들이 때때로 건조한 원래 꽃잎과 도화지 한 장 두께 정도 거리를 두고 보관되어 있기도 하다. 이것이 살아있는 식물을 표현하는 2가지 다른 방법이다.

그것은 100만 점이 넘는 식물의 방대한 모음집이다. 거기에는 르두테Redoute나 에렛Ehret과 같은 거장들의 화려한 그림과 식민지 탐험을 위해 모집한 스코틀랜드의 젊은 소묘 화가들이 그린 스케치, 동인도 회사의 지침에 따라 일하는 무굴 화가가 그린 양식화들이 포함되어 있다. 그리고 현미경을 사용한 매우 섬세한 도해와 시간이 여유로운 은퇴한 대사관 직원들이 그린 인상파

수채화들도 수록되어 있다.

내가 큐 정원의 전 세계를 아우르는 방대한 시각 자료를 훑어보고 있던 기간 중, 서아프리카에서 한 광물학자 모임이 식물표본집에 있는 품종 몇 가지를 조사하러 왔다. 그들은 땅에서 금속을 추출해 잎에 저장할 수 있는 한 무리의 잡초 품종에 관심이 있었다.(스프링 샌드워트Spring san dwort가 영국 북부의 오래된 납광산의 폐석에서 이런 일을 한다.)

오랫동안 밀린 표본에서도 잎에 남은 금속의 흔적이 화학 분석을 통해 검출된다. 잎은 일종의 리트머스 종이가 된다. 미네랄 함량이 높다는 것은 그 식물이 원래 자라던 토양에 금속이 함유된 광석이 풍부했을 것이라는 사실을 알려준다. 그리고 광물학자들이 관심을 가진 요소가 하나 더 있었다. 식물표본집에 있는 모든 표본들에는 그 식물이 채집된 위치가 정확히 표시되어 있다. 그것들은 사실상 탐사를 위해 땅을 파야 할 자리를 알려주는 준비된 이정표인 셈이다.

나는 이런 상업적 침입에 약간 놀랐던 것 같다. 나는 잡초들-그 자신은 경제적 가치가 적은-이 18세기 이후 이 행성을 착취하는 데 기여한 자들의 거대한 출석부에 이름을 올렸어야 했다는 게 역설적이라는 사실을 확실히 알게 된 것이다.

유럽 제국주의가 확장되는 과정에서 온갖 종류의 식물들이 중심적인 역할을 했다. 그것들은 식민지 열강들이 자신의 경제적 우선순위를 외국 문화에 강요하는 데 사용한 돌격대였다.

18세기와 19세기에 역사학자 앨프레드 W. 크로스비Alfred W. Crosby가 '생태 제국주의'라고 불렀던 것의 핵심은 전통적인 자급자족 농업을 고무나 빵나무, 아편, 사이잘초와 같은 수출용 품종, 그리고 나중에는 온실이나 정원 가장자리를 장식할 이국적인 품종을 위한 수익성 외래 식물 플랜테이션으로 전환한 것이었다.

식물원들, 특히 큐 식물원은 과학적인 정보를 전파하고, 유망한 품종을 고르고, 식물 자체를 수출입하면서 이러한 프로젝트를 조정하는 센터로서의 역할을 했다. 예를 들어, 키니네를 원산지인 남아메리카에서 전 세계로 전파하는 데 있어 큐는 결정적인 역할을 했다.

19세기에는 키니네 껍질이 말라리아에 효력이 있는 유일한 치료제인 퀴닌의 공급원이었다. 현지에서 이 약의 공급원을 쉽게 구할 수 없었다면, 유럽의 아프리카와 인도 식민지화는 질병으로 인해 궤도에 오르지 못했을 것이다.

좀 더 소소한 수준에서 보면 큐는 이 나라가 가장 좋아하는 관목 중 하나인 철쭉의 대중화에 관여했다. 1830년대에 큐가 잠시 쇠퇴기에 들어가자, 정부는 1841년에 큐가 과학과 공익, 그리고 식민지 확장을 연결하는 책임을 져야 한다고 분명히 권고하면서 윌리엄 잭슨 후커 경Sir William Jackson Hooker을 감독으로 임명했다. 보고서에는 다음과 같은 주장이 실렸다.

'국립 식물원은 같은 성격을 지닌 규모가 더 작은 시설들의 중심이 되어 그들의 저장품을 받아주고 식물 왕국에서 유용한 모든 것으로 본국을 도와야 한다. 그러면 의학과 상업, 농업, 원예 농업, 제조업의 많은 중요한 분야들이 혜택을 볼 것이다(…)'

7년 후 윌리엄 후커는 자기 아들 조지프Joseph를 히말라야 동부로 급파해 현지의 식물을 찾아 채취해 오도록 했다. 그는 28가지의 새로운 철쭉 품종과 그 씨앗을 가지고 돌아왔다. 그것들은 날로 늘어나고 있던 특이한 관목에 대한 수요를 완벽하게 충족시키면서 원예 인구들 사이에서 대사선이 되었다. 그때는 아무도 그들 중 일부가 달아나 영국 서부 목초지에서 가장 급속히 퍼지는 잡초 중 하나가 될 것이라고는 상상도 못했다.

식물의 세계화

물론 잡초가 계획적으로 퍼지는 경우는 거의 없었다. 하지만 그 기회주의자들은 이러한 식물 인재들의 전례 없는 세계적 이동을 이용했다. 그들은 그 연미복 뒷자락을 이리저리 바꿔가며 올라탔다(아니, 에드워드 솔즈베리를 생각한다면 어쩌면 바지 밑단을 이리저리 바꿔가며 들어갔다고 할 수 있겠다).

영국은 엄청난 수의 외래 식물들이 의도적, 혹은 우발적으로 처음 도착한 땅이었다. 그리고 우리의 잡초 종들은 아마 18세기와 19세기에 두 배로 불어났을 것이다. 그중 일부는 그냥 농작물과 정원 식물의 등에 올라탔다고 할 수 있다. 씨앗이 그들의 뿌리 덩어리나 보관 용기에 달라붙어서 들어왔지만, 그때마다 아무도 그것이 거기에 있는지 몰랐다. 다른 일부는 가치 있는 식용 식물이나 화려한 장식물로서 환영받으며 들어왔다. 하지만 탈출하거나 버려진 후 의외의 나쁜 습성 때문에 잡초가 되고 말았다.

식물의 비밀스러운 침입에 대한 고전적 이야기 중 하나인 도시 뒷골목과 희뿌연 객차에 관한 중세의 이야기는 정원이 이야기를 이끄는 역할을 한다.

1621년에 지어진 옥스퍼드 대학교의 정원은 한 식물 종의 공식적인 영어 이름으로 기억되는 유일한 기관이다. 옥스퍼드 금방망이로 알려지게 된 약간 꾀죄죄한 노란색 꽃이 피는 데이지가 캡틴 쿡과 함께 항해했던 식물 탐험가 조지프 뱅크스 경 Sir Joseph Banks에 의해 그곳에 처음으로 자리 잡게 된 것은 유명한 이야기다. 그것은 1794년 그 대학의 식물학과 셔라디안 sherardian(1734년에 설립된 옥스퍼드대학교의 식물학 교수직) 교수인 존 시브토프John Sibthorp에 의해 공식적으로 기록되었다. 옥스퍼드 금방망이가 어떻게 거기에 오게 되었는지는 알려지지 않았다. 그것은 원래 시칠리아섬에 있는 에트나 산의 화산 클링커(석탄이 고열에 타고 남은 단단한 물질) 위에서 자라는데, 식물 그랜드 투어Grand Tour(영국의 귀족 자제가 교육의 마무리로서 떠났던 유럽 여행)를 통해 옥스퍼드로 들어온 것 같다. 마찬가지로 그 씨앗도 분명히 좀 더 매력적인 지중해 품종의 뿌리에 붙어 몰래 들어오자마자 정원 석조물들을 타고 올랐을 것이다. 하지만 과학적 프로토콜을 따르는 시브토프는 고대 로마의 프레스코에 대한 비밀스러운 설명처럼 다음과 같이 라틴어로 그것을 설명했다.

'Sub ipsis denique muris urbis rariores stirpes oculis occurrunt, quae tamen cum peregrina sint facie, dubito utrum inter indigenas enumerandac sint … quae late se propagans undequaque prorepit, et tapetis instar circa rudera et antiquiores muros sternitur.'

간략하게 말하면 이런 내용이다. '마침내 그 도시의 바로 그 성벽 아래 희귀한 식물들이 눈에 띈다. 그 모습이 이국적이라 나는 그들을 토착종으로 간주해야 할지 확신이 서지 않는다. 그것들은 모두 스스로 넓게 번식하면서 있던 자리에서 몰래 빠져나와 깨진 벽돌 조각과 더 오래된 성벽 주변에 카펫처럼 펼쳐진다.'

몇 년 만에 금방망이는 그 정원(모들린 대학Magdalen College 맞은편에 있는)을 빠져 나와 옥스퍼드의 오랜 성벽을 따라 서쪽으로 나아가기 시작했다. 이 식물의 솜털 같은 씨앗들은 갈라진 석조물에서 고향의 화산석과 유사한 점을 찾은 것 같았다. 그것은 머튼 대학Merton College에서 코퍼스 크리스티Corpus Christi와 크리스티 교회의 존엄한 흉벽으로 전진했다. 그런 다음 세인트 알데이트St Aldate의 좁은 뒷골목을 구불구불 통과해 나아갔다. 그렇게 아이시스강(템스 강의 다른 이름) 위에 놓인 폴리교Folly Bridge에 도달한 다음 예리코Jericho의 오래된 소년원 부지에 닿았다. 이곳이 마치 빈민 지역이라는 것을 알기라도 하듯이 그것은 이상한 작은 변종, 그러니까 크기가 정상의 반밖에 안 되는 두상화頭狀花가 피는 종var. parviflorus을 내놓았다.

1830년대에는 때때로 에트나에 있는 것과 비슷한 돌조각들과 클링커의 전국적 연결망으로 향하는 관문인 옥스퍼드 기차역에도 닿았다. 그것이 일단 철도 회사의 중단 없는 길 위에 오르면, 어떤 방법으로도 그것을 저지할 수 없었다. 씨앗들은 기차의 후류後流를 타고 흩어지다 우연히 객차 안으로 들어갔다.

식물학자 조지 클래리지 드러스George Claridge Druce는 1920년대 어느 여름날 오후에 그 몇몇과 함께 했던 여행에 대해 이렇게 설명했다. 옥스퍼드에서 객차 창문을 통해 씨앗들이 둥둥 떠서 안으로 들어오더니, 그 노선을 32킬로미터 더 가면 나오는 '타일허스트Tilehurst에서 출구를 발견할 때까지 계속 그런 상태로 있었다.'

시인 제프리 그리그슨Geoffrey Grigson은 이 별난 출근길에 1950년대식 고상한 분위기를 이렇게 더했다. '여름에 스윈든Swindon과 런던을 오가다 보면 종종 씨앗들이 옅은 담배 연기 속을 둥둥 떠다니며 객차 창으로 들어온 햇빛을 받아 반짝이는 걸 많이 볼 수 있다.'

그 식물은 1867년에는 런던에, 그리고 1890년에는 스윈든에 닿았다. 소위비Sowerby의 『영국 식물지English Botany』에 따르면 그것은 1899년에 데번Devon 주 비드퍼드Bideford의 오래된 성벽과 쓰레기장과 '워릭셔의 앨러시 교회Allersey Church'에도 닿았다. 세기말 군내 식물군의 한 더껑이가 그것이 서퍽과 켄트, 서머싯, 헤리퍼드셔Herefordshire에도 왔다는 사실을 보여준다.

1915년이 되자 그것은 클라이드 강the Clyde과 카나번Caernarvon에 이르는 먼 북부와 서부 끝까지 도달했다. 하지만 옥스퍼드 금방망이에게 두 번째로 날아갈 기회를 준 것은 제2차 세계대전이었는데, 당시 아주 많은 도시들이 폭격을 당해 화산성 잡석들이 많이 생겼다. 1940년대에 금방망이는 에드워드 솔즈베리Edward Salisbury가 수행한 런던 피폭지 조사에서 세 번째로 널리 퍼진 잡초였으며, 1944년에는 잡초의 전형적인 마구잡이식 번식으로 가장 가까운 사촌격인 끈끈한 개쑥갓과 잡종을 만들어 런던 금방망이를 탄생시켰다.

옥스퍼드처럼 큐 왕립식물원에도 영국 대부분을 서식지로 삼으려고 계속 전진하며 모험을 한 부랑자가 있었다. 1793년에 식물원은 작위까지 받은 훌륭한 스페인의 식물학자 돈 마리아노 마르티네즈 데 갈린소가Don Mariano Martinez de Galinsoga의 이름을 따 갈린소가 파르비플로라Galinsoga parviflora라고 불리는 자그마한 별꽃아재비의 표본을 받았다. 그것은 늘어진 줄기에 작고 우중충한 흰색 꽃들이 달리는 그리 크지 않은 식물이다. 그것은

1860년대에 식물원을 빠져 나와 현지의 하수도와 포장도로의 갈라진 틈에 자리를 잡았다. 그리고 한동안 큐 잡초로 알려졌다. 하지만 공중에 둥둥 뜨는 씨앗이 멀리 고향을 떠나 덜 살기 좋은 동네로 날아가게 되면 보다 일반적이고, 보다 현실적인 꼬리표가 필요했다.

갈린소가는 런던 남부 주민들에게는 발음이 너무 어려웠다. 그래서 사람들은 그것을 갤런트 솔저gallant-soldier(용감한 군인)로 쉽게 바꿔 불렀다. 내 생각에 그 이름이 지속된 것은 어느 정도 너무 역설적으로 부적절하기 때문이 아닌가 싶다(매우 군인 같지 않은 행동거지를 보여주는 이 잡초가 귀화한 또 다른 지역인 말라위에서는 '남편은 자고 있어요'라는 의미의 'Mwam una aligone'로 알려져 있다).

그리고 그들은 식물원을 통해서 뿐 아니라 작물의 씨앗, 유행하는 화분 식물의 흙, 양조업자와 양모 상인들의 원재료를 통해 쏟아져 들어왔다. 지금은 큰잎다닥냉이로 알려진 새네트 냉이 Thanet cress는 나폴레옹 전쟁 시 왈헤렌Walcheren 전투에서 영국에 온 것으로 유명하다. 그곳에서 램즈게이트Ramsgate로 부상자들을 이송하는 데 쓰였던 건초로 채워진 돗짚자리에 이 북유럽 잡초의 씨앗이 들어 있었는데, 현지 농부들이 그 건초를 나눠 갖고 자기 밭을 갈아 일굴 때 거기다 넣었던 것이다. 거기서 싹이 튼 냉이는 새네트 지역을 장악하고 남부 해안 전체에 퍼진 다음, 영국 남부 대부분 지역으로 전진했다.

지금은 전 지구적인 잡초가 된 망초는 17세기에 북미에서 수입한 새의 박제에 숨어서 유럽에 왔다. 비디비디Pirri-pirri-bur는 태평양 지역에서 수입한 양털과 함께 왔다. 그것은 호주와 뉴질랜드의 탁 트인 시골에서 온 여러해살이풀로 매트처럼 낮게 깔려 자라며, 가시 모양의 돌기로 장식된 작은 공 모양의 호기심 많은 두상화頭狀花(꽃대 끝에 많은 꽃이 뭉쳐 붙어서 머리 모양을 이룬 꽃)가 핀다. 그것들은 동물의 털에 붙어서 양모 무역 폐기물('재생 털실'로 알려진)이 비료로 사용되는 곳 어디에나 갈 수 있다.

비디비디는 이제 동부 앵글리아와 남부 잉글랜드의 일부 모래 언덕에서 완전히 귀화한 식물이 되었다. 그 씨앗은 풀을 뜯어 먹는 동물들에게 붙는 것만큼 뛰어노는 아이들의 옷에도 끈질기게 들러붙는다. 잡초들은 반려동물 식품 가게에서 나온 쓰레기나 부려놓은 선박의 바닥짐, 버려진 아시아 테이크아웃 음식을 통해서도 퍼져왔다.

1871년에 오리건Oregon에서 영국으로 온, 과일 냄새나는 족제비쑥의 확산은 홈이 파인 자동차 타이어가 간 길을 그대로 따랐다. 작은 등산화의 바닥에 끼는 것처럼 타이어에 골 진 씨앗이 붙어 있었던 것이다.

예술의 영연방commonwealth은 무역만큼이나 새로운 잡초의 효과적인 전달자였다. 파랗고 노란 금어초의 축소판인 덩굴해란초가 지금은 영국의 거의 모든 교구에서 오래된 성벽을 장식하고 있다. 이 식물은 매우 잘못된 곳에 자라는 외래종이라는 점을 제외하면 석조물이 더러워질까 걱정하는 까다로운 공무원만 유일하게 잡초로 여기는 것 같다. 덩굴해란초는 남부 유럽 산악지대의 토착종으로 17세기 초에 영국에 들어왔다.

이탈리아에서 옥스퍼드로 수입한 일부 대리석 조각상의 포장에 들어있던 이 식물의 씨앗들은 그 도시와 이름이 같은 금방망이처럼 그 대학의 벽을 거쳐 더 넓은 세계로 이주했다고 한다(그것은 잠시 '옥스퍼드 잡초'라 불렸다). 존 러스킨John Ruskin은 덩굴해란초의 우아함과 고전적 느낌을 찬미했다. 1876년 베니스의 마돈나 델로르토Madonna dell'Orto 성당을 방문했을 때, 그는 치마 다 코넬리아노Cima da Conegliano가 성인 여러 명을 그린 그림에서 베드로 성인 옆에 정교하게 그려 넣은 꽃이 성당 바깥의 대리석 계단 위에서 자라고 있던 것과 똑같은 에르바 델라 마돈나erba della Madonna 꽃이라는 사실을 발견했다. 그는 9월 16일에 이런 일기를 쓴다.

'오늘 아침 성 마르코 성당 현관 머리글자 위에서 자라고 있는 마돈나 허브Madonna-herb를 그리려고 헛되이 애만 썼더니 지친다. 그리고 바르바로사Barbarossa(신성로마제국 황제 프리드리히 1세(1122경~1190)의 별명)가 전 세계 그리스도교의 지배자가 되는 것을 지켜봤을 아칸서스 무늬의 대리석 잎에 신선한 생명을 불어넣으려고 헛되이 애만 썼더니 기운이 하나도 없다.' 그때부터 덩굴해란초는 자연이라는 세부 장식의 상징으로 그의 특징적인 식물이 되었다.

덩굴해란초의 잘 알려진 영어 이름은 더욱 통속적이다. '항해 중인 선원Travelling Sailor'과 '수천 명의 어머니Mother-of-thousands'는 이 식물의 잡초 같은 특징 중 하나인 원래 서식지와 비슷한 곳에 재빨리 침투하는 능력이 반영된 것이다. 이 식물은 위쪽을 향해 벽을 뒤덮을 수 있는 흥미로운 구조를 지니고 있다. 이 식물이 꽃을 피우면 (영국의 현재 온화한 기후에서는 일 년 내내) 꽃자루가 빛을 향해 기운다. 꽃이 질 때는 자신을 지지하고 있는 돌 사이의 갈라진 틈이나 회반죽 이음새에 씨앗이 더 잘 떨어지도록 이삭이 반대 방향으로 기운다(이 풀의 해부학적 구조는 아이들을 매료시켰다. 민속학자 레이 빅커리Ray Vickery는 1983년 도싯Dorset에서 한 여자 아이와 나눈 대화를 녹음했다. "우리는 얘(덩굴해란초)를 담장 토끼들wall rabbits이라고 불러요." "왜 그런 이름을 붙여주었니?" "꽃을 뒤집어서 이렇게 양쪽을 누르면 토끼 머리처럼 보여서 그랬어요.").

여러 잡초들이 덴마크 조각가 베르텔 토르발센Bertel Thorwaldsen의 작품들을 통해서 한꺼번에 이탈리아를 탈출하기도 했다.

1844년에 토르발센이 로마에서 죽자 그의 조각상들을 고향인 코펜하겐으로 옮겼다. 푹신하게 쿠션을 댄 상자들을 열자, 씨앗 가루가 지푸라기에서 떨어져 나왔다. 그리고 다음 해에 지중해 잡초들이 많은 수를 차지하는 이탈리아 품종 25가지가 집 주변에서 싹을 틔웠다. 코펜하겐에 귀화한 몇몇 품종 중 일부는 보존되어, 특히 토르발센 기념 정원에서 재배되었다. 옥스퍼드 금 방망이의 기차여행에 필적하는 최근 사례는 덴마크 스커비초 Danish scurvy grass의 도로 히치하이킹이다.

1980년대까지만 해도 코클레리아 다니카Cochlearia danica는 영국 주변 해안의 건조 지역에서 보기 힘든 풀이었다. 그것은 절벽이나 방파제, 해벽, 바닷물이 드나드는 늪지의 육지 쪽에서 자랐다(그리고 여전히 그렇게 자라고 있다). 그것은 통통한 잎과 네 개의 꽃잎이 달린 작고 하얀 꽃이 핀다는 점에서 여느 스커비초와 닮았지만, 자신의 평범한 사촌은 가지고 있지 않은 잠복된 잡초 유전자, 그러니까 진짜 해안선의 모조품을 견뎌내는 어떤 내재된 의지를 가지고 있었던 게 틀림없다.

덴마크 스커비초는 1980년대 중반부터 내륙 철도선이 지나는 몇몇 지역에 나타나기 시작했는데, 바닷가에서 가져온 돌무더기와 함께 씨앗이 그 지역에 들어온 것이었다. 그런 다음 이 식물은 자동차 도로와 주요 도로의 가장자리를 따라 모습을 드러내기 시작했다. 특히 그들은 도로의 중앙분리대 가까이 모여서 자랐기 때문에 3월과 4월에 꽃이 한창 필 때는 마치 서리가 녹지 않고 도로변을 두텁게 뒤덮고 있는 것 같았다.

1993년에는 300 군데가 넘는 지역에서 주요 도로가 펼쳐진 곳의 작은 땅에서 이들이 자랐다. 1996년에 나는 그러한 전국 분포에 대해 대략적인 논문 조사를 했다. 그것은 외판원이 다니

덴마크 스커비초의 학명은 코클레리아 다나카이다.
주로 절벽이나 방파제, 해벽, 바닷물이 드나드는
늪지의 육지쪽에서 자란다. 3월과 4월에 꽃이 핀다.

는 길의 지도처럼 쓰였다. 앵글시Anglesey 섬의 A1과 A5의 많은 구역과 서퍽의 모든 구역, 데본의 A30과 함께, M4와 M5 (특히 첼튼햄Cheltenham과 카디프Cardiff에 가까움), M6와 M56에 집중되어 있었다. 그것은 스코틀랜드 국경을 넘어 덤프리셔Dumfriesshire의 A74를 따라 나타나기도 했다.

그런데 덴마크 스커비초는 아일랜드 해변에서 태어난 식물인 데도 아일랜드의 도로변에 대한 기록이 거의 없었다. 아일랜드 도로 시스템의 특이한 점은 영국과는 달리, 동절기 서리가 많이 내리는 기간에 소금이 아닌 순수한 왕모래로 도로를 관리한다는 사실이다.

C. 다니카C. danica(덴마크 스커비초의 학명)가 내륙에 퍼질 수 있게 된 데는 여러 요인들이 있었던 게 분명하다. 예를 들면, 씨앗을 온 사방에 뿌려주는 트레일러식 화물차 물결이나 주요 도로들의 돌이 훤히 드러난 가장자리들 말이다. 그러나 결정적 요인은 현대식 도로의 소금기, 그러니까 육지로 둘러싸인 영국의 심장에서조차 추운 날 저녁마다 지역 트레일러가 빙판에 소금을 뿌리며 해안가 특유의 냄새를 풍겼던 것이다. 다시 말해, 어떤 사회적 혁신이 일어나자마자 한 잡초가 그것을 이용했던 것이다.

덴마크 스커비초는 계속 도로가를 침범하며 자랐다. 그것은 (유로로리Eurolorries를 따라) 간선 도로를 넘어 먼 곳까지 침투해 나갔지만 소금기를 넘지는 못했다. 노퍽Norfolk에 있는 우리 집에서 182미터 떨어진 곳에 남북으로 이어지는 거친 도로가 있다.

그런데 2년 전 덴마크 스커비초 수풀이 처음으로 그 끝단에 나타났다. 그곳은 좁은 시골길과 데포트Thetford로 가는 주도로가 만나는 지점이었는데, 도로 아래쪽은 타맥 포장도로와 가깝고, 위쪽은 애기똥풀과 황화구륜초 지역이었다. 하지만 2009년과 2010년의 혹독한 겨울에 도로에 소금을 뿌리자 스커비초는 북쪽으로 몇 미터 슬쩍 올라갔다.

몇 년이 지나면 노란 봄꽃들이 온통 반짝거리기 시작하기 전에 그 꽃들이 도로변 전체를 서리처럼 뒤덮어 겨울의 마지막 흰색을 보여주게 될지도 모른다(이 책이 출판된 시점인 2010년에 예상한 것임). 이 식물에겐 덴마크 스커비초보다 더 다정하고 덜 이상한 이름이 필요하다. 서리 내린 길Wayfrost은 어떨까?

오래된 성벽과 고속도로를 침범하더라도 영국에 이민 온 잡초들 중 극히 일부만 노동계의 골칫거리가 된다. 그것들은 더 널리 퍼졌을 수도 있지만, 대부분은 주변부에 남았다. 주차장과 철도에 출몰하는 옥스퍼드 금방망이는 옥스퍼드의 담벼락에서는 거의 사라졌다. 별꽃아재비는 거리에서 정원으로 뛰어드는 일이 거의 없다.

유럽 전역의 쓰레기장에 많이 자라는 망초는 농사의 골칫거리로는 발전하지 않았다. 그러나 잡초는 구세계(유럽, 아시아, 아프리카를 가리킴)로 들어온 것만큼 나가는 것도 잘 했다. 그리고 매우 다른 종류의 반응을 만났다.

세계 최고의 향수 이름이 된 잡초

뉴욕의 센트럴 파크에는 셰익스피어의 작품에 나오는 모든 식물을 재배하는 정원이 있다. 그곳은 셰익스피어가 죽은 지 300주년 되는 해인 1916년에 그 극작가의 모든 새들을 소개하는 더 모험적인 19세기 프로젝트에 이어 개관했다. 하지만 식물들(아니면 적어도 그 씨앗들) 또한 날개가 있다. 티타니아의 야생 백리향과 앵초는 물론 적절한 예의를 갖추고 심어진 곳에 그대로 머물러 있었다. 그러나 리어 왕의 '하드독(우엉이라고 해석하기도 함)과 독당근, 쐐기풀'은 처음 찾아온 기회에 담장을 넘어버렸다. 그 사실이 어쩌면 이들 유럽산 품종이 여러 세기 전에 이미 미국으로 가는 길을 찾지 못한 이유가 무엇인지 궁금하게 만들었을지도 모르겠다.

지중해 농부들이 유럽 대륙의 북부와 서부로 이주하면서 자기도 모르게 잡초를 가져갔던 것과 마찬가지로 유럽 팽창의 다음 물결은 잡초를 대서양을 건너 미국으로 이주시켰다. 아메리카 대륙 북부와 남부(그리고 남반구의 호주와 뉴질랜드)의 기후가 온화한 지역들은 유럽 이주민들에게 매력적인 여행지였다.

유럽과 기후가 비슷하고, 위험한 질병이나 커다란 포식동물이 거의 없는 그 지역들은 유럽 작물들이 살아가는 데도 필요한 것들을 제공할 수 있었다. 그리고 유럽산 잡초에도 적합했다. 잡초는 이주민의 옷이나 옥수수 씨앗, 동물의 발굽에 붙어서 대서양을 횡단을 했다.

16세기에 스페인 작가들은 이미 논풀malas hierbas이 멕시코의 목초지에 나타났다고 이야기하고 있었다. 그들은 엉겅퀴, 쐐기풀, 왕질경이, 솔라눔 둘카마라, 소리쟁이, 메귀리 등 익숙한 목록을 만들었다. 게다가 이주민들에게 더 기쁜 일은 거기에 토끼풀이나 왕포아풀 같은 사료 작물들도 있었다는 것이다. 그것들은 그들의 몸속이나 몸 위에 붙어서 거기에 도착했을 가능성이 매우 컸다. 흰토끼풀은 이미 1555년에 팜팜스에 너무 많이 퍼져서 아즈텍인들이 카스틸리안 오콕스키틀Castillan ocoxchitl이라는 이름을 붙여주었다. 그 잡초들은 스페인 사람들과 함께 북쪽으로 이동했다. 그리고 새로운 물결이 17세기 영국 이주민들과 함께 도래했다.

1638년과 1663년에 뉴잉글랜드New England를 방문한 존 조슬린John Josselyn은 영국인들이 뉴잉글랜드에 식물을 심고 가축을 키운 이래 싹이 튼 식물 목록을 작성했다. 그것은 유럽의 신석기 시대로 거슬러 올라가는 상투어이기 때문에 전체를 다시 써볼 가치가 있다.

개밀
민들레
방가지똥
흰색 꽃이 피는 솔라눔 둘카마라[까마종이]

서양쐐기풀

질경이

향쑥

부령소리쟁이

나도고사리삼

별꽃

컴프리(흰색 꽃이 핌)

엄청난 가시 덩어리 The great clot-bur [우엉]

냉이

개쑥갓

와일드 아라크 Wild arrach [흰명아주]

당아욱

검정 사리풀

묵밭소리쟁이

핏줄잡초 Bloodwort [붉은맥소리쟁이]

마디풀

메이위드

하얀색 꽃이 피는 우단담배풀 Mullin

왕질경이, 혹은 '쥐꼬리ratstail' 질경이는 이 시기에 백인의 잔치에서 엄청난 진보를 목격한 미국 원주민들에 의해 '영국인의 발 Englishman's foot'이라고 불렸다. 가장 엄청난 결과를 낸 것은 영국 풀들의 성공이었다. 몇몇 종은 의도적으로 들여온 것이었다.

윌리엄 펜Willam Penn은 이미 1685년 초에 자기 집 안뜰에 몇몇 종을 섞어 파종했다고 기록하고 있다. 하지만 어쨌든 구주개밀과 큰뚝새풀, 왕포아풀의 씨앗은 이주민들이 데리고 온 동물의 꼬리와 발굽에 붙어 도착했다. 그리고 신대륙이 대량 서식을 시작할 조건이 무르익은 기회의 땅인 타블라 라사tabula rasa(정해진 것이 없는 상태)라는 것을 알게 되었다. 이주민들은 동쪽 해안을 따라 자생임지의 많은 부분을 베어내고 있었다.

1629년에 존 스미스John Smith 선장은 이렇게 보고 했다. '버지니아 주 제임스타운Jamestown 주변의 숲 대부분이 목초지와 정원으로 개조되었다. 그곳에서 영국에 있던 모든 종류의 풀과 뿌리가 그만큼 풍부하고, 최대한 좋은 상태로 자라고 있다.'

1년 내내 나무 그늘 아래 있던 이들 지역에는 빛을 사랑하는 새로운 풀들의 경쟁자가 거의 없었다. 그리고 그들은 토종 풀보다 결정적인 이점을 하나 갖고 있었는데, 그것은 수천 년 동안 탐욕스러운 방목 동물의 압박을 이겨내기 위해 진화를 거듭해 왔다는 사실이다. 그들은 기르는 양과 소에 의해 짓밟힐수록 지하 뿌리를 발달시키고, 옆으로 퍼지며, 서로 엉기고, 여러 싹을 통해 새 생명을 얻는 데 더 능숙해졌다.

미국에 소개되었을 때 유럽의 풀들은 방목 하에 활발하게 번성하는 법을 이미 배운 상태였다. 17세기 후반 펜실베이니아에서 글을 쓰고 있던 토마스 버드Thomas Budd는 이 소리 없이 진행되는 탈취 사건을 이런 식으로 정확하게 묘사했다.

'우리가 쟁기질을 하지 않고 그 땅에 영국 건초 씨를 조금 뿌린 다음 거기서 양을 먹이면, 얼마 안가 그 영국 풀은 아주 빠르게 증가해 그 땅을 뒤덮을 것이다.'

그러나 그것은 북미의 풀에는 다른 문제였다. 미시시피 동쪽에서 자라는 토종 풀들은 대초원 지대Great Plains(로키 산맥 동부의 캐나다와 미국에 걸친 건조 지대)를 어슬렁거리며 누비는 거대한 들소 떼 같은 것을 경험한 적이 없었다.

사슴들이 뜯어먹긴 했지만 그들은 더 가볍고, 먹이를 더 많이 가렸으며, 젖소나 고집 센 염소들의 육중한 몸이 누르는 효과 같은 것을 주지 못했다. 그래서 북미의 풀들은 그야말로 압도되어 망각 속으로 사라져갔다. 그리고 복원력이 뛰어난 유럽산 풀들이 들어와 동물들의 발굽에 의해 진흙투성이 모판으로 바뀐 땅의 도움을 받았다.

새로운 풀들은 가끔 상인이나 선발대가 잠깐 쉬어가는 곳에서는 이주민들을 앞서기도 하면서 북쪽과 남쪽, 서쪽으로 그들을 따라갔다. 일리노이 주의 한 개척자는 일기에서 다음과 같은 내용을 언급했다.

'작은 마차 대열이 대초원을 가로지르며 진을 치고 가축들에게 이들 여러해살이풀로 만든 건초를 먹인 곳에는 나중에 미래의 견습생들에게 격려와 지침이 되는 녹색 잔디 한 자리가 남는다.'

때때로 한 여름에는 그 녹색 잔디 자리에 아주 희미한 파란색 광채가 드리우기도 했지만, 남쪽으로 향하는 이주민의 물결이 애팔래치아산맥the Appalachians을 넘어 켄터키에 이르자 그들은 영국 잡초 하나를 주된 사료 식물로 사용하지 않고 남부지역의 상징으로 삼았다. 부드러운 왕포아풀, 즉 포아 프라텐시스Poa pratensis는 유럽에서 풀이 무성한 곳에서 자라는 흔하고, 널리 퍼져 있는 종이지만 특별할 것은 없는 풀이다.

60센티미터 정도 자라는 이 풀은 대담한 뿌리 체계를 소유하고 있다. 왕포아풀은 꽃이 피면 꽃머리가 약간 파란색 안개 같은 인상을 준다. 유럽에서는 왕포아풀이 정상적으로 자라는 작은 수풀에서 이러한 색조가 항상 두드러지지는 않는다. 하지만 다른 경쟁자가 없는 북미의 새로운 방목지에서는 왕포아풀이 풀밭 전체를 물들일 수 있었다. 이 어두운 빛깔의 유럽 잡초가 언제부터 켄터키 블루그래스라는Kentucky blue-grass 이름으로 예우를 받았는지는 정확히 알 수 없지만, 이 꼬리표는 떨어지지 않고 붙어 있다. 이 이름은 그 지역의 시대정신zeitgeist에 대한 무언가를 담고 있는 것 같았다.

'블루그래스'라는 이름을 갖게 된 남부의 피들 음악fid dle-music은 그 이후로 컨트리와 웨스턴 음악에서 가장 독특한 이름 중 하나가 되었다. 그리고 1936년 엘리자베스 아덴Elizabeth Arden의 설립자인 플로렌스 그레이엄Florence Graham은 세계 최고의 향수 중 하나가 된 향수의 이름을 '버지니아에 있는 그녀의 집에서 바라본 풍경'이 떠오르는 '블루 그래스Blue Grass'로 정했다.

적어도 한동안 미시시피 주 반대편에서는 판도가 달랐다. 토종 버펄로와 풀을 먹는 야생 동물들이 거대한 무리를 이루어 사는 곳에서 진화한 그래마grama 풀은 유럽에서 길들여진 가축을 견뎌낼 수 있었으며, 경향이 비슷한 유럽산 잡초의 진격에 굴복하지 않았다.

밀을 재배하기 위해 갈아엎은 대초원의 오래된 초지에서만 침입종들이 뿌리를 내릴 땅을 차지하게 되었으며, 이 과정은 19세기에 물소 떼를 대량학살한 후 단계적으로 확대되었다.

1860년대에 들어서서 침입성 유럽 잡초가 멀리 서부에 도착해 한동안 환영을 받기도 했다. 1849년의 골드러시로 소고기 수요가 엄청나게 늘어난 결과, 캘리포니아 초원에서 지나치게 많은 가축이 방목되었다. 이런 상황에서 1862년에 홍수가 발생하고, 그 뒤를 이어 2년 동안 가뭄이 계속되었다. 그러다 마침내 비가 내리자 먼저 싹이 터 무성하게 자라면서 광활한 농경지의 표토가 쓸려나가는 것을 막아준 것은 유럽 침입종들이었다. 이 시기에 90가지가 넘는 외래 잡초 종들이 그 주에 자리를 잡은 것으로 추정되었다. 20세기가 되자 서부 목초지의 초목 중 3분의 2는 대부분 유럽에서 온 외래종들이 차지했고, 20세기 말에는 매우 중요한 농업 잡초 500 종 중 258 종이 구세계에서 온 것이었다.

묘한 것은 이러한 침입이 매우 일방적이었다는 점이다. 비록 많은 수의 미국 식물들이 영국의 쓰레기장 곳곳에서 귀화하긴 했지만(갯개미취와 망초가 눈에 띄는 예다), 단 하나의 북미 종도 농지에서 문제를 일으키는 잡초가 되지 않았다. 그리고 침입종으로 설명할 수 있는 것이 거의 없다. 이러한 불균형은 19세기 미국 식물학자들의 호기심을 자극했다. 그래서 찰스 다윈은 이례적으로 들뜨고 호기심 어린 마음으로 식물학자인 친구 아사 그레이Asa Gray를 상대로 그것에 대해 농담을 하고 말았다. 그는 이렇게 편지를 썼다.

'그것이 미국 사람으로서 자존심을 상하게 하지는 않나? 우리가 자네 나라를 그렇게 황당하게 휘저어 놓았다고? 나는 자네 부인이 자네 나라의 잡초들을 옹호할 거라고 확신하네. 그녀에게 그것들이 더 정직하지 않고, 아주 좋은 잡초 종인지 아닌지 물어보게.'

그녀는 재치 있으면서 과학적으로도 정확한 답을 내놓으며 이렇게 답장했다.

'미국의 잡초는 매우 온순하고, 숲속에서 자라며, 사교성 없는 종자들입니다. 우쭐대며 몰고 들어오는 오만한 외래종들과는 비교가 안 되지요.'

자신의 책 『생태제국주의Ecological Imperialism』에서 이 이야기의 아주 많은 부분을 모아놓은 알프레드 W. 크로스비Alfred W. Crosby는 잡초가 우세해지는 일반적 조건에 대해 명확하게 보여 준다.

이런 맥락에서 '유럽화'는 무엇을 의미하는가? 그것은 지속적인 혼란 상태를 말한다. 쟁기질한 들판과 황폐한 숲, 가축들이 과도하게 먹어치운 목초지, 불타버린 대목초지의 혼란, 황폐한 마을과 팽창하고 있는 도시의 혼란, 각자 진화해 온 인간과 동물, 식물, 미생물들이 갑작스럽게 밀접한 관계를 이루며 생기는 혼란 말이다. 그것은 잡초 종들은 모두 번성하고 다른 생명체들은 뜻밖의 장소나 특정한 공원에서만 많은 수로 발견될 운명인 덧없는 세상을 가리킨다.

08

식물의
미학

잡초들이 문제를 일으키는데도 불구하고 항상 옹호론자들은 지구상에서 그들이 어떻게 사는지 설명하고, 그들의 생태에서 무언가 도덕적 가르침을 찾기 위해 애써왔다. 예를 들어, 18세기의 '자연신학physico-theology'이라는 학파에서 잡초는 두 가지 유용성을 갖는다. 첫 번째는 식물공학자로서 신의 노련함을 보여주는 증거로서, 두 번째는 인간의 오만함을 응징하기 위해 신이 내리는 형벌로서다.

화가들도 일부 잡초에서 자연의 존엄이라는 일종의 전형을 발견했다. 셰익스피어의 작품에서 멸시받는 '하드독hardock'으로 나왔던, 펄럭이는 넓은 잎에 접착성 열매를 맺는 우엉은 17세기 중반부터 풍경화에 모습을 드러내기 시작했다. 그것은 무대 중앙에 서지도 못하고, 분명히 중요하지도 않았다. 하지만 마치 보는 사람이 의미를 해독해야 하는 무슨 일종의 상징이라도 되는 듯이 많은 그림의 여백에 섬세하게 멋을 부리고, 때때로 알아보기도 힘들게 숨어 있었다. 우엉은 일종의 예술적인, 혹은 건축학적인 어떤 아름다움으로 명성을 얻은 최초의 잡초였다.

우엉은 이런 고귀한 위치에 서는 것과는 거리가 먼 듯한 잡초 중 하나였다. 그것은 많은 사람들의 눈에 볼품없이 울창하게 자라는 키 큰 식물(사실은 큰 우엉인 우엉$Arctium\ lappa$과 일반 작은 우엉인 우방자$A.minus$ 이렇게 두 가지가 있음)이었다.

두 가지 종 모두 두꺼운 줄기 아래쪽에 심장 모양의 커다란 잎이 달렸고, 가지 친 줄기 맨 꼭대기에는 파종기에 뻣뻣한 털이 많이 달린 구체, 즉 열매로 변하는 엉겅퀴같이 생긴 보라색 꽃이 원뿔 모양을 이루는 더 작은 잎을 매달고 있다. 우엉은 삼림지대의 빈터(아마 이 풀의 원래 고향)와 길가, 들의 가장자리, 정원 주변의 쓰레기 장, 버려진 건물에 종종 출몰한다. 후에 한 예술가는 그 잎들이 '지저분하게 늘어져서 마치 땅 위를 기어가고 있는 것 같다'고 했다.

우엉의 이미지들은 얀 바이난츠Jan Wynants와 야코프 판 라위스달Jacob van Ruisdael이 그린 몇몇 풍경화의 구석에 희미하게 나타나면서 17세기 네덜란드 회화에 처음으로 불쑥 등장했다. 그리고 유럽 풍경화의 아버지로 널리 알려진 클로드 로랭Claude Lorrain의 작품에서는 더 분명하게 보인다.

《춤추는 사람들이 있는 풍경Landscape with Dancing Figures》(1648년)에는 오른쪽 하단 구석에 잎으로 바위를 덮고 있는 온화한 수풀이 있고, 그 뒤에서 젊은 사람들이 탬버린을 들고 춤을 추며 소풍을 즐기고 있다.

좀 더 생각에 잠긴 듯 어두운 분위기의 《촌스러운 춤이 있는 풍경Landscape with Rustic Dance》(1640-41년)에서는 잘게 갈라진 회녹색 잎들이 왼쪽 하단 구석으로 자리를 옮겼다. 클로드의 가장 잘 알려진 그림인 《나르키소스와 에코가 있는 풍경Landscape with Narcissus and Echo》(1645년)에서 우엉은 여전히 아래쪽이긴 하지만 좀 더 중앙으로 자리를 옮겼다. 그리고 물속에 비친 자기 모습을 들여다보고 있는 나르키소스의 벌린 다리와 팔을 흉내 내고 있다. 창을 들고 있는 남자들이 많이 나오는 《데이비드와 3명의 영웅과 함께하는 풍경Landscape with David and the Three Heroes》(1658년)에서 우엉은(여전히 그림의 아래쪽 가장자리를 차지하고 있다) 마침내 꽃이 올라온 꽃차례를 보여줄 수 있게 된다.

이들 그림이나 다른 많은 그림에 등장한 우엉은 그저 형식적인 푸른 잎이 아니다. 클로드의 여러 그림에는 가장자리를 둘러싸고 형식적인 잎 장식과 꽃들이 많이 그려져 있지만 그들은 대부분(《나르키소스와 에코Narcissus and Echo》의 야생 나팔수선화를 제외하고는) 순전히 양식적이고, 중세 시대 시간의 책books of hours(중세에 인기 있던 기독교 신앙 책)을 장식한 꽃이 생각나게 하는 원반 모양의 데이지처럼 관념적이다. 우엉만 유일하게 사실주의적으로 그려져 보는 즉시 알아볼 수 있다.

토머스 게인즈버러Thomas Gainsborough는 클로드한테 우엉을 비롯해 많은 것을 빌려왔다.《시골집 문The Cottage Door》(1780년)을 보면 푸른 잎이 전형적인 클로드식으로 오른쪽 하단 구석을 형식적으로 차지하고 있다. 그것은 어머니와 자식들을 시골집 현관에 위치시켜주는 어두운 죽은 나무 둥치를 장식하기 위한 토대 역할을 한다.

서픽을 그린 그의 유명한 습작품인《코나드 우드Cornard Wood》(1746~1747년)에서는 거대한 독버섯처럼 납작해 보이는 그 섬세한 잎들이 오크 나무 아래 흙무덤 위에서 뒹굴고 있다. 실제로 숲에서 우엉을 발견할 수 있는 바로 그 자리 말이다. 그는 또한 그 식물이 그러한 환상을 담을 수 있는 이유를 암시하기 시작한 우엉 수풀을 작고 자세하게 스케치했다(1740년대 말). 검은색 목탄을 사용해 굵은 선 몇 개로 윤곽을 그린 이파리들은 비틀린 나무줄기와 대조를 이룬다. 그것들은 앞쪽과 왼쪽, 오른쪽을 향해 손바닥을 펼친 손처럼, 보는 사람을 향해 기울어져 있는 것처럼 보인다. 게인즈버러는 그들의 조각품적 특징들인 묵직해 보이는 가운데 주엽맥과 거의 로코코식의 물결무늬 부채꼴 모양을 한 가장자리를 완벽하게 포착해낸다. 이들 작품에서 우엉이 암시하는 것은 아름다움이란 균형이 맞지 않고 부조화스러운 것, 이를테면 잡초가 우거진다는 개념에도 존재할 수 있다는 사실이다.

게인즈버러와 거의 동시대 인물인 조지프 라이트 오브 더 비Joseph Wright of Derby의 야외 초상화 《브룩 부스비경Sir Brooke Boothby》(1781년)은 백자작나무 몇 그루 근처에 무리 지어 피어있는 우엉 잎이 마치 둥우리라고 되는 것처럼 그림의 주인공이 거기에 편안하게 발을 올리고 누워서 쉬고 있다.

자세히 들여다보면, 우엉 수풀은 리처드 윌슨Richard Wilson이나 J. M. W. 터너Turner, 존 린넬John Linnell, 제임스 워드James Ward, 존 컨스터블John Constable, 에드윈 랜시어Edwin Landseer의 작품에서도 찾을 수 있을 것이다.

우엉을 보여주는 데 있어 진정한 대가는 조지 스터브스George Stubbs로 그의 그림 몇 점에서 이 식물은 어색한 공간을 색조로 치장하거나 채워주는 것 이상의 역할을 한다. 《말을 물어뜯고 있는 사자A Lion Devouring a Horse》(1769)에서 우엉은 제목에 응당 다른 유기체들과 함께 언급되어야 할 정도로 작품이 역동성을 띠는 데 적극적인 역할을 한다.

근육이 너무 긴장해서 해부도처럼 보이는 흰색 말이 머리를 돌려 사자가 자기 등에 매달려 갈비뼈 위의 가죽을 물어뜯고 있는 걸 고통스럽게 쳐다보고 있다. 말이 치켜든 오른쪽 발굽 아래 우엉 잎 하나가 왼쪽으로 부러져 공포에 사로잡힌 말 머리의 모양을 그대로 보여준다. 그러나 그 잎들은 클로드와 게인즈버러의 지루하게 부드러운 회녹색 잎 장식-어쩌면 조각된 돌-이 아니다.

죽음을 세부적으로 묘사하기 위해 선택된 것이다. 그들의 주엽맥은 말의 갈비뼈 윤곽과 닮게 그려졌다. 그것들은 갈색녹병이 걸린 부분이 드러나고 가장자리가 시들면서 늙어가기 시작하고 있다. 하나는 이미 죽어서 황갈색 꼬투리가 아래쪽으로 축 처져 있다. 스터브스는 잡초도 다른 살아있는 존재들처럼 스트레스와 노화를 겪는다고 주장하고 있는 것 같다.

이것은 식물의 아름다움이 풍파를 겪어내는 고상함의 형태를 취할 수도 있다고 보는 흔치 않은 관점이다. 그것을 우아함이라고 부를 수 있을 것 같다.

찬양받는 잡초

예술을 넘어선 세계에서 우엉의 용도와 효능은 주로 '가시'라고 하는 둥근 접착성 씨앗을 중심으로 한다. 이 씨앗에는 잘 구부러지는 고리가 수없이 많이 달려있다. 그것들은 수 세기 동안 아이들의 놀이(그것들은 동물의 털만큼이나 사람의 머리나 옷에도 쉽게 들러붙는다)와 에든버러의 왕실 자치 도시 퀸즈 페리Royal Burgh of Queensferry의 기괴하지만 아직도 남아있는 한 의식에 사용되어 왔다.

8월 둘째 금요일에 머리부터 발끝까지 우엉의 열매를 몸에 두른 한 남자가 집집마다 방문해 선물을 주면서 마을을 돌아다닌다. 그 '버리맨Burry Man'의 행진은 물고기의 비늘과 낚싯바늘을 모두 상징하는 우엉 열매를 빌어 풍어를 비는 의식으로 시작된 것이다. 그것은 공감 주술을 흉내 낸 것일 수도 있다.

그러나 우엉 열매의 가시들은 현대에 와서 보다 실용적인 중요성을 갖게 된다. 그리고 불규칙성이 주는 아름다움에 대한 그 풍경화가의 생각을 기묘하게 떠올리게 한다. 1950년대에 벨크로Velcro, 일명 찍찍이의 영감이 되었던 것이다.

찍찍이는 어떤 문제에 대한 고전적인 생물학적 해결책이다. 그것은 '하드' 엔지니어링의 정확성과는 공통점이 거의 없다. 과학 저술가 피터 포브스Peter Forbes는 그것은 '애매모호한 논리fuzzy logic의 첫 번째 사례다. (…) 찍찍이는 줄을 정확하게 맞추지 않아도 된다. (…) 각각의 갈고리가 특정 구멍을 통과하느냐 마느냐는 중요하지 않다. 그것을 사용할 때마다 충분히 많은 갈고리들이 붙을 구멍 하나만 찾으면 된다'라고 말한다.

우엉의 열매는 끝부분에 구부러진 갈고리가 달린 가느다란 가시 뭉치다. '고리'는 동물들에게 걸리려고 털을 꼬아 진화시킨 것이다. 그것들이 새로운 물질, 즉 전적으로 합성이지만 종합적인 '소프트한' 생물학적 기술을 어떻게 생성시켰는지에 대한 이야기는 이 찍찍이에 매료된 스위스 발명가 게오르그 드 메스트랄 George de Mestral을 중심으로 돌아간다.

1940년대에 그는 유라Jura 산맥에서 개를 데리고 다니며 사냥 여행을 하곤 했다. 어느 날 여행에서 돌아와 보니 개의 몸에 가시 달린 우엉 열매가 잔뜩 묻어 있었다. 그는 그것들을 그냥 털어버리는 대신 그 접착력에 대해 곰곰이 생각해 보기 시작했다(출처가 불분명한 어떤 이야기로는, 저녁에 아내와 함께 외출할 때 그는 아내의 옷에 달린 커다란 후크의 갈고리와 고리를 연결하는 게 너무 힘들었다고 한다). 우엉의 가시 돋친 열매(껍질)는 지나가는 동물에 들러붙을 가능성이 있는 각도를 최대화하는 방향으로 진화했기 때문에 공 모양이다. 하지만 드 메스트랄은 평평하면 어떤 각도로 만나든 거친 표면에 붙을 수 있다는 사실을 깨달았다.

드 메스트랄은 제2차 세계대전이 끝나서야 가시 돋친 납작한 면을 만들 수 있었다. 당시에는 1937년에 발명된 나일론만이 인조 갈고리와 고리를 만드는 데 사용할 수 있는 유일한 물질이었다. 하지만 나일론은 전쟁 물자로 쓰느라 너무 귀했기 때문에 드 메스트랄이 실험을 할 수 있을 만큼 충분히 확보할 수 있었던 것은 1940년대 말이 되어서였다.

고리는 쉬웠지만, 갈고리는 나일론실이 모양을 잡기 위해 열이 가해진 막대 위를 한번 지나가야 만들어졌다. 최초의 벨크로

특허는 1951년에 신청되었다. 그리고 드 메스트랄은 한 프랑스 직공의 도움을 받아 이 탈부착 시스템을 완벽하게 손 본 다음 1955년에 시장에 내놓았다(벨크로는 1996년에 한 패러디 전문 과학 신문으로부터 최고의 영예를 얻었다. 그 신문은 스위스의 스파게티 과수원에 대한 〈파노라마Panorama〉의 그 유명한 1957년도 만우절 장난을 모방하여 캘리포니아 벨크로 농원의 어려움에 대해 보도했다. 당시 강풍이 불어 갈고리 수풀에서 나온 포자와 고리 수풀에서 나온 포자를 뒤섞는 바람에 벨크로 꼬투리가 도저히 뗄 수 없게 안쪽에서 딱 붙어버리게 된 문제를 겪고 있다고).

존 러스킨이라면 야생 식물을 이렇게 기계적으로 이용한 것이나 우엉의 가시가 이 식물이 씨앗을 뿌리는 데 도움이 되도록 진화한 결과라는 가정에 소름이 끼쳤을 것이다. 그의 『프로세르피나-길가에 피는 꽃에 대한 연구Proserpina – Studies of Wayside Flowers』의 첫 권에서 그는 우엉 잎의 구성(그가 완벽하게 묘사한)이 이 식물의 아름다움에 어떻게 기여하는지 다음과 같이 설명한다.

우엉처럼 넓게 퍼진 잎은 고딕 양식의 지붕처럼 쭉뻗은 주엽맥의 뼈대가 지지해 준다. 이들의 지지 기능은 기하학적이다. 모든 것이 자신이 지지하고 있는 영역의 무게를 분산하는 데 있어 과학적 방법을 두루 갖추고 있는 교각의 대들보나 마루의 들보처럼 구성되어 있다. (…) 그러나 잎이 확장되는 공간에 주름이 풍부하게 채워지며 아름다워질 때, 이것은 잎 가장자리를 따라 흐르는 액체가 만드는 것 같은 순수한 물결, 혹은 가장자리를 죽 '당겨서' -여자들이라면 분명히 '주름잡아서'라고 말할 것이다- 바느질함으로써 가능하게 될 것 같다. 겹쳐서 바느질을 할 때, 매우 세게 하면 돛이 돛대를 주위로 쪼그라드는 것처럼 잎이 잎맥 주위로 쪼그라들게 든다.

이 잎맥 주변은 기하학적으로가 아니라 촘촘하게 강해야 한다. 그것은 기본적으로 풀과 같은 기능을 한다. 중력을 거슬러 잎이 땅에 닿지 않게 떠받치는 게 아니라 잎 가장자리를 프릴로 뻣뻣하고 삐죽삐죽하게 만든 것이다. 그리고 우리가 공부할 예정인 이 아름다운 작품에서는 잎의 강도를 더해주는 것, 혹은 잎의 지지대들이 끝부분에서 매우 날카롭고 절묘하게 마감되어 되어 있다. 정말로 너무 심하게 그래서 만지면 손가락을 찔린다. 그것들은 절대 만지라고 생긴 게 아니라 감탄하며 바라보라고 있는 것이기 때문이다.

몇 페이지 뒤에 그는 좀 더 직설적으로 독자들에게 그 구조를 연구해보라고 이렇게 재촉한다.

'우엉 잎을 보라. 그림의 전경을 장식하기 위해 분명히 잎을 키우는 것이 저 식물의 주요 사업이다.'

이것들은 잎의 공학을 자세하게 본 내용으로 가득 찬 특이하고 이해할 수 없는 문장들이긴 하지만 그것이 그 식물의 삶보다 관찰자를 행복하게 해 주기 위해 존재한다고 주장하는 것 같다.

『프로세르피나*Proserpina*』는 처음부터 끝까지 이와 닮았다. 그것은 과학적 이해보다 미학적 원리를 기반으로 새로운 반 린네식

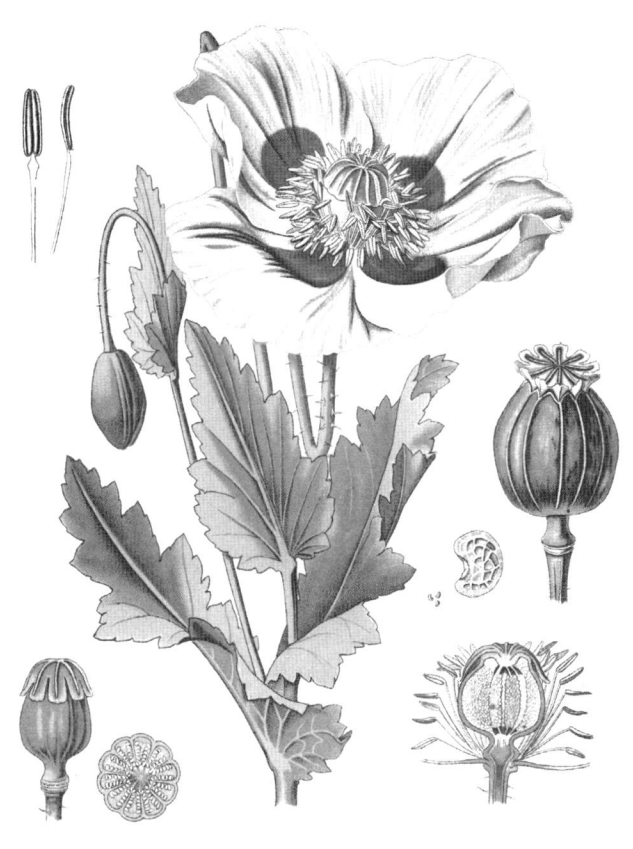

양귀비는 양귀비목 양귀비과의 두해살이풀이며,
앵속·약담배·아편꽃이라고도 한다. 지중해 연안 또는 소아시아가 원산지이다.

식물 분류법을 고안하려는, 혼란스럽고 가끔은 제정신이 아닌 것 같은 시도다. 그것은 식물 목 전체에 대해 도덕적인 판단을 내리지만, 양귀비꽃에 대한 느낌을 이렇게 말하는 것처럼 때때로 놀랍게도 독창적인 관찰과 통찰의 순간이 있다.

'우리는 대개 양귀비를 상스러운 꽃으로 생각한다. 하지만 그것은 이 들에 피는 모든 꽃들 가운데 가장 투명하고 우아하다. (…) 양귀비는 색을 칠한 유리다. 그것은 태양이 내리쬘 때 아주 밝게 빛나지 않는다. 그것은 빛을 등지고 보든 빛에 대고 보든 항상 불같은 색채로 부풀어 오른 루비처럼 바람에 온기를 준다.'

이것은 어쩌면 영어로 양귀비를 묘사한 문구 중 최고일지도 모른다. 그것은 거의 식물의 성장에 있어 태양의 역할과 다른 생명체를 유혹하는 화끈한 주홍색 꽃잎의 힘에 대한 시적 모방이라고 할 수 있을 정도다. 그러나 그러한 식물, 또는 자연 중심적 관점은 러스킨에게 지겨운 것이었다. 더 우울한 평론에서 그는 광합성 이론이 잎을 단지 '가스탱크'에 불과한 것으로 보이게 한다며 넌더리를 냈다. 그는 식물의 형태나 기능의 아름다움을 신이 인간을 높이기 위해 배치한 추상적 성질로 보았다. 그것이 어떤 식으로든 인간이 아닌 유기체에 의해 '인식'될 수 있다는 사실이 그에게는 유쾌하지 않았다. 양귀비꽃의 불타는 듯한 루비색이나 난초꽃의 난해한 해부학적 구조가 곤충에게 매력적, 그러니까 아름다울 수 있다는 사실은 신에게 불경스러운 것이었다. 이러한 생각은 러스킨이 자기 자신의 미학적 관념을 기초로 유기체의 위계가 있다고 믿는 것으로 이어졌다. 그는 이렇게 썼다.

'미의 인식과 물리적 특징을 규정하는 힘은 도덕적 본능과 동물이나 인간의 특성을 규정하는 힘을 토대로 한다. 한 존재가 다른 존재보다 더 잘 따르는 완벽이라는 신의 법칙이 있다는 것을 가정하지 않은 채, 어떤 꽃이 더 발달되었다거나, 어떤 동물의 서열이 더 높다고 말하는 것은 모두 불가능하다.'

러스킨은 실제로 약징주의 Doctrine of Signatures의 미학적 버전을 고안해냈다. 예를 들어, 신은 꽃잎의 좌우대칭이나 줄기와 잎의 각도와 같은 것을 공식적으로 허가해 특정 식물들을 '표시'했다. 그것들은 어느 정도 일부 기본적인 생물학적 기능이 있지만 주로 아름다움이라는 신성한 특징을 보여주는 지표였다. 이러한 표시를 알아보고 해석하는 것은 전문가들이 할 일이었다. 잡초는 이런 완벽함이라는 이상적인 면이 부족하게 정해진 식물로 더 높은 형태에서 이상하게 '퇴화'한 것이다.

처음에 러스킨은 부적절한 장소에서 자라는 식물이라는 잡초의 정의(19세기에 이미 통용되고 있던)를 받아들이며 다소 한정적으로 '대체 누가 쐐기풀이나 독당근이 옳은 자리에서 자라는 걸 봤겠나?'라고 덧붙였다. 그러나 그는 이때 흥미로우면서 식물학적으로 날카로운 통찰력이 있는 뜻밖의 전개를 도입했다.

잡초는 '부적절한 장소로 들어가게끔 하는 선천적 기질을 타고난 식물이다. (…) 잡초를 잡초로 만드는 것은 그것이 유독하다거나 보기 흉하게 생겼다는 사실이 아니라 그것의 무례함, 그러니까 자기와 아무 관계없는 곳에서 다른 사람들의 일을 방해하면서 자기 자신을 뽐내는 것이다.' 그러므로 어떤 식물이 형태면에서 선천적으로 아름답고 완벽할지라도, 또 다른 선천적 특징 중 하나가 야망이라면 그렇게 볼 수 없다.

하지만 겨우 몇 페이지 뒤에서 그는 다른 존재들의 일에 무례하게 침입하는 것과 전혀 관계가 없는 잡초의 특성에 대해 간략히 말하기 시작한다. 예를 들어 풍부한 경험으로 습득한 회복 탄력성의 징표와는 거리가 먼 것으로 보이는 '뻔뻔하고 상스러운 기질'은 떠돌이의 성흔으로 보아야 한다는 것이다.

'아무 데서나 살 수 있는 식물은 종종 자신을 원치 않는 곳에서 살게 된다.'

마치 잡초가 자기가 사는 방식에 대해 도덕적 결정을 내리고 있다는 듯이 러스킨의 언어는 이렇게 점점 오만해진다. 그는 계속해서 이렇게 말한다.

'잡초에게 집을 선택할 권한이 없어야 하고, 고향 땅에 대한 사랑도 갖지 못하게 해야 한다는 말은 거친 표현이다. 잡초가 받는 그런 차별이 지나쳐서 잡초가 계속 낯선 존재로 보일 수 있는 훤히 트인 횡단 지역으로 향하게 된다면 훨씬 더 그러하다.'

잡초는 평민이자 하층민과 친숙한 구걸하는 부랑자들이었다.

그는 잡초는 또한 자신을 '잡초의 일'에 딱 들어맞도록 해주는 모순된 특성, '말하자면 완고함과 연약함' 같은 특성을 가지고 있는데, 그것은 어떤 '교활한 힘'의 영향 아래서 붙임성 있는 줄기를 말뚝으로, 잎을 가시로 바꿀 수도 있었다. 그래서 제비꽃에 크게 할애된 한 챕터에서 그는 잡초스러운 일종의 불법 행위를 하는 모든 식물에 악담을 퍼붓는다. 그리고 이 시기에 생기고 있던 식물의 소화 및 생식 작용을 조사하려는 열의가 식물학자들의 미세한 적의에다 신의 섭리를 거스를 역겨운 구실을 제공한다거나, 식물 유기체에 있을 수 있는 모든 가시나, 수상꽃차례, 뾰족한 끝부분, 쐐기털, 갈라진 틈, 얼룩, 흠집, 반점, 오물, 독(그 구조에서 감지되거나 용해에서 증류할 수 있는) 같은 것들에 악마처럼 불결한 필요성이 있다고 하는 것을 두고 개탄한다. 러스킨은 식물의 그런 형태들이 어떤 기능을 할 수 있다는 것을 부인하지는 않았다. 하지만 그것들이 그들 자신의 삶이라는 우주 안에서 (순전히 기계적인 것을 넘어서) 어떤 중요성이나 가치를 지니고 있다는 것은 적극적으로 부인했다.

아름다움과 같은 특성은 한 식물이 자기 나름대로, 그리고 자기 종족 안에서 자기 존재를 실현하는 품위와 우아함과는 관계가 없었다. 그것은 자연에 대해 도덕적 판단을 하는 신성하게 주어진 선물을 지닌 인간들에 의해 그들에게 부여되거나 그렇지 않을 수 있다. 그런 이유로 꽃은 곤충에 자극을 주는 것이자 씨앗의 전신이기 때문이 아니라 인간의 눈에 기쁨을 주기 때문에, 그 자체가 식물 존재의 가장 중요한 부분이자 궁극의 목적이라고 그는 주장했다.

요즘에는 아무도 러스킨의 생각에 존재하는 이러한 심술궂은 (잘못된) 경향에 크게 주의를 기울이지 않을 것이다. 그것은 많은 부분 악화되어 가고 있던 그의 정신 상태와 점점 추해져 가는 산업화 시대에 대한 절망의 합작품이었다. 그러나 그것은 잡초가 그들이 서식하는 자연 세계의 기준이 아니라 전적으로 우리의 기준에 의해 판단되어야 한다는 잡초를 향한 인간의 태도 안에 있는 중심 주제를 비정상적인 방법으로 정제해낸다.

러스킨의 개념들은, 하나의 과정으로서, 살아가며 나이 드는 것에 대한 기품 있는 표현으로서, 그리고 우엉 잎을 담은 조지 스터브스의 그림과 우엉 열매의 절묘한 공학에 대한 조지 드 메스트랄의 통찰에서 찬양한 미의 개념과는 동떨어진 세계다.

2008년에 미국의 유명한 사진작가 재닛 맬컴Janet Malcolm은 이 전통을 한 단계 더 멀리 가져가, 우엉 잎을 한 장씩 크게 클로즈업한 사진 28장으로 이루어진 포트폴리오를 제작했다. 그녀는 우엉을 아주 좋아한다.

우엉의 장려함과 개성 때문이다. 그들은 똑같은 것 하나 없이 모두 다르다. 그리고 그녀는 우엉이 자신의 경험, 예를 들면 돌풍을 맞거나 곤충한테 갉아 먹히는 것 같은 경험을 잎이라는 널찍한 캔버스에 기록하는 것에 감탄한다. 그 모음집에서 그녀는 리처드 아베든Richard Avedon이 찍은 유명한 사람들의 사진에서 '유명하지 않은 잎들'을 찍을 영감을 받았다고 이런 말로 분명히 인정한다.

'아베든이 삶의 흔적을 담은 얼굴을 찾아다녔던 것처럼 나도 흠 있는 더 늙은 잎을 흠 없는 어린 표본보다 더 좋아한다. 무언가 어떤 일이 일어났던 잎들 말이다.'

그렇게 그녀는 잇달아 세 번의 여름을 보내며 우엉 잎을 따서 작은 유리병 속에 받쳐 두고 '그것들이 마치 나를 바라보고 있는 사람들인 것처럼' 그들의 정면을 찍었다. 이것이 식물이 자신의 가장 나은 얼굴을 카메라에 보여줄 수 있게 하면서 최대한 가까이 다가갈 수 있는 방법이다. 그리고 그 결과는 그녀의 접근법이 아주 옳았다는 것을 보여준다.

우엉 잎은 카메라 불빛 아래서 품위 있고, 꿋꿋하고, 우아하다. 그것들은 우박이 떨어지는 폭풍에 구멍이 났고, 바이러스와 잎마름병으로 인해 이상하게 아름답게도 군데군데 반점이 생겼으며, 잎을 파먹는 유충이 터널도 뚫어놓았다. 마지막 사진에 있는 잎은 곤충이 싹 다 갉아먹어서 뼈만 남은 해골, 그러니까 겨울나무 같은 모습으로 쪼그라들어있다. 나는 러스킨마저도 아직 살아있는 나뭇잎 한 장의 이 본질적 구조에 감탄하지 않았을까 하는 생각이 든다.

물론 많은 식물들이 여러 문제에 시달리면서 회복력을 보여준다. 그러나 괄시 받던 잡초가 그것으로 그렇게 정중하게 찬양

받는 것을 보니 나는 특별한 종류의 야생의 아름다움을 발견한 듯한 기분이 든다.

식물들의 귀화

이제는 익숙한 모순어법인 '야생 정원'이라는 말을 만들고, 처음으로 잡초의 야생적 아름다움이 우리의 '바깥에 있는 방' 한 켠을 차지하고 있을지도 모른다고 처음 주장한 사람은 윌리엄 로빈슨William Robinson이라는 아일랜드 정원사였다. 19세기 말의 원예에 있어 이것은 혁명적인 생각이었다.

빅토리아 시대 사람들은 '양탄자 무늬로 꽃밭을 만드는' 사치스러운 관습과 그 규율에 대해 그들이 지니고 있는 열정 같은 것을 표현할 완벽한 방법을 발견했다. 그들은 제국의 전초기지에서 온 부드러우면서도 종종 화려한 색깔을 띤 꽃들을 온실에서 키웠다. 그들은 그것들을 대칭을 이뤄 직렬로 나란히 심은 다음 (이와 대조적으로 똑같은 간격으로 심은 식물들 사이에는 아무것도 두지 않고 잡초가 없는 상태를 유지하면서), 찬란한 한 철을 허락하고는 다시 뽑아버렸다.

발리킬캐번 이스테이트Ballykilcavan Estate에서 견습 정원사로 일하던 젊은 로빈슨은 정원사들이 식물을 돌보는 사람이라기보다는 훈련 조교들처럼 행동하는 것을 목격했다. 그는 그것이 마치 그들이 그 건물의 사선을 정원으로 옮기고 있는 것 같았다라고 썼다.

로빈슨은 씨뿌리기를 매우 다른 식으로 생각하고 있었다. 그것은 식물들이 자연에서 그랬던 것처럼 알뿌리 식물은 나무 아래에서, 고사리들은 축축한 도랑을 침입하면서 서로 뒤섞일 수 있는 것이었다.

발리킬캐번에서 본 획일화를 참을 수 없었던 그는 스물두 살이 되던 해인 1861년에 온실 창문을 열어놓고 난로를 끈 채, 그 제소자들 사이에 많은 주검을 남기고 뛰쳐나갔다는 무성한 소문을 뒤로 하고 그곳을 떠났다.

그로부터 9년 후인 1870년, 리젠트 공원Regent's Park의 왕립 식물 학회 정원Royal Botanic Society's Garden을 두루 돌아본 그는 『야생의 정원The Wild Garden』이라는 고전을 출판했다.

러스킨의 추상적이고 고정된 미학과는 대조적으로 로빈슨의 미학은 자연성은 하나의 과정이며, 정돈되어 있거나 예측 가능한 것과는 거리가 멀다는 신념에 영향을 받았다. 그는 '가장 최고의 차원에서 식물의 아름다움을 구성하는 불가사의와 불확정성'에 감탄했다.

초판(1870년)에는 재치가 넘치는 급진적 작가 시드니 스미스Sydney Smith(《에든버러 리뷰Edinburgh Review》의 창간인)가 쓴 서문이 실렸는데, 이 책의 근원적 정신이 다음과 같이 잘 드러나 있다.

나는 몇 년 전 태어나서 처음으로 시골에 가서 아주 웅장하고 아름다운 곳에 머물렀는데, 그곳은 완벽한 양식에 의해 조성된 곳이라고 한다. 처음 3, 4일 동안 나는 거기에 완전히 매혹되었다. 그것이 자연 상태보다 훨씬 더 나아 보였기 때문에 나는 정말로 최신 개선 원칙에 따라 땅이 조성되었으면 좋겠다고 생각하기 시작했다. (…) 그런데 3일이 지나자 지루해서 죽을 것 같았다. 엉겅퀴, 쐐기풀, 죽은 덤불 더미 등 일부러 만든 흔적이 없는 것들이 우연히 보여서 그나마 다행이었다. 나는 만들어진 땅을 벗어나 인근에 있는 거위들이 사는 공유지를 산책하곤 했는데, 수레바퀴 자국과 자갈밭, 솟은 땅, 가지런하지 않은 것들, 신사 같지 않은 거친 풀, 그리고 그냥 내버려 두었더니 생겨난 다양한 모든 것들이 설계를 통해 좁은 울타리 안에 몰아넣은 결과로 생긴 단조로운 아름다움보다 1천 배는 더 만족스러웠다.

이 책의 원래 부제목은 '영국의 야생화들로 꾸며진 정원에 대한 장이 곁들여진 대담한 외래 식물들의 귀화와 자연적 집단화 The Naturalisation and Natural Grouping of Hardy Exotic Plants with a Chapter on the Garden of British Wild Flowers'였다. 당시엔 기이한 일이었던 야생화 정원에 대한 그의 계획은 야생 식물들을 순전히 그들의 장식적 가치 때문에 재배한다는 생각을 처음으로 제기한 것이다. 그 목록에는 시냇가나 잔디밭의 구석진 축축한 곳에서 자라는 애기똥풀, 담장이나 돌이 많이 쌓인 둑 아래서 자라는 복수초

pheasant's-eye 선옹초, 아욱, 서양고추나물, 화단 여기저기 흩어져 자라는 분홍바늘꽃 같은 많은 수의 잡초 종들이 들어있다.

그러나 『야생의 정원』의 그 이후(1881년) 편집본에서 그는 야생화에 대한 언급을 줄인다. 이것은 그 책의 단지 사소한 측면일 뿐이었다. 그 책은 특성으로서 야생에 관한 것이지 종의 목록에 관한 것은 아니었기 때문이다.

로빈슨의 진짜 임무는 때때로 압축되거나 일부러 대비되는 새로운 자연적 집단화에 대한 연구를 통해 지리학적 우연들이 야생에서 떨어뜨려 놓은 식물들을 결합하는 것이었다. 그가 연구하고 있었던 것은 실물 그대로의 생태계가 아니라, 아무튼 인간의 공간인 정원이었다.

전 세계의 온대 지역에서 온 식물들을 의도적으로 귀화시키는 것의 유행, 즉 17~18세기와 19세기 초에 우연히 도입된 종들 못지않게 잠재력 있고 새로운 잡초 종의 물결은 그렇게 시작되었다.

로빈슨이 옹호했던 외래 식물들은 지금도 우리 정원에서 자라고 있다. 그것들 또한 정원을 넘어서 현대 잡초 군에서 가장 독특한 유형 중 하나를 형성한다. 로빈슨은 자신이 추천하는 많은 식물의 침습적 특성에 대해 잘 알고 있었다. 그는 그것들이 질서정연한 화단에서 나와 대규모 토지 정원 가장자리에 있는 커다란 관목 숲과 삼림지대에 귀화해 퍼질 수 있어야 한다고 경고했다. 물론 그들은 거기서 정원의 담장을 뛰어넘을 수 있도록 완

컴프리는 쌍떡잎식물 통화식물목 지치과의 여러해살이풀이다. 잎과 뿌리를 식용하며, 천식, 위궤양에 약재로 쓰기도 한다.

벽하게 자리 잡고 있었다.

그는 이런 이유로 컴프리를 지피식물地被植物로 추천했다. '컴프리는 뿌리 한두 개를 관목 숲에 심으면 곧 여기저기 퍼져 잡초를 죽이며, 야생 정원 가꾸기의 상당한 교훈을 증명해준다.' 그 종이 쉽게 도망쳐 스스로 잡초가 될지도 모른다고 걱정하지 않아도 된다.

흰색컴프리(로빈슨이 특히 좋아하는 종이자 나도 좋아하는)는 이제 노퍽Norfolk 남부에 있는 우리 집 근처 도로가에서 가장 널리 자라고 있는 외래종이다.

갈레가는 키가 꽤 큰 화단 가장자리에 피는 꽃border flower 중에서도 '키가 크고 우아한 여러해살이로서 험한 곳에 조림하는 데 유용하며', 런던 주변의 쓰레기장에서 가장 흔한 잡초 중 하나가 되었다. 무늬왕호장근은 로빈슨이 대중화하기 전에는 영국에서 거의 자라지 않던 풀이었다. 그는 그것들이 '야외 유원지나 농장, 또는 토양이 충분한 물가에 있을 때는 정말로 매우 보기 좋지만, 정원에 둘 때는 다른 것들을 제치고 급속히 퍼질 것을 걱정하지 않을 수 없다'는 사실을 인정했다.

양미역취와 갯개미취(둘 다 북미 출신)는 그가 가장 성공적으로 명예를 회복시킨 품종이었다. 이 두 식물은 17세기 말에 영국에 소개되었지만, '오랫동안 여러 꽃을 심어놓은 잔디밭 둘레를 황폐화시키면서' 완전히 파괴되었다. 그러나 로빈슨은 가을날 뉴잉글랜드 숲에서 그들이 함께 자라고 있는 것을 발견했다. 그들은 '한 편의 그림'처럼 보였다. 그래서 그는 그것들을 '관목 숲과 잡목림에서 반쯤 가꾸어진 곳, 그리고 숲길'에서 시도해 볼 것을 권했다. 그러면 '그들은 다른 토종 잡초들처럼 자유롭게 자랄 것이고, 가을이 되면 대부분의 경우 매력적으로 보일 것'이라고도 했다. 한 세기 반 후에 두 식물은 모두 대중화되었다.

숲길을 소유한 운 좋은 사람들만 즐길 수 있었던 그들은 이제 영국 교외에 있는 철도와 자동차도로의 제방을 따라 무성하게 자라며 가을이 되면 이 단조로운 길들을 라일락 빛과 금빛으로 가득 채운다.

윌리엄 로빈슨의 '야생 정원 가꾸기'는 이런 외래 식물들의 확산에 영향을 준 하나의 요인일 뿐이다. 하지만 그것은 해외에서 온 잡초를 정원 식물로 사용하고, 그런 다음 당연히 그들이 확산되는 결과를 낳을 수밖에 없는 재식양식을 옹호하면서 잡초 지역과 경작지라는 무대 사이의 경계가 얼마나 보잘 것 없는 것인지를 강조했다. 식물들은 물리적으로뿐 아니라 개념적으로도 그 경계를 넘을 수 있었다.

09

자연과 문화의
경계에 선 마녀

자연과 문화 사이 곳곳에는 경계가 있다. 그 하나가 내가 글을 쓰고 있는 곳에서 45미터 정도 떨어진 곳에도 있다. 노퍽에 있는 우리 집 정원의 정면은 차선 가장자리를 따라 이어지는 잔디밭 가장자리에서 끝난다. 그곳은 법적으로는 우리 소유이지만 행인들을 위한 도로변이자 차량이 지나갈 때 보행자들이 몸을 피할 수 있는 곳으로 사용되고 있는 상태다. 우리는 그곳을 뭔가 다른 도로변인 양 취급해 왔다. 우리는 봄에는 전호와 앵초를 즐겼고, 그 후에는 서양톱풀과 질경이가 빽빽한 덤불을 즐기다 한여름에 이삭과 뻣뻣해진 풀이 뒤범벅되어도 불편해하지 않는다. 그리고 최대한 일 년에 두 번 그것들을 베는데, 시골 도로변에서는 그 정도가 표준이라고 생각한다.

하지만 이것이 어떤 이웃에게는 충분하지 않았던 모양이다. 늦여름 어느 날, 우리는 교구 의회로부터 경고장을 받았다. 도로 쪽으로 난 우리 화단의 가장자리가 정돈되어 있지 않고 잡초가 많다는 민원이 들어왔다며 이웃의 집 앞과 보조를 맞춰 더 꼼꼼하게 관리하라는 것이다. 거기에는 시민의 자부심과 공공시설이 모두 위기에 처했다는 사실이 넌지시 암시되어 있었다.

나는 다소 불손한 편지를 보내 그에 대해 답변했다. 당연히 내 경우를 과장했다. 나는 예의상 필요하다면 당구대에 까는 인조잔디를 잔디밭에 깔 수도 있지만 그것은 시골 도로가에는 적절하지 않다고 설명했다. 익명의 이웃이 잡초로 여긴 것은 정부에서 보호하는 생물 다양성의 일부로서 그 도로의 인적 없는 곳에서 자유롭게 자라는 야생화와 똑같은 것이라고 주장했다. 그러나 나는 아무 답변도 듣지 못했다. 그래서 게임이 시작되었다고 생각했다. 그런데 2주 후 휴가를 보내고 돌아왔더니 화단의 가장자리가 깎여 있었다. 자경단원들이 우리를 대신한 것이었다. 이런 경우, 손해 배상 소송을 해봐야 소용없을 것 같았다.

이것은 잡초 전쟁에 있어 작은 국경 분쟁에 불과했지만, 야생과 가정 사이의 경계에 대한 의견이 고조되었을 뿐 아니라, 그것이 모든 종류의 미묘한 사회적 고려 대상들, 이를테면 유행이나 공동체의 결속, 계급, 원예에 대한 열정에 영향을 받는다는 사실을 날카롭게 일깨워주는 사건이었다. 이 일이 있은 지 2년 후, 식물 쪽에 치우친 또 다른 자경단원이 마을에 나타나 여름날 3일에 걸쳐 거의 모든 랜란디 사이프러스 Leylandii cypress 산울타리를 태워 없앴다. 그는 아마 그저 무성한 침엽수 잎이 더할 나위 없이 불에 잘 탄다는 사실을 발견한 동네 청년이었을 것이다. 그러나 한 가지 품종에 초점을 맞춘 공격은 그럴듯한 변명을 대기 힘들었다.

랜란디-우울해 보이고, 빛을 가리며, 붙임성 없는-는 영국에서 가장 대중적인 관목일 뿐 아니라, 가장 논쟁을 많이 일으키는 나무이기도 하다. 그리고 마치 휴스턴의 뒤뜰에서 자라는 잡초들처럼 법으로 그 키를 특별히 통제하는 유일한 재배종이기도 하다.

헨리 소로

미국에서 '앞마당'은 - 영국적 감성으로는 '마당'이 아니지만 - 처음부터 공공의 영역에 속한다. 미국은 교외 전역에서 집과 도로 사이를 거의 예외 없이 잔디밭으로 채우고 있다. 각 건물의 잔디밭은 끊어지지 않고 연결되어 있으며, 인근 잔디밭은 종종 수 킬로미터 길게 뻗은 목초지를 이룬다.

전국에 걸쳐 잔디밭은 대략 아이오아주의 면적에 해당하는 약 13만 제곱킬로미터를 차지하고 있다. 그리고 집주인들은 그것을 관리하는 데 연간 300억 달러를 넘게 쓴다. 그 나라에서는 잔디밭 1에이커 당 뿌려지는 화학 제초제와 비료가 다른 농작물보다 더 많다.

완벽한 잔디에 대한 전통적 기준에 부합해야 한다는 압박감은 아주 크다. 거기에는 뒤에 숨을 수 있는 울타리가 없다. 질경이 무리를 참아주는 것은 그저 자신이 단정치 못하다는 표시일 뿐 아니라 이웃에 대한 공공연한 모욕 행위다. 당신의 잔디밭은 그들의 잔디밭과 공동체 전체가 자랑스럽게 유지하고 있는 토지와 시각적으로 이어져 있다. 더 크게 보면 그것은 미국 잔디밭의 일부다. 당신이 잔디밭을 관리하는 걸 포기한다면, 그것은 사회적 계약을 깨는 것이다.

마이클 폴란Michael Pollan은 자신의 책 『세컨드 네이처』(황소자리, 2009년)에서 뉴욕 버펄로에 사는 이와 의견이 다른 어떤 잔디밭 주인의 이야기를 한다. 그는 소로Thoreau 학자로 자신의 집 앞 빈터를 야생화로 바꾸어 놓았다. 이에 격분한 그의 이웃들은 야생화들을 베어버렸다. 그리고 그에게 다음과 같은 표지판을 세우라고 촉구했다.

'이 뜰은 게으름의 예가 아닙니다. 이곳은 신이 의도하신 대로

자라고 있는 자연의 뜰입니다.'

지방판사는 휴스턴의 이 이야기와 비슷한 조례를 인용하면서 그의 '야생화'를 사실 '유해한 잡초'라고 판결하고, 그것을 깎거나 하루에 50달러씩 벌금을 내라고 명령했다. 그는 거절했다. 그리고 그 사건이 마지막으로 보도되었을 때, 그는 교외 시민 불복종 행위로 2만 5천 달러가 넘는 벌금을 내야 했다.

개성의 수호자라고 자랑하는 나라가 어떻게 자기 나라 가정집 풀밭의 적절한 환경-그리고 적절한 식물 시민-에 대해 그렇게 지독하게 집단적인 관점을 취하게 되었는가?

폴란은 이렇게 말한다.

'주간 고속도로 시스템처럼, 그리고 패스트푸드 체인점과 텔레비전처럼, 잔디밭은 미국의 풍경을 통일시키는 역할을 해왔다'.

그러나 지금까지 전국 잔디밭에 허용되었던 것보다 더 다양한 제품이 다소 제한된 채널을 통해 유입되었다. 여기에는 자연에 대한 미국의 역사적 태도와 시민의 책임에 대한 미국의 관념이 더욱 복잡하게 얽혀 관련되어 있는 것 같다.

1868년 조경사 프레데릭 로 올므스테드Frederick Law Olmsted가 시카고 바로 외곽에서 미국 최초의 교외 공동체 계획을 설계하고 전국적 제도가 되기 위한 기본 규칙의 틀을 잡았다. 주택은 각각 도로에서 30피트 떨어진 곳에 지어야 하고, 모든 종류의 외부 경계, 이를테면 담장이나 산울타리, 담 등은 금지되었다.

이것은 일부분 영국 문화의 '출구 없는 높은 담장'을 빈정거린 것이었다. 그는 그것 때문에 줄지어 늘어선 집들이 마치 '일련의 비밀스러운 정신병원들'로 보인다고 믿었다. 미국의 집 앞 정원은 민주적이고 평등할 것이다.

1870년대에 프랭크 J. 스콧Frank J. Scott는 올므스테드의 지휘봉을 잡고 『시골의 작은 가정집 마당을 아름답게 만드는 기술The Art of Beautifying Suburban Home Grounds of Small Extent』을 출판하면서 이렇게 주장했다.

'부드럽고, 바짝 깎은 잔디 표면은 교외 주택의 마당에서 아주 중요한 요소다.' 그것은 지역 공동체의 풍경에 기여할 것이다. 그리고 '집 앞 정원을 모두 열어둠으로써 얻을 수 있는 아름다움은 그 거래에 참여하는 모든 사람들을 풍요롭게 하고 아무도 초라하게 만들지 않는 탁월한 자질이다'.

그러나 스콧는 공동체의 문제에 있어서 '자연'이라는 부분을 특별한 시각으로 바라보기 위해 노력했다. 그는 '창조하거나 지키는 것이 우리의 행운이었던 자연의 아름다움을 다른 사람들의 시선으로부터 차단하는 것은 비기독교적이다'라고 주장했다.

잔디밭은 평범한 미국인에게 야생의 한 조각이다. 그것은 녹색이기 때문에 여전히 '자연'인 것이다. 그것은 또한 베고, 뿌려지기 때문에 '창조되거나 지켜지는' 문화다. 집합적인 잔디밭은 합의의 매개체, 그러니까 땅에 대한 미국의 구제할 길 없는 모순된 태도의 상징적인 표현이 되었다. 그것은 유럽의 자질구레한 개인

주의로부터 해방된 울타리 없는 거대한 공동의 자원임과 동시에 개척정신의 공격적인 진군을 위한 장인 것이다.

문제는 잔디밭이 일단 자리를 잡으면 자신의 기준을 강요한다는 것이다. 잔디밭 주인에게 즉각적인 압력을 가하는 것은 단지 미국이나 심지어 감시하기 좋아하는 이웃주민들만이 아니다. 그것은 또한 잔디 그 자체, 즉 잔디 단독의 흠 없는 정체성의 요구사항, 즉 자신을 위해 만들어 놓은 벨벳처럼 매끄러운 길을 계속 따를 수 있도록 도와주지 않으면 일종의 배신이라는 죄를 짓는 무언의 주장이기도 하다.

사회학자 폴 로빈스Paul Robbins는 교외에 사는, 국가의 전통과 이웃의 지나친 깔끔함, 정원을 가꾸라는 상업적인 압력, 잔디밭 자체의 고집스러운 정체성과 무결성의 희생자를 칭하는 새로운 용어를 만들어냈다. 그는 그런 사람들을 '잔디 풀 신하들Turfgrass Subjects'이라고 부른다.

하지만 시공간을 오가는 작은 여행을 해보자. 시카고에서 동쪽으로 약 1,300킬로미터 떨어진 매사추세츠 콩코드Concord라는 작은 마을로 가서 프랭크 옴믈스테드가 미국의 잔디밭의 씨앗을 처음 뿌린 날로부터 20년을 거슬러 가보는 것이다. 그곳에서는 150년 후에 한 뉴욕의 역사가에게 자신의 잔디밭을 망치는 '유해한' 식물을 옹호하도록 영감을 주게 될 한 작가가 잡초에 대한 기존의 태도와 다른 접근을 시도하고 있을 것이다.

1845년 헨리 소로Henry Thoreau는 월든 호수Walden Pond 옆에

방이 하나 딸린 오두막을 짓기 시작했다. 그는 거기서 자기가 먹을 음식의 식재료를 재배하며 2년 동안 자급자족적인 생활을 한다. 그리고 미국 문학의 가장 위대한 작품 중 하나를 채울 사상과 경험을 쌓는다.

『월든Walden; or Life in the Woods』은 그가 2년 2개월 동안 야생생활을 한 기록으로 지금도 많은 이에게 진한 감동을 주고 있다. 그는 한 주일에 하루는 일하고 엿새는 정신적인 삶에 정진하는 삶이 가능한지 실험했다. 그는 일주일에 엿새 일하고 하루만 쉬는 미국인의 일상을 뒤집어 보고 싶었다. 그러나 『월든』의 가장 본질적인 정수 중 일부는 '콩밭The Bean-field'이라는 짧지만 유명한 수필이다.

때는 1845년 늦은 봄이었다. 소로는 자기 콩을 찬찬히 보고 있었다. 그는 밭이랑을 모두 이으면 전체 길이가 10킬로미터는 될 것 같다고 생각한다. 그리고 미친 듯이 김매기를 한다. 그는 폴 로빈스를 각색해 자기가 '콩이랑 신하'가 된 것 같다는 사실 외에는 왜 그러는지 알 수 없다. 그의 말대로 그것은 자기 존중의 문제다. 하지만 콩이랑을 존중하는 문제이기도 하다. 그는 자신의 콩이랑을 사랑한다. 콩이랑의 첫 명령은 연속적인 명령을 하는 것처럼 보인다. 그렇게, 그는 이런 '엄청나게 고된 노동'을 하는 합리적 이유를 찾느라 어쩔 줄 모르지만, 그의 무자비한 괭이질 아래 블랙베리와 고추나물(성 요한초), 가락지나물이 잘려 나갔다. 그는 너무 많은 콩을 심고는 심지어 그것을 즐겨 먹지도 않는다. 그의 낙은 노동의식에 있었다. 심지어 자신이 한 종류의 잡초를 다른 종류의 잡초로 교체하고 있다는 사실을 알게 되었을 때조차도 그랬다.

나는 이른 아침에 맨발로 나가서 마치 조형 예술가라도 된 듯이 이슬에 젖어 쉽게 부서지는 흙을 처벅처벅 밟고 돌아다니며 일했다. 하지만 나중에 낮이 되면 태양열로 발에 물집이 잡히곤 했다. 이렇게 나는 햇빛을 받으며 그 누런 자갈투성이 고지대에서 길이가 80미터나 되는 긴 초록색 이랑 사이를 천천히 오가며 김을 맸다.

이랑의 한쪽 끝에는 키 작은 참나무 숲이 있어서 나는 그 그늘에서 쉴 수 있었다. (…) 잡초를 뽑고 콩대 주위에 새 흙을 덮어준다. 그리고 내가 파종한 이 잡초의 기운을 북돋아주고, 황토가 여름날의 추억을 향쑥이나 후추, 나도겨이삭 같은 풀이 아니라 콩잎과 콩꽃으로 표현하도록 이끌어, 땅이 풀 대신 콩을 말하도록 하는 것, 이것이 내 하루 일과였다.

경계심 많은 한 무리의 사람들이 '마차에 편히 앉아' 맨발의 자연인을 지나치며 그가 콩을 너무 늦게 심고 있고, 밭도 엉망이라고 흉을 본다. 소로는 자기 머리 위를 선회하는 새를 보는 게 더 흥미롭다. 그는 이렇게 말한다. '쑥독새와 개구리매가 번갈아 날아오르고 내리며 서로 다가갔다 멀어졌다 한다. 마치 그들이 내 생각의 체현인양', '괭이에 기대 잠시 멈추면 나는 그 밭 어디

에서나 자연이 주는 그칠 줄 모르는 여흥의 소리들과 광경들을 듣고 보았다.'

다음 해 여름, 그는 콩을 완전히 버리기로 결심한다. 콩과 그리고 괭이질이 밭이 주는 더 근본적인 가르침에 집중하는 것을 방해했기 때문이다. 태양은 황야와 경작지를 구분 없이 비춘다는 것을 그는 깨닫는다.

'내가 그렇게 오랫동안 보아온 이 넓은 밭은 나를 중요한 경작자로 보지 않고 내게서 눈길을 돌려 자기에게 더 친근한 영향력, 즉 자기에게 물을 주고 푸르게 만들어주는 자연에 의지한다. 이 콩들에는 내가 수확하지 않는 결실도 있다. 그것들은 일부 마멋을 위해 자라는 게 아닐까? (…) 잡초의 씨앗은 새의 먹이가 되는데, 잡초가 무성한 걸 보고 나까지 기뻐하지 말아야 하나?'

대마

잡초가 결코 상업적이지 않은 소구획에서 어떻게 여겨지느냐는 소로의 경우처럼 사회, 문화적 압력의 결과일 뿐 아니라 내적 논쟁의 결과이기도 하다. 한 사람의 정원에서 잡초의 지위와 운은 개인의 취향과 편견, 가족의 전통, 일시적인 분위기에 영향을 받는다. 그것들의 부재는 현관의 색깔만큼이나 전적으로 '가정'

의 분위기를 만드는 데 일조한다.

불청객들은 환영받을 수도 있고 그러지 못할 수도 있다. 복잡하고 까다로운 정원 가꾸기는 본질적으로는 오로지 가정의 작은 땅에서 무엇을 장려하느냐와 무엇을 몰아내느냐에 관한 것이다.

노퍽 남부에 있는 우리 정원도 예외는 아니다. 내 파트너 폴리Polly와 내가 따르는(그리고 항상 동의하지는 않는) 정책은 별나기도 하고 때로는 노골적으로 위선적이다. 정책은 요리에 필요하냐와 몇몇 사회적 관습에 기울어져 있지만, 감상적인 생각과 그곳의 역사에 대한 강한 인식에 좌우된다.

나는 정원이 1600년 즈음 목골조의 주가옥이 지어지는 것과 동시에 처음 조성된 것으로 추측한다. 그곳은 당시 작은 농장이었고, 소유주의 편리를 위해 마을 공유지 중 한 곳의 가장자리에 자리 잡았다. 그곳에는 의심할 여지 없이 황클로버surphur clover와 가시 덮인 오노니스 스피노사spiny restharrow처럼 매혹적인 현지의 야생 식물들이 자라고 있었다.

내가 찾을 수 있었던 초기 상세 지도는 19세기 초의 것으로 소규모 농지에서 늘 그렇듯 매우 기능적인 정원의 모습을 보여준다. 집 앞에는 과일나무들이 두 줄로 서 있고 뒤편에는 연못이 있다. 현재 우리의 풀밭이 된 곳은 감시관들이 '대마지대Hempland'라는 이름을 붙인 들판의 동쪽 모퉁이였다. 말 그대로 이곳은 작은 대마 밭이었다. 당시에 거기 살았던 독신 남자 두

대마는 쌍떡잎식물 쐐기풀목 삼과의 한해살이풀, '대마, 마'라고도 불린다.
뽕나무과의 식물이며 줄기는 섬유의 원료가 된다.

사람이 우리 잔디밭에서 대마(나중에 거리의 은어로 '잡초'라고 불리는)를 재배하고 있었다.

이게 옷감을 만들기 위해 재배되는 비향정신성 품종이긴 했지만. 그것은 이 골짜기에서 소작농에게 인기 있는 작물이었다. 눅눅한 모래땅은 중앙아시아에 있는 대마Cannabis sativa의 자연 서식지를 닮았다. 거기서 대마는 원래 한해살이풀로서 가내 사업으로 재배되었다. 여름에 대마 줄기를 잘라 목질 외피에서 긴 섬유질이 분리되도록 일주일 동안 연못에 담가둔다('침지漫漬). 그런 다음 그것을 두드려주고, 날카로운 나무 긁개로 '엉킨 것을 편다.' 마지막 단계로, 자가드 수직기Jacquard hand-loom에서 최고급 리넨으로 직조될 수 있는 상태가 될 때까지 섬유질을 '삼빗질'해 곧게 편다.

켄싱턴 궁전Kensington Palace과 이튼 스쿨Eton School은 아마 우리 계곡의, 그리고 우리 정원의 가장 유명한 수출품의 긴 단골 고객 명단에 올라와 있었을 것이다.

지역 문화에 오랫동안 훌륭하게 기여했음에도 불구하고 이 작물의 유물은 적어도 우리 교구에는 살아남아 있는 게 없는 것 같다. 대마의 우수성이 재발견되면서 여기저기서 키가 2.5미터나 되는 이 비범한 식물들이 다시 나타나고 있다. 대개 매우 높은 산울타리 뒤에서 자라지만 적어도 따뜻한 날에는 그 자극적인 향기를 완전히 숨기지는 못한다. 하지만 다른 상황에서 그것은 이제 최악의 잡초로 여겨진다. 그것은 독성 외래종으로 정부

허가 없이 밭에서 재배할 수 없게 된 것이다.

엄연히 역사적인 이유라고 강조하면서 대마가 2세기 전에 차지했던 땅에 향정신성 작용이 덜 한 품종을 소규모로 키우기 위해 내무부에 면허 신청을 냈을 때, 법적으로 막아서 가정 재배가 안된다는 사실을 확실하게 알게 되었다.

조심스럽게 제시된 승인 기준은 이상했다. 약물 남용을 예방하는 것보다 도난의 위협을 최소화하는 데 더 신경을 쓴 것 같았다. 하지만 그 안에서 나는 금지된 식물들이 땅뿐 아니라 영혼을 오염시킬 수 있으니, 취약한 인간들로부터 멀리 떨어뜨려 놓아야 한다는 오랜 두려움이 조종을 울리는 것을 느꼈다.

지침은 '가장 적합한 장소를 결정하는 것은 재배자가 할 일이지만 작물을 훔칠 가능성이 있는 사람들의 관심을 끌 위험을 확실히 최소화해야 한다'며 마지못해 허가한다.

대마는 '번잡한 공공도로나 주거지역 인근, 예를 들면 땅의 움푹한 곳이 작물을 가릴 수 있는 산업 시설 지역이나 여가 시설 지역 근방에서 재배해서는 안 된다.' (…) 저 '움푹한 곳'이라는 말에 실소를 금치 못했다.

결국에는 면허가 없다는 게 별 의미가 없는 것으로 판명되었다. 어느 따뜻한 여름, 대마 풀 한 포기가 플록스와 클라키아 틈에서 손바닥 모양으로 유명한 창백한 잎을 장난스럽게 흔들며 초본 화단에 저절로 나타난 것이다. 그것은 90센티미터가 넘게 자랐다. 그리고 10월에 칙칙한 노란색 꽃을 피우고는 첫 서리에 졌다.

나는 그것이 오랜 휴면기를 보낸, 런던의 리넨 장사를 위해 19세기의 청년들이 재배한 작물의 자손이라고 믿고 싶다. 그러나 그것은 인근에 나타난 기장처럼 새 모이에서 우연히 싹 텄을 가능성이 매우 높았으며, 잡초는 항상 자기가 좋아하는 장소로 돌아온다는 사실을 상기시켜주었다.

정원에는 식물학적 연속성이 별로 없다. 새로 온 주인들의 취향은 더 현대적이다. 화단이 다시 설계되고, 식물이 교체된다. 식물들은 인기를 얻거나 잃고, 최신 유행하는 식물들이 멀리 지구 한구석에서 들어온다.

패모가 꽃을 피우는 4월 말, 정확히 같은 때, 같은 자리에 주기적으로 나타나는 여우의 강한 후각으로 판단하건대 우리 정원은 한때 분명히 대마초가 돋아난 곳 근처에 패모貝母, crown imperial가 자랐던 게 틀림없다. 그러나 풀을 본 적은 없다. 그것은 아마도 뿌리의 일부 휴면 중인 부분에서 나오는 후각 화석인 식물 유령일 것이다. 격변하는 역사에서 물리적으로 살아남을 가능성이 매우 높은 식물은 아주 늙은 나무들과 매우 민첩한 잡초들이다.

우리 집 진입로 가장자리에 난 쑥과 작은 쐐기풀은 2세기 전 대마 밭에서 자랐던 잡초들의 직계 후손일지도 모른다. 양배추 밭의 개쑥갓은 어쩌면 청동기 시대 농부들이 이 계곡에서 처음으로 일했던 3천 년 전의 혈통을 지니고 있을지도 모른다.

나는 뻔뻔하게도 짚(초가지붕)에서 싹이 트는 방가지똥의 유래를 알 수 없다. 하지만 그것은 자신에게 주어진 잡초의 사명을 이렇게 부르짖는다.

우리는 당신이 존재하기 전에 여기 있었고, 지금은 당신이 어디서나 만날 수 있는 당신의 변치 않는 친구입니다. 그리고 당신이 가고 난 후에도 여기에 남아 있을 겁니다(그 점을 증명하듯이 초가지붕에서 자라는 특별한 잡초가 있다. 하우스릭의 땅딸막한 다육질 로제트는 한때 마술처럼 벼락을 막아주는 용도로 초가지붕 위에 심은 적이 있었다. 그것들은 오랫동안 지붕에 딱 붙어 지내다 거의 귀화했다. 그리고 '고향에 온 걸 환영해요 남편 많이 취하지는 않았지만Welcome-home-husband-though-never-so-drunk'이라는 모든 식물 속명 중에서 가장 길고 가장 불가사의한 이름을 얻었다).

우리는 습관적으로 잡초를 침략자라고 생각하지만, 엄밀한 의미에서 그들은 한 장소의 문화적 전통이나 유산이자 조상 대대로 이어져 온 존재이다. 또한 우리의 건물과 어설픈 손질들이 한낱 덧없는 껍데기에 불과한 곳, 그곳에서 때를 기다리고 있는 유전자은행의 일부이기도 하다. 그것들이 길을 방해하면 나는 여전히 그냥 뽑아버린다. 하지만 그것은 존중이 서린, 그리고 종종 낭만적인 기분이 들어 그만두기도 하는 일시적인 폭행이다.

　잡초에 아주 오래된 느낌을 갖는 것 또한 그것들이 한 사람의 삶에서 얼마나 오랫동안 친구로 지냈는지를 반영하는 것이다. 그들은 조금만 더 멀리 살았으면 싶은 떠들썩한 친척처럼 매년 같은 시기에 나타난다. 잡초는 시계 같은 풀이다. 정원사 입장에서는 그 고집스러운 규칙성이 최악일지도 모른다. 하지만 그것은 또한 삶이 계속되고 있다고 일깨워주며 위안을 주기도 한다.

　우리가 처음 이사 왔을 때는 잡초가 별로 눈에 띄지 않았다. 정원은 지나치게 깔끔하다 싶을 정도로 말끔히 정돈되어 있었다. 우리는 거의 매주 정원의 잡초를 뽑고, 잔디를 깎아주고, 가지치기를 했다. 창고에 남은 온갖 종류의 잡초제거제 스프레이를 보니 침입자들이 어떻게 저지당했는지 알 수 있었다.

　첫 여름, 우리가 화학약품을 쓰레기통에 버리고 집 내부를 꾸미는 데 에너지를 집중하자 집안의 de la maison 잡초(프랑스 사람들은 잡초를 불량한 풀 mauvaise herbes 이라고 부른다)는 고양이 없는 곳의 쥐처럼 폭발적으로 늘어나 피해를 끼쳤다.

　2003년 여름 내내 펄펄 끓었던 엄청난 폭염 속에서 그것은 마치 가슴에서 돌덩이를 내려놓은 것 같았다. 땅이 마치 꽃 증기로 숨을 쉬는 것처럼 더위 속에서 그것들을 내뿜는 것처럼 보였다. 뚜껑별꽃 Scarlet pimpernel 이 자갈에 자리를 잡고 아침에 꽃을 벌렸다가 점심시간이 지나면 오므렸다. 고사리 모양의 커다란 쑥국화는 기름 탱크 옆에서 순식간에 자라났다.

녹색 알카넷(스페인산)은 정원 전체에서 가장 행복한 식민지 개척자로 등장해 감자밭과 작은 길 사이, 허브 화분들을 가리지 않고 온 사방에서 모습을 드러냈다. 거친 풀 속에서 그 새파란 색 꽃들은 전호의 하얀 레이스에 코발트색 단추처럼 박혀있었다.

6월이 되자 오래된 텃밭에 특이하게 잎맥이 빨간 정말 이상한 잡초 묘목들이 여기저기 흩어져 나타났다. 한여름이 되어서야 그것이 독말풀이 대풍작을 이룬 것임을 알게 되었다. 그 종은 미들섹스 황무지에서 빈민가 식물채집을 하던 때 이후로 나를 슬그머니 따라다니던 종이었다.

7월이 되자 독말풀의 창백한 파란색 꽃들이 솜씨 좋게 줄 맞춰 심은 강낭콩과 토마토(독말풀과 친족 관계인) 묘목 사이에서 멋을 부리며 피어났다. 그리고 8월 말이 되자 심술궂게 가시가 돋친, 마로니에 열매처럼 생긴 열매가 맺혔다. 이 식물들이 어떻게 여기 오게 되었는지 누가 알겠는가.

요즘 씨앗의 가장 흔한 출처는 남아메리카에서 온 정원용 비료 포대들이다. 하지만 독말풀은 고대에 천식과 소화 장애 치료에 사용하는 알칼로이드 약물인 아트로핀 atropine 과 히오신 hyoscine 의 공급원으로서 재배되었으니, 그 씨앗은 긴 휴지기를 보낸 게 확실하다.

그러니 대마를 재배하던 우리 선조들의 약초밭에 표본이 하나 있었다 해도 그것은 내게 놀라운 일이 아닐 것이다.

그리고 나는 내 부주의로 독말풀이 정원에 들어오게 되었다거나, 30년 전에 딴 열매에서 나온 씨앗 몇 개가 상자 한구석에 숨어있었거나 책장 사이에 끼어있었을-어쩌면 자기 그림을 좋아하지 않아서-가능성은 거의 없다고 생각한다.

나는 점점 더 잡초가 우연과는 거리가 멀다는 것을, 그러니까 어떤 면에서 우리가 정원의 사용자이자 일꾼으로서 하는 행위와 개인적으로 베푸는 호의에 의해 그것들이 생기고 있다는-괜찮다면 재배되고 있다는-사실을 깨닫게 되었다. 그들 중 많은 것들이 우리처럼 자신의 역사와 축적물을 가진 사람들 때문에 여기 존재한다. 그것들은 우리가 땅을 파고 풀을 베는 방식과 걸음걸이, 명절과 관계가 있다. 잡초를 들이기 위해 일부러 애쓸 필요는 없다. 그들이 왔을 때 그저 일종의 관용을 베풀기만 하면 된다.

어느 여름, 이상한 식물이 우리 자갈길 위를 뒤덮으며 멋대로 우거지는 현상을 달리 어떻게 설명할 수 있을까?

그것은 친숙해 보였다. 그리고 그것이 푸른 꽃이 핀 뱀의 둥지와 닮아가기 시작하던 8월 말까지는 그것이 모래밭 근처에서 자라는 흔한 독사의 버그로스Viper's bugloss(에키움 불가레*Echium vulgare*)가 다소 축 처진 것이라고 느긋하게 추측했다. 뱀 같이 음흉한 습성 때문에 이 가족이 '독사'라는 꼬리표를 얻게 된 게 아니다. 그 꼬리표는 씨앗과 독사(에키움은 그리스어로 echis, 즉 독사다)의 머리가 느낌상 서로 닮았다는 점을 나타내는 것이다. 보통 에키움은 팔팔하게 위로 곧게 자란다. 그래서 나는 우리 자갈길을 어지럽히고 있는 그 식물을 여름 잡초들이 만들어내는 인상주의적 안개로만 볼 게 아니라, 제대로 봐야겠다고 결심했다.

렌즈로 들여다보니, 주름진 파란 꽃 안에 꽃잎 위로 비어저 나오지 않은 짧은 수술이 들어 있었다. 식물학자들의 말대로라면 꽃이 수술을 '품고' 있었다. 일반 에키움은 긴 분홍색 수술을 가지고 있다. 그리고 그 수술은 꽃의 입에서 쑥 나와 움찔거리는 것처럼 보이는데 그것이 뱀 같아 보이는 또 다른 특징이다. 이것은 다른 종으로, 작은 꽃이 피는 버그로스 에키움 파르비플로룸 *Echium parviflorum*으로 지중해의 들판과 건조한 쓰레기장에서 자라는 한해살이 잡초였다.

지난 휴가 때 프로방스에서 풀이 무성하게 자란 농지를 돌아다니며 신발에 씨앗을 몇 개 묻혀 왔던 걸까?

무화과 상자 안이나, 화분을 포장했던 포장지 안에 씨앗이 들어 있었던 건가?

어떤 경로든 그들을 우리 집에 들여온 것은 확실히 추상적인 식물 전파 메커니즘이 아니라 우리의 생활방식이었다. 그것들은 주문한 잡초였던 것이다.

마편초는 작고 밝은 보라색 꽃이 천천히 타오르는 반짝이처럼-다르게 보일 수도 있지만-뻣뻣한 줄기를 따라 핀다. 그것은 이따금씩 우리 벽돌 길에서 튀어나와 화분으로 뛰어들기도 하고, 왜성 강낭콩 사이에서 '슉-슉' 소리를 내기도 한다.

인근의 몇몇 모랫길에서 그것이 자라고 있으니 거기서 생겨났을지도 모른다. 하지만 마편초는 중세 시대에 주술을 막아주는 마법의 부적이자 전염병을 치료하는 것으로 알려진 앵글로 색슨 족의 신성한 풀 중 하나였다. 그래서 폴리Polly는 자신이 운영을 돕는 노리치 대성당Norwich Cathedral 약초 정원에서 그것을 경건하게 키운다. 그녀가 거기서 사용하는 정원 도구들은 우리의 세속적인 땅을 파 엎는 것과 같은 것들이다. 그리고 작은 흙덩어리들이 두 정원 사이를 왔다 갔다 한다.

만약 에드워드 솔즈베리 경Sir Edward Salisbury이 아직도 살아 있다면, 아마 우리 자동차 타이어에 붙어 있는 그 식물의 흔적에서 우리가 매일 어떻게 움직이는지 추적할 수 있을 것이다.

나는 잡초가 마치 우리의 습관이나 신념을 쉽게 보여주는 화살촉이나 오래된 문서처럼 역사를 구체적으로 표현하는 고고학적 예술품으로 잡초를 보려는 생각을 좋아한다. 다른 의미에서 봤을 때, 그것들은 박물관 표본이 전혀 아니다. 오히려 신기하게도 해나 끼치며 살아가는 생명체이긴 하지만. 우리가 차를 주차해 두는 자리 옆 산울타리 발치에서 우리는 겨울 헬리오트로프winter heliotrope 한 줄을 발견하고는 은근히 기뻤다. 그것은 그 시골 일부 지역의 도로변에서 자라는 혐오스러운 잡초지만 흥미로운 혈통과 매력적인 성질을 지니고 있다.

말발굽 모양의 잎 위에 연보라색 겨울꽃이 피는 꽃은 향기 나는 꽃차례가 꽉 들어찬 수상꽃차례를 지닌 채 마시프 상트랄Massif Central(프랑스 중남부의 산지)의 필라산Mont Pilat 기슭에서 자라고 있는 것이 발견되었던 18세기 후반까지는 유럽에 전혀 알려지지 않았다. 그것은 화분에 담아 정원에서 키우려는 파리 귀족들에 의해, 1806년에 영국에 당도했다.

헬리오트로프heliotrope('해를 따르는')는 오해받기 쉬운 이름이다. 겨울 품종의 꽃들은 해바라기처럼 해를 따라 몸을 돌리지 않기 때문이다. 하지만 그것들은 진정한 여름 헬리오트로프 Heliotropium arborescens(페루산)와 똑같이 사람을 홀리는 마지팬과 바닐라 냄새를 풍긴다. 그래서 이 식물에 체리파이라는 다른 이름도 붙은 것이다.

그 식물은 일 년 중 가장 향기가 없는 때인 동지 바로 직전에 크리스마스와 다가오는 봄을 알리는 것 같은 향기를 풍기며 등장한다. 노퍽으로 처음 이사를 가서 커다란 17세기식 농장에 혼자 묵었을 때, 나는 그 꽃들을 꽃병에 꽂아 겨우내 서가에 두었다.

하지만 제약 조건이 많은 지중해에서 가져와 북부의 더 비옥한 땅에 옮겨 심은 헬리오트로프는 비옥한 토양에서 번성했다. 그것은 다른 식물을 괴롭혔기 때문에 대부분의 정원에서 내쳐

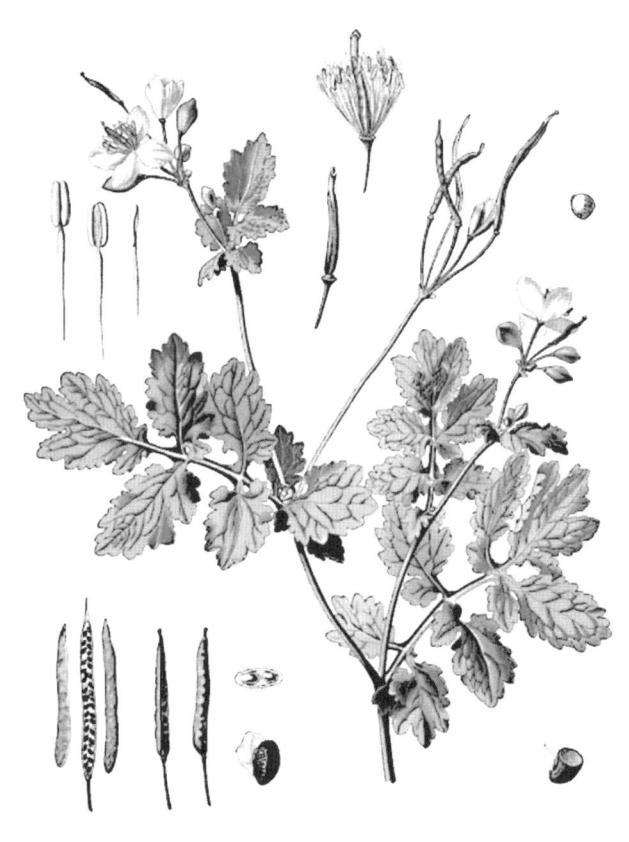

셀런다인은 애기똥풀을 말하며 쌍떡잎식물 양귀비목
양귀비과의 두해살이풀이다. 애기똥풀속(Chelidonium) 식물은
전 세계에 오직 1종이 있고, 약으로 사용된다.

저 습한 길가에 자리 잡게 되었다. 그리고 커다란 무성번식 구역에(그중 일부는 꽃조차 피우지 않는다) 퍼지며 방수포처럼 다른 키 작은 꽃을 덮어 질식시키는 늘 푸른 테세라(모자이크를 만드는 데 쓰이는 타일 모양의 작은 대리석이나 유리, 혹은 다른 물질 조각들)를 구축한다.

몹시 황량한 12월이지만, 주위에 또 다른 야생화 없이도 그것은 당신을 감동시킬 수 있다.

그리고 만약 정원에 큰 셀런다인greater celandine(애기똥풀)이 없으면 나는 허전할 것 같다.

아주 오래 전에 지중해에서 이곳으로 들어온 약간 보기 흉한 노란 꽃이 피는 이 잡초는 식물의 문화적 연결이라는 미로의 세계를 내게 알려준 품종이다.

처음 내 흥미를 끈 것은 큰 셀런다인이라는 이름과 그것과는 아무런 친족 관계가 없는 작은 셀런다인lesser celan dine(라넌큘러스 피카리아)이라는 이름 사이에 존재하는 우연의 일치였다.

'셀런다인Celandine'은 그리스어로 '제비'를 뜻하는 켈리돈khelidon에서 왔으며, 켈리도니움 마쥬스Chelidonium majus(애기똥풀의 학명)는 제비들이 돌아오는 시기에 꽃이 피기 때문에 그렇게 불렸던 것 같다. 존 제라드John Gerard는 이에 수긍하지 않고 이런 주장을 했다.

'그 이유는 여성들[암컷 제비들]이 새끼들이 태어나면 이 풀로

가장 어린 녀석의 눈을 뜨게 한다는 의견을 가진 사람들도 있기 때문이다. 어떤 것이 헛되고 허황된가?'

나는 이 믿음이 확실히 헛되고 잘못된 것이라고 생각하지 않고 '안구에 붙은 끈끈한 물질을' 씻어내는 데 이 풀을 추천했던 중세의 약초학자들까지 거슬러 올라갔다(그것은 극단적인 처방이었다. 이 풀에서 흘러나온 오렌지색 유액은 부식성이 아주 강해서 사마귀를 지져 없애는 데 사용되기도 했다).

나는 옥스퍼드의 크라이스트처치 대성당Christ Church Cathedral에 모셔진, 1289년에 만들어진 성녀 프라이드와이드St Frideswide의 성골함에 이 식물이 그럴 듯하게 새겨져 있다고 들었다. 그리고 엷게 째진 잎의 가장자리를 보면, 사실적으로 새겨진 시카모어와 모노기나산사나무, 양담쟁이와 그것을 혼동할 수 없다고도 들었다. 그것들은 순전히 장식을 하기 위해서나 우연히 거기 존재하게 된 것은 아닐지도 모른다.

성녀 프라이드와이드는 옥스퍼드의 수호성인일 뿐 아니라 눈먼 사람들의 수호자였다. 그녀는 12세기의 머시아(영국 중부의 옛 왕국) 공주의 딸로 정략결혼을 피해 은신처로 숨었다. 그리고 나중에 불운한 정혼자의 눈이 멀자, 그녀는 수녀원으로 들어갔다.

얼마 지나지 않아 프리드와이드는 옥스퍼드 바로 상류에 있는 빈지Binsey라는 마을에 성스러운 우물을 솟아나게 했다. 거기서 솟은 물은 눈에 생긴 장애에 치료 효과가 있는 것으로 여겨졌다. 그 이유로 프리드와이드는 성인으로 추대되었고, 그녀의 성골함에는 눈에 중요한 식물인 애기똥풀이 새겨졌던 것 같다.

애기똥풀은 자연히 옥스퍼드를 상징하는 잡초 중 하나가 되었다. 나는 그것이 주차장 가장자리나 그 도시의 고색창연한 담장에서 자라고 있거나 최고의 대학 계단 맨 밑바닥에서 싹튼 것을 본 적이 있다. 그리고 언젠가 빈지를 방문하게 되면 그 풀을 볼 수 있기를 기대했다.

우물은 여전히 거기 있었다. 마을의 교회 뒤편에 약간 이끼가 낀 계단 맨 아래에 반쯤 숨겨진 채로. 하지만 애기똥풀은 없었다. 제비가 돌아오기 두 달 전에 꽃이 피고, 단지 꽃 색깔 때문에 켈리도늄Chelidonium의 영어식 이름을 공유한 것 같은 더 작은 종이 약간 무리 지어 자라고 있을 뿐이었다.

그러한 기발한 공상들은 잡초들의 도미노 효과처럼 당신의 정원 너머 멀리 반향을 일으킬 수 있다. 나는 애기똥풀이 특이하게도 겹꽃이 피는 게 마음에 든다. 칠턴스에 살 때, 큐 왕립식물원 Queen's Garden at Kew에서 자라는 억척스러운 표본의 씨 꼬투리를 한번 훔친 적이 있다. 그것은 내 허브 정원에서 아무 문제없이 싹 텄다. 그리고 다음 해에는 우리 콘크리트 보도의 틈새에서도 돋아났다.

2년 후에는 옆집이었는데, 노퍽으로 이사할 때까지 나는 겹꽃 셀런다인의 흔적을 따라 거리를 내려가다 큰길을 건너 어떤 공장 주차장까지 400미터가량 걸어갔다. 그들은 공장의 높은 담장 앞에 멈춰서 모여 있었다.

우리 노퍽 정원에도 홑꽃이 피는 표본들이 불쑥 나타나긴 하지만, 그것들은 겹꽃이 피는 혈통 좋은 셀런다인의 모험심은 전혀 없는 것 같다.

'새로운' 잡초는 대부분 정원에서 빠져나가면서 시작된다. 당신의 정원 식물들은 정원이라는 한계 내에서 미쳐 날뛰는 잡초가 되어 배은망덕한 행위처럼 느껴지는 짓을 할 수도 있다. 그들의 팽창성은 당신이 솜씨 있게 조성한 정원을 엉망으로 만들어 버린다. 그들은 담장을 오르며 그 안에 씨앗을 넣고, 텃밭의 깔끔한 직사각형에 입체파 회화의 혼란스러운 생기를 불어넣는다.

애기범부채montbretia의 작은 알뿌리들은 우리가 모두 박멸되기를 바라며 그 분형근盆形根(뿌리 분포가 둥글게 되어 있는 모양)들을 태워 없앴던 모닥불 가장자리에 때때로 뿌리를 내리며 온 사방으로 퍼져 나간다.

민트가 잔디밭에 침입한 적이 있었다. 그것은 우리가 다른 데 사용하려고 둔 모든 인접지를 무자비하게 잠식하는 잡초가 되어 버렸다. 그리고 2톤이나 되는 석회암 잠석으로 지중해식 정원을 만들려고 했던 시도가 큰 성공을 거둔 나머지, 추운 겨우내 애지중지 보살핀 식물들이 서로를 공격하게 되었다. 그래서 나는 오레가노와 등대풀류euphorbia 모종을 솎아내느라 소리쟁이를 뽑아내는 것보다 더 많은 에너지를 쏟고 있다.

내가 잡초들-구주개밀이나 독보리같이 무성한 풀-이라고 여기는 것들을 통제하기 위해 우리 야생화 목초지에 들인 종 그 자체가 공격적인 이주종으로 변해 버리기도 했다.

씨앗들이 바람에 흔들리면 부풀어 오른 꼬투리에서 덜거덕 소리를 내기 때문에 노랑딸랑이Yellow-rattle이라는 이름이 붙은 이 식물은 부분기생 식물이다.

이 식물은 초록색 잎으로 어느 정도 자기 양분을 만들지만 뿌리에 달린 흡착판으로 다른 풀의 뿌리에 달라붙어 영양분을 흡수하며 그 풀의 생장력을 약화시킨다.

야생 정원 가꾸기 안내서에는 장래 목초지가 될 곳에 그것을 파종하고 풀이 나면 그 자리에서 움직이지 못하게 하고 화려한 야생화들에게 더 많은 자리를 내어주라고 한다. 그들이 말하지 않은 것은 노랑딸랑이는 다른 식물들에게도 많이 기생한다는 사실이다.

노랑딸랑이의 문란한 습성은 내 친구 크리스 깁슨Chris Gibson의 박사학위 논문의 주제였다. 그는 그 풀의 가는 뿌리가 잔디밭을 관통하는 과정을 풀어내 그것이 적어도 십여 종의 다른 식물 종류를 먹이로 삼는다는 사실을 알아냈다.

우리 목초지에서는 그것이 토끼풀과 살갈퀴를 잔디처럼 난쟁이로 만들어버렸다. 어떤 곳에서는 노랑딸랑이가 너무 빽빽해서 풀이 전혀 보이지 않는다. 그럴 때는 그것이 자기 자신한테 기생하기 시작한 게 아닌가 싶기도 하다. 하지만 안정적인 생태계는 없다.

2010년 초의 그 끔찍한 추위는 노랑딸랑이 씨앗의 대규모 발아를 촉진했다. 그런 다음 이어진 긴 가뭄 동안 이미 약해진 풀밭들이 단번에 사라지기 시작했고, 그 즉시 그 주변을 어슬렁거리던 것들도 그 뒤를 따랐다. 한여름이 되자 목초지에는 군데군데 사막화된 땅이 나타나면서 이미 더 전통적인 개척자 잡초들이 군락을 이루고 있었다. 노랑딸랑이가 성가신 공짜 식객에 지나지 않는 것처럼 보일 수도 있다. 하지만 그것 또한 생물의 다양성을 창조하는 존재가 될 수도 있다.

하지만 우리는 잡초를 다르게 대할 방법을 찾는다. 간단히 말하면, 심리학자들이 '재구성reconfiguring'이라고 부르는 관점의 변화가 필요하다. 그래서 가끔 감자 사이에 싹이 트는 양귀비와 사향아욱은 마음대로 자라도록 내버려 두고 그것들을 장식용으로 재정의 한다. 그들은 아무런 해를 끼치지 않으며, 오히려 그들이 없었다면 아주 따분했을 텃밭을 밝게 만들어준다.

화살메꽃이 모노기나산사나무를 기어올라 눈처럼 하얀 주머니 모양 잎을 드리우는 것은 환영할 일이다. 그리고 나는 누가 가슴에 손을 얹고 그것이 둥근잎나팔꽃보다 덜 아름답다고 말해도 신경 쓰지 않는다. 하지만 화살메꽃이 시스투스를 뚫고 가려고 덤비면 우리는 길고, 힘없는 덩굴줄기들을 잡아당겨 시스투스에서 그것을 뽑아낸다. 매우 만족스러운 과제다. 왜냐하면

실타래와는 달리 메꽃 줄기는 자연적으로 매듭이 지어지지 않기 때문이다(비록 매듭이 있더라도 누구보다도 임시변통에 능한 폴리Polly는 그것을 임시 정원용 끈으로 사용한다).

그리고 잡초는 곤충들에게 생명을 유지시켜주는 원료가 된다. 멧노랑나비는 어린 미나리아재비의 꿀을 모은다. 쐐기풀나비와 공작나비, 큰멋쟁이나비의 애벌레는 쐐기풀 잎을 먹고 산다. 그리고 '잡초는 무엇을 위해 존재하는가?'라는 물음에 대한 한 가지 대답은 아마 '나방'일 것이다.

나는 이 종들의 4분의 3은 본 적도 없지만, 정부가 정한 잡초인 소리쟁이를 먹고사는 나방들의 목록이 다음과 같이 변형시(신문·광고 등의 글을 풀어서 리드미컬한 시 형식으로 재편집한 것)처럼 쓰여 있다.

> 비어드 체스넛bearded chestnut, 블랙 러스틱black rustic, 블러드 베인blood-vein, 브라운 스폿 피니온brown-spot pinion, 밤나방chestnut, 커먼 마블드 양탄자 나방common marbled carpet, 물결큰애기자나방cream wave, 다크바드 트윈스포트 양탄자 나방dark-barred twin-spot carpet, 다크 체스넛dark chestnut, 페더드 라눈쿨러스feathered ranunculus, 불나방garden tiger, 갈색각시물결자나방gem, 푸른잎밤나방green arches, 그레이 치grey chi, 아이즐 오브 와이트 웨이브Isle of Wight wave, 라지 라눈쿨러스large ranunculus, 네줄물결자나방large twin-spot carpet, 루이스 웨이브Lewes wave, 몰티드 뷰티mottled

beauty, 모슬린나방muslin moth, 육두구nutmeg, 유럽회색밤나방pale pinion, 포틀랜드 리본 웨이브Portland ribbon wave, 레드 스워드 그라스red sword-grass, 리밴드 웨이브riband wave, 민들레불나방ruby tiger, 세틴 웨이브satin wave, 흰맥멋장이박각시striped hawk-moth, 스워드 그라스sword-grass, 트윈스톳카펫twin-spot carpet, 화이트마크드 whitemarked, 광대불나방wood tiger, 옐로우 쉘yellow shell.

나는 우리가 잡초에 가장 큰 영향을 미치는 곳이 잔디밭이라고 생각한다. 그것들을 뽑아버리기 때문이 아니라, 윗부분을 잘라 잔디와 같은 길이로 만들기 때문이다. 물론 잡초의 철칙에 의해 이것은 우리가 머리 자르기를 즐기는 모든 종들에게 우선권을 주고, 잎들이 땅에서 무성하게 자라도록 진화시켜왔다는 사실을 의미한다. 그래서 잔디밭에는 질경이와 민들레의 로제트들이 일 년 내내 빽빽하게 들어차 있다.

일찍이 1월부터, 풀베기가 시작되기 훨씬 전에 첫 번째 데이지들이 잔디밭에 총총히 나타나기 시작한다(당신의 발밑에 세 포기, 혹은 일곱 포기, 혹은 열두 포기-그 숫자는 옆집에 사는 이웃들 간에 모두 다르다-가 깔리면 사람들은 봄이 왔다고 말한다).

3월에는 첫 적설초가 잔디 밑에 파란색과 보라색 덩굴 가지를 드리운다. 그리고 잔디밭에서 너도밤나무가 그늘을 드리운 부분의 잔디를 2달 동안 금속성 파란색 웅덩이로 모두 대체해 버린다.

그러나 가장 좋은 잔디밭 잡초, 결정적으로 여기 봄이 왔고 새로운 태양이 떴다고 말하는 꽃은 작은 셀런다인lesser Celandine인 라넌큘러스 피카리아다. 그것은 우리 정원에서 다소 성가신 잡초로 불과 일 년에 서너 번 베어주는 자엽꽃자두 아래 축축한 구석에서만 유일하게 잘 자란다. 하지만 2월 중순부터 6주 정도 저 아롱진 오솔길을 빛내준다. 그것이 유일하게 쓸 수 있는 표현이다.

라넌큘러스 피카리아의 꽃잎은 마치 노란색 금속이나 기름, 혹은 가장 그럴듯하게 말하자면 녹인 버터로 만들어진 듯 미나리아재비처럼 빛을 반사할 수 있는 것 같다. 존 클레어는 아이들이 황금빛 반사광이 황금빛 미래를 예언하는지 보려고 서로의 턱 밑에 활짝 핀 꽃을 들고 노는(오늘날의 미나리아재비처럼) 게임에 대해 말한다. 요즘 워릭셔의 한 아이는 그 식물의 이름을 잘못 듣고 '레몬 아이lemon-eye'라고 불렀다.

꽃은 따뜻한 날에는 활짝 피고 추운 날에는 오므리면서 태양을 분명히 기억한다. 도싯Dorset에서 라넌큘러스 피카리아는 간단명료하게 '봄의 전령'으로 알려져 있었다. 어렸을 때 나는 밸런타인데이 꽃다발을 만들려고 활짝 핀 셀런다인을 따곤 했는데, 추운 2월에는, 봉오리에 선레이 램프(의료나 미용을 목적으로 사용하는 수은등)를 쏘이고 억지로 꽃을 피게 해야 했다.

워즈워스Wordsworth는 그 식물이 꽃을 일찍 피우는 데 주목하고, 그렇게 우아한 꽃이 어째서 더 환대받지 못해왔는지 궁금했다. 그는 그 잡초에 대한 시적 찬사를 쓰기 전에 작성한 짧은 메모에서 이렇게 말한다.

'봄에 그렇게 빨리, 그렇게 밝고 아름답고, 그렇게 무성하게 피는 이 꽃이 영국 시에서 더 일찍 주목받지 못했다는 사실이 놀랍다. 이 꽃에 관심을 더 두게 되는 이유는 공기 중의 빛과 온도에 따라 스스로 벌리고 오므리는 습성때문이다.'

워즈워스와 생각을 같이 하는 사람들은 라넌큘러스 피카리아가 대부분의 잔디밭에서 왜 쫓겨나는지, 사람들은 왜 여러 가지 색상으로 수놓아진 잔디밭보다 벨벳처럼 매끄럽고 초록색만 보이는 잔디밭을 더 선호하는지 이해가 되지 않는다. 하지만 그것은 미적 선호라는 단순한 문제가 아니다.

내 생각에 정원사들은 대부분 라넌큘러스 피카리아와 데이지, 꼬리풀을 좋아한다. 하지만 되도록 다른 곳, 예를 들면 목초지나 도로변에 있을 때나 아이의 꽃다발에 섞여 있을 때 그렇다.

영국의 잔디밭은 미국과는 달리 사회적 순응의 상징이 아닐지도 모른다. 하지만 다른 종류의 목초지와는 다른 자기 자신만의 본질적인 기준을 가지고 있다. 어떤 야생화가 침입하면 잔디밭은 또 다른 범주인 목초지로 이동하게 된다. 그런 다음 야생화는 부적절한 범주나 부적절한 장소에 들어온 모든 식물처럼 당연히 잡초가 된다.

하지만 풀을 베는 데 목을 매는 외골수들만 빼고는 혈통으로 모두를 멈춰 세우는 종들이 있다.

우리의 자생 난초는 이 지구상에서 가장 아름다운 꽃들 중 몇몇과 같은 조상을 공유하며, 화려한 습성과 이국적인 기원을 가진 혈통으로 그 고귀한 후손들은 현대 화초 재배자들의 주요 상품 중 하나다. 그들은 훌륭한 외모와 희귀성, 그리고 타의 추종을 불허하는 탁월한 기원을 가지고 있다.

일단 그들에 대해 알고 나면 아무도 잡초 목록에 그것을 올려놓으려 하지 않을 것이다. 하지만 우리 토착종 중 두 종은 매우 짧은 풀을 선호하기 때문에 종종 잔디밭을 침범한다. 그래서 그 무대는 전형적인 충돌의 장이 된다. 바로 너무 매력적이어서 거절할 수 없는 침입자가 확고부동한 범주를 만나는 것이다.

타래난초는 남부 백악질 시골의 주민이다. 그것은 양이나 토끼들이 풀을 잘게 뜯어 먹는 경사진 목초지에서 주로 발견되어 왔지만 오래된 잔디밭에서도 종종 돋아난다.

나는 켄트에서 테니스 코트가 온통 타래난초의 가느다란 줄기와 작고 하얀 꽃으로 뒤덮여 있는 것을 보았다. 그것들이 하나의 둥근 나선형 줄기를 중심으로 배열되어 있고 노랑수선화 냄새가 나지 않았더라면 다시 보는 일은 없을 것 같았다. 하지만 꿀벌난초bee orchid는 보고도 모른체하지 못할 것이다.

어느 날 저녁 칠턴의 백악질 들판에서 소풍을 즐기다 그 풀을 처음 본 나는 식물학의 관례를 졸업해 버린 것 같은 약간 미묘한 기분이 들었었다. 그것은 그저 기이한 꽃의 모습이 아니라, 분홍색 요정의 날개가 갈색 꿀벌의 몸에 결합된 것 같은 비현실적인 느낌이었다. 그것들은 식물의 영역을 완전히 초월해 태양에 의해 신비롭게 생명을 얻은 자기와 벨벳으로 만들어진 장식품 같았다. 그 모습이 꽃은 어때야 한다는 나의 매우 인간 중심적이고 미숙한 생각에 도전장을 내밀었던 것이다.

나 혼자만 꿀벌난초의 이중적 정체성에 문제를 느끼는 유기체는 아니다. 진화론적 식물학자들에 의하면, 그 꽃은 진짜 벌들을 유혹하기 위해서 특이한 형태를 발전시켰다. 이론적으로 꿀벌은 그 꽃을 같은 종족으로 착각하고 기대를 갖고 '의사교접'이라는 것을 하면서 자기도 모르게 다리에 꽃가루를 묻힌다. 그리고 그 꽃가루는 다음 의사교접 신호가 나오는 장소로 옮겨진다.

문제는 꽃이 자신의 진화론적 역할 수행을 거부한다는 것이다. 그것은 완전히 자가수분을 하고 있다. 그리고 영국에선 아무도 전희의 첫 번째 동작으로서 그렇게 많은 것을 시도하는 꿀벌을 본 적이 없다.

꿀벌난초는 잡초가 가진 일부 익숙한 기술을 갖추고 있다. 꿀벌난초의 꽃은 바람에 날려 먼 거리까지 날아갈 수 있는 먼지 같은 씨앗을 수천 개 생산한다.

씨앗이 거친 백악질 토양에 내려앉으면 거대한 꽃줄기 군락을 이룰 수 있다.

오래된 채석장은 꿀벌난초에게 최고의 서식지가 된다. 그들은 화학 공장의 폐기물 산과 히친Hitchin 외곽의 새로운 로터리, 밀턴 케인스 전화 교환소Milton Keynes Telephone Ex change의 주차장 주변, 옥스퍼드셔Oxfordshire에 있는 말끔한 사립학교의 육상 트랙에 더 눈에 띄게 많이 나타났다.

꿀벌난초는 씨앗 상태에서 자라 꽃을 피우기까지 최대 8년이 걸린다. 하지만 3년이나 4년이 되면 모종은 질경이처럼 납작한 로제트형 잎사귀를 낸다. 그러니 꿀벌난초는 가벼운 풀베기에는 끄떡없을 뿐 아니라, 사실상 경쟁하는 잎들이 제거되는 이점을 얻는다. 우리 빨래줄 아래 어떤 풀이 무리를 이뤄 돋아났다. 그곳은 내가 4센티미터 이상 풀이 자라지 않게 하는 곳이었다.

1월에 그 로제트들을 발견했을 때는 어떤 종인지 확신할 수 없었다. 그러다 5월이 되어서야 그것이 확실해졌다. 7월 중순이 되자 꽃이 화려하게 만발했다.

나는 씨앗이 우리와 아주 가까운, 800미터 정도 떨어진 전형적인 벌꿀난초 은신처에 있는 군락에서 날아들었을 거라고 추측한다. 동네 아이들이 자전거 스크램블링 트랙으로 사용하는, 변전소를 둘러싸고 있는 모래사장 말이다.

그해에는 많은 식물 중 꿀벌난초 싹이 튼 게 가장 뿌듯한 일이었다. 우리는 그 상으로 핀 꽃을 올드 로즈가 피기 훨씬 전부터 손님들에게 자랑했다. 하지만 잔디밭의 절대적인 정의에 얽매여 있는 정원사들에게 꿀벌난초는 까다로운 딜레마를 내포하고 있는 존재다.

한 번은 칠턴즈로 돌아온 한 여성분에게서 연락이 왔는데, 그녀의 잔디밭에 신원을 알 수 없는 풀들이 엄청 많이 자라고 있다는 것이었다. 그녀의 설명을 들어보니 꿀벌난초 같았다. 자세히 알아보러 그녀의 작은 잔디밭에 갔더니 1백 개가 넘는 꽃들이 활짝 피어있었다. 그것 말고도 어떻게 했는지(아마 전기 날을 사용했던 것 같다. 지나치게 정확해 보이는 것을 보니) 그녀는 꽃들 사이에 있는 풀들을 아주 바짝 깎아놓았다.

잎이 잘린 채 퍼팅 그린 잔디에 널려 있던 난초들은 아주 작은 플라스틱 풍차처럼 보였다. 하지만 우리의 자유방임주의적인 통치 아래에서도 도리를 벗어난 잡초 종이 하나 있다.

왜방풍Ground-elder은 채소를 괴롭히지 않으며, 잔디밭에서는 자라지 않는다. 그러나 정원에 풀이 난 가장자리란 가장자리에는 모조리 퍼져 자란다. 그 식물은 그저 재배되는 꽃 사이사이에 난 공간만 차지하는 게 아니다. 그들은 땅 밑에서 자기가 지나가는 모든 뿌리계의 주변과 그 안쪽에 지렁이처럼 유연한 하얀 덩굴손을 교묘히 침투시키면서 그 구획을 파괴한다.

왜방풍은 제초제에 거의 면역이 있고, 일반 손제초로도 처리하기 힘들다. 땅속에 남아 있는 뿌리의 파편들은 어느 것이나 새로운 수풀을 만들어낸다. 그것들이 무슨 연유로 정원에서 나와

(우리 정원에서 45센티미터만 이동하면 된다) 경작지에서 가장 뿌리 뽑기 힘든 잡초 중 하나가 되지 않았는지 그것이 의문이다.

왜방풍의 습성과 거친 땅을 좋아하는 취향을 고려해 볼 때, 그것은 대개 유럽 대륙으로부터 일찍이 도입된 외래종으로 추정된다. 이 잡초는 로마의 퇴적물에는 등장하기 시작하지만, 영국에서는 선사시대 동굴들에서 이 잡초가 존재했다는 증거를 발견할 수 없다.

로마인들은 확실히 왜방풍을 약초(주로 통풍을 치료하는)와 채소 양쪽 용도에서 모두 소중하게 여겼다. 그리고 그들이 빠르게 귀화한 다른 텃밭 품종인 회향과 알렉산더와 함께 그것을 소개했을 가능성이 높다.

왜방풍은 현지 속명을 갖게 될 만큼 곧 친숙해졌다. 통풍잡초 Goutweed는 왜방풍의 다른 이름인 주교잡초 Bishopweed와 마찬가지로 따로 설명이 필요 없는 이름이다.

잭 점프 어바웃 Jack-jump-about은 16세기에 등장하는데, 이것은 나중에 존 제라드가 이례적인 절망적 어조로 확인해 준 행동 양식을 암시하는 불길한 징조였다. '그것은 한번 뿌리를 내리면 거기서 매년 더 넓은 땅을 차지하고 망치면서 더 나은 풀들을 못살게 굴 것이며, 다시 몰아내기 힘들 것이다.' '매년 더 넓은 땅을 차지하고'라는 표현은 왜방풍의 확장성을 정확하게 묘사한 것이다.

왜방풍의 땅 속 줄기는 한 해 여름을 지내며 90센티미터 가량 퍼질 수 있어서 로제트 한 포기로 1평방 야드(0.8제곱미터)가 넘는 넓이의 군락을 이룰 수 있다. 뿌리 또한 전례 없이 땅을 깊이 파고 들어간다. 1990년대에 켄트의 한 채석장에서는 지표면 아래 9미터까지 파고 들어간 왜방풍 뿌리가 발견되기도 했다.

왜방풍이 확산하는 방식은 쐐기풀이나 메꽃과 비슷하다. 새로운 싹을 품은 땅속줄기 네트워크는 땅속의 빈자리뿐 아니라 다른 뿌리계 안의 모든 틈새를 뚫고 가지를 친다. 각각의 줄기는 한 계절에 1미터 정도 뻗어나가 잎이 무성한 가지가 될 수 있다.

그리고 그중 일부는 6월이 되면 산형 꽃차례에 아름다운 하얀 크림색 꽃을 피우면서 모든 잡초가 무조건 싫어질 정도로 보기 흉해 지기를 바라는 정원사들을 고민하게 만든다. 게다가 메꽃처럼 강인한 뿌리계나 어린 가지는 괭이나 가래로 베어도 거기서 생긴 파편들이 새로운 풀이 될 수 있다.

우리가 처음 이사 왔을 때, 폭이 넓은 우리 집 정원의 가장자리에 왜방풍이 빽빽하게 자라고 있었다.

괭이질과 손으로 제초를 계속해 눈에 보이는 것을 줄여놔도, 겨우 몇 주만 지나면 더 많이 올라오곤 했다. 그 때문에 폴리는 정원을 가꾸면서 골머리를 앓았다. 그러더니 이 불멸의 마녀 같은 잡초의 이름을 자신의 적대감에 초점을 맞춰 참으로 멋지게 줄여버렸다. 그렐다Grelda라고….

결국, 그 존재를 참을 수 있는 수준까지 제한하려면 더 과감한 조치가 필요했다.

우리는 그 비상한 여러해살이풀이 자라는 폭을 반으로 줄여 제초 작업을 다른 잡초 수준으로 줄이기로 했다.

기존의 꽃들은 모두 덩어리로 파내 따로 치워두었다. 그리고 폴리는 창가의 화단 꾸미는 일을 콩밭에서 소로가 한 '엄청난 노동Herculean labor'처럼 보이게 만든 정화 작업을 시작했다. 그녀는 땅을 60센티미터까지 팠다. 그리고 거기서 긁어낸 흙을 체 치면서 작은 하얀색 덩굴손을 골라냈다. 그녀는 모든 꽃 뿌리를 물에 흠뻑 적셨다. 그리고 작은 칼과 포크로 서로 겹친 뿌리가 모두 제거될 때까지 철저하게 정리했다. 전체적으로 벌레 먹은 수확물들은 화톳불에 넣고, 꽃들은 다시 심었다.

이듬해 봄에는 왜방풍이 거의 보이지 않았다. 하지만 완전히 이겼다고 기뻐하기는 아직 이를지도 모른다. 나는 화단 가장자리 근처 여기저기서 작은 어린잎 몇 개가 펼쳐져 있는 것을 발견하고는, 그것들이 어디서 왔는지 알아보려고 뿌리가 다치지 않게 조심스럽게 뽑았다.

하나하나가 그 엄청난 정화 작업에서도 못 보고 지나쳤을 만큼 얇게 잘린 뿌리의 작은 단면에서 돋아난 것 같았다. 그리고 새로운 싹이 구불구불한 뿌리 파편을 따라 난 혹이 아니라 일부 다른 종들처럼, 뿌리 파편 끝에 부풀어 오른 알뿌리에서 자라고 있었다.

 현미경으로 보면 성장점 전체, 즉 다음 세대를 위한 발사대는 그렐다의 다른 반쪽인 탐색하는 정자만큼이나 아무것도 아닌 것처럼 보였다.

10

포화와 폐허 속에서 피어나다

'마치 마법에 걸린 땅 같았다.' 전쟁 예술가 윌리엄 오펜 경Sir William Orpen은 양귀비꽃이 불 타는 듯 피어있는 솜the Somme 들판을 처음 보고 그렇게 썼다. 우리 입장에서는 믿기 어렵지만 전쟁터가 지옥으로 보이지 않는 그 흔치 않은 순간에 영국 병사들은 거기서 야생 동산 같은 것을 어렴풋이 보았던 것이다. 마치 그 잡초들이 그 모든 말이 안 되는 상황에도 불구하고 불굴의 생명력을 보여주는 것 같았다.

29세의 교사 테드 윌슨Ted Wilson 대위는 늦은 봄, 어머니에게 보낸 편지에서 참호의 색깔에 대해 이렇게 이야기했다.

시내와 우리가 있는 곳 사이에 마을이 하나 있는데, 아주 폐허가 되었어요. 교회 첨탑은 잘려나가서 밑 부분만 남아 있고, 주택 담벼락은 포탄 세례로 벌집이 되었죠. 그런데 그때 태양 아래서 노란 꽃-겨자나 들갓의 일종인 듯해요.-들이 천국의 향이 아닐까 싶은 좋은 냄새를 풍기면서 타는 듯이 피어올랐어요. 넓은 띠를 이루고 피어있는 꽃들 위로 종달새가 지저귀고 있더군요. 그때 약간 황갈색으로 녹슨 가시철사가 여기저기 널려 있는 휑한 들판에 토끼 한 마리가 막 나와서 두려움에 찬 눈으로 앉아 있네요.
햇빛이 그 녀석의 귀를 빨갛게 내리쬐더군요. 그리고 참호. 그것은 자연과 사람이 만든 것으로 뭐라 말로 표현하기 힘들게 어우러진 것이죠. 개쑥갓과 거대하게 타오르는 민들레, 그리고 별꽃, 그리고 뚜껑별꽃들이 땅 위에 반란을 일으키며 쌓여있네요.

이 장교가 집으로 보내는 편지가 전장의 생생함 속에서 느낀 일종의 실존적 전율을 보여주었다면, 일반 군인들은 좀더 부드러운 견해를 가졌다. 그들은 대부분 시골 소년들이었다. 그러니 그 습지에 피어있던 야생화들은 고향의 들판에서 본 것들이었다. 그것들은 공포스러운 전장 한복판에서 영국의 느낌을 찾으려는 가장 이상하고, 가장 가슴 아픈 시도를 표현하는 수단이 되었다. 참호 정원 가꾸기 말이다.

〈정원The Garden〉의 전 편집자는 셀런다인과 아룸 마쿨라툼 Cook-pint 같은 잡초들이 어떻게 주변 들판과 수로에서 벗어나, 참호를 따라 난 작은 정원에서 전투 파편에 둘러싸여 자라게 되었는지에 대해 썼다.

'한 일병이 겨우 길이 43미터짜리 참호를 어떻게 바구니 세공품과 격자구조물로 장식했는지 설명했다. (…) 좁은 길과 교차지점들이 격자 구조물을 타고 올라가는 한련화로 집 같은 분위기를 갖게 된 것이었다.'

하지만 전쟁터가 어떤 사람에게는 상징적 야생 정원일지 몰라도, 그것은 또한 실제 농경지였고, 전투 자체는 경작이라는 의식을 기괴하게 패러디한 것이었다.

이바르 캠벨Ivar Campbell은 1915년에 집에 보내는 편지에 다음과 같이 썼다. '평화롭지만 단조롭고 재미도 없는 이 시골을 자세히 살펴보면서 나는 처음에 거인의 쟁기로 경작된 땅 같은 것을 보는 느낌이었다.'

시인 존 메이스필드John Masefield는 편지에서 아내에게 진정한 프랑스의 농장을 퇴비로 변질시켜버린 것을 신랄하고 무미건조하게 설명했다.

'우리는 농장과 보도, 연못, 대부분의 오물 처리장과 모든 나무, 모든 들판에 폭탄을 퍼부어 재로 만들고, 누더기로 만들고, 여기저기 구멍을 내 버렸소. 눈에 보이는 거라고는 이런 것들밖에 남지 않을 때까지 (…) 시체들, 쥐 떼들, 낡은 깡통들, 낡은 무기들, 소총들, 폭탄들, 사람의 다리들, 장화들, 해골들, 탄약통들, 나무와 주석과 철과 돌조각들, 썩어 가는 시신과 넌더리나는 사람 머리가 온 사방에 흩어져 있구려.'

사람들이 어떻게 '영국 시골의 아름다움을 보전하고 어떤 식으로든 소유하기 위해서' 싸우도록 설득 당했는지 잊지 않았던 위대한 전쟁 시인들은 프랑스 북부의 비슷한 시골 풍경을 파괴하는 데 존재하는 역설을 보았다. 아이버 거니Ivor Gurney는 '수 세기 동안 아름다운 삶을 기반으로 생긴 달콤하고 자비로운 영혼[으로 축복받은] 사랑스러운 땅' 프랑스가 황무지로 변해가는 것을 목격했다.

에드먼드 블런든Edmund Blunden은 농경사회의 유사성과 반향을 그들의 논리적 결론으로 가져가 자신의 시 『농촌 경제Rural Economy』에서 철로 된 씨를 뿌리고 피와 살로 거름을 주는 한 농부로 전쟁을 표현했다.

> 아니, 들판뿐 아니라 숲까지도
> 그 사려 깊은 농부는
> 괭이로 갈아 경작지로 줄어들 수 있다는 것을
> 알고 있었다.
> 그리고 그는 계획하면 그렇게 할 것이다.

들과 숲, 뼈를 먹인 모든 비옥한 땅이
떠들썩하게 수확을 하려는 농가에 총을 쏘았다.

수확을 하려는 농가는 처음에 잡초들이 무성한 곳이었다. 솜 전장에서 41만 5천 명이 전사한 지 불과 6개월 만에 그곳을 방문한 윌리엄 오펜William Orpen은 그 광경을 보고 꼼짝도 못 하고 서 있었다. 그는 『1917-1919년 프랑스 목격자An Onlooker in France 1917-1919』라는 회고록에 이렇게 쓰고 있다.

'나는 그 여름날 솜에서 처음 본 것을 결코 잊지 못할 것이다. 나는 그것을 진흙, 그러니까 오직 물과 포탄 구멍, 진흙만으로 남겨두었다. 그것은 마음이 상상할 수 있는 가장 음울하고 음산한, 황량함에 대한 혐오였다. 그리고 지금 1917년 여름에는 어떤 말로도 그곳의 아름다움을 표현할 수 없었다. 그 음산하고 황량한 진흙은 이제 흰색, 그것도 순수한, 눈부신 흰색으로 구워져 있다. 붉은 양귀비꽃들과 푸른 꽃 한 송이, 그것들은 엄청나게 많은 수로 불어나 수 마일이나 뻗어 있었다.

하늘은 완전히 검푸른 색이었고, 허공은 최대 약 12미터 높이까지 하얀 나비들로 빽빽했다. 그곳은 마치 마법에 걸린 땅 같았다. 하지만 요정들이 있어야 할 자리에는 '이름 모를 영국군인'이라고 쓰인 작고 하얀 십자가 수천 개가 늘어서 있었다.

하지만 번성한 것은 잡초만이 아니었다. 1915년 여름, 이프르 세일런트Ypres Salient에서는 수확량이 더 많이 늘었다. 프랑스 농부들은 전투가 지나간 지 몇 주 만에 자기 땅을 되찾았다. 그들은 참호와 포탄 구멍을 메우고 쟁기질을 시작했다. 농작물은 사람들이 기억하는 것보다 훨씬 더 많이 자랐다.

〈시골 생활Country Life〉은 불과 몇 달 전에 전쟁터였던 곳에서 잡초와 밀이 무성하게 자라는 역설적 상황에 대해 논평하는 쪽으로 주제를 바꿨다.

'주민들은 전쟁의 조류가 밀려올 때, 마치 그 결과를 서둘러 숨기기라도 하려는 듯, 땅이 남아돌 정도로 이상하게 많은 생산물을 내놓았다는 사실에 주목했다.'

그 잡지는 '전쟁의 빨간 비', 예를 들어 죽은 영국 군인들이 그 산출력에 어떤 식으로든 기여를 했을 수 있다는 사실을 교묘하게 부인했다. 그 대신 적진에 확실히 책임을 물었다.

'화학 비료와 군수품은 대체로 원료가 같다. 폭발물에는 많은 양의 질산이나 질산염과 탄산칼륨이 함유되어 있다. (…) 냉혹한 아이러니에 의해 그때 프랑스인들을 죽이는 데 사용하려고 독일 농업에서 추출된 비료가 프랑스의 꽤 많은 들판을 비옥하게 하는 효과를 낸 것이다.'

눈부신 부활로 그것을 본 사람들을 크게 감동시키고 거의 1세기가 지나서도 여전히 공명하는 상징을 낳은 것은 양귀비였다. 양귀비는 아주 오래전부터 삶과 죽음을 상징해 왔다.

성 베드로가 그의 복음서에서 언급한 것은 그들의 덧없음이다. '사람들은 모두 풀과 같다. 그리고 그들의 영광은 모두 들판의 꽃과 같다. 풀은 시들고, 꽃은 진다.' 하지만 기독교적 전통 바깥의 사람들에게는 피처럼 빨간 꽃잎이 이 땅의 생명력을 나타내면서 다산과 새로운 생명을 상징했다. 그리고 솜의 신화를 정확히 예시한 한 사례로, 워털루 전쟁터를 쟁기질한 후에 나타난 양귀비가 전사한 군인들의 피에서 돋아났다는 이야기가 있었다.

그러나 19세기의 마지막 몇 년 동안, 양귀비를 둘러싸고 보다 감상적인 분위기가 자리 잡기 시작했다. 한동안 그것은 〈데일리 텔레그래프Daily Telegraph〉의 연극 비평가 클레멘트 스콧Clement Scott이 '양귀비의 땅Poppy-land'으로 불러 불멸의 명성을 얻게 된 곳인 크로머Cromer 인근 노퍽 북부의 곧게 뻗은 지역의 본질적 요소가 되었다.

스콧은 1880년대에 그 지역을 방문해 여행객들이 붐비는 해안가를 피해 마을 방앗간에 머물렀다. 그리고 거기서 방앗간 주인의 딸과 그 지역 풍경에 홀딱 빠져버렸다. 그 풍경은 그에게 들판과 오솔길을 따라 줄지어 피어나 절벽 바로 끝까지 휩쓸고 있던 그 주홍색 꽃들에서 어떤 깨달음에 도달한 것처럼 보였다. 그는 자신의 '양귀비의 땅'을 여전히 반복되는 농사일의 오래된 리듬에 의해 지배되는 아르카디아Arcadia(옛 그리스 산속의 이상향으로 천진하고 소박한 생활이 영위되는 곳)로 표현한 열광적인 칼럼을 쓰기 시작했다.

'양귀비의 땅'은 금세 널리 알려져 스콧이 피하려 했던 도시 여행객들이 그레이트 이스턴 철도 회사Great Eastern Railway Company가 재빠르게 '포피랜드'로 이름을 바꾼 그 작은 마을로 쏟아져 들어왔다(그 회사는 여전히 이 이름을 쓰고 있다).

양귀비의 땅에 대한 스콧의 가장 유명한 헌사는 사이드스트랜드Sidestrand의 절벽 꼭대기에 있는 교회의 묘지에 놓인 헌시였다. 그곳은 결국 '영면의 정원The Garden of Sleep'이라는 이름의 매우 인기 있는 장소가 되었다.

헌시는 지나치게 감상적이긴 하지만 일부분 개양귀비가 아편의 원료가 되는 양귀비와 똑같은 최면 효과를 준다고 흔히 혼동하는 데 의지한다. 하지만 30년 후에 어떤 일이 일어났는지 알고 있는 특권을 가진 우리로서는 그 시를 끔찍한 일의 징후로 읽지 않기 어렵다.

절벽의 풀밭, 가파른 언덕 끝에
하나님은 정원을 심으셨다. 영면의 정원!
푸른 하늘 아래, 초록빛 옥수수 밭,
그곳이 바로 당당한 빨간 양귀비들이 태어난 곳이다!
짧은 욕망의 날들, 기쁨을 향한 오랜 꿈들,
나의 양귀비의 땅이 눈에 띄면 그것은 내 것이다.
먼 곳에서 들리는 음악에서, 젖은 눈으로,
그곳이 내가 기억하는 것이고, 내가 잊어버린 곳이다!

오! 내 심장의 심장이여! 양귀비가 태어난 곳,
옥수수의 침묵 속에서 나는 너를 기다린다.
잠들 거라! 잠들 거라! (…)
양귀비가 흐드러지게 핀 내 영면의 정원에서,
나는 죽은 자들 속에서 홀로 산 자들을 기다린다.

잃어버린 사랑과 영국의 여름에 대한 심금을 울리는 스콧의 노래가 30년이 지나서 저 다른 영면의 정원에서도 떠올랐을 수 있다. 하지만 아마 휴전 기념일Poppy Day의 발단이 된 시구를 쓴 존 맥크래John McCrae에게는 그렇지 않았을 것이다.

맥크래는 1873년 캐나다에서 태어나 토론토 대학에서 교육을 받고 의사로 일하기 시작했다. 전쟁이 발발하자 그는 캐나다 육군 의료 서비스에 자원해 1914년 말까지 중령으로서 서부 전선에 참전했다. 다음 해 5월, 그는 어머니에게 대포 공방전의 소리와 색깔에 대해 다음과 같이 생생하게 묘사한 편지를 보냈다.

'그때 커다란 포탄의 파편-공중 폭발한-이 두 번 폭발했어요. 마치 거인이 날갯짓을 두 번 하려고 젖은 돛을 흔드는 것 같았죠. 처음에는 짙은 녹색 연기가 뿜어져 나왔고, 그다음엔 더 옅은 노란색 연기가 가운데서 앞으로 뿜어져 나왔어요.'

그는 분명히 붉은색 양귀비꽃이 피었다는 사실과 그것이 어떻게 보였는지 기록했다.

12월에 2차 이프르Ypres 공습에서 다친 사상자들을 치료하고 있던 그는 그것을 보았을 때 가졌던 느낌을 담은 시를 써서 〈펀치Punch〉에 익명으로 보냈다. 〈펀치〉는 1915년 12월 8일에 그 시를 게재했다.

    플랑드르 들판에 양귀비꽃 피었네.
    우리가 누운 곳을 가리키며,
    줄지어 선 십자가들 사이에.
    하늘에는 종달새 날며 힘차게 노래하지만,
    땅 위의 총소리에 묻혀 희미하게 들리네.
    우리는 죽은 사람이라네.
    겨우 며칠 전 새벽을 느끼고, 빛나는 노을을 바라봤고,
    사랑하고 사랑받으며 살았는데, 이제 우리는 누워있네,
    플랑드르 들판에.
    적과의 전투를 계속해 주게.
    쇠약한 손에 들고 있던 횃불을 넘길 테니,
    그것을 높이 들고 나아가게.
    만약 그대가 전사한 우리의 믿음을 저버린다면
    우리는 잠들지 못하리라.
    플랑드르 들판에
    양귀비꽃 피더라도.

이 시는 전 세계에 다시 발표되었다. 미국에서는 모이나 마이

클Moina Michael이라는 YMCA 직원이 시를 읽고 너무나 감동한 나머지 평생 양귀비를 달고 살겠다고 맹세했다.

맥크래가 자신이 지휘하고 있던 볼로뉴 연합 병원에서 폐렴으로 죽은 지 10개월 후인 1918년 11월, 마이클의 지인 한 사람이 전쟁으로 폐허가 된 지역으로 돌아온 피난민을 돕기 위해 프랑스에서 천으로 된 양귀비를 제작해 판매할 계획을 세웠다.

1921년에 영국 재향 군인회British Legion가 조직되자 그녀는 자신의 양귀비 프로젝트를 채택해 달라고 그들을 설득했고, 군인회는 그해 11월 첫 휴전 기념일에 프랑스에서 만든 양귀비꽃을 사용했다. 그것으로 10만 6천 파운드가 모금되자 군인회는 즉시 생산지를 영국으로 바꿀 계획을 세웠다. 거의 한 세기가 지나서 제1차 세계대전의 마지막 군인이 죽었을 때도 전 세계에서 무력 충돌이 계속 일어나고 있다. 하지만 사람들은 여전히 '전쟁을 끝내기 위한 전쟁'을 기억하기 위해 양귀비꽃을 옷에 단다.

현충일 양귀비꽃은 경험에 대한 희망의 승리를 의미할지도 모른다. 그렇지만 덧없는 인조 브랜드 이미지들이 넘쳐나는 세상에서 그것들은 자연에서 온 모든 상징 중에서 가장 오래가는 상징 중 하나로 남아 있다.

전쟁과 식물

제2차 세계대전의 참상은 양귀비도 번성케 했지만 이 전쟁의 상징적인 잡초는 분홍바늘꽃이었다. 그것은 런던 대공습 후 매해 여름마다 영국 대도시의 피폭지에 보라색 파도처럼 펼쳐졌다. 이전에 그 식물을 본 적이 없었던 대부분의 런던 사람들은 그 꽃에 '폭탄 잡초bombweed'라는 이름을 붙여주었다.

이것은 그 수도가 300년 만에 두 번째로 거의 전소된 사건이었다. 그리고 그 폐허가 식물 불사조 분홍바늘꽃에 의해 점령당한-관점에 따라 모독당하거나 축복받은-두 번째 사건이었다. 1666년 대화재로 중세의 구시가지 중심부에 잡초의 낙원이 생겼다. 땅에 있던 초목이 모조리 타버리고, 검게 그을린 목재의 검댕으로 이루어진 막이 무너진 건물의 갈라진 틈으로 쓸려 들어갔다. 지하실과 하수구, 촉촉한 영양소가 존재하는 랭크가 태양을 받게 되었다. 그 폐허에 매우 엄청난 수로 우아하게 내려앉은 식물들은 작은 십자가 모양의 황금빛 노란색 꽃이 피는 겨잣과의 겸손한 일족으로 '런던 로켓London rocket'으로 불렸다.

그 이름은 개념상 식물학적인 것으로, 양배추과의 후추 맛이 나는 식물의 한 부류를 가리키는 라틴어 이름인 에루카*eruca*가 변형된 것이다. 그것은 불꽃 속에서도 돋아난 이 불가사의한 침입자에게 딱 맞는 꼬리표인 것처럼 보였을 것이다. 하지만 그러한 속명에도 불구하고 그것은 런던에서 나고 자란 런던 주민이 아니라 지중해의 바위 언덕에서 온 이주민이었다. 물론 17세기 런던에서는 그것을 아는 사람들이 거의 없었다. 그래서 그것들이 도시에 갑자기 출현하자 사람들은 경이로워하며 온갖 추측을 했다. 해설자이자 식물학자인 로버트 모리슨Robert Morison은 이런 결론을 내렸다. '네 개의 꽃잎과 꼬투리를 가진 이 아주 쓴 맛 나는 식물들은 소금과 석회가 섞인 잿더미에서 씨앗 없이 자연적으로 생성되었다.'

하지만 씨앗은 틀림없이 있었을 것이다. 아마도 그 식물은 런던 주변에 눈에 띄지 않게 적은 수로 항상 존재하다가 자신의 고향인 지중해와 유사한 조건을 맞아 폭발적으로 개화할 때까지 주목받지 못하고 있었던 것뿐이다. 아마 씨앗은 외국에서 들여온 건초와 함께 들어와 있었을 것이다. 그러다 마구간이 불타면서 재를 타고 그 도시로 날아들었을 것이다. 그리고 어떤 이유 때문인지는 몰라도 세인트폴 대성당St Paul's Cathedral에 가장 집중적으로 모여 있었던 것이다.

분홍바늘꽃은 대화재 당시 런던 로켓보다 더 잘 알려진 식물이 아니었다. 그리고 확실히 마구 자라던 도시 잡초만큼 잘 알려져 있지 않았다. 존 제라드는 그것이 영국 북부에서 희귀한 삼림지대 식물로 자란 것으로 알고 있었고, 런던에 있는 자신의 정원에서 재배할 요크셔 씨앗을 구했다(그는 그것이 매우 장식적이라고 여겼다. 그리고 지금까지도 가장 좋은 묘사 중 하나라고 할 수 있을 만큼 훌륭하게 그것을 설명했다(91쪽 참조)).

초기의, 그러니까 대체로 18세기에 기록된 것들은 모두 분홍바늘꽃을 고지의 바위나 그늘진 숲에서 자라는 희귀한 식물로 묘사하고 있다. 노섬벌랜드(잉글랜드 북동부의 주)의 첫 번째 기록은 특히 다음과 같이 말하고 있다.

'셰윙셸Shewing-sheels 서쪽 편 로만 월Roman wall 아래 바위와 덤불 사이와 크랙 호수Crag Lake 옆. 나스데Knaresdale의 슬레기포드Slaggiford 옆 타인Tyne 강 남쪽 제방 위에 아주 많았다. (…) 그것은 프랑스 버들이라는 이름으로 우리 정원 중 일부에 소개되었다. 하지만 땅 위로 뻗어 가면서 뿌리를 내리는 거대한 줄기 때문에 경작지보다는 바위틈 사이의 좁은 환경에서 더 잘 자란다. (…) 그것은 희귀식물로 알려져 있다.' 이것이 야생에서 있을 때와 재배지에 있을 때 분홍바늘꽃이 매우 달리 행동한다는 것에 대해 유일하게 언급하고 있는 것이 아니다(그리고 우아함-그리고 침입성-이 매우 영국적이지 않은 식물에게 바치는 두 가지로 해석될 수 있는 저 '프랑스 버들French willo'이라는 꼬리표에 주목하라).

숫기가 없다는 분홍바늘꽃의 평판은 19세기까지 지속되었다. W. H. 콜먼Coleman의 『하트포드셔의 식물군Flora of Hertfordshire』(1848년)에서 그것은 모래밭 나무숲에 서식하는 보기 드문 식물로서 실려 있다. 그와 거의 동시에, 글로스터셔Gloucestershire의 크램튼 온 세번Frampton on Severn에 사는 클리포드Clifford가의 한 여인이 그 지역의 꽃을 그린 모음집을 펴냈는데 그림들이 섬세하

분홍바늘꽃은 쌍떡잎식물 도금양목 바늘꽃과의 여러해살이풀이다.
두메바늘꽃·큰바늘꽃이라고도 부르며 양지에서 자란다.

고 신뢰가 갔다. 그녀는 주름 잡힌 양홍색(암컷 연지벌레에서 얻는 밝은 붉은색) 꽃잎을 완벽하게 포착해 분홍바늘꽃을 매우 섬세하게 그려냈다.

하지만 그것을 '큰바늘꽃 또는 코들링 앤 크림Codling and Cream(큰 바늘꽃을 지칭하는 말)'으로 잘못 알았다. 그리고 햄프셔에서는 C. A. 존스Johns 신부가 자신의 고전 『들녘의 꽃들Flowers of the Field』(1853년)에서 '분홍바늘꽃Rose-bay 또는 꽃피는 버들Flowering-willow'을 '야생 상태로는 흔히 볼 수 없지만 정원에서는 흔한' 것으로 묘사했다.

엘리자베스 시대와 빅토리아 시대의 분홍바늘꽃은 런던의 폐허를 스스로 꾸민 잡초와 물리적으로 동일한 것 같다. 그러나 습성은 매우 달랐다. 그것은 수줍어하고, 보기 드문, 그늘 속의 유령으로 몇 번이고 묘사된다. 숲에 살던 이 수줍은 꽃을 20세기 말 영국의 모든 도시형 주차장과 철도 제방을 장식하게 될 가장 성공적인 도시 잡초 중의 하나로 바꾸어 놓은 것은 과연 무엇이었을까?

변화는 19세기 마지막 사분기에 시작되었다. 식물학자들은 옥스퍼드 금방망이가 철도 시스템의 진로를 따라 퍼지고 있다는 데 주목했다.

제1차 세계대전 중 옥스퍼드 금방망이는 전쟁 물자로 쓰기 위해 나무를 베어 없앤 삼림 지역에 거대한 군락을 이루어 나타나기 시작하면서 개체 수가 폭발했다. 그리고 북아메리카 전역에서 이 동일한 종이 '불꽃잡초fireweed'라고 불리는 이유가 단번에 분명해졌다. 숲이 개간되고 덤불이 우거졌던 땅이 불에 타버리면, 어김없이 다음 해 여름에 분홍바늘꽃이 바닥에 얇게 깔리며 꽃을 피웠다.

1948년이 되자 불과 50년 전에는 분홍바늘꽃이 뭔지 잘 알지도 못하는 희귀종이었던 글로스터셔 주의 식물지 편집자인 H. J. 리델스델Riddelsdell은 무언가 일어나고 있다거나 그 식물의 개체수가 폭발했으므로 미학적 감상은 그만두어야 한다고 확신했다.

'이 종은 숲이 개간된 덕분에 1914년경부터 대단히 활발하게 확산되었다. (…) 물론 씨앗은 이동이 쉽다. 그리고 철도가 훌륭한 대리인이 되어 씨앗의 확산을 도왔다. 이 풀은 꽃이 필 때는 아름답지만 씨앗 상태로 있을 때는 전 지역을 황량하고 보기 흉하게 만든다.'

1960년대에 같은 주에 살던 에드워드 솔즈베리Edward Salisbury는 이런 말을 했다.

'나는 9월 초에 공기 중에 떠다니는 수많은 깃털 달린 씨앗들로 마치 여름 눈보라가 치는 것 같은 글로스터셔 삼림지대를 본 적이 있다.'

1990년대에 버킹엄셔의 한 주민이 이런 이야기를 해 주었다.

"동네 사냥꾼이 새끼 여우를 사냥할 때, 솜털 달린 씨들이 날려 냄새를 맡을 수 없기 때문에 사냥개들이 이 풀이 자라는 곳을 되도록 지나가지 못하게 합니다."

한때 존 제라드가 '친절하고 품위 있는 녀석'이라고 묘사했던 그 식물이 모두가 귀찮아하는 민폐 덩어리로 다시 정의되고 있었다.

그런데 그것이 같은 식물이었을까? 토착종은 보통 습성과 취향을 그렇게 극적으로, 또 그렇게 빨리 바꾸지 않는다. 거친 땅에 신속하게 군락을 이룰 수 있는 것은 정확히 새로 도착한 침입 외래종에 기대할 수 있는 특성이다. 표준『영국 제도의 식물군Flora of the British Isle』(세 번째 판, 1989년)에서 톰 투틴Tom Tutin 교수는 사실 분홍바늘꽃이 두 종류, 즉 19세기에 수입 목재에 섞여 영국으로 들어오는 길을 찾아 나무숲과 바위가 많은 고지에서 조용히 지내는 변종 마크로카르품macrocarpum과 황폐하고 불에 탄 땅에서 번성하는 캐나다 또는 스칸디나비아반도 산 품종바. 브라키카르품var. brachycarpum, 이렇게 두 종류가 있을 거라고 추측한다(이것으로도 18세기에 그 식물이 정원에 일단 자리를 잡은 후에 보여주었던 침략적 행태를 설명할 수는 없다). 그러나 그는 서로 다른 서식지에서 온 식물들 간의 일정한 물리적 차이를 발견하지 못했다. 그리고 최근 더 많은 DNA 분석에서도 유전적 수준의 차이를 발견하지 못했다.

그러나 진화의 메커니즘에 대한 최근 연구는 개별 유전자에서 기인하지 않고, 적응을 통해 발달한 습성이 존재한다는 것을 밝혀내고 있다.

예를 들어 향나무Juniper나 흰명아주와 같은 많은 식물이 유형 간에 식별할 수 있는 어떠한 유전적 변이 없이 다른 서식지에서 다양한 형태로 존재할 수 있다는 것은 오랫동안 알려져 온 사실이다.

개별 식물들에 있어 이러한 '후성적' 결과는 매우 적은 계절이나 세대 내에서 이식과 같은 단순한 과정에 의해 생성될 수 있다. 이런 적응 행위 중 일부는 매우 오래된, 생명의 세계 전체에서 일어나는 지배 유전자 복합체에 의해 제어된다.

사실, 크고 공격적인 '잡초 같은' 분홍바늘꽃이 흔히 트인 황폐한 후빙기 환경에서 발달한 원래 형태일지도 모른다. 그리고 더 작고 고상한 형태는 그늘과 삼림지대에 후성적으로 적응한 형태일지도 모르고. 인간이 그 꽃의 원래 고향과 똑같은 환경을 만들어주면서 그 조상들의 형태에 다시 '스위치가 켜진' 것이었다.

나는 앞서 잡초들 간에 겉으로 보이는 유사한 연결고리가 없다고 했는데, 그것은 거의 모든 식물군에서 볼 수 있다. 하지만 진화 유전학에서 최근에 발견한 내용을 보면 많은 잡초 종들이 공유하고 있는 기본적인 유전자 복합체가 존재할지도 모른다는 사실을 알 수 있다. 예를 들어, 그것은 빠른 성장과 적응력이라는 경향을 잡초에 미리 제공한다. 잡초는 부적절한 장소로 들어가는 성향을 타고난 식물이라는 의도적으로 과학에 반하는 러스킨의 기발한 발언이 분자 생물학에 의해 아직도 정당함이 입증될 수 있을지도 모른다.

그러나 분홍바늘꽃의 성격 변화는 그 유래에 대한 의심을 불러일으켰다. 그 꽃이 폐허가 된 영국의 여러 도시에서 자극적인 보라색 장막을 펼쳤을 때, 아무도 독일군이 그것들을 떨어뜨렸다고 주장하지는 않았다. 하지만 당시 대중의 반응은 반세기 후 우리가 낭만적이고 생태적인 인식의 관점에서 되돌아보고 싶어 하는 그 무조건적 기쁨('이 폐허에서 새 생명이 싹트다니!')은 아니었다. 분홍바늘꽃은 일단 사람들이 한번 살았던 곳에서 자라고 있었으며 먹어치우기도 힘들었다.

셰필드Sheffield의 BBC의 구전 기록 보관소 WW2 피플즈 워 *WW2 People's War*의 한 기고가는 자신의 느낌(그리고 어떻게 전형적으로 그 식물이 정원의 자생종이 아니라 무단 침입자로 보였는지)을 이렇게 회상했다.

이 분홍바늘꽃의 야생 표본들은 재배를 피해 나온 것으로 여길 수밖에 없다. 그것은 정원에서는 좋아 보이지만 땅 위를 기어가는 왕성한 뿌리들 때문에 좁은 공간에서는 성가신 것이 된다. (…) 옛날을 돌아보면 항상 더웠던 여름에 낙하산같이 생긴 작은 분홍바늘꽃 씨앗들이 뜨거운 여름 바람을 타고 날아다녔다. 시내 중심가를 걸어갈 때면, 어머니가 내 손을 꼭 잡아서 나는 다른 손으로 씨앗들이 가까이 오지 못하게 해야 하곤 했다. 어쩌다 눈에 씨앗이 들어가면 나는 자유로운 손으로 그것을 빼내려고 애를 쓰곤 했다. 쇼핑에 열중한 어머니는 그때마다 이렇게 말씀하셨다. "눈 좀 그만 비벼라. 눈 따가워진다." 나는 내 고향 중심가에 난 그 버려진 땅의 상처들과 거기에 숨어있던 분홍바늘꽃이 정말로 싫었다.

런던의 야생 녹화에 대한 가장 통찰력 있는 설명은 허구적인 것으로 로즈 매콜리Rose Macaulay의 소설 『내 세상, 야생이여The World My Wilderness』(1950년)다. 이 소설의 배경은 전쟁이 끝난 다음 해인 1946년 런던이다. 그러나 그 불꽃은 5년 전에 켜진 것 같다.

1941년 5월 10일 매콜리의 아파트는 폭탄 공격으로 책을 포함해 완전히 파괴되었다(그 공격으로 대영박물관도 상당히 많은 부분이 무너졌다). 그때부터 방향 감각의 상실과 위로할 수 없는 슬픔이 그녀의 작품을 관통하게 된다. 그녀는 친구들에게 이렇게 편지를 썼다.

'내겐 책도 없고 집도 없어. 남은 거라고는 눈물 흘릴 눈뿐이야.'

그 경험은 곧 모든 책과 연인에게서 받은 모든 편지를 잃은 한 여자에 대한 단편소설인 『미세스 앤스트루더의 편지Mrs Anstruther's Letters』에서 카타르시스를 발견했다.

매콜리의 진정한 치유는 완벽한 『옥스퍼드 영어 사전Oxford English Dictionary』을 출판한 빅터 골란츠Victor Gollancz가 보낸 선물로 시작되었다. 그녀는 단어가 정확히 육신이 되지는 않았지만, 적어도 소생하는 영혼이 되었기 때문에 'OD는 나의 성경이었고, 나의 지팡이였다.'라고 썼다. 하지만 동시에 그녀는 좀 더 세속적인 회복의 과정에 몰두하고 있었다.

그녀는 자기 나이의 절반인 20대 후반의 친구이자 동료 작가인 페넬로페 피츠제럴드Penelope Fitzgerald와 함께 런던의 파괴된 상황을 조사하러 나갔다. 그들은 피폭지에 펼쳐진 야생의 무성함에 넋을 잃었다.

피폭지의 잡초들은 그곳을 '녹색의 세계'로 만들어 회색빛으로 단조로운 런던의 다른 지역과 대비시켰다. 하지만 매콜리도 런던이라는 오랜 문명의 중심지(그곳도 그녀의 서가처럼 까맣게 타서 재가 되었다)에서 일어난 이 야생적 재생에 대해 지나간 것에 대한 그리움과 함께 애증이 엇갈리는 느낌을 받았다.

억제할 수 없는 분홍바늘꽃과 인간 문화에 대한 그것의 맹목적인 무관심이 깊은 인상을 남겼다. 그녀는 몇 년 후에 《내 세상, 야생이여》에 이렇게 쓰게 되었다.

'바버스 홀Barber's Hall, 불꽃잡초fireweed가 이니고 존스Inigo Jones(영국의 건축가)의 궁전으로 뛰어든 곳인 저 크게 갈라진 틈새.'

여러 가지 면에서 매콜리가 만신창이가 된 도시 전역을 여기저기 훑고 다닌 경험의 정수인 이 소설은 17살과 14살의 이복 남매 바바리Barbary와 라울Raoul이 중심이다.

그들은 프랑스 남부의 애국자들 사이에서 제멋대로 자란다. 그러다 전쟁이 끝날 무렵, 그들의 보호자는 더 나은 교육을 위해 그들을 런던으로 보낸다. 하지만 그 둘은 심리적으로 전통적인 영국 사회와 맞지 않았다. 그래서 그들은 불법 거주자와 탈영병, 잡범들이 뒤섞인 집단과 함께 피폭지의 다른 관목 지대로 간다. 그리고 그들은 그곳의 무정부적인 분위기와 물리적 거주지가 프랑스 남부의 야생동물 보호구역과 레지스탕스 고유의 급진주의를 그대로 닮은 것을 발견한다.

[그들은] 폐허가 된 정글 같은 쓰레기 더미를 헤치고 나아갔다. 무너진 담장을 따라 걷고, 비밀 도시의 포도주 저장고와 술 창고에 뛰어들면서. 그곳은 부유한 상인들이 한때 포도주를 저장했던 곳이고, 타일로 화려하게 장식한 방들이 서로에게 문을 열고 땅 위에 드리워진 거대한 처마 밑에 숨어있었다. 한때는 물건을 사고팔던 장이었던 그곳은 해자와 도랑이 흐르고, 금잔화로 밝게 빛났으며, 엉겅퀴가 빽빽하게 자라고 있었다. 그리고 노란 금방망이가 망한 사업가들의 몰락 위에 번쩍거리는 현수막이 되어 물결쳤다.

레오 멜러Leo Mellor는 1940년대에 파괴된 런던에서 발생한 문학에 대한 그의 매혹적인 연구에서 이런 '다정하게 안아주는 신록'을 일종의 '자연의 기억상실증'이라고 불렀다. 거기서는 자연이 스스로 '인간이 파괴한 도시를 재건'하는 데 참여하고 있다. 하지만 나는 그 이상이라고 생각한다. 그것은 '자연의 기억력'에 더 가까웠다. 매콜리는 초록이 희미하게 드러내는 감정을 언급하기에는 너무 신랄하다. 전쟁 기념비에 적힌 이름들이 마치 오래전에 잃어버린 교역품처럼 하나하나 정확히 이렇게 읊어진다.

'마구상, 양복점 주인, 방물장수, 밀랍업자, 이발사, 양조업자, 통 만드는 사람, 마차 만드는 사람, 그리고 무너진 교회들 역시, '세인트 베다스트 성당St Vedast's, 세인트 앨번 성당St Al ban's, 세인드 앤 성당St Anne's, 세인트 아그네스 성당St Ag nes, 세인트 자일스 크립플게이트St Giles Crippleg ate', 이런 식으로 열거되고 있으며, 도시에 새로 난 잡초 종들도 마찬가지로 이렇게 열거되었다.

'황금빛 초록색 펜넬과 솜방망이, 머위, 털부처꽃, 분홍바늘꽃, 고사리, 블랙베리, 키 큰 쐐기풀이 온 사방에서 자라고 있는 만신창이가 된 상업 도시.'

매콜리와 피츠제럴드의 도시의 황무지로 떠난 여행은 그냥 두서없는 낭만적인 이야기가 아니었다. 피츠제럴드는 '그녀가 포탄 구멍이 난 자리를 기어 내려가거나 유리가 박살 난 위험해 보이는 창문 사이에서 몸을 굽힐 때 그녀의 여윈 몸을 계속 지켜보느라 애먹었던 급박했던 상황'을 회상한다. 그들은 방문했던 피폭지에서 자라던 잡초들을 채취해 꼬리표를 붙였다.

그리고 매콜리는 〈윌더니스Wilderness〉에서 일하던 1948년 내내 꽃과 관목을 잘라 친구인 작가이자 아마추어 식물학자 프랭크 스위너턴Frank Swinnerton에게 보내 그것들이 무엇인지 물어보았다.

식물에 대한 그녀의 장황한 설명을 볼 때, 그녀는 아마도 1945년에 완성된 에드워드 솔즈베리의 피폭지 126곳의 식물 목록을 잘 알고 있었던 것 같다.

폐허가 된 도시의 잡초들에 헌신적으로 관심을 기울인 것을 보면 그녀가 잡초들을 다른 종류의 텍스트로 보았다는 것을 알 수 있다. 그녀는 잡초를 불타 없어진 것들을 일시적으로 대체하는 존재, 그리고 문명의 뒤에 야생성이 놓여 있다는 사실을 알려주는 흥분되지만 불안한 일깨움으로 가득 찬 존재로 보았던 것이다.

돌아온 여행자가 냉담한 고요가 깃든 거처로 뛰어들었을 때, 그를 맞이한 것은 8월의 태양 아래 펼쳐진 상처 입고 고난에 시달린 초목과 돌, 가시덤불로 얽힌 황무지, 앵앵거리는 곤충 소리와 은밀하고 재빠르게 움직여 땅으로 숨어드는 생명들의 부산스러움이었다. 절벽과 돌 틈의 균열, 동굴은 이렇게 말하는 것 같았다. 여기 이곳이 당신의 집, 당신이 속한 곳이며, 당신은 도망갈 수도 없고 도망가기도 원하지 않는다고. 왜냐하면 여기가 난파된 세계의 가장자리에 놓인 관목 지대니까. 당신은 여기에 발을 딛고 있고, 당신은 여기서 지구 저 깊숙한 곳에서부터 솟아오르는, 당신이 이미 다른 어딘가에서 알게 되었던 회복 불능의 야만주의를 발견한다.

매콜리의 '상처 입고 고난에 시달린 (…) 황무지'에 대한 서로 다른 두 가지 감정이 엇갈리는 랩소디는 고집스럽게 폐허를 예찬하는 한 사례다. 18세기 이후로 허물어진 빌딩들, 특히 잡초가 무성하게 자라며 그들의 쇠락을 도와주거나, 적어도 그들의 쇠락을 기회로 삼는 빌딩들이 이렇게 두 가지로 해석될 수 있는 낭만적인 호소를 하고 있었다. 그들은 아마도 죽어야 할 운명과 비영속성에 대한 우울한 기록일 것이다. 하지만 그들은 오만과 무상함에 대한 비유이기도 하다.

초록의 성장은 아마 한 종류의 아름다움을 파괴할지는 모르지만, 그것을 다른 것으로 대체할 수 있다.

픽처레스크 운동picturesque movement의 일인자 유돌 프라이스

Uvedale Price는 1794년에 그 방법을 이렇게 묘사했다.

그런 변화의 위대한 저자인 시간은 아름다운 것[이 경우 고전적 건축의 한 작품]을 고풍스럽게 바꾸어 놓는다. 먼저, 날씨로 생긴 얼룩들과 여기저기 때운 흔적, 이끼 따위에 의해 그것은 표면과 색상의 균일성과 멀어진다. 즉 시간은 어느 정도의 거칠기와 다양한 색조를 더한다. 그런 다음, 다양하게 변하는 날씨 때문에 사이가 느슨해져 떨어진 돌들이 평탄한 잔디밭이나 포장도로, 잘 다듬어진 산책로와 관목-이제는 무너진 폐허 사이로 구불구불 기어 다니는 야생 식물과 덩굴 식물에 섞여 지나치게 많이 자란-을 심어놓은 길 위에 울퉁불퉁하게 굴러다닌다.

가뭄을 견디는 세덤Sedum, 월플라워, 그리고 여러 다른 식물들이, 돌이 떨어져 나간 시멘트에서 양분을 찾는다. 새들이 모이를 새끼들에게 옮겨주고, 주목나무나 딱총나무, 베리가 열리는 다른 식물들이 옆에서 삐죽 나온다. 한편 담쟁이덩굴은 다른 표면을 뒤덮으며 꼭대기까지 올라가 있다.

프라이스는 그러한 '픽처레스크' 과정들이 일부는 '자연의 영혼과 생기'를 보여주는 것이며, 일부는 어떤 장소의 역사를 구체화하는 것이라고 믿었다.

60년 후, 셰필드의 식물학자 리처드 디킨Richard Deakin은 2,000년 된 폐허에서 자라는 야생 식물 420종에 대한 매우 훌륭한 개요서인 《콜로세움의 식물군The Flora of the Colosseum》을 쓰고 삽화도 그렸다. 거기에는 풀 56종과 콩과 식물 41종, 그리고 서유럽에서 매우 희귀한 것으로 여기고 북아프리카에서 들여온 검투사 동물의 털에 씨앗이 묻어 도착한 것 같은 식물들이 있다.

디킨은 그 터에서 한때 고대 순교자들이 머리에 썼던 그리스도의 가시(스피나크리스티갯대추 *Paliurus spina-christi*)에 가장 큰 감동을 받았다. 그것들은 문화적 가공물에 침입한 길들여지지 않은 존재라는 점에서 모두 잡초였다. 하지만 디킨은 그 식물들을 유언장이자 구원으로서 보았다.

콜로세움의 꽃들은 지나간 시대를 슬퍼하면서 '기억 속에 연결고리를 만들고 우리에게 희망적이고 마음이 놓이는 교훈을 준다. 그들의 말 없는 호소에 반응하지 않는 심장은 정말로 냉정한 게 분명하다. 비록 소리 내어 말은 하지 않지만, 그들은 우리에게 썩어 흙이 되어가고 있는 위대함에 생기를 불어넣는 재생력에 대해 알려준다.'

15년 후에 가리발디Garibaldi의 새로운 통일 정부가 그 폐허에 대한 관리 권한을 전문 고고학자들에게 넘겼다. 그리고 그 어떤 말 없는 돌보다 콜로세움의 역사에 대해 더 많은 것을 말해주던 식물들이 거의 모두 벽에서 제거되었다.

11

음모론의 악역이 된 식물

 세계 무역이 시작되고, 세계 대전을 겪으며, 도처에 근거 없는 심한 공포가 드리워져 있던 20세기는 그 대가로 새로운 잡초를 얻었을 뿐 아니라 잡초가 어떤 것이 될 수 있는지, 그리고 무엇을 하는지에 대해 새로운 개념을 갖게 되었다.

 잡초에 대한 걱정이 뿌리를 내린 것이다. 부랑자 잡초들이 이제는 그저 골칫거리일 뿐 아니라 매우 위험한 것으로 보였다. 그것들은 도시를 침범할 수도 있고, 문명화된 삶을 전복시킬 수도 있으며, 현대식 전투의 부속품이 될 수도 있었다.

1947년 여름, 도킹Dorking 인근 박스 힐Box Hill에서 폭탄을 맞아 패인 자리에 지중해 잡초들이 무리를 이뤄 자라고 있는 것이 발견되었다.

그것은 전부 30종이나 되었고, 그중 많은 것은 영국의 야외 정원에서 보이지 않던 것들이었다. 거기에는 네 종류의 여우장갑 foxglove(노란색 디기칼리스 루테아Digitalis lutea와 색바랜 빨간색 디기탈리스 페루기네아D. ferruginea를 비롯해)과 목향, 대청, (서양)익모초, 터키에서 온 스커비초가 있었다. 어떤 종은 그 양으로 보아 이미 서너 해 동안 거기서 자라고 있었다는 것을 알 수 있었다. 그것은 그들이 전쟁 중에 도착해 있었다는 의미였다. 그 식물들이 폭탄과 함께 투하되었다는 소문이 돌았다. 우연히 폭탄에 붙어 있었거나 런던 인근의 여러 주에 외래 잡초 전염병을 일으키기 위해 고안된, 일종의 초기 생물학적 무기로서 말이다(이것은 어떤 씨앗이든 거의 확실히 폭발할 때 타서 없어진다는 사실을 간단히 무시한 이론이다).

마침내 한 사람이 나서서 그런 말도 안 되는 곳에서는 식물들이 자라는 걸 볼 수 없을 거라고 생각하면서 실험 삼아 씨앗들을 뿌렸다고 자백했다.

외래식물에 대한 불안을 침입 세력들이 목적을 이루는 힘으로 사용하는 것은 새삼스러운 일이 아니었다. 제2차 세계대전 중에 거대한 주머니버섯 하나가 켄트의 한 오크 나무 아래서 발견되었는데, 사람들은 그것을 새로운 종류의 폭탄이 아닌가 하고 의심했다(나중에 그것은 '히틀러의 비밀 병기Hitler's Secret Weapon라는 꼬리표가 붙어 전쟁 구호물자를 위한 기금 모음 행사에 전시되었다).

냉전이 뒤따르면서 공산주의의 침투에 대한 대중의 공포가 끊임없이 솟아나자 은밀히 퍼지는 생물군이 급성장하던 매체인 과학 소설의 효과적인 주제가 되었다.

침대 밑의 빨갱이는 상상에 의해 뒤뜰의 외래종으로 변신했다. 최고의 악몽은 그 침입자, 그러니까 변신한 외래종이 누구든 평범한 사람으로 보일 수 있다는 것이었다.

《외계의 침입자Invasion of the Body Snatchers》(1956년)라는 영화에서는 두껍고 부드러운 무정형 원형질의 우주 밖 존재들이 꼬투리를 까고 나와 가장 가까운 사람과 똑같은 모습으로 변한다.

BBC가 만든 나이젤 닐Nigel Kneale의 《퀘이터매스 실험The Quatermass Experiment》(1953년) 6부작은 첫 유인 우주선이 선원 2명을 잃은 채 지구로 귀환하는 것으로 시작된다. 그들은 어떤 외계의 힘에 의해 다른 존재의 몸으로 빨려 들어간 것으로 나온다. 얼마 동안 그 존재는 항해를 시작한 우주인의 외모를 하고 있다. 하지만 인터뷰를 하는 동안 그는 선인장을 손에 쥐더니 거기에 녹아들기 시작한다. 선인장은 계속 커지면서 웨스트민스터 사원Westminster Abbey 쪽으로 비틀거리며 걸어간다. 그러더니 그 기괴한 잡종이 외래 기생 생물이 재생산되는 데 숙주로 쓰인 것임이 분명해진다. 그것이 시인의 코너Poet's Corner 위에 있는 트리포리움(교회 입구의 아치와 지붕 사이)에 붙어 맨드레이크처럼 뿌리 덩굴을 아래로 늘어뜨리자 포자 주머니가 여물기 시작한다.

마지막에 퀘이터매스 교수가 그 안에 갇혀있는 인간의 정신에 호소하여 의지를 발휘해 거기서 빠져나오라고 한다.

마침내 그들은 빠져나오고 거대한 잡초는 죽는다. 하지만 전 세계 기독교도들의 위대한 성채 중 하나의 측랑側廊(교회당의 측면 복도)을 고사리 같은 잎과 줄기 뭉치가 휩쓰는 마지막 두 번째 장면은 1953년만 해도 텔레비전에 나온 가장 무시무시한 장면이었다.

과학 소설 최고의 잡초 무용담은 물론, 태평양에서 최초로 수소 폭탄 실험을 하기 바로 전인 1951년에 출판된 존 윈덤John Wyndham의 《트리피드의 날The Day of the Triffids》이다. 그것은 최고의 식물 악당을 탄생시키며 새로운 단어를 영어에 소개했다.

트리피드Triffids는 여러 면에서 모범적인 종말 이후에 관한 우화로 전면적으로 갑자기 붕괴된 사회에서 살아남기 위한 인류의 시도에 관해 이야기다. 이 경우 커다란 재해란 것이 핵도 아니고 우주적인 것도 아니긴 하지만. 이야기는 이러하다. 세계 인구 대부분이 섬뜩하고 매혹적인 유성우를 보고 눈이 멀게 된 후, 더 땅에 가까운 것, 이를테면 움직일 수 있고, 육식을 하는 –이것은 윈덤의 여러 예언적 공상 중 하나다.–유전적으로 설계된 식물들이라는 잔인한 무리들의 공격에 무방비 상태로 노출된다.

미묘하고 영리하게 쓰인《트리피드의 날》은 무서운 식물 괴물

이야기 그 이상이다. 트리피드 그 자체에 대한 이야기, 즉 그들이 어떻게 출현했고, 어떻게 사는지에 대한 이야기는 최근에 나타난 식물들이 인간의 욕구와 문화적 편견과 얽히게 되는 방식을 날카롭게 통찰한 것이다.

그들의 배경은 한때 트리피드를 재배했던 이 책의 화자 빌 메이슨Bill Masen의 설명으로 채워진다. 그런 식물이 존재한다는 사실에 대한 첫 번째 암시는 남아메리카의 사기꾼 움베르토 팔랑구에즈Umberto Palanquez가 영양분이 매우 풍부한 새로운 식물성 기름에 대한 권리를 거대 다국적 식품 회사에 판매하려고 시도했을 때 등장한다. 그는 아주 거액을 받고 씨앗 공급을 약속한다. 그는 그 씨앗을 생산하는 식물을 사진으로 본 적이 있었지만 그에 대해서는 거의 알려주지 않고 그저 이렇게 불길한 말만 늘어놓는다.

"나는 거기에 해바라기가 없다고 말하는 게 아니오. 그리고 거기에 순무가 없다고 말하는 것도 아니고, 쐐기풀이나 심지어 난초가 없다고 말하지도 않겠소. 하지만 나는 그것들이 모두 그 풀의 아버지라면, 그들 중 아무도 자기 자식을 모른다고 말하는 것이오."

그는 돈을 갖고 사라졌다. 그리고 몇 년 후, 러시아 갱단이 회사로 찾아와 캄차카Kamchatka에 있는 연구소에서 트리피드 씨앗

11 음모론의 악역이 된 식물

한 상자를 훔쳐오겠다고 약속하면서 그 식물에 대한 소식이 전해졌다.

빌은 그 기름이 철의 장막Iron Curtain 반대편에서 실시한 식물 품종 개량 프로그램에서 나온 결과물이라고 이미 예감하고 있었다.

여러 번의 거래와 배신이 오고 간 후, 나무 상자 하나가 비밀리에 러시아에서 날아왔다. 하지만 보안군이 항공기와 거기 실린 화물을 폭파했다는 소문이 돌며 항공기가 태평양 상공에서 사라져 버린다. 바로 여기가 윈덤이 잡초의 생태에 대해 깊이 이해하고 있다는 것을 처음으로 알려주는 부분이다.

'나는 파편들(난파 화물의)이 바다로 오래오래 떨어지면서 흰색 증기처럼 보이는 무언가를 남겼다고 확신한다. 그것은 증기가 아니라, 희박한 공기 중에서도 떠다닐 수 있는 한없이 가벼운 씨앗들이 일으킨 연무였다. 공기 중에 내던져져 아주 가볍게 떠다니던 수백만 개의 트리피드 씨앗들은 세상 모든 바람들이 그것들을 데려다 준 곳 어디에서나 이제 자유롭게 떠다닌다.(…)'

그 신비한 기름에 대해 알고 있는 사람들이 전 세계 쓰레기장 구석에서 호기심을 불러일으키며 돋아나기 시작한 그 식물과 기름의 관계를 알게 되기까지 약간의 시간이 걸렸다. 전에 보지 못했던 잡초들은 이제 모든 사람들의 삶에서 기정사실이 되었다.

빌 메이슨 가족은 정원의 '쓰레기 더미를 가리는 산울타리 뒤에서' 그 식물을 한그루 키웠다. 하지만 그것은 자라기 시작하면서 점점 더 기분이 나쁘고 이상한 느낌이 들면서 '이질적'으로 보이기 시작했다.

트리피드는 나무줄기에서 곧은 대가 뻗어 나와 있었고, 그 옆에는 맨 가지가 자라고 있었다. 그리고 곧은 대 맨 위에는 원뿔 모양의 깔때기 또는 컵 같은 것이 달려 있는데, 돋아난 지 얼마 안 된 양치류의 잎처럼 돌돌 말린 조직이 그 안에 들어 있었다. 그리고 컵과 양치류 모양의 잎 모두 끈적끈적한 물질로 덮여 있어서 작은 벌레들이 붙기 쉬웠다.

메이슨은 이렇게 회상한다. '첫 번째 것이 자기 뿌리를 뽑고 걸은 것은 얼마 후였다.' 걷는다기보다는 앞 '다리' 두 개가 앞으로 미끄러져 나간 다음 뒷다리가 거의 같은 높이로 따라 이동하면서 식물 전체가 비틀거리며 움직이는 사람, 그러니까 목발을 짚고 비틀거리며 앞으로 걸어가는 사람 같았지만 말이다.

잠시 후, 젊은 메이슨이 자신의 뒤뜰에 있는 트리피드의 뿌리를 조심스럽게 풀어놓다가 갑자기 찔려 정신을 잃고 쓰러졌다. 곧은 대 맨 위에 달린 끈적끈적한 잎이 펴지면서 그의 얼굴을 강타해 빨갛게 부풀어 오른 자국이 남아 있었다.

이렇게 우스꽝스러운 모습으로 돌아다니는 식물에 지독한 침이 있을 수 있다는 사실에 사람들이 공포심을 갖게 된 후, 다 자란 트리피드의 3미터나 되는 채찍 끝에서 성인 한 사람을 죽일 수 있는 독이 나올 수 있다는 사실까지 알려지자 잦아들었던 트리피드에 대한 관심이 되살아났다. 처음에 사람들은 트리피드가 자라고 있는 걸 보는 즉시 죽였다. 그러다 나중에는 식물의 침을 짧게 자르고, 안전하게 울타리 안에 넣어 두었다.

트리피드가 유행을 쫓는 정원에서 진기한 식물 로트와일러 Rottweiler(독일에서 경비견의 목적으로 개량한 개의 한 품종)가 된 셈이었다. 하지만 이 행성의 더 넓은 지역에서는 트리피드가 지닌 이동(그리고 알고 보니, '잠복') 능력 때문에 골치를 앓고 있었다.

수많은 인간들이 침에 쏘여 죽은 이들 먼 지역에서는 트리피드가 그저 무심한 곤충잡이가 아니라는 사실 또한 명백해지며 사람들을 소름끼치게 했다. 그것들은 육식동물이었다. 침이 달린 그들의 덩굴은 새로 죽인 희생양들의 살을 찢을 만큼 강하지는 않지만 그들은 분해시킨 몸에서 취한 조각을 소화력 있는 자신의 컵에 넣어 즙으로 만들 수 있었다.

이때쯤 트리피드와 10년 전 러시아에서 몰래 수입한 엄청나게 영양가 높은 기름의 관계가 밝혀지면서 사람들이 그 사악한 식물을 재배하기 시작했다. 그것들은 대규모 농장에서 감시를 받으며 쇠말뚝에 묶여 여러 줄로 늘어서 있었다. 그것은 그들을 일반 대중들로부터 안전하게 떼어놓는 데 도움이 되는 시스템이기도 했다. 곧게 뻗은 대 주변의 작은 가지 세 개의 기능이 분명해지는 것은 트리포드가 이들 대규모 울타리 안에 있을 때뿐이었다. 그것들은 때때로 가지를 줄기에 부딪히며 덜거덕거리는 소리를 냈는데, 특히 몇 개가 모여 있는 경우 군대에서 신호로 쓰는 북소리 같은 소리가 났다.

메이슨은 그것이 단지 미풍이 부는 따뜻한 날씨에 건조한 가지가 바람에 진동하면서 나는 소리인지, 아니면 식물이 수분하기 전에 거대한 수술이 요동치며 내는 러브콜인지 궁금했다. 그 행동이 서로 대화를 나누는 것이라고 한 사람은 메이슨보다 트리피드를 더 통찰력 있게 관찰한 그의 동료 월터Walter였다.

그리고 유성이 내리던 날 밤 재앙이 일어난 후, 그 일이 일어났던 것 같다. 많은 사람이 죽고, 대부분 눈이 먼 사람들이 극도로 흥분한 상태에서 스스로 살아보려고 애쓰는 가운데, 울타리를 무너뜨리고 숨어있던 트리피드가 냄새와 소리로 인간을 찾아내 침으로 쏘아 죽인 다음 그 시체를 게걸스럽게 먹어치운 것이다.

눈이 먼 사람들은 무방비 상태다. 그렇지 않은 사람들은 인내심과 자제력에 의존해 울타리와 문마다 참을성 있게 기다리고 있는 이 식물 괴물들의 민첩한 반응을 피해야만 했다.

심지어 순수한 스릴러로서도 《트리피드의 날》은 악몽 같다. 그 이유는 바로 세부적인 내용들이 우리 주변에서 일어날 법하기 때문이다. 거기에는 불안을 야기하는 현대 사회의 울림이 있다.

정원의 쓰레기터를 밝게 해줌으로써 가족을 기쁘게 하는 잠재적 살인자와 유독한 원료를 사용해 대량 생산된 식품, 야생의 기묘한 식물에서 가정에서 취미로 기르는 식물과 육식성 유해 식물에 이르기까지 범주를 넘나드는 식물-많은 잡초의 선조들이 지나온 궤적-이 등장한다. 하지만 트리피드는 그저 한 범주에서 다른 범주로 옮겨간 게 아니라는 점에서 다르다. 그것은 동물과 식물 양쪽의 특성을 모두 가진 괴물을 만들어내 융합했다 (《퀘이터매스》와 비교해보라). 그렇게 해서 가장 골치 아픈 인간 신화의 영역으로 깊숙이 잘못 들어선 것이다.

윈덤은 진정한 슈퍼잡초를 만들어냈다. 트리피드가 순전히 꾸며낸 것처럼 들릴 수도 있다. 일관성도 없고 믿기도 힘들다. 하지만 그것이 가진 능력은 모두 실제 잡초의 습성을 본뜬 것이다. 물론 침은 널리 존재하지만, 육식성은 덜 그러하다. 하지만 파리지옥풀은 턱을 닫아 곤충 먹잇감을 낚아채는 적극적인 사냥꾼이며, 열대의 몇몇 벌레잡이 풀들은 쥐 정도 크기의 희생물도 소화시킬 수 있다.

식물들은 움직이기도 한다. 가짜 꼬투리(이것은 윈덤의 가장 세련되지 않은 세부 묘사였다)에 의해서가 아니라 잡초인 새삼과 같이 뿌리 없이 주르륵 미끄러짐으로써, 혹은 중국닭의덩굴 같은 종('칡')처럼 땅 위를 기는 줄기가 왕성하게 뻗어나감으로써. 소리를 통한 의사소통은 아직 식물 세계에서는 발견되지 않았지만 식물들은 화학물질을 사용해 서로 의사를 전달하는 것은 두말할 것도 없는 사실이다.

많은 종들이 다른 유기체, 특히 포식자나 꽃가루 매개자가 가까이 존재하는 것을 알아채고 그런 정보를 이웃에게 전달할 수도 있다.

트리피드는 상상으로 만든 실제 잡초들의 혼혈로서 생명공학의 미래 영역 저편이 아니라 극도로 불안한 인간의 마음속에 존재한다. 움베르토 팔랑구에즈는 그가 처음 본 것에 대해 이렇게 말한다.

"나는 거기에 해바라기도 없고 (…) 쐐기풀이나 심지어 난초조차 없다고 말하는 게 아니다."

1970년, 진짜 트리피드가 대중의 상상 속으로 들어갔다. 그해 여름, 많은 어린이들이 입술과 손, 그리고 눈에 붉게 부어오른 특이한 자국과 원형 물집이 잡힌 채 병원 응급실을 찾기 시작했다. 물집은 햇빛이 좋은 시기에 더 많이 유행하는 것 같았고, 좀처럼 없어지지 않는 진한 상처가 남기 쉬웠다. 그 문제의 원인은 큰멧돼지풀이라는 키가 크고 산형화繖形花(꽃대의 끝에 많은 꽃이 방사형으로 피는 꽃)가 피는 식물이었다. 그것은 소설에 나오는 식물처럼 인간을 공격하지는 않았다. 하지만 햇빛을 받으면 활성화되는 푸로쿠마린furocoumarin이라고 불리는 감광성 화학물질을 함유하고 있어 두껍고 속이 빈 줄기를 아무렇게나 잘라 입으로 부는 화살 총이나 망원경으로 사용한 아이들에게 화상을 입히고 있었다.

이 잡초가 철의 장막 건너편에서 온 외래종이며, 자신에게 유리한 아주 똑똑한 촉각을 가지고 있다는 것 때문에 이 소식이 화제가 되었다.

대중 매체들은 즉시 큰멧돼지풀에 '트리피드'라는 별명을 붙여주고, 4.5미터나 되는 얼룩덜룩한 줄기와 수레바퀴만 한 꽃 머리를 지닌 이 식물의 사진을 전면 게재했다. 그들은 또한 러시아에서 온 이 위험한 존재를 근절하는 방법들을 조언했다. 그것은 독약이나 화염방사기, 굴착기, 뿌리를 파내고 송진으로 구멍 메우기, 심지어 다이너마이트로 폭파하기까지 다양했다. 하지만 그중 어느 것도 큰 효과를 거두지 못했고, 거대한 돼지풀은 영국 전역에서 긴 행진을 계속했다. 궁금한 것은 그 식물이, 그리고 그것이 일으키는 문제가 알려지는 데 얼마나 오랜 시간이 걸렸느냐다.

큰멧돼지풀은 19세기 초에 카프카스Caucasus 산맥에서 영국에 처음 도입되었을 때 열대지방에서 기세등등하게 들여온 거대 식물들이 일으키는 문제에 대한 온대지방의 해결책으로서 널리 칭송받았다.

빅토리아 시대에 원예 취향을 좌지우지하던 유명한 자연과학자 존 루던John Loudon은 《정원사의 잡지Gardener's Magazine》(1836년)에서 '헤라클레움 아스퍼룸Heracleum asperum, (…) 시베리안 자이언트 파스닙Siberian giant parsnep(큰멧돼지풀의 다른 이름)'에 대한 칭찬을 아끼지 않았다.

산형화가 피는 그 거대한 식물은 좋은 토양에서 자라면 3.6미터가 넘게 자랄 것이다. 베이즈워터Bayswater에 있는 우리 혼잡스러운 정원에서도 작년에 꽃을 피웠을 때 3.6미터나 되었다. (…) 지금(7월 29일)은 씨앗들이 여물어서 친구들에게 나눠주려 한다. 그 식물들이 유용해서가 아니라, 어디다 사용해야 할지 모르기 때문이다. 하지만

5달 만에 그렇게 급속하게 성장할 수 있다는 것이 매우 흥미롭기 때문이기도 하다(…) 우리는 교회 경내의 한적한 구석에 키우는 데 이보다 더 적합한 식물을 알지 못한다. 그래서 잉글랜드 북부와 아일랜드를 여행하고 있는 한 친구와 노르웨이로 간 다른 친구에게 그 씨앗을 주어 적당한 곳에 두게 했다.(이 스칸디나비아 사람 쟈니 호그시드Johnny Hogseed가 이 식물이 현재 노르웨이에 넓게 분포하고 있는 데 책임이 있는지에 대해서는 알려진 바가 없다. 그러나 노르웨이 북부에서는 '트롬쇠(노르웨이 트롬스주의 주도)야자Tromso palm'로 알려진 큰멧돼지풀이 현지 관광 엽서에도 등장할 만큼 영국에 있을 때보다 더 많은 사랑을 받고 있다)

1849년까지 씨앗은 말던Maldon(영국 잉글랜드 남동부에 위치한 에식스 주의 말던 지구에 있는 도시)의 하디 앤 선즈Hardy and Sons에 의해 '세상에서 가장 거대한 식물 중 하나'인 헤라클레스 기간테움Heracleum giganteum(큰멧돼지풀의 라틴어 이름)이라는 이름으로 상업적으로 팔리고 있었다.

겨우 몇 페니짜리 씨앗으로 어느 모로 봐도 부자들이 온실에서 키우는 이색적이고 특이한 식물 못지않게 당당한 식물을 일반 정원사들도 야외에서 기를 수 있다고 주장하는 광고를 곁들여서 말이다.

1870년에는 격식에 얽매이지 않는 정원을 지지하는 윌리엄 로빈슨William Robinson이 그것이 '거대 잡초'가 될 위험성이 있다는 경고를 하면서도 공개적으로 지지하기도 했다.

1900년대 초에 큰멧돼지풀(지금은 헤라클레움 만테가지아눔 *Heracleum mantegazzianum*이라는 더 어울리는 과장된 라틴어 이름이 붙었다)은 우아한 수생식물 정원과 처음에 파종되었던 대규모 사유림에서 벗어나기 시작했다.

버킹엄 궁전 정원에서 자라던 무리 하나가 왕립 공원들로 천천히 이동했다. 그리고 거기에서 런던 서부 운하계로 옮겨가더니, 씨앗이 수로를 따라 부유하며 여기저기로 향했다. 특히 스코틀랜드에서는 강변 정원을 소유한 커다란 시골 저택에서 초기 군락들이 많이 추적되었다.

이 식물이 대서특필되기 7년 전인 1963년에 작성된 분포도를 보면 영국 하천 시스템에 그 개체군이 종횡으로 흩어져 있는 걸 알 수 있다. 피전트처럼 다른 부류의 환경에서 온 침입자처럼 보이는 것은 큰멧돼지풀의 평판에 득이 되는 일은 아니었다.

이때까지는 이 잡초가 광학적 피부염을 일으킨다고는 아무도 의심하지 않았던 것 같다. 하지만 1970년대에 이 뉴스가 보도되자 상황은 극적으로 바뀌었다.

큰멧돼지풀은 1981년의 야생동식물 및 시골지역 보호법 Wildlife and Countryside Act의 부칙에 포함되었다. 그리고 그것을 심거나 야생에서 그것이 자라는 것을 알면서도 내버려 두는 것은 법률을 위반하는 것이 되었다.

어떤 지방 관청들은 법률 조문을 넘어 주택 소유주들에게 그들의 정원 안에서도 눈에 보이는 표본들을 모두 없애라고 요구

큰멧돼지풀은 미나리과에 속한 잡초이다. 학명은 헤라클레움 만테가지아눔(Heracleum)이다. 큰멧돼지풀의 즙액은 식물광선피부염을 일으켜 물집, 흉터를 발생시킬 수 있으며, 눈에 들어가면 실명할 수도 있다.

했다. 나는 미들섹스의 길가에서 마치 범죄 현장인 것처럼 '출입금지'라고 쓰인 테이프가 둘러쳐진 표본을 하나 본 적이 있다.

1981년 법령에서 큰멧돼지풀이 달갑지 않은 외래종에 포함된 데는 또 다른 이유가 있었다. 그것은 특히, 강과 습지 근처에서 매우 침습적이었다. 그리고 엄청나게 큰 톱니 모양 잎들로 토종 식물 종들을 뒤덮고 있었다. 예를 들어, 그것들은 동부 앵글리아에서는 현재 노퍽 브로즈Norfolk Broads의 강들을 따라 자라고 있으며, 올드버러Aldeburgh 바다 인근의 난초가 많이 자라는 습지에서도 서식하고 있다. 이들 군락은 고유 식생들 사이에서 분명히 '어울리지 않는' 것으로 보인다.

내가 받은 인상으로는 그것들이 엷은 색조를 띠고 자라는 식물들에게 크게 피해를 주고 있는 것 같지는 않지만. 외래종임에도 불구하고, 나무가 아니면서 영국의 야생에서 자라는 가장 크고, 가장 건축학적으로 인상적인 식물인 큰멧돼지풀은 항상 지독하게 상반되는 감정을 불러일으킬 운명이었다.

큰멧돼지풀 마니아에게는, 밀집해 있는 하얀색 부화관副花冠(꽃잎과 수술 사이 또는 꽃잎과 꽃잎 사이에서 생겨난 기관으로, 꽃잎처럼 생긴 작은 부속체)을 보는 것만으로도 방문할 가치가 있는 현저히 눈에 띄는 군락들이 영국 전역에 있다. 예를 들어, 노팅엄 외곽의 톨 브리지Toll Bridge 옆이나 콘월Cornwall의 론세스턴 재활용 센터 Launceston Recycling Centre 주변, 아버가베니Abergavenny 인근 우스크 강River Usk 주변 같은 곳 말이다. 그중 가장 유명하고, 가장 오래된 군락 중 하나는 런던 서부에 있는 후버 팩토리Hoover Factory 바깥쪽에 있는 습한 쓰레기장이다.

거기서 그 잎들은 고전적인 아칸서스 디자인에 대한 총체적인 현대식 변형이라면 그런대로 완벽하게, 문화재로 지정된 아르데코 건물들을 치장하고 있었다(나는 이 군락을 도저히 잊을 수 없는 극적인 순간에 처음 보았다. 그때 A4 인근 도로공사장에서 '무거운 식물 건널목'이라고 쓰인 표지판을 걸고 있었던 것이다). 가장 크고, 가장 멋진 큰멧돼지풀 숲은 아마 글래스고Glasgow의 클라이드Clyde 제방에 있는 군락일 것이다.

1990년대에 글래스고 대학 식물학과 부교수인 짐 딕슨Jim Dickson은 켈빈브리지Kelvinbridge 하류의 강둑과 쓰레기장을 뒤덮고 있는 거대한 목초지를 '글래스고 지역에서 가장 주목할 만한 자연사 관광지'라고 묘사했다.

스코틀랜드 사람들은 다른 영국인들보다 다소 더 오랫동안 큰멧돼지풀과 함께 살았기 때문에 반사적으로 박멸하기보다는 존중을 바탕으로 신중하게 접근하는 방식을 선호하는 것 같다. 많은 부모들이 아이들에게 그 식물을 악마라고 하기보다는 그것을 알아보고 거리를 둘 수 있도록 가르친다. 글래스고만 해도 테라스가 있고 천장이 높은 오래된 주택에 사는 사람들은 꽃꽂이에 마른 큰멧돼지풀 줄기를 사용하는 게 허용되어 왔다.

2006년에 우리는 이 생각에 영감을 받아 꽃가지 몇 다발을 집 안에 들였다. 이웃에 있는 들에 어떤 농부가 쌓아놓은 쓰레기 더미 옆에서 몇 개의 표본이 자라고 있었던 것이다. 늦가을에 우리는 장갑을 끼고 마른 줄기를 조심스럽게 꺾어 크리스마스 트리로 쓰려고 집으로 몰래 가지고 왔다.

꽃줄기와 산형 꽃차례(여전히 씨를 품고 있는)들이 놀라울 정도로 강하고 단단해서 싸구려 장난감과 별, 가짜 올빼미 몇 마리로 장식할 수 있었다. 그리고 봄이 되어서는 그 줄기들을 커다란 화병에 꽂아 위층으로 옮기고, 바깥 정원에서는 그 모양에 영감을 받아 고철로 된 산형화 모양의 스타버스트(광채가 나는 별 모양)들로 새 모이통을 만들어 시카모어 통나무 맨 위에 설치했다.

하지만 우리는 잡초 씨앗의 불굴의 이동성을 고려했어야 했다. 2008년 가을, 톱니 모양 잎이 신기한 로제트가 우리 집 현관문에서 60센티미터 떨어진 자갈밭에 나타난 것이다. 처음에는 무엇인지 알 수 없었지만, 다음 해 봄이 되자 큰멧돼지풀 새싹이라는 게 너무나 분명했다.

6월이 되자 꽃이 만개했다. 그리고 마침내 초가지붕 바로 밑까지 자라서 우리는 계속 잎을 잘라주고 방문객들, 특히 우리의 소중한 우편배달부 아주머니의 안전을 위해 현관의 꽃가지들을 묶어줘야 했다. 하지만 우리 화단 가장자리에 제멋대로 난 풀들과는 달리 어느 이웃도 지방의회에 그것을 신고하지 않았고, 그 당당함에도 불구하고 수명이 겨우 20개월인 큰멧돼지풀은 다시 나타나지 않았다.

잡초는 세상의 종말과 사회 붕괴를 다룬 소설에서 보다 건설적인 역할을 해왔다. 리처드 제프리스Richard Jefferies의 판타지 『런던 이후, 또는 야생의 잉글랜드After London, or Wild England』(1885년)는 어떤 대재앙(이것은 특정되지는 않았지만 런던이 물에 잠기고 템즈 계곡이 거대한 호수가 되어버린 홍수가 났던 것으로 보인다) 이후 영국 문명이 갑자기 몰락한다고 상상한다. 첫 번째 파트인 '야만으로 되돌아감The Relapse into Barbarism'은 매우 신중한 동식물 연구가가 '위대한 숲The Great Forest'의 즉각적인 귀환을 설명하는 내용이다. 그는 그것을 생태학적 단계에 따라 차근차근 설명한다.

모든 농경지가 황폐해졌다. 그리고 '런던이 종말을 맞은 후' 첫 해 봄, 경작할 수 있는 들판은 개밀로 무성하다. 여름이 되자 이전에 도로와 작은 길이었던 곳은 가장자리에서 시작된 풀들로 얇게 덮여 있다.

비가 많이 내린 겨울이 지나고 맞이한 여름, 잡초들은 때를 만났다. 새가 씨를 뿌린 밀과 보리가 비를 맞아 풀이 죽은, 제멋대로 자란 짚을 밀고 올라와 소리쟁이와 엉겅퀴, 탠지, 들갓, 쐐기풀과 함께 자라고 있다. 매년 몇몇 농작물들이 다시 모습을 드러내지만, 그들은 쇠락해 가는 존재들로 들판을 향해 뻗어나가는 여러해살이 잡초들에 의해 이내 질식하고 만다.

제프리는 식생천이植生遷移의 과정을 정확히 이해했다. 그는 자기 고향 윌트셔Wiltshire에서 가난해진 농부들이 내버려 둔 들에서 그 과정이 진행되는 것을 지켜봤을 것이다. 그는 블랙베리가 산울타리에서 들판으로 나아가는 다음 종이 될 테고, 그다음은 들장미가 따를 거라는 사실을 알고 있었다. 곧 산울타리들은 원래 너비보다 서너 배 더 넓어질 것이고, 20여 년 후에는 가장 넓은 들판 한가운데서 만나게 될 터였다.

'창포꽃과 갈대 옆 더 습한 곳에는 가장 키가 큰 어수리나 키가 1.5미터 정도 되는 '긱스gicks'장미, 관목이라고 해도 될 만큼 나무와 비슷한, 억센 줄기를 가진 분홍바늘꽃이 모든 접근로를 채웠다.'

30년째가 되는 해에는 죽은 나뭇잎과 부러진 가지들로 메워진 모든 도랑의 물이 넘쳐 지대가 아주 낮은 들판을 습지로 바꿔버렸다. 더 마른 땅에 대해 말할 것 같으면, 그곳은 참나무와 구주물푸레나무, 가시나무가 자라는 자연 그대로의 숲이 되었다.

'그곳은 유일하게 언덕을 제외하고는 빈터가 단 한 군데도 없어서 야생 동물의 흔적을 따르거나 스스로 길을 내지 않는다면 겨우 한 사람 정도만 걸을 수 있었다.'

겨우 30년 만에 거친 땅을 일궈가던 잡초들에서 발을 들여놓기도 힘든 교목림으로 변해가는 그 변화는 냉혹했다.

20년 후, 무기력한 분위기가 팽배했던 에드워드 시대에 케네스 그레이엄Kenneth Grahame은 『버드나무에 부는 바람Wind in the Willows』(시공주니어, 2019년)에서 유사한 과정을 통해 야생 숲이 생겼다고 말한다.

오소리가 그 숲이 허물어진 도시 지역에서 어떻게 '자생해 자랐는지' 설명한다(런던 중앙부 구시가지의 거주자였던 그레이엄은 영국은행 총재이자 이교도 협회Pagan Society의 유료 회원이었다). 그 내용을 보면, 오소리의 굴 자체는 버려진 포도주 저장고와 사라진 도시의 터널 안에 지어졌다는 것을 알 수 있다. 그는 두더지에게 재생이 얼마나 느린지에 대해 이렇게 설명한다.

'모두 점점 줄고, 줄고, 줄어서 무너지고 사라졌어. 그런 다음 모두 점점 커지고, 커지고 커졌어. 씨앗들이 어린 나무로, 어린 나무가 숲속 나무로 자라듯이 말이야. 그리고 가시덤불과 고사리가 슬금슬금 기어 와서 도와줬지.'

정치, 사회적으로 긴장된 시기에는 대개 자연에 확실한 승산이 있는 문명과 '잡초와 야생' 사이의 대결에 대한 예언이 항상 등장한다.

1980년대 후반, 《옵서버Observer》의 신랄한 컬럼리스트 닐 애셔슨Neal Ascherson은 당시 유럽 농산물 과잉 생산에 대해 팽팽하게 논쟁을 벌이면서 묵히고 있거나 일부러 '사용하지 않고 있는' 농지에서 일어나게 될 일에 대해 디스토피아적 비전을 그렸다. 그의 예언은 리처드 제프리의 예언을 반영하고 있지만, 마지막 부분에서 이렇게 한번 현대식으로 신랄하게 비틀었다.

그냥 내버려 두면 들판은 처음에는 허리까지, 그다음엔 머리까지 온통 잡초로 뒤덮일 것이다. 덤불 다음엔 작은 나무가 뒤따를 테고, 결국 영국의 저지대 대부분에 키 작은 나무들이 빽빽하게 우거진 이차림二次林(여러 가지 교란 요인에 의해 이차적으로 발달한 삼림)이 생길 것이다. 토지의 배수가 나빠지면, 이 땅의 많은 부분이 물에 잠긴 습지로 바뀔 것이다. 그러면 새들은 좋은 것이다. 하지만 쥐나 모기, 온 나라에 재채기를 유발하고 정원을 망가뜨리게 될 잡초의 꽃가루가 쌓이는 데도 좋은 일이 될 것이다.

큰 나무 밑에 어두침침하게 엉킨 덤불 속에 수백만 대의 버려진 차나 냉장고, 특히 농기계들이 잊힌 전투의 잔해처럼 숨어서 기다리고 있게 될 것이다.

식물 쓰레기는 일종의 동정 어린 마법에 의해 인간의 쓰레기(하찮은 생각)를 끌어당길 운명이었다. 잡초는 유기의 결과일 뿐 아니라 유기의 원인이며, 그런 다음 역설적이게도 유기의 흔적을 없애는 수단이었다.

윌 셀프Will Self의 제멋대로 전개되는 판타지 『데이브의 책The Book of Dave』(2006년)은 기후 변화를 종말의 전제로 받아들인 최초의 미래 소설 중 하나다. 이 이야기는 약 500년 후의 미래를 배경으로 한다. 석유는 이미 바닥났고, 해수면 상승으로 (《런던 이후》에서처럼) 템스강 유역과 강의 지류 주변에 자리한 저지대는 모두 물에 잠겼다.

문명사회의 잔존물들은 대부분 '콧Cot'이나 '칠Chil'과 같은 높은 지역으로 물러가 버렸다. 런던 동쪽에 남은 것이라고는 햄Ham이라는 섬 하나뿐이었다.

그곳에서는 대폭 줄어든 쓰레기를 뒤지는 사냥꾼이라는 종족이 땅속에서 파낸 정신 나간 21세기 택시 운전사의 비망록인 '데이브의 책Book of Dave'의 지배를 받고 있다. 그 책의 주목할 만한 특징(그리고 그 긴 용어집을 필수로 만드는 것)은 셀프가 이 탈도시 사회를 위해 피진(해당 언어를 잘못하는 사람이 말하거나 그 언어를 잘못하는 사람에게 말을 할 때 사용하는 단순화된 형태의 언어) 런던 사투리를 섞어서 고안한 언어와 민중의 기억 속에서 변형된 상표다(예를 들어 '스타벅스starbucks'는 아침 식사, 'A2Z'는 지도를 의미한다).

햄족의 연례 의식 중 하나는 '오일걸oilgulls'(풀머갈매기)과 '프리티빅스prettybeaks'(바다쇠오리), '블랙윙black wing'(가넷)을 포획하기 위해 런던 시에 남은 고층 건물인 '스택스stacks'에서 대량 서식하고 있는 바닷새 군락을 공격하는 것이었다. 사람이 높은 곳을 오르다 떨어지면 '초파choppa'라고 불리는 바닷새들이 대열을 이뤄 구조해 준다는 지역의 전설이 있다.

셀프는 현재 런던 이스트 엔드East End 또는 당장이라도 무너질듯한 에식스Essex 강어귀의 풍경에서 자라는 잡초들을 참고해 그럴듯하게 만들어낸 초목 가운데 이 악한을 소재로 한 이야기를 설정한다. 한때 대저택이었던 건물의 가장자리를 아주 빽빽하게 둘러싸고 있는 '로디드Rhodids'(만병초) 무리에 '프리클부시prickelbush'(가시금작화)도 뒤섞여있다. 그러나 황무지와 물가로 경사진 오랫동안 방치되어 있던 산업현장들은 진정한 도시의 관목이 우거진 땅으로 덮여 있다.

'불꽃잡초fireweed'(셸프는 분홍바늘꽃에는 전통적인 속명을 사용한다)와 '물집잡초blister'(어쩌면 유행할 수도 있었던 큰멧돼지풀의 날카로운 작명), 전호를 뜻하는 '버거파슬리burgerparsely', 부들레야를 뜻하는 '단짝긴못buddyspike'들 같은 관목들 말이다.

2007년에 앨런 와이즈먼Alan Weisman의 놀라운 논픽션 『인간 없는 세상 The World Without Us』(RHK, 2020년)은 이들 전문적이지만 상상 속의 예측이 미래에 어떻게 될지 전망한다. 이 책의 전제, 즉 이 책의 문학적 장치는 기이하긴 하지만 효과적이다.

와이즈먼은 '휴거携擧(천상에서 신을 만나는 것)'라는 종교적 권리 Religious Right의 개념에 나오는 것처럼 지구의 인구를 '눈 깜작할 사이에' 전부 사라지게 했다. 그런 다음 그는 인간의 유기라는 실재 사례에서 일어난 일을 보여주는 구체적 증거를 바탕으로 우리가 자연을 일상적으로 무자비하게 공격하지 않는다면 어떤 일이 일어날지를 상세히 나타내려 했다.

그는 주택 한 채를 증거로 삼아 시작한다. 식물이 폐건물 해체를 돕는 속도는 놀랍다. 첫해 겨울, 노출된 못이 비를 맞고 녹슬고 빗물이 그 주변에 구멍을 뚫고 스며들기 시작한다.

곰팡이와 균들이 축축한 나무를 뚫고 들어가 분해하고 바닥에서도 같은 일이 일어난다. 목재가 갈라지며 썩기 시작하면서 바깥에 있는 더 큰 잡초와 나무의 뿌리가 바스러지고 있는 목재를 뚫고 더 잘게 부수며 침입하기 시작한다. 난방이 되지 않으면서 파이프가 처음 얼었다 터지는 바람에 빠르게 좀개구리밥이나 쐐기풀, 어린나무들의 서식지가 되는 작은 땅이 물에 잠긴다.

이즈음 지하실은 아마 천정이 뚫려서 쓰레기로 가득 찰 것이고, 가지 달린 관목들이 기다렸다는 듯이 나머지 파이프들을 공격하기 시작할 것이다.

수영장이 있다면, 그것은 이제 외국에서 온 실내 화분 식물의 자손이나 영토를 되찾을 기회를 엿보면서 집 주변을 맴돌던 내쫓긴 잡초들로 채워진 실내 인공 연못이 되어 있다. 50년 이내에, 그 집의 모든 잔해는 땅의 살짝 솟은 부분, 자세히 말하자면 분해되지 않는 플라스틱과 도자기 타일 파편이 군데군데 박힌 채 나무와 귀화한 정원 식물들로 뒤덮인 탈산업화의 무덤이 되어버린다.

뉴욕에서 도시 정비팀이 겨우 몇 달만 일을 소홀히 해도 중국가죽나무tree-of-heaven가 급속히 자라 거리가 숲이 될 거라는 것은 이미 너무나 명백한 사실이다.

날개 달린 씨앗들은 보도의 틈과 지하철 터널에 박히게 될 것이다. 천국 같은 특성(꽃에서 나는 냄새는 다소 유쾌하지 않다) 때문이 아니라, 어린나무들이 하늘을 향해 급속히 자라는 속도를 가리켜 천국의 나무tree-of-heaven라고 불리게 된 이 나무들은 싹이 트면 급속히 성장한다. 몇 달 후, 펼쳐진 잎이 무리 지어 보도 배수구를 뚫고 나오고 있을 것이다. 그리고 강력한 뿌리 체계(흡지吸枝(땅속 줄기마디에서 나온 새싹)를 내보내기도 하는)는 보도 석판을 들어 올리며 개방 하수를 갈라지게 할 것이다.

이 나무들이라면 10년 이내에 9미터 넘게 자랄 수 있다. 그리고 보도 밑에 오랫동안 깔려있던 흙이 태양과 비, 하수 오물의 영양소에 노출되면서 지면 근처에서 자라던 잡초가 그 안으로 뛰어들어 싹이 트는 어린나무 밑에서 자라는 하층 식물이 될 것이다.

이것이 정확히 맨해튼의 뉴욕 센트럴 철도에서 오랫동안 방치되었던 한 구역에서 일어났던 일이다. 1980년에 선로가 폐쇄되자 가죽나무가 즉시 거기에 침입했고, 곧바로 비잔티나석잠풀과 미역취가 합세했다. 어떤 곳에서는 한때 서비스를 제공했던 2층 창고에서 선로가 출발해 지금은 가늘고 긴 띠를 이루며 자라고 있는 붓꽃이나 달맞이꽃, 갯개미취, 야생당근을 지면 위쪽으로 실어 나르고 있다. 그 도시의 인간 거주자들처럼 이들 식물 중 상당수가 유럽과 극동 아시아에서 온 이주종들이며, 와이즈먼이 이렇게 말한 것은 놀랄 일도 아니다.

'정말로 너무 많은 뉴욕 사람들이 첼시 예술 구역의 창가에서 아래를 내려다보며 예언을 하듯이, 그리고 주저 없이 자기 도시의 죽은 한 부분에 대한 권리를 주장하고 있는 이 돌보는 손길 없이 꽃이 만발한 초록색 띠에 감동하면서, 그곳은 공식적으로

하이라인파크High Line로 지정되었다.'

현대의 디트로이트Detroit는 엄연히 하이라인이다. 1920년대에 그곳은 포드와 제너럴 모터스의 제품을 생산해 부유해진 세계에서 가장 잘 사는 도시 중 하나였다. 그러나 이 자동차의 도시는 다른 모든 일모작 지대처럼 취약했다. 1980년대에 석유 파동이 일어나면서 쇠퇴하기 시작한 자동차 산업은 결국 디트로이트를 완전히 떠났다. 이렇다 할 다른 수입원이 없던 도시는 물리적으로 무너지기 시작했다. 버려진 공장과 한때 거기서 함께 일했던 사람들이 포기한 주택들을 자연이 다시 이용하기 시작했다.

숲속 빈터의 잡초들이 주차장과 인적이 드문 고속도로에서 무리를 이루어 자랐다. 칡과 같은 머루wild vine(야생 포도)가 담을 타고 오르고 키가 9미터나 되는 가죽나무들은 공장 지붕 위에서 싹이 텄다. 그 지역에는 6만 6천 개의 공터가 생겼고, 도심지 360제곱킬로미터 중 100제곱킬로미터가 야생 식물에 의해 점령되었다. 이것이 한때 미국에서 네 번째로 규모가 컸던 도시가 활발히 해체된 과정이다.

하지만, 인간 거주자들의 반응은 뜻밖이었다. 이러한 침입에 대해 무시무시한 반발도, 경제적, 정치적 어리석음의 결과라는 본질에 있는 것 대신 자연에 책임을 전가하려는 시도도 없었다. 대신 잡초는 석유 기반의 획일적 도시 문화는 21세기에 지속 가능하지 않다는, 그리고 도시에서 사는 데 있어 보다 생태적으로 온화한 다른 방식이 있을 거라는 우화와 교훈으로 읽히고 있다. 너무 가난해서 신선한 음식을 살 수 없는 가정들이 버려진 지역 건물을 이용해 지역 유기농 농장을 시작하고 있다.

미국 전역에서 온 젊은 음악가와 환경 운동가, 사회 개척자들이 잡초 개척자들을 포함해 이 버려진 지역으로 몰려들었다. 그들은 자연을 몰아내지 않고 그것을 받아들이는 도시 생활의 새로운 양식을 실험해보려는 열망을 가지고 있었다.

주목할 만한 TV 다큐멘터리 《디트로이트를 위한 진혼곡 Requiem for Detroit》을 감독한 줄리안 템플Julien Temple은 이렇게 썼다.

'우리 모두들 기다리고 있는 탈산업화의 미래에 대한 첫 번째 개척자의 지도를 이 자동차 도시의 폐허 속에서 찾을 수 있다.'

종말론의 문학은 잡초를 분명히 규정하지 않고 보여준다. 그들의 역할이 모순된 것으로 보이지 않게 하기 위함이다. 그것들은 문명을 붕괴시키는 매개체 중 하나가 될 수도 있지만, 또한 그것을 다시 구축하기 시작하는 살아있는 개척자가 될 수도 있다. 두 가지 시나리오 모두, 그러한 행위를 추진하는 것은 불행한 인간들의 위태롭고 붕괴하는 세계를 넘어서, 다른 장소나 문화에서 온 유기체인 무법자다.

현실 세계에는 이 두 가지 시나리오에 대한 증거가 모두 풍부하다. 열대지역에서는 파괴가 만연한 분위기다. 원래 서식지에서 이주시킨 사료 작물처럼 급속히 성장하는 식물들 또는 빨리 커버리는 목재 작물들이 생태계 전체를 파괴하는 잡초로 변한 것이다.

생태학자 조나단 실버타운Jonathan Silvertown은 그것들을 아주 실감 나게 '에덴의 악마demons in Eden'라고 표현했다. 날씨가 덥고 습하며 개발로 인해 끊임없이 격변하고 있는 플로리다주는 특히 심각한 타격을 입었다. 호주의 멜라루카 나무는 1930년대에 습지를 건조시켜 농작물을 재배하고 아파트를 지을 수 있게 해 줄 거라는 기대를 받으며 에버글레이즈Everglades에 도입되었다. 그리고 씨앗을 항공기로 원시 습지에 바로 뿌렸다. 그것들은 토종식물보다 5배나 더 많은 물을 땅에서 빨아들였다. 그런데 원산지인 호주에서는 멜라루카 나무가 곤충 무리의 공격을 받았지만, 플로리다에는 그것을 먹는 곤충이 없었기 때문에 나무들은 무섭게 성장해 버렸다. 이 나무는 겨우 2살 때부터 바람으로 옮겨지는 씨앗을 생산하기 시작하는데, 나무마다 연간 2천만 개의 씨앗을 퍼뜨린다.

침입이 최고조에 이르렀을 때 멜라루카 나무는 남부 플로리다에 1,000제곱 마일의 땅을 차지하고 1제곱 마일(2.59제곱킬로미터)당 거의 8백만 그루의 나무가 빽빽하게 자랐다. 플로리다의 다른 사례로는 정원의 관목으로 남아메리카에서 도입된 브라질후추나무가 있다.

이것은 정원을 탈출해 모든 토종식물의 성장을 방해하는 거대한 임분林分(삼림 안에 있는 나무의 종류, 나이, 생육 상태 따위가 비슷하여 주위의 다른 삼림과 구분되는 숲의 범위)을 이뤘는데, 그것은 어느 정도 이 나무가 잘 흩어지는 씨앗을 엄청나게 많이 생산하며 등반에 능하기 때문이다. 게다가 이 나무는 접촉하는 많은 식물에게 독성을 일으키는 것 같다.

에버글레이즈의 나머지 개방 수역은 외래 수생 잡초들로 뒤덮여 있는데 그중 어떤 것은 정원 연못이나 수족관에서 버려진 것들이다. 가장 골칫거리는-그리고 현재 열대와 아열대 지역 56개국의 습지와 하천계를 질식시키고 있는 잡초는-중앙아메리카와 남아메리카가 원산지인 부레옥잠이다. 자줏빛 꽃이 피는 부레옥잠은 크게 부푼 반들반들한 잎 뭉치가 돛처럼 물 위로 솟아올라 있다. 누가 봐도 매력적인 식물로 그것이 장식품으로 인기를 얻은 이유를 쉽게 이해할 수 있다.

부레옥잠은 태어난 습지에서는 얌전하게 굴지만, 다른 곳에서는 14일 만에 개체 수가 두 배로 늘어날 수 있다. 그들은 개체마다 각자 자유롭게 움직이며, 공기가 가득 차 있는 주머니들의 지지를 받는다. 그리고 잎사귀 돛의 도움을 받아 씨앗과 싹 두 가지 방법으로 새로운 자손을 생산하면서 물 위를 쉽게 돌아다닐 수 있다. 제초제로 그것을 통제할 수는 있지만, 그러면 불가피하게 토종 수생식물도 같은 피해를 입을 수 있다.

조금 더 북쪽으로 올라가면 1870년대에 동남아시아에서 도입된 칡덩굴이 있다. 이것은 아마 미국 최고의 악동일 것이다. 자주 그렇듯 칡을 도입한 의도는 좋았다. 1876년 필라델피아 독립 100주년 박람회에 칡덩굴을 포함해 그 나라의 토종식물들이 자라는 일본 정원이 전시되었다. 일본 정원이 인기를 얻으며, 미국 정원사들이 칡덩굴을 심어 정원을 꾸미기 시작했다. 재배를 시작하고 칡이 처음으로 확산하기까지의 과정은 비교적 느리게 진행되었다. 하지만 1920년대에 플로리다의 한 종묘원에서 소가 칡을 먹고 있는 것을 보고 그것을 사료 작물로 장려하기 시작했다.

10년 후에는 토양 보존 사무국Soil Conservation Service에서 근시안적인 농업적 사고의 역설적인 결과였던 '더스트 볼Dust Ball(1930년대 미국 서부를 덮친 거대 모래 폭풍)'로 인한 토양 유실을 막는 데 도움을 받기 위해 칡을 심기 시작했다. 1940년대까지 미국 정부는 농부들에게 칡을 심으면 1에이커 당 8달러를 지급했다. 그 결과 몇 년 만에 칡은 손쓸 수 없을 정도로 많이 증가했다.

칡을 공격적인 등반가라고 묘사하는 것은, 예를 들어 뻔뻔하게 밀고 나가는 넝쿨장미를 악마의 제자가 아니라고 하는 것처럼 들린다. 하지만 칡은 한창 성장할 때 12시간에 30센티미터씩 자랄 수 있다.

남부의 여러 주에 밤에 잘 때 칡이 창문 틈으로 들어오지 못하도록 창문을 닫아놓아야 한다는 농담이 있을 정도다. 자생 숲의 전체 임분林分이 그럴 수 있는 것처럼 방치된 건물들도 이 잡

칡은 쌍떡잎식물 장미목 콩과의 덩굴식물이다. 칡은 다년생 식물로서
겨울에도 얼어 죽지않고 대부분의 줄기가 살아남는다. 줄기는 매년 굵어져서
굵은 줄기를 이루기 때문에 나무로 분류된다.

초에 뒤덮여 곧 보이지 않게 될 수 있다.

칡은 27미터가량 자랄 수 있다. 그 시기가 되면 칡을 지탱하고 있는 나무들은 햇빛을 받지 못해 죽어간다. 지금까지는 어떤 방법으로도 칡을 몰아낼 수 없을 것으로 보인다. 가장 신성한 생태학적 원리들을 비웃으면서 그것은 자리를 굳히고 확실히 안정적으로 정점에 이른 식물이 되었다.

현재 미국 남부에서 8,000제곱킬로미터에 달하는 삼림지대를 뒤덮고 있는 칡은 공식적으로 미국 농무부가 정한 금지 식물이다. 하지만 통계 수치로는 온 사방을 뒤덮으면서 가차 없이 전진하는 이 식물과 함께 사는 게 무엇을 의미하는지 알기 어렵다.

칡으로 뒤덮인 풍경은 섬뜩하게 아름답다. 그것이 파묻은 것을 생각하지 않는다면 말이다. 거기에는 마치 고대 도시가 밀림의 습지에 압도당한 것 같은 원시적인 기운이 감돈다. 나무들은 녹색 용암이나 단색 산호층에 의해 돌같이 굳은 것처럼 보이거나 해초로 둘러싸인 난파선의 유물처럼 보인다. 어떤 미국인들은 이 활력 넘치는 푸르름에서 위안을 찾았다. 작가 프란시스 램Francis Lam은 허리케인 구스타프Gustav를 피해 앨라배마로 가면서 그것을 보고 매료되었다.

'저기 전깃줄 위에서 칡이 자라고 있다. 나무 위에도 칡이 자라고 있고, 건물들 위에도 칡이 자라고 있다. 칡이 칡을 덮으며 자라고 있다. 몇 분에 한 번씩 무성한 덩굴이 자라는 들판을 건넜는데 그때마다 눈보라가 몰아친 후 잠에서 깨어나서 온 세상이 구석구석 동글동글해진 것을 보는 것 같았다. 그 광경이 너무나 놀라워서 나는 조용히 감사를 드렸다. 그것은 허리케인을 피해 달아나느라 긴장된 마음에서 잠시 벗어나게 해주는 휴식 같았다.'

남부에서는 칡이 엄청나게 널리 확산되었는데도 불구하고 여전히 그것을 토양 유실을 제어하는 데 사용하고 있고, 그 줄기를 수확해 바구니를 짠다. 그리고 칡을 심은 원래 목적인 주기적 방목이 칡이 확산되는 것을 막는 가장 경제적인 수단이라고 여기고 있다.

그렇게 초자연적으로 팽창하면서 신비로운 분위기를 자아내는 잡초들은 과거의 외래 잡초들이 그랬던 것처럼 그 기원에 대한 신화가 생길 수밖에 없었다. 가장 터무니없는 것(미국 웹사이트 '마인드스프링Mindspring'에 나오는)은 너무나 말도 안 되는 음모론을 포함하고 있어서 일종의 사기라고 생각해도 무리가 아니다. 하지만 그렇긴 해도 이야기 속에는 식물 침입자에 대한 편집증이 완벽하게 압축되어 있다.

마인드스프링에서는 칡이 아시아에서 유래했다는 사실을 쉽게 인정한다. 하지만 그것이 미국에 오게 된 것은 미국 경제를 전복시키려는 '일본 비밀 공작원'들의 사악한 음모였다고 주장한다. 그들은 산림청을 목표로 삼았는데, 산림청은 1870년대부터 이미 침식된 토양을 해결할 방법을 찾고 있었던 것으로 추정된다. 그리고 여기 외래식물의 신화에 나오는 익숙한 장치가 줄거리에 등장한다.

이 식물이 대륙 전체로 나갈 수 있게 해 준 기발하고 신중한 운반책 말이다. 칡의 씨앗은 반송 주소가 없는 봉투에 담겨 미국에 익명으로 보내졌다. 그리고 산림청은 기대를 품고 그것을 심었다. 그러자 그 녹색 골칫덩이들이 널리 퍼지기 시작했다.

30년 후, 더 많은 봉투가 도착했는데, 이번에는 일본의 비밀 실험실에서 개발된 훨씬 더 많은 종류의 칡이 들어 있었다. 1940년대가 되어서야 마침내 당국에서 국유림 전체가 황폐해지고 있다는 것을 알게 되면서 주 방위군과 예비군 통합 병력이 참여하는 근절 프로그램이 개발되었다. 일본인들은 칡을 박멸하려는 계획을 틀어지게 하려면 뭔가 과감한 조치를 취해 그 모든 군사적 노력을 다른 데로 향하게 할 대혼란을 일으켜야만 한다는 것을 알고 있었다. 답은 하나였다. 그들은 진주만을 폭격했다. 가장 뚜렷한 일본의 위협에 맞서 전쟁 지원에 몰두한 미국은 진짜 비밀 무기의 소리 없는 확산을 무시했다. 그 이후로 일본인들이 여러 도시에서 부동산을 매입하면서 칡은 미국 전역으로 계속 퍼져 나갔다. 마인드스프링은 이렇게 결론을 내린다.

'아마 여러분이나 나는 여기서 그걸 보게 되지 않겠지만, 푸른 하늘의 마지막 작은 한 조각이 쉬지 않고 자라는 털 달린 녹색 풀의 물결로 가려지는 날이 오면 어쩌면 우리 아이들이 칡 속에 갇혀 소리도 못 내고 마지막 공포의 비명을 지르는 세대가 될 수도 있을 것이다.'

이 이론은 너무 과대망상적이어서 믿기 힘들 수도 있지만, 표현 방식과 내용 면에서 호주의 외래 식물 침입에 대한 엄밀한 과학적 설명과 비교할 만하다. 남반구와 특히 호주가 매우 극심한 고통을 겪어온 이유만 해도 복잡하다. 거기에는 많은 요소가 한몫하고 있다.

고립된 대륙과 세계 다른 지역에 사는 식물들과 유전적, 생화학적 연관성이 거의 없는 식물들, 덥고 습한 기후, 그리고 땅을 밟아서 다져주면서 식물들이 그 괴롭힘에 맞서 진화하도록(예를 들면, 토종 잡초) 자극할 발굽 동물들이 오랫동안 존재하지 않았던 얇고 척박한 토양 등이 그것들이다. 호주는 그 나라의 생물학자이자 작가인 팀 로우Tim Low가 외래 침입종들이 호주의 토착 생물들에게 끼친 재앙적 수준의 영향에 관한 책인 『야생의 미래 Feral Future』(1999년)를 집필할 정도로 심각한 고통을 겪어 왔다.

이 책은 성이 나 있다. 그는 현재 이 나라가 2,500종 이상의 외래 잡초들을 보유하고 있으며, 그들로 인해 매년 40억 달러의 경제적 손실을 보고 있다고 자세히 설명한다. 그리고 그들의 호주의 오래된 문화로의 진입을 세계화의 한 예이자 결과라고 말하고 있다. 그의 언어는 그가 묘사하고 있는 식물 침략의 규모에 대해 전혀 알 수 없는 온화한 기질의 유럽 사람들에게는 불편하게 느껴질 수도 있다. 그는 마치 침입한 식물들을 탓하는 것처럼 말한다.

침략자들은 우리의 숲으로 '슬그머니 들어와', 우리의 강을 '오염'시킨다. 잡초들은 '넌덜머리가 난다.'

항우울제의 원료인 고추나물은 '심술궂은' 식물로, 미모사는 '습지 3만 에이커를 차지하고 있는 혐오스러운 식물'로 묘사된다. 또한 '애들레이드Adelaide 주변의 올리브 나무들이 산허리를 온통 음침한 수풀로 바꾸어 놓았다'라든가, 초기 영국 이주민들이 일부러 여기저기 뿌려놓은 유럽에서 사랑받는 블랙베리가 현재 호주에서는 '음침한 수풀'을 이루면서 가장 '유해한' 잡초 중 하나로 여겨질 수 있다는 말에 조상 대대로 자연 그대로의 초목과 재배 초목이 조화롭게 어우러지는 것을 경험한 유럽인들이 동조하기란 쉽지 않다. 부적절한 장소에서 자라는 식물이 2만 킬로미터 떨어져 있을 때, 잡초의 위협을 이해하는 데는 문화적 공감이라는 결연한 노력이 필요하다.

로우의 감정적인 어휘는 그의 입장에 도움이 되지 않는다. 그가 휜털박하(19세기 중반 영국으로부터 약초로 소개됨)이 현재 빅토리아에서만 약 65,000제곱킬로미터에 달하는 면적에서 무성하게 자라고 있다고 말했는데, 그것이 그 지역에 산재해 있다는 것을 의미하는 것일까 아니면 한 곳에서 집중적으로 자라고 있다는 것을 의미하는 것일까?

그 차이는 중요하다. 하지만 우리는 이런저런 말을 할 처지가 못 된다.

미국처럼 호주의 초기 외래식물 침입종 대부분은 영국에서 왔다. 1881년에 태즈메이니아Tasmania를 여행한 화가 마리앤 노스Marianne North는 엉겅퀴와 소리쟁이, 민들레에 대해 이렇게 불평했다.

'그 시골 지역은 나에게 조금도 매력적이지 않았다. 그곳은 너무 영국적이었다.' 그러나 이 고립된 섬 대륙의 생물들이 낯선 유기체로부터 얼마나 광범위하게 영향을 받을 수 있는지 보여주는 초기의 예는 남아프리카에서 온 잡초에 의해 촉발되었다. 희망봉에서 온 노란색 데이지인 케이프민들레는 19세기 중반에 도착해 생태계에 오늘날까지 이어지는 파문을 일으켰다. 20년 만에 그것의 연한 레몬색 꽃이 '산비탈과 모든 빈터를 뒤덮었다.'

식물학자 J.E.테니슨-우즈Tenison-Woods는 '그것이 길가에 무릎 높이로 무리지어 자란다.'라고 보고했다.

그 후, 1889년에 호주 토종나비의 애벌레가 그 잎을 먹는다는 사실이 알려졌다. 데이지가 너무 많아서 개체 수가 폭발한 나비가 빅토리아주 전역의 하늘을 뒤덮었다. 뭉개진 나비 몸통이 너무 많아서 바퀴가 레일에 맞물리지 못할 정도로 윤활유를 많이 뿌린 열차가 철도 터널에서 멈춰 섰다는 신문 기사가 날 지경이었다.

그리고 미국에서처럼, 가장 큰 문제를 일으킨 것은 새로운 식물과 새로운 동물들의 결합이었다. 거친 목초지 풀인 버펠그라스는 아마 아프리카에서 낙타와 함께 호주로 처음 들어온 것 같다. 하지만 그것은 너무 좋은 방목용 풀이 되었기 때문에 사람들은 곧 일부러 버펠그라스를 파종하게 되었다. 하지만 그 개체 수가 폭발적으로 증가한 것은 오로지 양의 개체 수가 엄청나게 불어났기 때문이었다. 발굽 달린 게걸스러운 가축들이 전혀 먹지 않는 호주의 초목은 방목을 견뎌내도록 진화해 신속히 성장하고 공격적으로 씨앗을 뿌리는 식물과는 비교가 되지 않았다. 아시아의 팜파스풀인 또 다른 목초지 식물은 거의 한 세기 동안 휴면 상태로 남아있었다.

왜냐하면 그 식물들은 씨를 뿌릴 수 없는 하얀 깃털이 달린 암컷이었기 때문이었다. 그러다 1970년대에 이르러 누군가 우연히 꽃가루를 품은 자웅동체가 된 새로운 대청(십자화과의 두해살이풀) 종을 들여왔다. 이것이 그 암컷과 수정하면서 호주에 또 다른 새로운 잡초가 탄생하게 되었다.

호주에서는 거의 모든 외래식물이 잡초가 될 수 있을 것 같다. 수선화, 스위트피, 라벤더, 복숭아, 올리브, 버드나무, 포도, 무화과, 당근, 스위트브라이어sweet-briar(들장미의 일종), 물냉이, 캐슈, 페퍼민트 (…) 그 목록은 매년 수십 개씩 증가한다.

침략자를 성공적으로, 그리고 환경을 파괴하지 않으면서 지속 가능하게 통제한 경우는 극히 드물다.

1920년대 내내, 보검선인장은 아마 지구상에 가장 널리 퍼진 잡초로 분류되었던 것 같다. 로우의 보고에 따르면, 퀸즐랜드Queensland와 뉴사우스웨일스New South Wales에서는 10만 제곱킬로미터나 되는 면적에 이 선인장이 창궐했다. 당시 유기적 방제를 믿는 사람들 사이에서 거의 성경처럼 여겨지게 된 이야기를 보면, 1925년에 한 관련 곤충학자가 아르헨티나에서 선인장 명나방Cactoblastis cactorum을 호주로 가져와 풀어놓았다.

나방은 즉시 보검선인장이 자라는 곳을 누비며 그것을 먹어치우기 시작했고, '두 번째 해 말이 되자 그 시골 지역은 썩은 보검선인장과 젤리처럼 미끈미끈한 물질이 수인치 두껍게 뒤덮고 있었다.'

선인장의 패배는 여전히 생물학적 방제의 뛰어난 사례로 남아 있다. 그러나 그것은 양날의 검과 같은 해결책이다. 선인장명나방은 전 세계로 퍼져 나가며, 야생 토착 선인장의 개체군을 파괴하기 시작했다. 유기체 제초제는 그들이 없애는 잡초만큼이나 큰 문제가 될 수 있다.

호주가 외래 침입종들과 겪는 문제는 너무나 복잡해서 생각하기도 힘들 정도다. 그러나 현실적으로 그 나라나 다른 모든 나라를 어떤 이상적이고 안정된 '자연의' 상태로 되돌려 놓을 희망은 없다.

생태계는 기후 변화와 멸종에 적응하며 순응한다. 회복력을 유지하려면 반드시 그래야 한다. 외래 침입종들 또한 한 번 욱하며 열을 낸다거나 제초제를 퍼붓는 것으로는 이 땅에서 몰아낼 수 없다. 우리가 할 수 있는 최선은 이미 존재하는 것들을 우리의 생활과 생태계에 통합시키는 방법을 찾고, 도움이 되지 않는 새로운 종들이 들어오는 것을 막으려고 노력하는 것이다.

로우는 다음과 같이 식물학자 제이미 커크패트릭Jamie Kirkpatrick의 흥미로운 실험을 인용한다.

'정상적인 개인의 1.1일 치에서 1.4일 치 소변은 자생 관목만을 감당할 수 있는 상태의 토양 1제곱 야드(0.25제곱 킬로미터)를 대부분의 농작물과 잡초에 적합한 수준까지 끌어올릴 수 있을 만큼 충분한 비료가 될 것이다.'

호주에 도착한 최초의 외래 생명체이자 자생 미경토(인력이 가해지지 않은 채, 자연식토自然埴生 그대로 있는 미경지의 토양)에 처음으로 소변을 끼얹은 존재, 그리고 유기체 이동이라는 전체 사업을 시작한 존재는 유럽의 식민주의자들이 아니다. 그 존재는 바로 45,000년 전 인간이 살지 않는 호주에 발을 들여놓은 멜라네시아Melanesia(오스트레일리아 북동쪽 남태평양의 약 180° 경선에 연이어 있는 섬) 탐험가였다는 사실을 명심할 필요가 있다.

히말라야물봉선

외래 식물들은 호주에서 일으킨 문제를 영국에서는 일으키지 않았다. 우리 기후는 차서 더 따뜻한 지역에서 대혼란을 일으키고 있는 대부분의 아열대 침입 종들에게는 도움이 되지 않는다.

우리의 토종 초목은 줄곧 뜯어 먹히고, 베어지고, 괴롭힘을 당하면서 청정 생태계보다 침입에 대한 내성을 더 발달시켰다.

다음에 보게 되겠지만, 모자반과 히말라야물봉선이라는 골치 아픈 문제가 있긴 하다. 하지만 우리의 새로운 잡초는 대부분 칡이나 버펠그라스 같은 생태계 파괴자들이라기보다는 환경적 골칫거리들이다.

침엽수 재배지의 준엄한 장대들 한 가운데 불꽃처럼 너울거리고 있는 니포피아와 교구위원의 새 모이통 아래 몰래 숨어있는 끝이 뾰족한 대마초는 식물 판 말장난에 지나지 않으며, 외래종의 침략이라는 불길한 징조라기보다는 식물 사업의 해로운 예다. 적어도 내겐 그렇게 보인다.

유감이지만, 나는 1960년대에 미들섹스 황무지에서 국제적 무단거주자들의 시끌벅적한 무리를 발견하고 느꼈던 흥분이나 그것들이 거기에 도착한 경로를 알고 느꼈던 경이로움을 결코 잊지 않았다. 그 이후로 나는 이상한 곳에서 이상한 식물들을 찾아냈다. 그리고 이것이 식물 슬럼화에 지나지 않는 것을 합리화하는 것처럼 들릴 수도 있지만, 나는 더 더운 세상에서는 위협이 되었던 그들이 여기서는 왜 그런 위협이 되지 않는지 그 이유에 대한 어떤 단서를 포착한 기분이 든다.

펭귄 사무실에서 점심시간에 떠났던 탐험 여행은 『비공식적인 시골The Unofficial Countryside』이라는 책으로 이어졌고, 그다음에는 텔레비전 영화로 제작되었다. 이것은 단지 괴상한 잡초와 관련 있을 뿐 아니라 도시 자연의 총체적인 특성, 즉 문명의 저 덧없는 업적인 도시와 공존하는 야생의 고무적인 부조화와 관련이 있었다.

그것들은 고층 빌딩 창가에 둥지를 튼 황조롱이나 화이트홀Whitehall을 어슬렁거리는 여우, 영연방 총리들이 정원에서 파티를 하고 난 후에 버킹엄 궁에 열대의 옷을 입고 나타난 나방들에 관한 것이었다. 그러나 그 도시의 야생 초목은 항상 내재된 변성에 대한 전율이라는 배경 안에 있었다.

물론 분홍바늘꽃은 여름 내내 변치 않는 배경이었다. 특히 벡튼Beckton에 있는 버려진 가스 공장의 타르로 더럽혀진 쓰레기 더미에서 말이다. 거기서 그것은 우리의 검은 머리 딱새black redstart들의 시퀀스의 틀이 되었다. 그러나 종종 그 잡초 그 자체가 이야기의 줄거리가 될 때도 있었다.

월즈던 정션Willesden Junction 근처의 철도 제방에서 우리는 수십 년 전에 재배되다 지금은 잊힌, 그리고 매우 어울리지 않는 장소에서 잡초처럼 자라고 있는 고급 과일과 채소 무리들로 이루어진 놀라운 야생 정원을 촬영했다.

가로로 1.8미터 정도 펼쳐진 아스파라거스 덤불과 얽히고설킨 로건베리, 열매 맺힌 블랙커런트 수풀이 있었다. 그들의 역사는 흥미로웠다. 제2차 세계대전 중, 전 인구가 '승리를 위해 땅을 파자Dig for Victory'라며 내몰렸을 때, 철도 제방 앞에 집을 가진 사람들은 철도 용지도 전쟁 수행에 일조해야 한다고 결정하고 개인 채소밭을 철로 가장자리까지 확장했다. 이렇게 임시로 조성되었던 농지는 전쟁이 끝난 후 방치되었지만, 거기서 자라던 농작물은 살아남았다.

잡초가 전문가의 목록에 오르려면 유래와 지속성, 특이성이라는 요소가 필요하다. 그 당시 대거넘Dagenham의 포드 자동차 공장 뒤편에는 회전초 군락지가 상당히 많이 있었다. 황무지에서 굴러다니고 있는 그 식물의 마른 줄기 뭉치들은 서부 영화의 분위기를 내는 데 꼭 필요한 것이었다(두말할 것도 없이 회전초의 유목민적 습성은 사막의 광활한 지역에 맞춰 진화한 고전적인 잡초의 전략이다. 꽃을 피운 후 말라죽은 모식물은 바람에 뿌리가 뽑힌 후, 여기저기 날아다니며 가는 곳마다 씨앗을 뿌린다).

역설적인 것은 이것이 영화가 시대를 착각해 세심하게 고른 사례 중 하나라는 것이다. 일명 러시아 엉겅퀴, 살솔라 칼리Salsola kali 루테니카ruthenica 아종이라 불리는 회전초는 동유럽과 아시아의 건조 지대 출신이며, 고전 서부극에서 묘사된 개척시대 얼마 후인 1870년대 말에(우크라이나 이민자들이 들고 온 아마씨에 섞여서) 미국에 잡초로 등장했다.

러시아 엉겅퀴는 1875년에 영국에서 처음 기록되었는데, 장소는 옥스퍼드 외곽에 있는 한 정원이었다. 그것은 아마 양모 부스러기 비료에 섞여 들어왔을 것이다. 대거넘 군락지는 1930년대에 발견되었는데, 그 시조들은 포드 아메리카Ford America의 수입

품들과 함께 들어온 것으로 추정된다.

러시아 엉겅퀴가 성공적으로 발아와 번식을 마칠 수 있었던 것은 러시아 스텝 지대의 건조한 평원이나 미국 서부와 매우 비슷한 서식지를 찾았기 때문이었다. 공장 뒤편에는 주조장에서 배출된 폐기물을 내다 버리는 넓은 부지가 있었다. 마치 학교 아이들이 모래 언덕으로 가는 것처럼 회전초들은 따뜻하고, 건조하고, 변화무쌍한 사막 같은 그곳으로 옮겨갔다.

1934년에 그 군락에는 수백 가지 식물들이 자라고 있었다. 1974년에 우리가 그곳을 촬영하기 시작했을 때는 쓰레기 폐기장의 많은 부분이 바닥을 평평하게 고른 후, 생산라인에서 막 나온 포드 자동차들을 세워두는 주차 구역으로 사용되고 있었다. 하지만 잡초는 남아 있었다. 그날은 사막의 산들바람이 불고 있었다. 덕분에 우리는 에식스 회전초들이 유전적 운명을 실현하려고 엉뚱하게 새로 생산된 코르티나Cortina(1970년대의 영국 소형차)에 쳐놓은 보안 울타리 안으로 날아 들어가는 특이한 장면을 찍을 수 있었다.

그때까지 나는 외래종들을 좋아했다. 어느 정도 그들이 다른 지역으로 이동하는 데 사용한 독특한 방법 때문이기도 하고, 식물 세계의 적절한 질서를 무시하는 그들의 태도, 말하자면 완전한 기회주의적 태도 때문이기도 했다. 나는 비어있는 것에 대한 자연의 그 이름난 혐오 속에서 매우 별나거나 역사적으로 어울리는 잡초들이 쓸 수 있는 공간들을 되는대로 채우는 그 방식이 너무 좋았다.

나는 내 취향이 때때로 음습한 변론이 아닐까 두렵다. 내가 엉뚱한 곳에서 식물과 마주친 가장 극단적인 예는 어떤 환자의 눈꺼풀에서 촉촉한 온기로 싹을 틔운 알팔파 모종에 대한 의학 저널 기사였다. 그보다 훨씬 덜 당황스러운 것은 옥스퍼드 세인트 크로스 교회St Cross 묘지의 무덤 위에서 바로 자라고 있는 벨라돈나를 발견한 것이다. 나는 그것이 1913년 왓퍼드Watford 공동묘지의 한 무덤에서 싹튼 그 유명한 '무화과 무신론자'와 비슷한 기원이 있었을 거로 생각한다(전설에 의하면, 그 지역의 한 무신론자가 자기가 관에 들어가면 손에 무화과를 하나 놓아달라며 만약 저세상이 있다면 자기가 그것의 싹을 틔울 것이라고 말했다. 물론 그 나무는 관에 누운 그 불운한 사람이 마지막으로 먹은 간식에서 생겼을 가능성이 더 크지만 말이다).

나는 때때로 영국제도 식물학 협회Botanical Society of the British Isles에서 조직한 '외래종 채집Alien Hunts'에 참가했다. 이것은 대형 버스를 타고 런던 동부의 쓰레기장을 돌아다니는 여행의 완곡한 표현이었다. 쓰레기를 재활용하게 되기 전에 그곳은 도살장 폐기물부터 플라스틱 장난감에 이르기까지 온갖 종류의 쓰레기를 아무렇게나 내다 버리던 지역이었다.

초가을 날 우리는 갓 버려진 소의 창자나 바람에 굴러다니는 종이, 깨진 유리, 악취를 풍기는 헤아릴 수 없이 많은 음식물 쓰레기 더미를 헤집고 다니곤 했다. 모든 풍경은 불이 붙은 고무에서 피어오르는 연기와 유기물 쓰레기가 뿜어내는 열기로 가득했다.

트럭들이 오가면서 내려놓은 새로운 쓰레기 더미를 불도저들이 납작하게 눌러 압축 배합토처럼 만들었다. 나는 지구상의 어느 자연 서식지에 구식 쓰레기장의 끊임없는 소란이나, 그런 이국적인 씨앗의 집중적인 유입이 없을까 의심스럽다. 그곳은 잡초를 속성 재배하는 터였다.

그리고 그것들은 수천 개의 식이 식물과 관상 화초, 수입 화분에 잠시 숨어든 남반구 밀입국자가 되어 나타났다. 그것들은 사람들이 버린 샐러드나 동양 음식점에서 나오는 쓰레기, 매년 새 모이로 수입되는 수천 톤의 씨앗에서 싹을 틔웠다. 그리고 산울타리를 다듬으며 나온 잔해와 진흙이 묻은 타이어나 수입품 포장지에 박힌 씨앗에서 뿌리를 내렸다. 생명력 있는 모든 씨앗이나 뿌리나 줄기의 파편들은 이 따뜻한 쓰레기에 의해 생명력 있는 식물로 자랄 영양분을 얻을 가능성이 있었다.

우리는 메밀, 갈풀, 고수, 오이, 쿠민, 달리아, 그 오래된 옥수수 밭 전염병 중 하나인 독보리(아마 수입 보리에 섞여들어 온), 딜, 회향, 호로파, 호리병박, 사리풀, 붓꽃, 줄맨드라미, 금잔화, 삼, 가짓과 식물(5종), 감자, 중국닭의덩굴, 페루꽈리, 해바라기, 수박(이 열리는) 토마토, 남미에서 온 만화 영화 도꼬마리로 열매들이 양털 부스러기와 엉겨서 도착하는 바늘도꼬마리 *Xanthium spinosum*를 발견했다.

이와 같이 매우 특이한 종이 발견되면, 탐험 대장은 호루라기를 불었다. 그러면 우리들은 끼리끼리 사담을 나누다 멈추고 식물 주위에 모여들어 사진을 찍고 그것의 정체를 알아내는 데 단서가 되는 세부 특징을 두고 토론을 벌이곤 했다. 그래도 확신이 안 서면, 정체가 파악될 때까지 식물을 '보관'할 사람을 정했다.

정해진 사람은 식물을 축축한 비닐 백에 넣어 자기 집의 온실이나 식물 정원으로 가지고 가서 그것이 꽃을 피우거나 씨앗을 뿌려 정체를 드러내는 순간까지 보살핀다. 쓰레기장 여러 곳을 한 바퀴 도는 동안 버스 안의 온기로 폴리에틸렌 가방 안에 들어 있던 페루꽈리(수확될 때 자세히 보면 꽃에 파리가 앉은 것처럼 보여 '파리야 저리가shoo-fly'로 불림)가 푸른 꽃을 찬란하게 활짝 피웠다. 이 식물의 묘한 이름을 떠올리며 나는 식물들의 소박한 영어 이름을 시골의 유기물 쓰레기에서 나온 21세기의 새로운 품종과 연결 짓는 포시 시몬스Posy Simmons의 짓궂은 만화가 떠올랐다. 그녀의 설명은 이 주변 환경에 특히 적합해 보였다.

'철도 제방은 '포장지 떨어뜨리기DROPFOIL', '골칫거리 풀GUMBANE', '노란 옥수수 주름YELLOW CORN COCKLE'이, 외진 곳에 마련된 철도 긴급 대피 공간에는 '끄트머리가 담황색 허파 조각BUFF-TIPPED LUNG BUTTS'이 군락을 이루고 있다.

여기서 우리는 밀랍 같은 금색 또는 반투명 분홍색 풀들을 들여다보다 '도깨비 손가락 싸개GOBLINS FINGERSTALL'를 처음 발견하

기도 한다. (…)'

우리의 '외래종 채집'은 과학적 가치가 의심스러웠고, 의심할 여지없이 들새 관찰자들 사이에서 전율을 일으키는 희소성과 공통점이 있었다. 하지만 채집자들이 식물의 기원과 그 쓰레기장들의 고고학에 매료되는 것을 고려해 볼 때, 나는 취미로 금속 탐지기를 사용하는 사람의 세계에서 더 많은 것을 느꼈다.

여행은 확실히 식물들의 이동에 예민해져서 그에 대해 매혹적인 새로운 사실들을 밝혀주었다. 그리고 그들은 식물 괴짜들에게만 관심이 있었던 것은 아니었던 것 같다.

어느 토요일, 바킹 쓰레기장Barking Tip 탐험에서 우리는 일행의 아이들과 함께 그 지역을 돌아다니면서 더 많은 전리품을 찾아 쓰레기를 뒤지고 있었다. 아이들은 우리를 붙잡고 질문 공세를 퍼붓고 이름을 알아내려고 식물을 잡아 뽑았다. 그들은 각자 잠시 흩어지더니 자기들 무리의 대장을 통해 우리에게 표본을 여러 개 보내왔다.

어린아이들 중 한 명이 학명으로 트라키스페르뭄 암미 Trachyspermum ammi라고 알려진 동양의 향신풀 아요완의 작은 가지로 대장을 찔렀다. 그것은 까다로운 미나리과 식물로 내게는 아주 생소했다. 하지만 이 어린 새내기 분류학자에게는 더 이상 낯선 것이 아니었다. 그는 런던식 라틴어로 이렇게 단언했다.

'아니에요, 쟤네들은 벌써 다 알아요.'

어쩌면 이 쓰레기장 식물들을 부적절한 장소에 있는 식물들이라는 의미에서 잡초라고 부르는 것은 옳지 않을 수도 있다. 그들은 왕따로서 정확히 올바른 자리에 있었고, 이 나라로 자신을 데려온 경제 활동으로부터 효과적으로 격리되었다. 그들의 수명은 짧았다. 그들은 트럭에서 부려진 후 아마도 대부분은 다음 달에 새로운 흙에 묻혔을 것이다. 그것들은 씨앗을 뿌릴 기회조차 얻지 못했고, 자신이 던져진 세상에 문제를 일으킬 기회도 거의 없었다. 쓰레기장은 그곳에서 자란 식물 하나하나에 관한 이야기의 끝일뿐이지 새로운 외래 침입종을 위한 발판은 아니었다.

몇 년이 지난 후에도, 나는 여전히 잡초의 이동과 침입에 흥미를 갖고 있다. 그들의 침투력은 굉장할 수 있다. 나는 축축한 석회암 틈새에 뿌리를 박고 동굴 안 전깃불 근처에서 자라고 있는 작은 황새냉이 새싹을 발견한 적도 있고, 브리스톨Bristol의 3층 지붕에서 부들레야 덤불을 본 적도 있다.

콘월의 에덴 프로젝트Cornwall's Eden Project에 있는 습윤 열대 생물군Humid Tropics Biome내 높은 곳에서, 나는 수입 석재 판에서 가시금작화 덤불이 싹트는 것을 보았다. 그것은 생물군계(주로 기후 조건에 따라 구분된 생물대) 외부에서 대량으로 자라는 데서 벗어나 온전히 밀폐되지 않은 환경으로 슬며시 몸을 밀어 넣은 것이었다.

임기응변이 전부다. 나는 1973년에 쓰레기 청소부들이 파업하는 동안 악명 높은 가죽나무 묘목이 쓰레기로 가득 찬 런던의 쓰레기통 뚜껑을 들어 올린 것을 보지는 못했다. 하지만 순환선 제방을 뒤덮고 있는 어린나무 숲은 본 적이 있다. 그 숲은 거기서 땅 위로 뻗어 있었다. 가죽나무는 1751년에 첼시 피직 가든Chelsea Physic Garden의 씨앗에서 처음 싹이 터 자라났고, 그 씨앗 열쇠seed key들은 바람과 지나가는 지하철 열차의 후류에 쉽게 날아갔다. 그것은 이제 남유럽을 건너와 이곳에 완전히 귀화해 토착 관목지대의 일부가 된 것으로 보인다.

외래종이 암시하는 바는 절묘하게 친밀하고 정밀할 수 있다. 나는 도시 포장도로의 갈라진 틈에서 밝은 파란색 로벨리아가 군데군데 작은 무리를 지어 피어있는 것을 자주 본다. 그것들은 바로 위에 매달린 바구니에서 씨앗이 떨어진 것이다. 아니면 세계에서 가장 성공적인 잡초의 드넓은 세계 여행이 그것을 설명하려는 식물 과학의 답답한 시도와 만나는 곳에 널리 퍼져서 혼란을 일으키는 것일 수도 있다.

나는 포르투갈 신트라Sintra에 있는 어떤 갤러리의 옥외 전시장에서 밝은 레몬 빛 노란색 꽃이 한 남미 예술가의 조각품을 보관하는 통에 피어 있는 것을 본 적이 있다. 그것은 현재 버뮤다미나리아재비Bermuda-buttercup(점박이노랑사랑초)로 알려진 식물이다.

'버뮤다'미나리아재비는 사실 남아프리카(거기서 그것은 케이프황화구륜초Cape cowslip로 알려져 있음)에서 유래되었으며, 현재 실리섬Scilly Isle 구근밭과 호주의 감귤 과수원, 카리브해 농장(이것이 속명을 갖게 된 곳)등 세계 곳곳에 만연한 잡초다. 이 당황스러운 명명법은 잡초 자체의 급속히 늘어나고 변화무쌍한 특징을 상징하는 것처럼 보인다.

가끔씩 잡초의 기이한 진취적 기상, 이를테면 이런 날카롭고 빠른 변화의 지표가 사람들을 기운 나게 할 수도 있다. 나는 1990년대에 핵 기지로 사용이 중지된 지 얼마 되지 않은 그리넘 커먼Greenham Common을 방문했다. 그곳에선 이미 자연에 의한 재군체 형성이 시작되고 있었다. 박쥐들이 미사일 사일로에 보금자리를 틀었고, 내터잭 두꺼비들은 낡은 탄약 상자 밑에 숨어들었다.

거대한 활주로를 따라 펼쳐진 초원은 이미 야생화로 뒤덮이기 시작했다. 그리넘 커먼이 산성 녹색 사암 토양 위에 지어졌다는 점을 고려했을 때, 이중 많은 종들이 벌새 둥지처럼 이삭이 접힌, 철도 제방과 오래된 채석장의 억센 잡초인 야생 당근을 앞세운 백악질을 좋아하는 종들이라는 점은 주목할 만하다. 활주로에 있는 시멘트가 흙으로 스며들어 토양이 알칼리성으로 변하고 있었다. 지옥으로 가는 고속도로는 파헤쳐지기 전부터 해체되기 시작해 초원으로 변하고 있었던 것이다.

내가 30년 동안 영국에서 외래종 잡초를 찾아다니면서 배운 중요한 교훈은 그들 대부분의 삶이 달콤하지만 짧다는 것이다.

매년 도래하는 수백 종의 새로운 종들에게 이용할 수 있는 틈새는 작고, 기후는 적대적이며, 환경이 변하는 속도는 종종 그들의 빠른 생명주기보다도 빠르다. 그리고 경작되지 않은 땅은 대부분 이미 오래된 원주민들이 단단히 자리를 지키고 있다(이러한 의미에서 침입 외래종은 잡초를 생태학적 진공 상태, 이 경우 포식자나 질병, 원래 서식지에 있던 방어적 생화학적 조성이 없는 곳에서 번성하는 식물로 보는 모델에 잘 맞는다).

소수의 신참들만이 살아남아 더 넓은 지역의 시민이 되고, 그보다 더 적은 수는 사람들에게 성가신 존재가 된다. 쓰레기장은 이 큰 무대의 이도 저도 아닌 나머지 잡초들의 운명을 상징한다. 그들은 본질적인 식물학적 변종 쇼로 눈부시게 빛을 발할 수 있다. 하지만 그들이 금방 전멸되지 않고 성공적인 침입자가 될 가능성은 작다.

귀화한 대부분의 외래종은 우리가 보아온 것처럼 하나의 다른 길을 따라 여행해 왔다. 그들은 개체 수가 자연스럽게 탈출하거나 의도적으로 추방할 수밖에 없는 수준에 도달할 때까지 정원에서 보살핌을 받으며 번식하고, 정원사들끼리 서로 나눠 가진 것들이다.

이것이 영국의 자연보호주의자들을 걱정하게 하는 12가지 정도의 '침입 외래종'들이 야생에 들어오게 된 경로다.

8개의 종은 수족관과 장식용 연못에서 나온 수생이다. 뉴질랜드산 피그미위드pigmyweed, 캐나다산 수초인 캐나다말water weed, 앵무새깃물수세미(남아메리카산)같은 종들은 다른 수생식물을 질식시킬 수 있는 촘촘한 나뭇잎 덮개를 물 표면에 드리운다. 육

상식물과 달리 그들은 성장을 제한하는 땅에 묻힌 뿌리 체계가 없다.

다음으로 가장 심각한 잡초는 아마 특이하게도 기존의 오래된 삼림지대, 특히 영국의 서부에 있는 삼림지대를 침범할 수 있는 능력이 있는 만병초rhododendron일 것이다. 만약 어떤 식물이 매우 긴 시간을 보냈다면, 어쩌면 그것은 엄밀한 의미에서 외래종이 아니기 때문일지도 모른다.

영국 서부에서 발도 들여놓기 힘들 정도로 무성한 덤불을 형성하고 있는 종인 만병초*Rhododendron ponticum*의 꽃가루의 잔해는 아일랜드의 마지막 간빙기 퇴적물에서 발견된 적이 있다.

이 종은 확실히 대서양 삼림지대에서 자라는 데 익숙했으며, 이런 서식지와 경쟁 종에 대처하는 방법에 대해 유전적인 '기억'을 간직하고 있었을 것이다. 하지만 그것은 3만 년 동안 영국에서 자연적으로 자라지 않았다. 그래서 현재의 모든 야생 서식지는 정원 탈출에서 기인할 것으로 여겨진다.

만병초를 먹는 곤충은 거의 없으며, 심지어 씨 뿌리기 좋지 않은 여름에도 이 식물은 흡근을 통해 널리 퍼진다. 스코틀랜드 서부 해안을 따라 자리 잡은 독특한 대서양 참나무 숲(때로는 '셀틱 열대 우림'이라고 불리기도 한다)에서, 만병초들은 바람에 흔들리는 오크나무를 기어올라 이들 숲이 국제적으로 중요한 마지막 피난처가 되어주고 있는 지의류 식물과 이끼에 그늘을 드리울 수 있다.

여우가 여우 사냥꾼들이 좋아하는 동물인 것처럼 인도물봉선 또는 히말라야물봉선은 자연 보호주의자들에게 가장 인기 있는 침입종이다.

'발삼 후려치기'를 하며 보내는 작업 파티는 구석구석 배어드는 으깨진 줄기 냄새와 포도탄처럼 끊임없이 매달려 있는 씨앗들에도 불구하고 (혹은 아마도 그 때문인지) 환경보호 봉사자들의 친목회 일정에서 가장 즐거운 순서다. 이렇게 흥청망청하며 노는 것이 정당화되느냐, 아니면 생태학적으로 어떤 영향을 미치느냐 하는 것은 논의할 여지가 있는 부분이다.

히말라야물봉선은 1839년 히말라야산맥에서 영국으로 유입되었는데, 처음에는 축축한 정원 구석을 꾸미는 장식품이었다가 세기말에, 특히 서부 지방의 강을 따라 널리 귀화하기 시작했다. 1901년에 콘월의 루Looe 계곡에서 식물학자 A. O. 흄Hume이 히말라야물봉선을 발견하고 설명한 글은 그것에 대한 가장 생생한 묘사 중 하나다. 그는 히말라야물봉선이 적어도 아직은 비교적 흔하지 않지만, 놀랍고 아름다운 식물이라고 강조한다.

따뜻한 서남쪽에서 맑은 개울에 줄기 밑부분을 담그고 자라는 이 건장한 식물의 줄기는 길이가 1.5미터에서 2미터가 넘고, 지름은 2.5센티미터에서 5센티미터 정도 된다. 수면 바로 위에 대칭을 이루고 서 있는 줄기에는 많은 꽃 덩어리, 그러니까 사람 머리만 한 꽃 뭉치가 달려있는데, 식물에 따라 다양하게 피는 꽃은 매우 연한 분홍색에서부터 상상할 수 있는 깊은 자줏빛에 이르기까지 열 가지 정도의 사랑스러운 색깔을 갖추고 있다. 그리고 창끝 모양의 잎은 우아한 짙은 녹색으로 그중 어떤 것은 길이가 40센티미터 가까이 되기도 한다.

히말라야물봉선의 확산은 1950년대에 극적으로 가속화되어, 1980년대에 이르러서는 대부분의 하천계를 따라 여기저기서 자라고 있었지만, 그래도 가장 밀집한 곳은 서쪽 지역이었다. 모든 봉선화는 확산하는 방식이 똑같다. 씨앗이 팽팽하고 탄력 있는 꼬투리에서 새총처럼 발사되어(그들의 상세한 성은 임파티엔스Impatiens다) 물 위를 떠다닌다.

히말라야물봉선은 영국에서 가장 키가 크고, 가장 빨리 자라는 한해살이 잡초다. 그리고 그 임분은 잔물결지는 보라색과 분홍색 망토로 종종 수백 야드의 강변을 뒤덮는 장관을 이룬다. 20세기 후반, 히말라야물봉선은 대중적인 민간전승을 갖게 됐을 정도로 잘 알려져 있었다.

앤 스티븐슨Anne Stevenson은 자신의 아름다운 연가에서 이 식물의 향기를 화장실 청소 세제에 비유한 환경보호 활동가들의 주장에 대해 '립스틱을 거쳐 나오는 소녀의 숨결 같은, 잘 익은 복숭아 향기'라고 반박했다.

경찰 헬멧policeman's helmet과 가난한 자의 난초poor-man's orchid(꽃 모양에서 유래), 점프하는 잭jumping jacks(폭발하듯 터지는 꼬투리에서 유래) 등 속명들도 등장하기 시작했다.

어떤 서머싯 사람은 또 다른 재미있는 지역 이름과 덜버튼 Dulverton 인근 환경보호주의자들이 그녀를 멀리하게 될 것 같은 이야기를 들려주었다.

'[히말라야물봉선]은 내가 가장 좋아하는 식물이에요. 나는 다른 사람의 정원에서 그것을 얻었기 때문에 그것이 이 지역 토착종인지는 잘 모르겠어요. 개를 산책시키면서 내가 울타리와 도랑 여러 곳에 씨앗을 계속 던지고 다녔으니까 곧 그렇게 되겠죠! (…) 나는 그것이 현지에서는 벌엉덩이 bee-bum로 알려져 있다는 말을 듣고 호박벌들이 그 꽃에 끌린다는 걸 알게 되었어요. 그리고 그런 모양 덕분에 호박벌이 꽃 위에 앉아 있으면 그놈의 엉덩이만 보인다는 사실도 알게 되었고요. 아주 좋은 이름 같아요.'

가을에 배를 타고 엑스강을 떠다니다가 나는 강 전체에 특이한 아시아적인 분위기를 선사하는 두터운 임분의 벌엉덩이(히말라야물봉선) 위에서 작업하는 호박벌들을 본 적이 있다. 봉선화는 무당거미줄로 덮여 있었고, 하늘은 온통 호박벌 천지였는데, 그중에는 배에 노란 꽃가루가 잔뜩 묻어서 거의 날지도 못하는 놈들도 있었다. 히말라야물봉선이 무엇을 하든 그것은 따뜻한 기운이 사라져가는 계절에 토착 무척추동물들에게는 유익하다. 하지만 다른 식물들은 별로 보이지 않았다, 그걸 보고 같이 간 내 동료들은 봉선화들이 강변의 토착 식물들을 뒤덮고 파괴하고 있다고 했다.

하지만 10년이 지난 지금, 나는 이 이야기가 외부에서 온 거인 무리에 의해 불쌍한 원주민들이 무자비하게 살해당한다는 내용처럼 간단하다고 생각하지 않는다.

히말라야물봉선은 한해살이다. 그것은 한여름에 3미터나 자랄 수 있지만, 겨울이 되면 뿌리와 함께 죽는다. 그러니 생물학적으로 영구히 뿌리를 내리는 군락을 형성할 수 없다.

대부분의 기회주의적인 잡초와 마찬가지로, 그것은 아무것도 자라지 않는 트인 진창과 이미 강변에서 자라고 있는 식물들 사이의 틈새, 특히 마을이나 도시에 가까운 곳을 침범하면서 생존하고 퍼져나간다. 그리고 그 시골의 많은 지역에서 봉선화의 확산에 가장 크게 기여한 것은 분명히 침입식 기계로 강가를 준설을 한 것이다.

어느 정도 시간이 지나면 여름에 무성한 봉선화 잎들로 생긴 그늘 때문에 그 아래에서 자라는 토종 식물들이 약해질 수는 있다(예를 들어 히말라야물봉선처럼 여름에 1.8미터 넘게 자랄 수 있는 종인 톱니 사초 늪지에서 큰 군락을 이루어 살고 있는 난초나 가는동자꽃, 발레리안쥐오줌풀과 같이 봄꽃이 피는 여러해살이 식물에게는 그런 일이 벌어지지 않지만).

그러나 나는 히말라야물봉선이 토종 식물 군락을 완전히 몰아낸 곳은 아직 본 적이 없다. 이곳 동앵글리아East Ang lia(영국 동남부에 있던 고대 왕국, 지금의 노퍽주와 서퍽주에 해당)에서는 강가의 견고한 갈대밭을 침범하기는커녕 진입조차 할 수 없어 보인다.

히말라야물봉선은 시골 강변을 생태학적으로 단조롭게 만들고 도시의 황무지에 다채로운 이국적 분위기를 더한다. 영국에 있어 그 존재에 대해서는 명확하고 쉬운 평결을 내릴 수 없다.

나는 안네 스티븐슨의 봉선화 시 마지막 연에 나오는 모든 종류의 희망찬 녹색 생명체의 숨 막힘(환경 변화와 불확실성의 시기의)에 내재된 위험에 대한 경고를 그저 다시 말해보고 싶다.

사랑이여, '우리가 생명이라고 불러야 할 그 살인자를 죽여라.
그러면 우리는 죽은 태양 아래 벌거벗은 행성이 될 것이다'라고 말한 사람은 바로 당신이었습니다.
그리고 나는 다가오는 겨울과 봉선화의 희망을 주는 향기에 '예'라고 말하는 예의 10월의 부드러운 갈망을 지니고 당신을 사랑했습니다.

그러나 무늬왕호장근은 정말로 심각하게 따져봐야 하는 침입종이다. 그것은 포니클럽Pony Club이나 지역 환경보호 단체와 함께 주말 사교 파티를 즐기기 위한 핑계거리가 못 된다. 그것은 난 자리에 거의 그대로 있다가 꽃이 핀 후에 사라지는 얌전한 두해살이식물 큰멧돼지풀이 아니다.

무늬왕호장근은 마음에 드는 곳에 자리를 잡으면 1년에 6미터 넘게 전진한다. 부풀어 오르는 이 풀의 다년생 뿌리는 다른 종의 뿌리 체계를 질식시킬 수 있다.

무늬왕호장근은 일본, 중국, 러시아, 한국 등 아시아가 원산지이며
19세기 중반에 관상용으로 유럽에 수입되었다. 이후 관상용 정원에서 탈출하여
영국 전역에 자리 잡으면서 심각한 침입왜래종으로 분류되었다.

무늬왕호장근은 평범한 잡초 무리 중 특별히 전염성 높은 사례로만 여겨지지 않는다. 이것은 생물학적 위험, 즉 식물성 전염병으로 보이며, 그렇게 간주되고 있다. 그리고 그 주요 문화적 영향으로 그것을 반대하는 온전한 산업이 생겨났다.

무늬왕호장근의 초기 역사는 다른 많은 침입성 잡초와 매우 유사하다. 일본과 중국 북부의 원산지에 있는 이 풀의 자연 서식지(일반적으로 잠재적인 잡초들의)는 강가 자갈밭이나 산의 자갈 비탈 같은 험한 지역이다. 그것은 최초로 화산암 정착지를 서식지로 만든 종 중 하나로 극심한 산도와 오염된 광천수도 견딜 수 있다.

무늬왕호장근은 19세기 중반에 유럽에 들어와 정원 관목으로 큰 인기를 끌었는데, 그 이유는 매우 동양적인 분위기와 거의 평평하고 우아하게 펼쳐진 심장 모양의 잎, 그리고 그 잎 위아래로 흘러내리는 크림색 꽃술 때문이었다.

무늬왕호장근은 1870년에 정원 디자이너 윌리엄 로빈슨William Robinson으로부터 호평을 받았다.

20세기 초, 셰필드Sheffield의 한 광부는 자기 아버지가 어떤 식물을 사게 되었고, 친구들을 초대해 그 식물의 얼룩덜룩한 줄기와 단아한 잎을 보여주며 놀라게 했으며, 그것을 거래하기 위해 서로 나누어 가졌다는 이야기를 들었다. 늘 그렇듯, 식물학자들의 노트에는 무늬왕호장근의 불가사의한 확산 지도가 나와 있다.

그것은 1900년에 런던의 야생에서 처음 발견되었고, 2년 후 벅스Bucks(버킹엄셔Buckinghamshire의 약어)의 랭글리Langley에 있는 한 쓰레기장에 도달했다.

1908년에는 엑서터Exeter, 1924년에는 서퍽에 존재했다. 1930년대 콘월에서는 핸콕Hancock이라는 이름을 가진 사람의 정원에 퍼지면서 핸콕의 저주라는 별명을 얻었는데, 같은 지역의 한 주택이 무늬왕호장근으로 뒤덮여 가격이 100파운드나 떨어졌다는 이야기도 있다.

1960년대까지 영국에서는 무늬왕호장근 군락이 랜즈 엔드Land's End에서 루이스 섬Isle of Lewis 북단까지 뻗어 있었다.

이즈음, 이 마디풀이 영국의 그 어느 외래 잡초종보다도 공격적으로 군락을 이룬다는 사실이 명백해지고 있었다.

풀마다 매년 지하 1.8미터까지 뻗어 내려가면서 성장하는 싹을 6미터 이상 전진시키는 뿌리 체계를 갖고 있다. 이것이 무늬왕호장근이 확산하는 주요 수단이다.

영국에 있는 무늬왕호장근은 모두 몇 개의 클론(영양 생식에 의하여 모체로부터 분리 증식한 식물군)에서 유래된 것 같은 암그루이어서 씨앗은 형성되지 않는다(중국닭의덩굴 같은 동종의 수그루와의 교배를 제외하고는). 메꽃이나 왜방풍처럼 작게 잘린 뿌리 파편들이 빠르게 새로운 풀을 만들어내기 시작할 수 있다. 새로 자른 줄기의 일부분은 온실 조건에서 물에 넣어두면 불과 6일 만에 새싹과 새로운 뿌리를 생산하기 시작한다. 한 가지 더 말하자면,

부피가 큰 뿌리줄기에서 나타나는 몇몇 봄 새싹은 아스팔트를 뚫을 수도 있고, 콘크리트 석판을 들어 올릴 수도 있으며, 4주 만에 1.5미터 높이까지 자라기도 한다.

무늬왕호장근이 골칫거리로 여겨지기 시작한 것은 놀랄 일이 아니다. 그것은 정원의 쓰레기 틈에서 철도 제방이나 강변, 거친 보도의 가장자리, 길가의 배수로를 따라 전진했다. 그리고 교회 부속 묘지와 공동묘지를 침범하고, 여러 곳에서 자기 아래 있는 초목이 숨을 쉬지 못하게 하면서 인간이 뚫고 지나칠 수 없는 거대한 덤불을 형성하기 시작했다. 대부분 여러해살이 식물들과는 달리 그것의 뿌리는 다른 종, 특히 고사리의 뿌리까지 압도할 수 있을 것처럼 보였다. 하지만 자비롭게도 지금까지 오래된 숲이나 초원을 침범하는 경향이나 농사를 방해하는 잡초가 될 조짐은 보이지 않았다.

1981년, 생물학적 유해 물질 유출이나 심각한 독감 발생에 대비하는 것과 같은 형태로 저항이 시작되었다. 1981년 야생 생물 및 시골지역 보호법Wildlife and Countryside Act에 무늬왕호장근이 추가되어 '그것을 야생에 심거나 그렇지 않더라도 기르는 것이 범죄'가 되었다.

1990년 환경보호법Environmental Protection Act에 따라 무늬왕호장근 '몸통 부분'(예를 들어 자른 부분과 파낸 뿌리들)은 '관제폐기물'로 분류되어, EPA 규정에 따라 허가된 매립지에 폐기해야 했다.

무늬왕호장근 방제에 공적 자금이 투입되자 그것의 박멸을 목적으로 하는 산업 전체가 급속도로 성장하기 시작했다. 기업들은 호화로운 웹사이트를 만들어 대개 시의회나 대형 건설 회사 및 부동산 중개업자로 구성된 고객 목록을 자랑했다.

대규모 회의가 열렸고, 지역의 토지 소유자와 걱정 많은 가구주들에게 이 악마 같은 식물을 처리하는 절차에 대해 알려주는 매뉴얼이 발행되었다. 거기에는 때때로 잡초 뽑기보다는 퇴마의식에 더 가까운 내용이 실려 있기도 했다. 방제에는 엄격한 규약이 있다. 일 년 중 올바른 시기에 적절한 순서에 따라 일을 처리해야 하는 것이다.

오염이 되면 끝장이다. 그러니 보호를 위한 의례를 반드시 지켜야 한다. 단순히 파내는 것은 그저 뿌리 부스러기를 퍼뜨리는 것일 뿐이기 때문에 바람직하지 않다. 아주 넓은 부지에 대해서는 오염된 토양을 허가된 폐기 지점으로 가져가는 등 심층 굴착이 권장된다. 장벽, 말 그대로 침입자를 막는 울타리를 추가적인 보험으로 땅속에 설치할 수도 있다. 더 작은 규모의 부지에서는 식물의 키가 1미터(보통 5월)정도 되고 잎이 제초제를 흡수할 수 있을 만큼 충분히 커졌을 때 제초제를 뿌리면 된다.

무늬왕호장근이 시들어가는 기미를 보이기 전, 한창 자라는 시기를 지나 뿌리는 것도 효과가 있다고 생각되지만, '꽃을 찾아오는 벌 등 곤충을 보호해야 한다.'

더 주의를 요하는 곳에서는 봄에서 가을까지 베기와 깎기, 가축 방목을 반복하는 것이 도움이 된다. 하지만 잘라낸 것들은 가급적 현장에서 태워 안전하게 폐기해야 한다.

이 박멸 프로그램은 2009년 봄, 재정 법안의 한 조항이 '오염된' 땅에서 무늬왕호장근을 제거하는 비용에 대해 150%의 세금 감면을 허용하면서 가속화되었다.

기업들이 이 호재를 이용해 1제곱미터당 제거 비용을 50파운드 이상으로 올렸다. 2010년 초가 되자, 전국적으로 무늬왕호장근 박멸에 들이는 연간 비용이 1억 5천만 파운드를 넘어섰다.

그러나 그해 봄, 더 싸고, 더 안전하고, 덜 강박적인 통제 방법이 눈에 띄었다. 비영리 농업 연구기관인 CABI에서 일하는 과학자들은 무늬왕호장근의 일본 서식지에 사는 그것의 천적 중 하나로, 수액을 빨아먹는 작은 곤충인 큰팽나무이 Aphalara itadori라는 자연 포식자를 대상으로 실험을 하고 있었다. 그들은 정부로부터 불특정 장소에서 현장 실험을 할 수 있는 허가를 받았다고 발표했다.

연구원들은 호주 부채선인장의 사례와 생물 방제 수단들의 부작용을 염두에 두고 최대한 이 실험 계획을 격리시켜 진행하고, 무늬왕장호근과 관련된 영국의 야생종들(예를 들어 마디풀과 수영)을 실험에 포함시켜 큰팽나무이가 그것들을 목표로 하지 않는다는 것을 확인할 것이다.

모든 사람이 침략적인 이주종들의 위협이-끔찍한 세 쌍둥이들인 큰멧돼지풀과 히말라야물봉선, 무늬왕호장근의 위협조차도-그들을 반대하는 사람들이 주장하는 것만큼 심각하다는 데 동의하는 것은 아니다.

오히려 왜곡된 데이터에 기반한 외래종에 대한 일종의 공황일 수도 있지 않을까?

2010년에는 영국 식물 분포에 대해 독창적으로 연구한 『영국과 아일랜드 식물의 신도감New Atlas of the British and Irish Flora』의 공동 편집자인 데이비드 피어먼David Pearman과 동료 식물학자 케빈 워커Kevin Walker가 침입성 식물의 발생을 새로운 방식으로, 또는 다른 척도를 사용하여 관찰했다. 그들은 무엇보다도, 우리가 침입성 식물의 '도시 생활urbanity' 때문에 그들의 존재에 대해 잘못된 인상을 가질 수 있다고 주장했다. '우리는 외래종들이 우리가 사는 곳 근처 어디에나 존재하기 때문에 실제보다 더 '흔한' 존재로 인식한다. 그래서 순진하게도 그것들이 어디에나 많다고 여긴다.

우리는 도로변이나 운하, 버려진 산업단지 등 거친 도시 지역에서 그것들이 무성한 것을 보고는 그와 유사한 밀도를 대입해 더 넓은 시골 지역에 그것들이 얼마나 많은지 추정한다. 그래서 저자들은 역추측을 해보았다. 그들은 '헥타드hectad' 또는 '10 × 10 제곱킬로미터'라는 일반적인 격자 단위에 따라 지도화된 침입성 잡초의 무성함을 수치화한 다음, 이들 헥타드 내에서 더 미세한 규모인 '테트라드tetrads' 또는 2 × 2 제곱킬로미터로

이 종들이 어떻게 지도화되는지 조사했다(전체 데이터베이스는 총 4,400종의 4백만 개의 테트라드 기록들이 포함된 어마어마한 규모였다).

식물의 귀화

그 수치 간의 차이는 현저하다. 무늬왕호장근은 분석된 헥타드의 83%에서 나타났지만, 저 더 큰 단위 내에서는 테트라드의 29%에만 나타났다. 진달래과 식물rhododendron의 비교할 만한 수치는 70%와 22%였고, 히말라야물봉선은 76%와 22%, 큰멧돼지풀은 34%와 6%였다. 이 식물들은 확실히 비교적 작은 풍경 단위에서 무성한 것으로 보이며, 대부분 도시나 교외 지역에 집중되어 있다.

피어먼과 워커가 시골, 특히 생태학적으로 풍부한 곳에서 같은 수준의 세심한 관심을 가지고 바라봤을 때, 침입 외래종들은 그들의 말로 보통 '사라질 정도로 드물게' 존재했다. 그들은 영국의 가장 시골 지역 중 하나인 도싯에서 주요 악당인 무늬왕장호근의 출현을 지도화했다. 그것들은 모든 헥타드에 발생하는 것으로 나타나 현재 널리 존재하는 위험종이라는 점을 나타냈다. 하지만 그 시골 지역 내 주요 자연보호지역 1,280곳 중 겨우 8개 지역에서 발생했을 뿐이었다.

플로리다와 호주의 증거에서 보았듯이 외래종에 대해 경계를 풀 이유는 없다. 그러나 모든 잡초와 마찬가지로 사실 외국에서 온 침략자들은 교란 요소가 있거나 공간이 필요한 복잡한 뿌리 체계를 가진 식물 군락이 없는 곳에서만 번성한다. 그리고 오랫동안 협상해 온 화학적 관계는 대개 기생자들을 물리칠 수 있다.

오래된 나무 그늘에 큰멧돼지풀 씨앗을 뿌리면 그것들은 아마도 발아조차 하지 못할 것이다. 마치 요크셔 협곡에서 온 겸손하고 절제된 분홍바늘꽃이 초록색 풀이 자라는 잔디밭 둘레의 풍부하고 길쭉한 공간에 들어왔을 때 키가 커지다가 어느새 없어져 버리는 것처럼. 어떤 식물에 있어서 잡초가 되는 경향은 고정된 성격 특성만큼이나 기회의 문제인 것이다.

하지만 그 기회는 항상 언제 어디에나 존재할 수 있다. 그리고 우리가 때때로 외래 침입종들의 위협을 과장한다 하더라도 그들은 여기 머물 것이다. 그들은 이미 너무 깊고 단단하게 자리 잡고 있기 때문에 번성한다. 그러니 무늬왕호장근을 완전히 뿌리 뽑으려고 한다면 그 나라는 파산할 것이다.

모든 새로운 작물, 예를 들어 콩이나 스타티스, 보리지가 새로운 잡초 친구들을 데리고 와 남기는 것처럼 때로는 식물들의 왕래가 끊임없는 유동적 상태에 있다. 그리고 때로는 우리가 그들을 사랑하기 때문에. 불과 4세기 전에 발칸반도에서 들어온 외래종 가시칠엽수가 그 역시 외부에서 온 수목 질병으로 아무리 파괴되더라도 그것은 영국 공공녹지의 결정적 상징으로서 최후까지 보호받을 것이다.

외래 식물들은 우리의 국가 및 지역의 문화, 때로는 지역 생태계에 많은 기여를 해왔다. 그리고 그들은 미래에 훨씬 더 큰 기여를 해야 할지도 모른다. 기후 변화는 토종 식물들에게 실질적인 위협을 가한다. 그들은 전통적인 범위, 즉 안전지대를 벗어나 식물 게토로 내몰리거나 심지어 지역에서 소멸될 수도 있다. 그들은 새로운 조건에 더 적합한 식물로만 채울 수 있는 식물 공백을 남겨둘 것이다. 이중 어떤 것은 따뜻한 남쪽에서 온 식물일 수도 있다. 단지 그들이 조상 대대로 이곳 원주민이 아니라는 이유만으로 물리치는 것은 우리 작은 군도의 식물군이 점점 더 빈곤해지는 위험을 감수하는 것이다.

그래서 나는 침입 외래종을 평가하는 덜 독단적인 방법이 있는지 궁금하다. 그것은 그들이 긍정적으로 기여할 수 있다는 가능성을 고려한 것이다. 나는 그들의 수용성에 대한 대략적인 지표로서 '귀화naturalisation'라는 개념에 끌린다. 엄격히 과학적인 용어로 귀화는 외래종이 야생에서 충분히 잘 정착해 인간의 의도적인 도움 없이 스스로 번식하고 퍼졌다는 것을 의미한다.

영국에는 이들이 거의 1,500종, 그러니까 1500년 이전에 도착한 '사전 귀화식물' 약 150종과 그 후에 들어온 1,300여종의 '신귀화식물'이 존재한다.

'귀화'의 문화적 의미 또한 수용성과 문화적 '적합성'을 강조한다는 점에서 잠재적으로 도움이 되는 요소를 지니고 있을 수 있다. 사전적 정의로 귀화한다는 것은 '원주민이나 시민의 권리와 특권을 인정받는다' 또는 '자연스럽게 정착한다'이다. 프랑스 혁명 기간이 진행되는 동안, 의회는 이렇게 선언했다.

'우리는 의회의 결의에 의해 인류의 최고 외국인 친구들을 "귀화"시킨다.'

이들 정의에는 외국인이 채택된 문화에 섞이려고 시도할 뿐 아니라 거기에 무언가 기여한다는 생각, 즉 '주고받는다give and take'라는 개념이 들어 있다.

이것은 잘 알려진 몇몇 외래식물에게 어떻게 작용될까? 가시칠엽수(신귀화식물) 같은 일부 종들은 이미 보편적으로 받아들여지고 있고, 문화적 의미에서 완전히 귀화되었다. 컨커 트리(가시칠엽수의 다른 이름)는 몇몇 토종 삼림지대에서 방해받지 않고 씨를 뿌리는 것 이상의 해를 끼치지 않으면서, 영국의 풍경, 어린이들의 게임, 심지어 화장품 산업에도 크게 기여했다.

갈라투스Snowdrop(영국 서부의 몇몇 지역을 제외한 모든 지역의 사전 귀화식물)는 또 다른 종이다. 그것은 침입성이 매우 강하며, 탈출한 정원 밖에서 큰 군락을 형성할 수 있다. 그러나 사람들은 대부분 그것이 나무랄 데 없는 영국 토종 야생화가 아니라는 설명을 들으면 크게 놀랄 것이다.

이국적인 정원 식물 중 많은 수가 우리의 토착종들 사이에서 평화롭게, 종종 매우 환영받으며 귀화했다. 나는 덩굴해란초와 갯개미취, 녹색 알카넷, 그리고 월플라워가 어떻게 공헌했는지에 대해 이미 언급했다. 예를 들어 최고의 신참들 중 일부 꽃에서 카네이션 향기가 나는 보라십자화나 노란 꽃들을 둘러싸고 있는 꽃받침이 녹색 주름 깃처럼 보이기 때문에 '소년 성가대원'으로 널리 알려진 겨울바람꽃, 화려한 빨간 꽃이 영국 남서부의 석조물 위에서 아주 생기있게 자라는 붉은발레리안은 지중해에서 유래했다.

1830년대에 카프카스 산맥으로부터 암석정원의 명물로 소개된 베로니카 필리포르미스는 지금은 (이것이 허용되는 곳인) 거친 잔디밭과 미니리어제비꽃의 떨어진 벚꽃들 사이에서 반짝이는 푸른색 웅덩이를 만들고 있다.

1793년 캘리포니아를 떠나 이곳으로 온 나무루피누스는 동부와 남부의 모래 해안선에 귀화해 꿀 냄새와 함께 바닷바람 냄새를 풍기는 노란 꽃을 한여름에 피운다. 영국 남부 전역 산울타리 여기저기에 아무런 방해도 받지 않고 뒤엉켜 있는 아길 공작의 차나무Duke of Argyll's teaplant라고 불리는 영하구기자 Lycium barbarum는 그 뒷이야기 때문에라도 보존할 가치가 있다.

18세기 초 제3대 아길 공작이자 유명한 식물 수집가인 아치볼드 캠벨Archibald Campbell은 중국에서 진짜 차나무인 카멜리아 시넨시스Camellia sinensis와 구기자Lycium를 얻어왔다. 그러나 그들의 이름표는 뒤죽박죽이었다. 그런데 그는 그걸 몰랐는지 아니면 장난으로 그랬는지 잘못된 이름으로 그것들을 계속 키웠다. 그 이야기는 공작의 사망 후 한참 지난 1838년에 알려졌지만, 그 식물은 악의 없이 놀리는 것 같은 그 이름을 지금까지 유지하고 있다.

더 논란이 되는 것은 현재 영국 전역의 도로변과 초원에 귀화해 지저분하게 자라고 있는 정원 수선화 품종이다. 많은 사람이 겨울이 지나면 어떤 색깔이든 그 물결을 환영한다. 그리고 지방 의회와 지역 단체들은 의심할 여지없이 선한 의도로 로터리와 도로 가장자리에는 수선화 무리를 심고, 교구 경계선 바깥 길에는 채소를 심고 있다(그것들은 여기서도 문제를 일으킬 수 있다. 서퍽 주 식물 기록원인 마틴 샌포드Martin Sanford는 정원 수선화가 '그곳의 분위기를 밝게 해주는' 것으로 정당화되기도 하지만, '담으로 둘러쳐 있지 않은 땅에 대한 소유권을 주장하는 데 사용되기도 하며, 그러한 부지에서는 더욱 공식적으로 정원을 가꾸는 것의 전조가 될 수 있다'고 지적했다).

놀랍게도 무모한 현대의 재배 변종과 잡종들이 열매가 많이 열리는 씨를 뿌릴 수 있는 것으로 보이며, 그 군집들이 인간의 거주지에서 수마일 떨어진 숲과 밭 가장자리에서 불쑥불쑥 모습을 드러내고 있다.

나는 노퍽 브로즈Norfolk Broads의 소택지 한가운데와 요크셔 데일스Yorkshire Dales의 300미터 높이에서 흐르는 시냇가에서 그 수풀들을 발견했다.

수선화 잎은 5월 말에 사라지기 때문에, 그들은 토종 식물에게 어느 정도 작은 위협일 뿐이다(4월에 황화구륜초나 앵초를 뒤덮을 수는 있더라도). 그러나 자연의 풍경에서 그것들은 가장 미학적으로 유해한 잡초들로 히말라야물봉선 같이 욕을 먹는 식물들보다 훨씬 더 야생 토종 식물들과 조화를 이루지 못하고 도시공원의 분위기를 완전히 어울리지 않게 시골 깊숙한 곳으로 옮겨 놓는다.

 그 반대쪽 극단에서 귀화 허가증을 얻으면 안 되는 침입종들이 있다. 예를 들어 웅덩이나 늪이 많은 빈터란 빈터에서는 모두 자라는 남아메리카에서 온 섬세한 수족관 장식물 쓰레기인 앵무새깃물수세미, 무늬왕호장근, 만병초, 아마도 체리월계수cherry laurel가 그들이다. 혹은 훨씬 더 집 가까이에서 자라는 종으로 서식하던 들판을 벗어나 도로가를 점점 더 침입하고 있는 영국 품종 유채도 그러하다. 식물 귀화, 즉 명예 원주민 지위 수여는 용인될 수 있는 적절한 습성에 따라 정해져야 한다.

 원산지가 아니라.

 문제는 습성이나 분포가 갑자기 변할 수 있는 경계선에 있는 경우에서 발생한다. 알렉산더는 예나 지금이나 많은 사랑을 받고 있는 사전 귀화식물이다. 로마인들이 화분 허브로 사용하기 위해 지중해 연안에서 영국으로 들여왔고, 향기가 약간 닮은 셀러리가 도입될 때까지 정원에서 널리 재배되었다.

 많은 지중해 종들처럼 해안의 온화한 겨울과 소금기 섞인 공기를 좋아하는 것처럼 보이며, 문화적, 생태적인 의미 양쪽으로 바다 근처 쓰레기장에서 널리 귀화했다. 그 밝은 청록색 잎과 촘촘히 난 노란색 꽃이 봄에 가장 먼저 길가에 나타나며, 데친 줄기는 아직도 매우 먹을 만하다. 그러나 2,000년 동안 절제된 해안가 클라리온(옛날 전쟁 때 사용한 트럼펫의 일종)으로 환영받던 알렉산더는 갑자기 공세를 취하더니 1990년대 중반 내륙으로 급속히 퍼지기 시작했다.

처음에는 이것이 덴마크 스커비초Danish scurvy-grass와 마찬가지로, 도로 가장자리를 따라 염분 농도가 대량으로 증가했기 때문일지도 모른다고 생각되었다. 하지만 새로운 알렉산더 군락은 염분이 없는 시골길과 도로 표면과 가깝지 않은 높은 제방 꼭대기에도 나타난다. 그러니 어떤 다른 요인, 아마도 기후요인이 관련된 게 분명하다.

2000년에 그것은 바다에서 160킬로미터 이상 떨어진 남부 하트퍼드셔의 주요 도로를 따라 재배되고 있었다. 그와 동시에 북동부 노퍽 브로즈 주변의 도로변 대부분에 무리를 지어 서식하면서 A143을 따라 더 많은 군락이 생겨나기 시작했다. 이렇게 된 마당에 얼마 전 투표를 통해 알렉산더를 노퍽 주의 꽃으로 선정한 주의 동식물연구자 협회에서 작은 세력 다툼이 벌어졌다.

한 잡초 이미지가 사랑받는 상징으로 남느냐, 아니면 이제 곧 깡패가 되느냐 사이를 오가는 게 이번이 처음은 아니다.

잡초의 이미지는 그들이 차지한 땅을 옮기거나 넓힐 때, 어딘가 새롭게 침입할 때 변하고, 대중적 감성의 변화에 따라 달라진다.

한 세기 전에는 머리에 현상금을 걸었을 정도로 들끓던 집 참새가 이제는 희귀하고 숭배 받는 정원의 경이로운 존재가 된 것처럼 알렉산더의 이미지도 곧 퇴보할지 모른다. 소중히 여겨졌던 한 해 최초의 녹색 술 장식이자 살아있는 식물 역사라는 이미지에서 우리가 힘들게 가꾸고 있는 영국 식물들이 차지해야 할 공간을 빼앗으려는 다급한 이주종의 이미지로 말이다. 잡초는 부적절한 장소뿐만 아니라 부적절한 순간에 존재하게 된 식물일 수도 있다.

문화적 기회리는 렌즈를 통해 악마로 묘사된 또 다른 외래종, 시카모어가 모습을 드러내고 있다. 이 식물에 붙여진 신화는 가공할 만하다. 그것은 침습적이고 거친 진정한 잡초다. 엄청나게 많은 묘목이 땅을 침수시키고 토종 나무들을 경쟁에서 제치고 있다. 크고 보기 흉한 잎들은 땅을 지저분하게 만들다 서서히 썩어서 미끈미끈한 뿌리 덮개로 변한다. 그것들은 가을마다 기차를 미끄러져 멈추게 하는 것으로 유명한 '일종의 원치 않는 나뭇잎'이다.

2009년 9월, 〈내셔널 익스프레스 이스트 앵글리아National Express East Anglia〉는 시카모어 잎의 사진을 내건 특별한 '가을 낙엽' 철도 시간표를 발행했다.

물론 많은 토종 나무들도 대부분 같은 비난을 받을 수 있다. 물푸레나무는 열매를 많이 맺는 묘목들로, 너도밤나무는 지겨울 정도로 느리게 썩는 낙엽으로 비난받을 수 있다. 하지만 시카모어는 식물 야수라는 각인된 오명이 하나 더 있다. 그것은 외래종이다. 아마도 16세기에, 어쩌면 존 에블린John Evelyn이 1664년에 런던 인근 도시에서 지금은 익숙한 통렬한 비난을 처음 내놓기 직전에 알려지지 않은 경로로 중부 유럽에서 도입되었을 것이다.

'시카모어는 (…) 그 그늘 때문에, 그리고 단맛 나는 잎 때문에 마땅히 그래야 할 것보다 훨씬 더 유명하다. 하지만 그 잎들은 일찍 떨어져 식물 점액질Mucilage이 되거나 해충의 먹이가 되다가 처음 닿는 습기에 부패한다. 그리고 산책로를 더럽히고 망친다. 그러니까 나는 모든 별난 정원과 가로수길에서 그것들을 없애야 한다는 데 동의한다.'

3세기 후에 내게 편지를 쓴 한 사람은 시카모어가 도시 주변의 풍경에 기여하는 바에 대해 더 낙관적인 관점을 보여준다.

시카모어는 종종 잡초종이라고 불립니다. 그것이 한 가지 잡초의 특성을 지니고 있는 건 확실하지요. 그것은 다 자라면 씨를 많이 뿌립니다. 그 날개 달린 공기역학적 열매는 '자물쇠와 열쇠'로 알려져 있죠. 정원에 나무를 심고 싶다면 근처에 있는 시카모어가 그 소원을 이뤄줄 겁니다. 당신은 손가락 하나 까딱하지 않아도 됩니다. (…) 교외 철도를 따라 덜컹거리며 런던에 들어서면서 보니 여기 다시 시카모어가 선로변 제방과 도시 황무지의 디젤 가스를 처리하고 있더군요. 영국에서 그 나무가 너무 완벽하게 적응한 게 거의 만화 같은 느낌이 듭니다. 거의 모든 경우에 신참이 원주민을 몰아내 버렸네요.

그런데 시카모어가 정말 '신참'일까? 옥스퍼드주 크라이스트처치 대성당Christ Church Cathedral에 전시된 성녀 프라이드와이드St Frideswide의 유골함에는 확실히 그 잎과 단풍나무(토종으로 추정됨)와 애기똥풀(외래종으로 추정됨)이 나란히 새겨져 있다.

이 성당은 1282년으로 거슬러 올라간다. 물론, 여기 있는 잎은 여기저기 돌아다니다가 대륙의 야생에서 시카모어를 본 석공이 새겼을 수도 있지만, 그래도 시카모어의 외래 기원을 약간 의심하게 만든다. 그리고 2005년에 나무의 역사에 관한 주요 권위자 중 한 명인 테드 그린Ted Green은 자극적인 논문을 발표하면서 기후 변화로 인해 우리는 '토종 나무와 비토종[예, 잡초] 나무에 대해 독단적인 입장을 취하는 것이 타당한지 다시 생각해 봐야' 한다고 주장했다(앤 스티븐슨의 히말라야물봉선나무에 대한 시와 같은 견지에서).

그는 어쩌면 논의를 일으키기 위해 일부러 '켈트 단풍나무Celtic maple(시카모어단풍나무)'나 '구주소나무'가 토종일 수도 있다고 생각하는 이유를 설명한다. 그는 시카모어가 단풍나무와 구분이 되지 않기 때문에 그 꽃가루가 오래된 퇴적물에 정체를 들키지 않고 존재할 수도 있다고 지적한다. 그것은 구주물푸레나무나 느릅나무, 오크 나무와 마찬가지로 오래된 숲 이끼들의 숙주다. 그리고 가장 흥미로운 점은, 어느 정도 역사적인 후퇴, 그리고 훨씬 더 현대적인 진보가 기후 변화와 이에 대응해 나무가 진화하는 방식 때문이라는 사실이다.

시카모어의 가장 큰 재앙인 나무껍질 그을음병은 지난 수천 년에 걸쳐 성하다 시들해지기를 반복했다. 그린은 이런 의문을 갖는다.

'시카모어가 빠르게 정착해 다시 군락을 이룰 수 있는 것은 폭염과 가뭄의 시기에 질병으로 인해 예기치 않게 맞이하는 죽음에 대처하기 위한 진화적 생존 전략인가?'

시간의 흐름은 종종 침입 식물의 운명에 결정적 요인이 된다. 경작지 잡초는 끊임없이 방해를 받더라도 자신의 영역을 수호할 수 있다. 외래종이 여기저기 퍼지며 무성하게 계속 자랄 수 있는 것은 몇몇 곤충이나 미생물들이 그것을 먹는 법을 배우기 전까지만이다. 시카모어의 입장에서 볼 때, 그들에게는 시간이 흘러 자신의 습성이 완화되는지 알아볼 수 있을 만큼 성숙해질 기회가 거의 주어지지 않았다. 그들은 어디에 있든, 토종 숲처럼 행동한다. 나는 최근에 칠턴스에서 우연히 시카모어 한 그루를 발견했다.

150년 정도 된 그 나무는 너도밤나무 한 그루에 폭풍으로 생긴 틈에서 싹이 텄다. 그곳은 호의적이고 바람이 잘 통했으며, 사람들의 말에 따르면, 그곳의 땅이 두껍고 단단한 반쯤 썩은 잎더미 아래 묻히기 훨씬 전에는 오래된 삼림지대에 피는 꽃인 블루벨과 희망봉괭이밥, 숲바람꽃으로 덮여 있었다고 한다. 그리고 여기서는 적어도, 그 잡초 나무는 캐노피(숲의 나뭇가지들이 지붕 모양으로 우거진 것) 아래서 재생되고 있지 않았다.

알아볼 수 있는 몇몇 묘목을 볼 때, 다음 몇 세기 후 이 삼림 지대의 나무는 두말할 것도 없이 토종 구주물푸레나무가 될 것이다.

12

멸종이냐, 타협이냐?

그리고 천년왕국이 무너지면
실눈을 뜨고 물결 모양으로 주름진 울타리 안을
뚫어지게 들여다보겠습니다. (…)
그리고 오래된 갓돌을 발로 차면서
뼈만 남은 것 같은 철도에 의지해
낡은 전선과 깨진 도자기, 대갈못, 용수철이 널브러진
목초지 거리에 뿌리를 내리고

> 진실하고 수줍게 핀 쇼디치 난초, 당신을 찾겠습니다.
>
> — 피터 대니얼스의 〈쇼디치 난초〉에서

영국에서조차 앞 장에서 논의된 잡초 디스토피아의 존재에 대한 증거를 어렵지 않게 많이 찾을 수 있다. 어느 도로변에서나 '적응력 뛰어난 만능선수'의 세계에 대한 스티븐 마이어의 예측이 이미 현실이 되고 있고, 황화구륜초와 앵초가 자라던 자리를 갈퀴덩굴과 쐐기풀이 차지하고 있으며, 과하게 비옥해진 초원이 지나치게 무성해진 것을 볼 수 있다. 마이어는 이렇게 썼다.

'삶은 그냥 달라질 것이다. 훨씬 덜 다양하고, 덜 매혹적이고, 훨씬 더 예측 가능하게 될 것이다.'

혹은 경기 침체로 어려움을 겪고 있는 어느 농장 여기저기서 닐 애셔슨Neal Ascherson이 말한 버려진 농기계를 가시 덤불과 독당근이 삼켜버리고 있는 장면을 보게 될 수도 있다. 그렇지 않으면 코니쉬 해안절벽을 걸으며 서서히 이주해 온 남아프리카 막사국(아주 아름답기는 하지만)에 기세가 눌린 토종 식물들과 봄해총을 볼 수도 있다. 이것이 우리 '야생의 미래', 그러니까 잡초가 우리와 수천 년 동안 친밀하게 함께 살아온 식물들에게 앞으로 계속하게 될 일을 언뜻 보여주는 것은 아닐까?

아니면 우리가 지금도 계속해서 그들에게 하고 있는 일일까?

심지어 앨런 와이즈먼Alan Weisman의 갑자기 인간이 없어진 세상에 들어가 무늬왕호장근과 어린 딱총나무 덤불에 자리를 내

주기 몇 년 전에 비어있는 현대식 주택을 보는 것마저 가능할 수도 있다. 그것은 우리가 가진 과학기술에 대한 자만심을 훈계하며 바로잡아 준다. 하지만 여러분은 수십 년 후에도 그런 장소들을 여럿 볼 수 있다. 그러면 잡초의 지배가 우리 행성의 돌이킬 수 없는 운명이 될 것이라는 전망이 조금씩 흔들리기 시작할 것이다.

나는 이 글을 쓰면서 그런 장소, 말하자면 에식스에 버려져 폐허가 된 인간의 정착지에 있다. 이곳은 사람이 살지 않은 지 30년도 채 지나지 않았지만, 이미 1,000년 전에 숲이 삼켜버린 어떤 잉카 도시보다도 더 남아 있는 게 없다. 여기에는 좁은 땅에서 자라는 갈레가와 미역취나 관목 숲속에 숨어있는 섬개야광나무 덤불 같은 몇몇 침입성 잡초들이 자라고 있다. 하지만 약간 앞뒤가 안 맞긴 해도 나는 이제 막 생기고 있는 야생 숲을 돌아다니고 있는 듯한 기분이 든다.

모노기나산사나무가 무리를 지어 무성하게 자라고 있고, 구주물푸레나무가 여기저기 흩어져 있다. 그중 하나가 덩굴식물들로 두텁게 뒤덮였으며, 딱따구리의 탐사로 콕콕 찔린 자국까지 남아 있다. 그런데 갑자기 그것이 빛을 받자 변신한다. 그제야 나는 녹슬어 가고 있는 케이블이 덩굴처럼 바닥에 굴러다니는 오래된 전신주를 보고 있었다는 것을 깨닫는다. 선로를 따라 더 내려가자 급성장한 쥐똥나무와 딱총나무 무리가 뒤덮고 있는 또 다른 통신장비가 나온다. 이제는 쓸모없는 우체통이다.

버드나무가 섞여 자라는 외진 숲에는 소화전들이 묻혀 있고, 토종 나무들 사이, 특히 더 개방된 땅이면 어디에나 크기가 작고, 침입적인 것과는 거리가 먼 정원 관목과 과수원 나무들이 무리를 지어 자라고 있다.

이곳의 배경에 대해 좀 더 말해야겠다. 이곳은 바즐던Basildon 인근의 '플로트랜드Plotland'라는 지역 사회의 부지로 한때 번성했던 곳이다. 가장 번성했을 때는 8,500가구가 살고 있었다.

19세기 말 농업이 침체기에 접어들자 플로트랜드로 이주가 시작되었다. 이때 토지 소유주들이 여분의 토지를 작은 구획으로 나눠 매각하기 시작하면서 바즐던 끝자락에 다소 살만한 판자촌이 생겨나기 시작했다. 처음에는 이동주택과 낡은 철도 객차가 주를 이뤘다. 하지만 플로트랜드 사람들은 점점 더 많은 판잣집과 방갈로를 직접 지어 설치했다(1950년대가 되자 약 5,000개쯤 되었다). 심지어 모든 것을 갖춘 벽돌 방갈로까지 짓기도 했다. 결정적으로, 모든 소구획에는 정원용 공간이 있었는데, 그것들은 채소나 관목, 과일나무, 작은 잔디밭으로 채워졌다.

불행히도 이 '모두를 위한 이상향'은 상하수도의 수용 능력을 초과할 정도로 성장해버린다. 그러자 전후 시대의 청교도적이고 관료적인 분위기 속에서 당국이 혐오스러운 눈으로 지켜보기 시작했다. 결국 1949년에 개발 공사가 조직되면서, 플로트랜드 사람들은 바즐던 뉴타운에 새로 거주하게 되었다.

공사는 1980년대 중반까지 오두막을 그야말로 모두 철거했다.

그 지역을 농장으로 되돌려 놓으려는 의도였다. 하지만 토지가 너무 가파르고, 땅이 너무 척박해서 아무도 그 땅을 사려고 하지 않았다. 그래서 공사는 1989년에 전례 없이 이 유령 도시를 자연 보호구역으로 선언해 버린다. 그 이후로 발생한 일은 자연 천이라는 가장 기이하고, 가장 희망이 보이는 사례 중 하나가 되었다.

처음 몇 년이 지나자 잔디와 함께 잡초들이 제멋대로 자라났다. 그리고 정원의 여러해살이풀들이 놀라운 높이로 자라났다. 그러자 나무들이 다가오기 시작했다. 자두나무나 사과나무 등 더 키가 큰 정원 관목들 말이다.

토종 식물들, 예를 들어 오크나무나 물푸레나무, 산사나무, 심지어 에식스의 '주목州木'인 유럽서어나무 몇 그루가 뒤따라와 버려진 채소밭과 잔디밭에 새가 뿌려놓은 씨앗에서 싹 트기 시작했다. 이제 라일락과 금사슬나무가 산사나무 꽃들 사이에서 꽃망울을 터뜨린다. 멋진 더블로즈가 야생의 사촌들과 엉켜있고, 야생 포도덩굴들은 벽난로 위의 굴뚝 아랫부분으로 기어오른다. 여기저기 까맣고 빽빽한 블랙손 덤불 한가운데 고광나무인지 왕쥐똥나무인지 모를 나무 한 그루가 살아남아 자라고 있다. 그러나 단단한 토종 나무들은 가차 없이 더 작고 섬세한 재배 품종들에 그늘을 드리우고 있다.

풀이 무성한 부분에서는 귀화한 정원 식물 대부분이 야생 당근이나 서양벌노랑이 같은 토종 목초지 품종으로 대체되었다.

거의 언제나 때가 되면 영국 기후에 토종 식물 군집들이 다시 돌아와 먼저 와서 자리 잡고 있던 잡초와 침입 외래종들을 밀어낼 것이다.

겨우 30년 동안 성장한 것이 이 정도다. 100년이 한번 더 지나면 플로트랜드는 일반 혼합 삼림지대와 비슷해질 것이다. 억센 사과나무 몇 그루와 응달에서도 잘 자라는 무늬회양목 덤불, 길가의 분홍색 비누풀 밭 등은 이곳이 한때 생기 넘치는 인간의 공동체였다는 것을 알려주는 유익한 존재들이다. 그리고 한 가지 더, 적어도 기후가 온화한 영국에서는 잡초들이 영구적으로 황폐한 땅을 점령한다거나, 그것을 멈출 수 없는 경우는 거의 없다는 사실을 상기시켜주는 것들이 여기저기 흩어져 있다는 점을 제외하고는 말이다.

잡초의 시대가 변하고 있다. 그들은 역사상 어느 때보다도 더 성공적인 동시에 잔인하게 공격받고 있다. 이 책의 목적은 농부나 정원사, 환경보호주의자들이 실시하는 잡초 방제와 관련된 기술적인 문제들을 검토하는 것이 아니라, 이러한 방제의 엄청나게 다양한 동기와 그것으로 인해 우리가 식물 세계나 자연과 맺고 있는 관계가 어떤 영향을 받는지 살펴보는 것이다. 그러나 기술마다 문화적 부작용이 다르다.

1940년대에 도입된 유기인 화합물 제초제는 이전의 어떤 기술보다도 잡초 개체군(그리고 그에 대한 우리의 태도)에 더 큰 영향을 미쳤다. 존 클레어가 말했듯이 제초제가 너무나 성공적인 나머지 이제는 많은 잡초가 '우리 지식에서 사라져' 보기 드물고 생소하다. 그러나 화학적 잡초 제거는 본질적으로 선사시대부터 사용한 가장 원시적인 방법인 손으로 뽑는 것과 다를 바 없다.

그것은 단순히 원하는 식물 중에서 원하지 않는 식물을 선택적으로 제거하는 방법일 뿐이다. 그리고 괭이질이 뿌리가 깊어 잘려도 다시 날 수 있는 잡초에게 유리했고, 낱알을 체질하는 것이 씨앗의 크기가 곡물의 낱알과 같은 잡초들의 진화에 도움을 주었듯이, 화학 제초제는 생화학적 조성이 해당 독성에 면역을 가질 만큼 특이한 잡초의 진화를 적극 장려한다. 유기 제초제에 대한 내성을 보여준 첫 번째 잡초의 정체에는 어느 정도의 필연성이 있었다.

1990년 워싱턴 DC에서는 옛날 정원사들에게 친숙한 개쑥갓 개체군이 당시 널리 사용되던 잡초 제거제 사이머진simazine에 내성이 있는 것으로 밝혀졌다. 6주 만에 씨앗 상태에서 파종까지 마칠 수 있는 개쑥갓은 1년에 최대 다섯 세대를 생산할 수 있다. 그런 특성을 바탕으로 새로운 유형의 종을 생산하는 데 있어 20년 동안 엄청난 현장 실험을 거치며 50여 종이 다양한 제초제에 대한 일종의 내성을 진화시킬 수 있었던 것이다.

이 끝없는 화학물질 포커 게임의 문화적 영향은, 점점 더 독성이 강해지고 탄소를 탐내는 제초제가 언제나 원기를 회복하고야 마는 잡초의 진화를 부추기는 데 대해 대중의 반발을 불러일으킨 것이었다.

많은 정원사들이 이제 정원에서 자라는 더 화려한 잡초들을 참아주고, 심지어 즐기기도 한다. 개간하지 않은 모든 귀퉁이 곳곳을 잡초들과 그들이 꾀어내는 곤충과 새들에게 내어줄지도 모른다(그렇게 잡초를 '올바른' 곳에 갖다놓음으로써 그 지위를 무효화시킨다). 모험심이 강한 사람들은 쐐기풀이나 민들레, 별꽃을 야생 먹거리로 수확한다.

마찬가지로 농촌에서는 일부 농부들이 경작지의 가장자리와 두렁을 따라 1.8미터 길이의 잡초를 남겨두는 온건한 태도를 보이고 있다. 사실, 이것은 주로 다른 작물인 피전트pheasant를 위한 것이다. 하지만 그것은 또한 수분과 해충 통제에 도움을 주는 핀치(참새목의 작은 조류 중에서 애완 새로 많이 키우는 작은 새를 말함)나 올빼미, 곤충들에게 피난처를 제공한다. 경작 가능한 잡초 20종이 현재 영국 생물다양성 계획에 포함되어 있는데, 이것은 그들의 개체수를 증가시키거나 그들을 위한 보호소를 설치하기 위한 정부의 지원이 존재한다는 사실을 의미한다. 역설적이게도 이 목록에는 300년 전 병해충으로 여겨졌던 선옹초와 복수초, 좀미나리아재비 같은 종들이 포함되어 있다.

'통합 잡초 관리'체계는 1700년대에 윌리엄 엘리스William Ellis가 사용했던 것을 그대로 실시하는 관행을 다시 도입하고 있는데, 더 해로운 잡초를 억제하고 이용할 수 있는 질소를 자연적으로 증가시키기 위해 토끼풀처럼 유용한 '잡초' 아래 옥수수 작물을 파종하는 것을 그 예로 들 수 있다. 심지어 동일한 잡초 종의 제초제 내성 품종과 교배하여 제초제에 더 취약한 자손을 더 많이 생산하기를 바라며 작물 밭에 야생 잡초 씨앗을 의도적으로 파종하는 실험도 진행 중이다.

그러나 잡초에 대한 문화적 태도가 가장 극적으로 변한 곳은 도시 지역이다. 버려진 산업현장과 철도의 대피선, 매우 황폐한 주택 단지 주변에는 외래 침입종들에 의해 파괴될 생산적인 식량 지대나 자연 그대로의 생태계가 존재하지 않는다. 그러한 장소들은 황무지 또는 정치인과 개발자들이 고의적으로 만든 경멸적 표현인 '재개발 공업 단지'로 치부되었다. 하지만 그것은 이러한 곳들이 도시에서 가장 화려한 색깔을 자랑하는 생물학적으로 풍부한 구역이라는 사실을 무시한 터무니없는 오명이다.

그러한 곳들은 또한 서로 경쟁하는 토종 식물 종이 없는 구역으로 진정한 도시 생태계의 진화, 즉 이 지구에는 새롭지만 전 세계인이 모여 사는 건물로 들어찬 도시 지역에 전적으로 적합한 식물 군집을 목격하고 있다.

1993년 셰필드 대학교의 올리버 길버트Oliver Gilbert는 영국의 자연English Nature이라는 정부 기관을 위해 〈여러 도시의 개화The Flowering of the Cities〉라고 불리는 이들 군집에 대한 보고서를 작성했다.

이 보고서의 부제인 '도시 공동체의 자연 식물군'은 이미 '도시 플로로필urban florophile'이라는 사투리를 공식 용어로 만들었다.

이러한 야외 공간들은 단지 거친 초목 때문만이 아니라, 그곳이 대부분 도시에 남아 있는 마지막 비공식 공터이기 때문에 비공식 공유지라고 할 수 있다.

사람들은 거기서 주말에 산책을 하며 블랙베리를 따고, 아이들은 오두막을 짓고, 여행자들의 정착지가 말과 염소들로 채워지며 현실화된다.

길버트는 몇몇 영국 도시의 도시 공동체에서 서식하는 독특한 식물군을 조사해 도시마다 존재하는 잡초 식물군이 얼마나 특별하고, 그 도시의 사회사와 얼마나 관련이 있는지 보여주었다. 버밍엄은 미역취가 풍부하다. 아마도 그것이 주말농장에서 흔한 식물이기 때문일 것이다. 그리고 이 도시는 '기니 정원'과 주말농장이라는 오랜 전통이 있다. '습한 편서풍 기후인 맨체스터와 스완지Swansea는 모두 무늬왕호장근 개체수가 매우 많다.

글래스고Glasow에는 '달마녹Dalmarnock 발전소가 차지하고 있던 광대한 지역이 지금은 [일부 근처의 황무지에서부터] 백자작나무와 구주소나무, 회색오리나무grey alder, 검은오리나무, 양골담초, 호랑버들, 섬개야광나무를 비롯한 목본성 식물집단의 대량 서식지가 되어가는 중이다.

영국의 다른 도시들에서는 이와 유사한 사례가 알려진 바 없다. '길버트의 도시인 셰필드는 영국에서 가장 화려한 도시 중 하나다. 티스 강둑에는 자연적으로 윗부분이 가지치기 된 무늬왕호장근 아래 삼림지대 꽃들이 피어있고, 도시 주변의 언덕 꼭대기를 따라 갈레가와 피버퓨, 쑥국화, 갯개미취가 넓게 자라고 있다.

길버트는 그 지역의 어떤 광부로부터 20세기 초에는 행상인들이 겨우 길들여진 이 식물을 정원의 진기한 식물로 판매하면서 도시의 빈민 지역 사람들에게 일을 시키곤 했다는 이야기를 들었다. 그다음엔 우리가 가장 좋아하는 외래 침입종 영국 부들레야의 세계축axis mundi인 브리스틀이 있다. 부들레야는 1880년대에 티베트와 중국을 가르는 국경의 산맥에서 유럽으로 건너왔다. 그것은 차양 식물screen plant로 옥스퍼드 솜방망이와 마찬가지로 철도에 깔린 자갈밭을 익숙하고 적합한 서식지로 찾아냈다. 날개가 달린 부들레야의 가벼운 씨앗은 기차의 후류에 딸려 들어가 철도 제방의 본거지를 벗어나 피폭지나 성벽, 주말농장, 주차장 등을 서식지로 만들었다. 때때로 그 씨앗은 위쪽으로 날아가 굴뚝에 뿌리를 내리기도 한다. 브리스틀에서 부들레야는 다리와 건물의 돌출부에 수풀을 쌓기도 하고, 버드나무와 백자작나무 관목들과 함께 때때로 독특한 형태의 도시 삼림을 형성한다.

브리스틀의 한 벽에는 '부들레야 최고Buddleia Rules OK'(아니 UK인가?)라고 갈겨쓴 그래피티가 있다.

분명한 것은 도시에 사는 사람들에게는 이러한 잡초 군집의 생태학적, 문화적 프로필이 복잡하게 얽혀 있다는 것이다. 그들은 쉽게 알아볼 수 있는 이웃이자, 식물 무단 거주자들, 그리고 일종의 살아있는 낙서다. 그들은 뻔뻔스럽고 세상 물정에 밝으며, 택지 개발자들과 청교도적 트집쟁이들보다 한발 앞서 살아가고 있다.

뱅크시Banksy(영국을 기반으로 신원을 밝히지 않고 활동하는 그래피티 작가이자 영화감독)의 정신이 그들 안에 살아있는 것이다. 1980년대 후반에, 와이트 섬Isle of Wight 샌다운Sandown 뒤편에서 운영되고 있던 주말농장은 한 가지 생태학적 선동과 선전을 위한 무대가 되었다. 유난히 희귀한 보호종으로 지역에 따라 경작도 가능한 잡초인 푸마리아 레우테리Martin's ramping fumitory가 그곳에서 발견된 덕분에 주말농장 농부들이 그 식물의 법적 지위를 이용해 부지 개발을 저지하는 데 성공한 것이다.

런던시의 바비칸 갤러리Barbican Gallery에서 2009년에 열린 《과격한 자연: 변화하는 지구를 위한 예술과 건축Radical Nature: Art and Architecture for a Changing Planet》이라는 제목의 전시회에서 개념주의 예술가 사이먼 스탈링Simon Starling은 3차원 입체 만화를 납작한 배 위에 설치해 전시했다.

《잡초를 위한 섬Island for Weeds》이라고 불리는 이 작품은 침입종인 만병초를 호수 한가운데로 띄워 보냈는데, 그것은 그들이 야생에서 살면서도 해악을 끼치지 않도록 하기 위해 고안된 '격리 뗏목'의 축소 모형이었다. 그것을 보고 나는 바구미 출몰에 대해 중세 동물 변호인 바르톨로뮤 체세니가 내놓은 '앞서 말한 작은 곤충bestiole들을 위한 대안 목초지를 남겨두어야 한다'고 한 해결책이 생각났다.

런던을 기반으로 활동하는 모리셔스의 예술가 자크 님키Jacques Nimki는 2009년 노퍽 앤드 노리치 페스티벌Norfolk and Norwich Festival을 위해 도시 잡초를 스케치한 엽서인 '노리치 화보花譜'를 각각의 뒷면에 흔치 않은 해설을 담아 제작했다. 거기에는 식물의 이름과 유래, 천적, 서식지, 좋아하는 음악, 최고의 친구에 관한 메모가 늘어 있었다. 매우 식물학적인 분위기에서 약간 술이 취한 존 클레어가 아는 게 많은 노리치 관객들을 대상으로 스탠드업 코미디를 한다고 상상해 보라.

님키가 그의 엽서로 준비한 식물들은 모두 실제로 존재하는 것들로(하지만 이름은 지은 것들이다) 아름답게 스케치되어-다시 클레어를 떠올리며- 그 도시의 친숙한 지형에 정확하게 자리 잡고 있다. 보통 유럽장대로 더 잘 알려진 '포도주에 취한 잭Winy Jack'을 한번 보자.

'사는 곳: 52는 킹 스트리트King Street의 파란 광고판에 가까이 붙어 있다. 여기서 그들은 불량배처럼 건들거리고 있는데 그들이 노리치 최고의 표본들이다. 천적: 광계 II 억제제. 최고의 친구: 노리치에서 가끔 레드 치즈볼Red Cheesebowl이나 스팅커 밥Stinker Bob과 함께 있는 게 보인다. 그리고 어쩌면 스워천Swutchen과도 함께 하지만 지역에 따라 약간 다를 수 있다.'

이번에는 일명 개보리뺑이nipplewort라고 하는 '딘들Dindle'을 보자.

'사는 곳: 도시 전역에서 발견할 수 있다. 가장 좋은 예는 저 가게 바로 건너편 왼쪽의 런던 스트리트 32번지에서 볼 수 있다. 구글 위성 지도를 보면, 스완 레인Swan Lane을 지나 바로 길 위에 있는 그 식물의 그림자를 볼 수 있다. 그 가게는 페인트칠을 할 예정이니, 그 풀이 안 보이면, 다시 가게 꼭대기에서 옆집 34번지를 한번 보라. 노리치 기차역 자전거 쉼터 뒤편 벽에 아름다운 모습의 두 녀석이 더 보인다. 용도: 완전히 매우 침습적인 식물로 없애기 힘든 최고의 잡초 중 하나.'

같은 해, 런던 동부의 뎃퍼드Deptford에서 남쪽으로 161킨로미터 떨어진 곳에 있는 핑크 포세Pink Posse (이 이름은 식물을 가지고 하는 농담이다. 소위 '뎃퍼드 핑크Deptford pink'라고 불리는 것은 그 자치 도시에서 자란 적이 없으며, 존 제라드가 잘못 알아본 것이다.)라는 집단이 한층 더 나아가 잡초를 그래피티로 보는 생각을 취했다. 그들은 뎃퍼드의 보도와 오래된 담장에 생동감 있는 잡초 덤불을 '덧붙이기' 시작했다.
근처의 연석이나 오래된 벽돌에 잡초의 이름을 찍으면서. 그들은 잡초도 자기 서식지에 꼬리표로 붙은 것으로 보고 그들의 '태그워트tagwort(잡초꼬리표)'의 구글 맵을 그 식물에 대한 메모와 연결하여 공개했다. 거기에는 님키가 제작한 '화보花譜'의 초현실적인 위트는 없지만, 잡초계의 기념용 블루 플라크Blue Plaque(영국 등지의 공공장소에 설치된 영구 표지판으로, 그 장소와 유명한 인물, 사건 또는 그 장소의 이전 건물과의 연계를 기념하여 역사적 표시 역할을 함)를 지닌 이 식물들을 탐구심을 가지고 좀 더 자세히 보도록 약간 세심하게 마무리한 부분이 있다. 그 예로 '천식풀'을 들 수 있다. 벽을 너무나 좋아하는 이 품종은 런던 도처의 오래된 담장에 붙어 있다. 또한 돌밭과 재개발을 앞둔 멋진 부지에서도 자랄 것이다. 고대 프랑스어와 라틴어가 펠리토리Pellitory와 파리에타리아Parietaria[학명]라는 단어의 기원이다.

그것들은 벽을 의미한다. 그러니 어쩌면 우리는 그것을 '벽의 벽Wall-of-the Wall, 아니면 그냥 월태거Walltagger(벽에 그림 그리는 사람)라고 불러야 할 것이다.'

1970년대에 내가 여기저기 돌아다니며 도시를 거닐 때 북동쪽 한계선이었던 쇼디치의 상상 속 난초 서식지와 왈섬스토Walthamstow 습지가 뎃퍼드와 결합하여 형성된 삼각지대에는 격론을 일으킬만한 식물학적 교점이 많이 포함되어 있다.

로즈 매콜리Rose Macaulay는 넋이 나간 채 지팡이로 점을 치는 사람처럼 폭격을 당한 교회의 잔해 속을 이리저리 돌아다녔다.

1666년 런던 대화재의 불사조인 런던 로켓London rocket의 마지막 남은 피난처 중 하나인 더 타워The Tower와 와핑Wapping, 라임하우스Limehouse 주변을 둘러싼 반짝이는 새로운 해안 산책길, 그곳의 벽들은 시티City의 초창기 사기꾼 세대가 동양에서 온 미래의 예언자 같은 인상을 주려고 얼굴을 검게 하는 데 사용했던 염료식물 쉽싸리가 아직도 드리워져 있다. 아직 남아 있는 쓰레기장 몇 곳은 식물을 멋지고 무성하게 키워내기는커녕 생장시킬 기회조차 거의 얻지 못했다. 그리고 스트랫퍼드 습지Stratford Marsh 근처의 운하 제방에서 나는 내 생애 가장 스릴 넘치는 도시 여행을 했다.

해크니 컷Hackney Cut을 따라 운하의 배를 끌던 길은 중국닭의 덩굴의 꽃줄로 반쯤 길이 막힌 정글 길로 변해 있었다. 그리고 제방은 일명 덴마크잡초Danewort인 난쟁이 엘더 무리가 뒤덮고 있는데, 그것은 잎에선 비프 그레이비(고기를 익힐 때 나온 육즙에 밀가루 등을 넣어 만든 소스) 냄새가 나고 분홍빛 꽃송이로 뒤덮였지만 줄기는 이미 핏빛으로 물들어 있었다(민간전승에 의하면, 이 식물은 영국군과 싸워서 패배한 덴마크인들의 피에서 자라난다고 한다).

큰멧돼지풀의 문장 같은 탑들이 보였고, 런던의 잡초 특산품 중 하나인 지중해산 오줌보콩이 드문드문 우거져 있었다. 오줌보콩은 씨주머니가 아주 크게 부풀어 있었는데, 푸른 박새들이 유충들을 찾아 그것을 찢어 벌리고는 머리를 구겨 넣고 있었다.

이제 이 밭 전체, 그러니까 런던 동부의 야생 식물의 서사시가 된 스트랫퍼드 습지와 로어 리Lower Lea 계곡의 많은 부분을 올림픽 공원이 집어 삼켜버렸다. 넓이 2제곱킬로미터의 거친 목초지와 야생 관목지, 주말농장, 거기다 2,000채의 가옥을 불도저로 밀어버린 것이다. 이것은 런던 대공습 이후 런던 동부에서 목격된 가장 거대한 격변이며, 지질학적으로도 아마 빙하기 이후 가장 오래 지속된 사건일 것이다.

나는 잡초가 인간이 만든 이 지진에 어떻게 대처하고 있는지 볼 수 있기를 바란다. 잡초가 대처하느라 진화하게 되었던 그런 종류의 격변 말이다. 그러나 글을 쓰는 이 시점에는 방문이 금지되어 있다. 보건과 안전, 보안은 올림픽 개발청이 들먹이는 변명거리지만, 나는 그들이 많은 돈을 들여서 씨를 말리고 있는 바로 그 식물의 잔해들을 찾으면서 이것저것 참견하는 작가들을 관대하게 봐준다고는 생각할 수 없다.

그래서 나는 약간 멀리서 그 공원을 바라본다. 한 달에 한 번쯤 나는 노퍽에서 리버풀 스트리트까지 기차를 타고 가는데, 그 기차는 건설 중인 경기장 안을 수백 미터 지난다.

《미지와의 조우Close Encounters of the Third Kind》의 마더 쉽Mather Ship은 그 위에 부드럽게 안착했지만 그것은 땅에서 솟아오르는 것 같다. 어렴풋이 흩어져 있는 잡초와 화물차가 지나간 축축한 자리를 따라 생긴 누런색 긴 웅덩이들, 위가 솜털 보송보송한 녹색 골무꽃skull-cap으로 덮인 원뿔 모양 폐석 처리장이 보인다. 나는 그것들이 무엇인지 모른다. 그리고 한 달 후면 그것들은 새로운 잡초들로 대체되어 사라질 것이다. 옥스퍼드 금방망이처럼 보이는 것이 울타리에 얽혀 있고, 난쟁이 엘더 표류물들이 길게 뻗은 리아강 유역을 따라 조금씩 움직이고 있다.

스칸디나비아의 도급업자들은 조심해야 한다. 마치 나는 식생천이植生連續(같은 장소에서 시간의 흐름에 따라 진행되는 식물 군집의 변화)가 이루어지는 것을 패스트 모션으로 목격하고 있는 것 같다. 이것이 잡초의 타고난 삶의 속도라는 점을 제외하면 말이다. 그것들은 단거리 경주를 위해, 산사태에 대비해, 세심하게 조정된 폭발 같은 화산 작용 비슷한 것에 대비하여 진화해왔다. 하지만, 변화의 속도가 너무 빨라서 그들 중 많은 수는 스스로를 번식시킬 기회조차 얻지 못하고 있다. 그렇다면 그들이 잠깐 침입한 이유, 다른 말로 그런 덧없는 유기체가 존재하는 바로 그 이유는 무엇일까?

나는 그것들이 불도저처럼 정신없이 밀고 들어왔다 나갔다 반복하는 것을 보면서, 그 의미를 이해하기 위해 여러 유사한 것들을 더듬어 본다. 그리고 개미를 생각해 본다. 하지만 개미들은 너무 조직적이고, 너무 단호하게 지구를 변화시킨다. 마치 굴착기처럼. 그때 마침 그것들이 일종의 면역 체계와 같다는 생각이 든다. 손상된 조직을 복구하기 위해 움직이는 유기체 말이다. 이 경우 손상된 조직이란 지구에서 이전의 초목들이 없어지는 걸 말한다.

하지만 이것이 잡초가 다른 어떤 생물보다 더 많은 '목적'을 가졌다는 것을 의미하지는 않는다. 유기체는 다른 이유 없이 존재할 수 있고, 그렇게 할 기회를 찾을 수 있다. 지구상의 생명에 있어 놀랍고도 거의 선험적인 것은, 그렇게 존재하기 위해서는 유기체들이 서로, 그리고 지구 그 자체와 관계를 맺어야 한다는 것이다. 따라서 유기체들은 목적은 아니더라도, 역할에 가까운 것을 찾아야 한다.

잡초의 재빠르고 기회주의적인 생활 방식은 그들의 역할, 즉 그들이 하는 일이 땅의 빈 공간을 메우고, 산사태나 홍수, 산불로 인해 수백만 년 동안 자연적으로 완전히 지쳐버린, 그리고 오늘날에는 공격적인 농업과 엄청난 오염으로 퇴화된 초목을 치유하는 것이라는 사실을 의미한다. 그렇게 함으로써 그들은 토양을 안정시키고, 물의 손실을 막으며, 다른 식물들에게 피난처를 제공하고, 더 복잡하고 안정적인 식물 체계의 전이 과정을 시작한다.

나는 1만 년 전 농업이 처음 시작되었을 때, 잡초 제거가 하나의 선택이었다면 농업은 일시적인 사건처럼 완전히 실패했을 거라는 게 합리적인 가정이라고 생각한다. 중동의 건조한 토양은 일단 개간을 하면 그냥 날아가 버렸을 것이다. 그리고 작물들은 태양으로부터 보호해 줄 것이 없어서 쓰러졌을 것이다. 어쩌면 잡초를 제대로 이해하고 멸종시키기보다는 타협한다면, 그들이 우리를 도울지도 모른다. 생태적으로 우호적인 농작물 관리 체계에서 실시한 여러 실험에서 그들이 보여준 것처럼 말이다.

그러나 잡초, 그리고 그들의 필연성과 화해하는 것은 항상 아찔한 과정이 될 것이다. 거기에는 실질적인 통제와 문화적 수용을 결합하는 것이 포함된다.

최근 대부분의 역사에서 우리는 그 반대 방향으로 움직여 왔다. 그리고 우리가 노력하지 않고 쉽게-그러나 일시적으로-

잡초를 뿌리 뽑을 수 있을 것 같으면 우리는 그것들을 이해하는 데 힘을 덜 쏟을 것이다. 농사를 짓고부터 농업혁명이 시작될 때까지 잡초는 자연생활과 인간의 존재에 있어서 골치 아프지만 필요한 부분으로 받아들여졌다. 그들은 땅에서 제거되어야만 했을 수도 있다. 하지만 그들은 땅이 비옥하다는 것을 알려주는 징표이기도 했다. 그들은 성장을 가속화하기 위한 의식에 사용되었다. 그들은 효능이 강한 의약품으로 여겨졌고, 보다 실용적으로는 가정 경제에 기여하는 중요한 존재로 대접받았다. 잡초가 인류의 원죄에 대한 벌이라는 성경적 주장(이 주장은 19세기까지 지속되었다)은 그것이 생태학적 벌이라는 사실에 대한 무의식적인 이해와 함께했다. 그것은 또한 우리가 지구를 망가뜨리는 대가로 지불한 십일조였다.

하지만 일단 기계와 화학물질로 잡초를 공격할 수 있게 되자 그들은 우리의 이해 밖으로 튕겨 나갔다. 그들의 외모는 이제 추리가 아니라 반사 신경을 자극한다. 그들은 우리의 생활방식과는 전혀 관련이 없는, 납득할 수 없는 무례한 침입자로 여겨진다. 그리고 그 관점은 더 급진적으로 변해서, 우리는 이제 우리 자신보다는 잡초 탓을 한다. 하지만 우리는 그들에게 경멸스러운 이름을 붙이고, 황야를 벗어나 우리의 손상된 세계로 들어와 그들이 자신의 복구 역할을 확장할 기회를 주었다.

제초를 지나치게 많이 한 영국 정원 가장자리에 난 산미나리에서부터 우연히 들어와 에버글레이즈 습지를 질식시키는 연못

식물과 베트남 열대우림의 네이팜탄 공격에서 살아남은 식물들을 질식시키는 띠에 이르기까지 잡초가 끼치는 모든 민폐는 무분별하고 때로는 의도적인 자연계 파괴의 결과였다. 잡초는 우리가 재배한 가장 성공적인 작물이다.

미국의 작가 칼 사피나Carl Safina는 유명한 민간전승에서 전설적인 살육의 희생자인 알바트로스가 어떻게 불운의 원인으로 돌연변이를 일으켰는지 지적했다. '알바트로스를 목에 거는 것'은 사회저 짐을 지는 것이다. 그것은 피 흘리는 새의 잘못이다

전설의 시작인 《늙은 선원의 노래The Rime of the Ancient Mariner》라는 시에서 콜리지Coleridge는 전혀 다른 내용을 암시한다. 그 선원은 제정신이 아닌 상태에서 '좋은 징조를 지닌 경건한 새' 알바트로스를 활로 쏜다. 그 결과, 배는 바람이 없어 움직이지 않게 되고, 고통스러워하던 선원들은 죽은 새를 그의 목에 달아주었다.

목에 알바트로스를 두른다는 것은 자초한 곤경에 처하게 되는 것을 의미한다. 우리는 우리가 마땅히 받아야 할 잡초, 그러니까 식물 알바트로스를 얻은 것이다.

이 책의 첫머리에서 나는 잡초가 자연계를 야생과 길듦으로 엄격하게 분리한 결과라고 주장했다. 그들은 경계 파괴자들, 즉 무국적 소수민족으로서 우리에게 삶이 그렇게 정돈된 것이 아니라는 사실을 일깨워준다. 그들이라면 우리가 다시 자연의 경계선들을 넘어 사는 법을 배우도록 도울 수 있을 것이다.

식물목록

영국 식물의 학명은 클라이브 스테이스Clive Stace의 『신 영국 제도의 식물군New Flora of the British Isles』(케임브리지 대학교, 1991년)을 다른 지역의 식물은 D.J.메이벌리Mabberley의 『식물 사전The Plant Book, 2nd edn』(케임브리지 대학교, 1997년)을 따랐다. 대신해서 널리 많이 쓰이는 이름은 괄호 안에 넣었고, 보다 지역적인 속명은 아래에 제시하지 않고 본문에서 구분할 수 있도록 첫 글자를 대문자로 표기했다.

adder's-tongue, *Ophioglossum vulgatum* 나도고사리삼
ajowan, *Trachyspermum ammi* 아요완
alder (common), *Alnus glutinosa* 검은 오리나무
grey, *A. incana* 회색 오리나무
alexanders, *Smyrnium olustratum* 알렉산더
alfalfa (lucerne), *Medicago sativa sativa* 알팔파
ash, *Fraxinus excelsior* 구주물푸레나무
asparagus, *Asparagus officinalis* ssp. *officinalis* 아스파라거스
autumn lady's-tresses, *Spiranthes spiralis* 타래난초
balsam, Indian (Himalayan), *Impatiens glandulifera* 히말라야물봉선
orange, *I. capensis* 주황색봉선화
small, *I. parviflora* 좀물봉선화
bee orchid, *Ophrys apifera* 꿀벌난초
beech, *Fagus sylvatica* 유럽너도밤나무

Bermuda-buttercup, *Oxalis pes-caprae* 점박이노랑 사랑초
betony, *Betonica officinalis* 베토니
bindweed, black, *Fallopia convolvulus* 나도닭의덩굴
field, *Convolvulus arvensis* 서양메꽃
hedge, *Calystegia sepium* 화살메꽃
bird's-foot-trefoil, common, *Lotus corniculatus* 서양벌노랑이
bittercress, hairy, *Cardamine hirsuta* 황새냉이
black mustard, *Brassica nigra* 흑겨자
blackcurrant, *Ribes nigrum* 블랙커런트
blackthorn, *Prunus spinosa* 블랙손
bladder-senna, *Colutea arborescens* 오줌보콩
bluebell (English), *Hyacinthoides non-scripta* 잉글리쉬블루벨
Spanish, *H. hispanica* 스패니쉬블루벨
borage, *Borago officinalis* 보리지
box, *Buxus sempervirens* 무늬회향목
bracken, *Pteridium aquilinum* 고사리
bramble (blackberry), *Rubus fruticosus* 블랙베리
Brazilian pepper, *Schinus terebinthifolius* 브라질후추나무
bristle-grass, *Setaria* spp 강아지풀
broom, *Cytisus scoparius* 양골담초
bryony, black, *Tamus communis* 검정브리오니아
white, *Bryonia dioica* 화이트브리오니아
buckwheat, *Fagopyrum esculentum* 메밀
buddleia (butterfly-bush), *Buddleja davidii* 부들레야
buffel grass, *Cenchus ciliarus* 버펠그라스
bugloss, small-flowered, *Echium parviflorum* 에키움 파르비플로룸
viper's, *Echium vulgare* 에키움 불가레
burdock, greater, *Arctium lappa* 우엉
lesser, *A. minus* 우방자
burnet-saxifrage, *Pimpinella saxifraga* 백약이참나물
buttercup, *Ranunculus* spp 미나리아재비

crow flower 미나리아재비
corn, *R. arvensis* 좀미나리아재비
creeping, *R. repens* 가는미나리아재비
butterwort (common), *Pinguicula vulgaris* 벌레잡이제비꽃
caltrops, *Tribulus terrestris* 남가새
Canadian waterweed, *Elodea canadensis* 캐나다말
canary-grass, *Phalaris canariensis* 갈풀
cannabis; hemp, *Cannabis sativa* 대마
capeweed, *Arctotheca calendula* 케이프민들레
castor-oil plant, *Ricinus communis* 피마자
celandine, lesser, *Ranunculus ficaria* 라넌큘러스 피카리아
greater, *Chelidonium majus* 애기똥풀
chamomile (mayweed), corn, *Anthemis arvensis* 콘캐모마일
stinking, *A. cotula* 개꽃아재비
charlock, *Sinapis arvensis* 들갓
cherry plum, *Prunus cerasifera* 자엽꽃자두
cherry laurel, *Prunus laurocerasus* 체리월계수
chervil, garden, *Anthriscus cerefolium* 처빌
chickweed, common, *Stellaria media* 별꽃
chicory, *Chicoria intybus* 치커리
cinchona, *Cinchona officinalis* 키니네
cinquefoil, creeping, *Potentilla reptans* 가락지나물
clover, red, *Trifolium pratense* 붉은토끼풀
sulphur, *T. ochroleucon* 황클로버
white, *T. repens* 토끼풀
cockspur grass, *Echinochlia crus-galli* 돌피
coco grass, *Cyperus rotundus* 향부자
cogon, *Imperata cylindrica* 띠
coltsfoot, *Tussilago farfara* 땅머위
comfrey, common, *Symphytum officinale* 컴프리
white, *S. orientale* 흰색컴프리

corncockle, *Agrostemma githago* 선옹초
cornflower, *Centaurea cyanus* 수레국화
couch, *Eyltrigia repens* (구주)개밀
cow parsley, *Anthriscus sylvestris* 전호
cowslip, *Primula veris* 황화구룬초
crab apple, *Malus sylvestris* 원생종사과
cuckooflower, *Cardamine pratensis* 뻐꾹냉이
cumin, *Cuminum cyminum* 쿠민
cyclamen (sowbread), *Cyclamen hederifolium* 시클라멘
daisy (common), *Bellis perennis* 데이지
oxeye, *Chrysanthemum vulgare* 탠지
dame's-violet, *Hesperis matronalis* 보라십자화
dandelion, *Taraxacum officinale* 민들레
darnel, *Lolium temulentum* 독보리
Deptford pink, *Dianthus armeria* 뎃퍼드 핑크
dill, *Anethum graveolens* 딜
dock, broad-leaved, *Rumex obtusifolius* 돌소리쟁이
curled, *R. crispus* 소리쟁이
patience, *R. patientia* 부령소리쟁이
wood, *R. sanguineus* 붉은맥소리쟁이
dodder, *Cuscuta epithymum* 새삼
flax, *C. epilinum* 아마
dog-rose, *Rosa canina* 개장미
duckweed, *Lemna* spp. 좀개구리밥
Duke of Argyll's teaplant, *Lycium barbarum* 영하구기자
elder, *Sambucus nigra* 딱총나무
dwarf, *S. ebulus* 난장이 엘더
elecampane, *Inula helenium* 목향
emmer, *Triticum turgidum* 에머밀
evening primrose, common, *Oenothera biennis* 달맞이꽃
everlasting-pea, broad-leaved, *Lathyrus latifolius* 넓은잎연리초

fat-hen, *Chenopodium album* 흰명아주
fennel, *Foeniculum vulgare* 회향
fenugreek, *Trigonella foenum-graecum* 호로파
feverfew, *Tanacetum parthenium* 피버퓨
field cow-wheat, *Melampyrum arvense* 꽃며느리밥풀
fig, *Ficus carica* 무화과나무
fleabane, Canadian, *Conyza canadensis* 망초
Sumatran, *C. sumatrenis* 큰망초
fluellen, *Kickxia* spp. 플루엘렌
forget-me-not, *Myosotis* spp. 물망초
foxtail, meadow, *Alopecurus pratensis* 큰뚝새풀
fuchsia, *Fuchsia magellanica* 마젤란 후쿠시아
fuller's teasel, *Dipsacus sativus* 도깨비산토끼꽃
fumitory, common, *Fumaria officinalis* 둥근빗살현호색
Martins' ramping, *F. reuteri* 푸마리아 레우테리
furze (gorse), *Ulex europeaus* (유럽)가시금작화
gallant-soldier, *Galinsoga parviflorus* 별꽃아재비
gipsywort, *Lycopus europaeus* (구주)쉽싸리
gladiolus, wild, *Gladiolus italicus* 이탈리안글라디올러스
goat's-rue, *Galega officinalis* 갈레가
goldenrod, Canadian, *Solidago canadensis* (양)미역취
goosegrass (cleavers), *Galium aparine* 갈퀴덩굴
grama, *Bouteloua* spp. 그라마
greater stitchwort, *Stellaria holostea* 별꽃
green alkanet, *Pentaglottis sempervirens* 녹색알카넷
ground-elder, *Aegopodium podagraria* 왜방풍
ground ivy, *Glechoma hederacea* 적설초
groundsel, *Senecio vulgaris* 개쑥갓
hawksbeard, smooth, *Crepis capillaris* 부드러운 보리뱅이
hawkweeds, *Hieracium* spp. 조밥나물
hawthorn (may), *Crataegus monogyna* 모노기나 산사나무

heather (ling), *Calluna vulgaris* 헤더
hedge mustard, *Sisymbrium officinale* (유럽)장대
hedge woundwort, *Stachys sylvatica* 울타리쐐기풀
hemlock, *Conium maculatum* 독당근
henbane, *Hyoscamus niger* 사리풀
hoary cress, *Lepidium draba* 큰잎다닥냉이
hogweed (common), *Heracleum sphondylium* 호그위드
giant, *H. mantegazzianum* 큰멧돼지풀
honeysuckle (woodbine), *Lonicera periclymenum* 인동덩굴
hornbeam, *Carpinus betulus* (유럽)서어나무
horse-chestnut, *Aesculus hippocastanum* 가시칠엽수
horsetail, field, *Equisetum arvense* 쇠뜨기
Hottentot-fig, *Carpobrotus edulis* 막사국
hound's-tongue, *Cynoglossum officinale* 개헛바닥풀
houseleek, *Sempervivum tectorum* 하우스릭
ivy, *Hedera helix* (양)담쟁이
ivy-leaved toadflax, *Cymbalaria muralis* 덩굴해란초
knotgrass (ironweed), *Polygonum aviculare* 마디풀
kudzu vine, *Pueraria montana* 칡
laburnum, *Laburnum anagyroide* 금사슬나무
lady's-bedstraw, *Galium verum* 솔나물
lady's-mantle, *Alchemilla* spp. 알케밀라종
lamb's ears, *Stachys byzantina* 비잔티나석잠풀
lilac, *Syringa vulgaris* 라일락
linseed (flax), *Linum usitatissimum* 아마
lobelia, *Lobelia erinus* 로벨리아
loganberry, *Rubus loganobaccus* 로건베리
London rocket, *Sisymbrium irio* 런던로켓
love-lies-bleeding, *Amaranthus caudatus* 줄맨드라미
mallow, common, *Malva sylvestris* 당아욱
musk, *M. moschata* 사향아욱

mandrake, *Mandragora officinarum* 맨드레이크
mare's-tail, *Hippuris vulgaris* 쇠뜨기말풀
marigold, common, *Calendula officinalis* 금잔화
corn, *Chrysanthemum segetum* 공작국화
meadow-grass, smooth, *Poa pratensis* 왕포아풀
Michaelmas daisy, common, *Aster* x *salignus* 갯개미취
millet, *Panicum miliaecum* 기장
mint, *Mentha* spp. 박하
montbretia, *Crocosmia* x *crocosmiiflora* 애기범부채
morning glory, *Ipomoea purpurea* 둥근잎나팔꽃
motherwort, *Leonurus cardiaca* (서양)익모초
mugwort, *Artemisia vulgaris* 쑥
mullein, great, *Verbascum thapsus* 우단담배풀
navelwort (pennywort), *Umbilicus rupestris* 배꼽풀
nettle, small, *Urtica urens* 쐐기풀
stinging, *U. dioica* (서양)쐐기풀
New Zealand pigmyweed, *Crassula helmsii* 피그미위드
nightshade, black, *Solanum nigrum* 까마중
deadly, *Atropa belladonna* 벨라돈나
woody (bittersweet), *Solanum dulcamara* 솔라눔 둘카마라
nipplewort, *Lapsana communis* (서양)개보리뺑이
oil-seed rape, *Brassica napus* ssp. *oleifera* 유채
oregano (marjoram), *Origanum vulgare* 오레가노
oxlip, *Primula elatior* 옥슬립
oxtongue, bristly, *Picris echioides* 거센털쇠서나물
pampas grass, *Cortaderia selloana* 팜파스풀
pansy, field, *Viola arvensis* 야생팬지
wild, *V. tricolor* 삼색제비꽃
paperbark, *Melaleuca* spp. 멜라루카
parrot's-feather, *Myriophyllum aquaticum* 앵무새깃물수세미
pellitory-of-the-wall, *Parietaria judaica* 천식풀

penny-cress, field, *Thlaspi arvense* 말냉이
peony, *Paeonia mascula* 마스쿨라작약
pheasant's-eye, *Adonis annua* 복수초
pimpernel, blue, *Anagallis arvensis.* ssp. *caerulea* 블루핌퍼넬
scarlet, *A. arvensis* 뚜껑별꽃
pineapple-weed, *Matricaria discoidea* 족제비쑥
pirri-pirri-bur, *Acaena novae-zelandiae* 비디비디
plantain, greater, *Plantago major* 왕질경이
hoary, *P. media* 플란타고
ribwort, *P. lanceolata* 창질경이
poison ivy, *Rhus radicans* 덩굴옻나무
poppy, corn, or common, *Papaver rhoeas* 개양귀비
opium, *P. somniferum* 양귀비
prickly pear, *Opuntia ficus-indica* 보검선인장
primrose, *Primula vulgaris* 앵초
privet, garden, *Ligustrum ovalifolium* 왕쥐똥나무
wild, *L. vulgare* 쥐똥나무
purple-loosestrife, *Lythrum salicaria* 털부처꽃
quackgrass, *Agopyron repens* (구주)개밀
quaking-grass, *Briza media* 중방울새풀
radish, wild, *Raphanus raphanistrum* (서양)무아재비
ragged-robin, *Lychnis flos-cuculi* 가는동자꽃
ragweed, *Artemisia artemisiifolia* 돼지풀
ragwort, common, *Senecio jacobaea* 솜방망이
London, *S.* x *subnebrodensis* 런던금방망이
Oxford, *S. squalidus* 옥스퍼드금방망이
red-hot poker, *Kniphofia* spp. 니포피아
redshank, *Persicaria maculosa* 봄여뀌
reed, *Phragmites australis* 갈대
rhododendron, *Rhododendron ponticum* 만병초
rosebay willowherb, *Chamerion angustifolium* 분홍바늘꽃

rue-leaved saxifrage, *Saxifraga tridactylites* 루타잎이 달린 범의귀
Russian vine, *Fallopia baldschuanica* 중국닭의덩굴
rye-grass, Italian, *Lolium multiflorum* 쥐보리
  perennial, *L. perenne* 호밀풀
sandwort, spring, *Minuartia verna* 스프링 샌드워트
saw-sedge (great fen-sedge), *Cladium mariscus* 톱니사초
Scots pine, *Pinus sylvestris* 스코틀랜드 소나무
scurvy-grass, common, *Cochlearia officinalis* 스커비초
  Danish, *C. danica* 덴마크스커비초

self-heal, *Prunella vulgaris* 꿀풀
shepherd's-needle, *Scanidx pecten-veneris* 바늘풀
shepherd's-purse, *Capsella bursa-pastoris* 냉이
shoo-fly, *Nicandra physalodes* 페루꽈리
silver birch, *Betula pendula* 백자작나무
silverweed, *Potentilla anserina* 눈양지꽃
soapwort, *Saponaria officinalis* 비누풀
sow-thistle, *Sonchus* spp. 방가지똥
soya bean, *Glycine max* 콩
speedwell, germander, *Veronica chamaedrys* 베로니카
  slender, *V. filiformis* 베로니카 필리포르미스
spiny chicory, *Cichorium spinosum* 치커리
spiny restharrow, *Ononis spinosa* 오노니스 스피노사
spotted medick, *Medicago arabica* 스포티드 메딕
squill, spring, *Scilla verna* 봄해총
St John's-wort, perforate, *Hypericum perforatum* (서양)고추나물
statice, *Limonium* spp. 스타티스
stinking hellebore, *Helleborus foetidus* 구린내헬레보레
striga (witchweed), usually *Striga lutea* 스트리가
sun spurge, *Euphorbia helioscopia* 등대풀
sunflower, *Helianthus annuus* 해바라기

sycamore, *Acer pseodoplatanus* 시카모어
tansy, *Tanacetum vulgare* 쑥국화
thistle, creeping, *Cirsium arvense* 캐나다엉겅퀴
spear ('Scotch'), *C. vulgare*¾ 스코틀랜드 엉겅퀴
thorn-apple, *Datura stramonium* 독말풀
thoroughwort, *Ageratina adenophora* (서양)등골나물
thrift (sea-pink), *Armeria maritime* 아르메리아
thyme, wild, *Thymus polytrichus* 야생백리향
tree lupin, *Lupinus arboreus* 나무누피너스
tree-of-heaven, *Ailanthus altissima* 가죽나무
tumbleweed (Russian thistle, spineless saltwort), *Salsola kali*, ssp. 회전초 *ruthenica* 솔붓꽃
valerian, marsh, *Valeriana dioica* 발레리안쥐오줌풀
red, *Centranthus ruber* 붉은 발레리안
vervain, *Verbena officinalis* 마편초
violet, sweet, *Viola odorata* 향기제비꽃
wall barley, *Hordeum murinum* 보리풀
wallflower, *Erysimum cheiri* 월플라워
walnut, *Juglans regia* 호두
water hyacinth, *Eichornia crassipes* 부레옥잠
watercress, *Rorripa nasturtium-aquaticum* 물냉이
water-pepper, *Persicaria hydropiper* 여뀌
weld, *Reseda luteola* 목서초
white horehound, *Marrubium vulgare* 흰털박하
wild carrot, *Daucus carota* 야생당근
wild leek, *Allium ampeloprasum* 코끼리마늘
wild oats, *Avena fatua* 메귀리
willow, goat, *Salix caprea* 호랑버들
grey (sallow), *S. cinerea* 큰산버들
winter aconite, *Eranthis hyemalis* 겨울바람꽃
winter heliotrope, *Petasites fragrans* 겨울 헬리오트로프

woad, *Isatis tinctoria* 대청
wormwood, *Artemisia absinthium* 향쑥
yarrow, *Achillea millefolium* (서양)톱풀
yellow-rattle, *Rhinanthus minor* 노랑딸랑이
Yorkshire-fog, *Holcus lanatus* 흰털새
alpine gentian 고산성 용담
adonis 복수초
asphodel 아스포델
arssmart 여뀌
arum 아룸
bindweed 메꽃
greater bindweed 메꽃
black iris 검정 아이리스
bladdersenna 오줌보콩
bistort 범꼬리
bishopwort 주교초
bread fruit 빵나무
burmuda buttercup 노랑사랑초
cape cowslip 케이프황화구륜초
cardamine 카다민
cock pint 아루 마쿨라툼
celtic maple 켈트 단풍나무
clover 토끼풀
charvil 챠빌
cockoo-flowers 꽃냉이
crow flower , crow foot 미나리아재비
cockle 선옹초
crown imperial 패모
clarkia 클라키아
cistus 시스투스
cow-parsnip 어수리

cocklebur 도꼬마리
coton neaster 섬개야광나무
double rose 더블로즈
dindle 여러해살이 방가지똥
devil's snare, thornapple 독말풀
danewort 난쟁이엘더
dwarf bean 왜성강낭콩
dog fennel 개회향
egglantine 에글란틴
flag 창포꽃
fool's parsley 개파슬리
gold of pleasure 양구슬냉이
fireweed 분홍바늘꽃
ground elder 산미나리
garden daffodil 정원수선화
goat willow 호랑버들
gourds 호리병박
foxglove 여우장갑
field maple 단풍나무
guelder rose 양백당나무
heartsase 삼색제비꽃
hardock 우엉
holly bush 감탕나무
helleborus foetidus 크리스마스 로즈
japweed 모자반
heath 히스
knapweed 냅위드
liana 리아나
juniper 향나무
mimosa 미모사
tall nettle 키 큰 쐐기풀

oak 오크나무
nasturtium 한련화
marsh valerian 발레리안쥐오줌풀
mallow 아욱
mayweed 개꽃아재비
stinking 쑥
musk rose 사향장미
lubin 루빈
millet grass 나도겨이삭
nasturtium 한련화
nipple wort (서양)개보리뺑이
oxtongue 쇠서나물
pigmiweed 피그미위드
pellitory of the wall
pilewort 붉은서나물
phlox 플록스
piper 후추
Rambling Rector 넝쿨장미
sedum 세덤
sweet-priar 스위트브라이어
evening primrose 달맞이꽃
puffball 주머니버섯
queen Anne's lace 야생 당근
sorrel 수영
soft rush 골풀
speargrass 스피어그라스
sisal 사이잘초
snapdragon 금어초
sulphur clover 황클로버
skull-cap 골무꽃
Thistle 엉겅퀴

Tree-lupin 나무루피누스
tare 독보리
violet 제비꽃
vetch 살갈퀴
vicia 비시아
nodding violet 바위바이올렛
stining nettle 쐐기풀
snowdrop 갈란투스
slender speedwell 베로니카 필리포르미스
sengreen 센그린
shoo-fly plant 페루꽈리
wintercorn 겨울 옥수수
woodbine 인동덩굴
wood anemone 숲바람꽃
wood grass 잔디나무
weedling wild 위들링 와일드
wild vine 머루
wood sorrel 희망봉괭이밥
great hairy willowherb 큰바늘꽃
french willow 프랑스 버들
waterweed 캐나다말

참고문헌

본문에 언급된 출처는 생략했다.

The full story of these Middlesex explorations is in Richard Mabey, *The Unofficial Countryside*, London, 1973.
Scottish thistle: Tim Low, *Feral Future: The Untold Story of Australia's Exotic Invaders,* Chicago, 2002. Ralph Waldo Emerson, *Fortune of the Republic,* 1878.
Francis Simpson, *Simpson's Flora of Suffolk,* Ipswich, 1982.
John Ruskin, *Proserpina,* 1874-6. J. C. Loudon, *Arboretum and Fruticetum Britannicum,* 1838.
American attitudes: Paul Robbins, *Lawn People: How Grasses, Weeds and Chemicals Make Us Who We Are,* Philadelphia, 2007; Sara Stein, *My Weeds: A Gardener's Botany,* New York, 1988.
Indian balsam games: Richard Mabey, Flora *Britannica,* London, 1996. Plants in Harry Pott er: see Wikipedia.
Loosestrife nomenclature: Geoffrey Grigson, *A Dictionary of English Plant Names,* London, 1974.
Stephen Meyer, *The End of the Wild,* Cambridge, Mass., 2006.
Gary Snyder, 'Earth turns', *Orion,* April 2009.
Gerard Manley Hopkins, 'Inversnaid'. John Clare, 'Leisure', in *John Clare by Himself,* ed. Eric Robinson and David Powell, Ashington, 1996
Bomb-site weeds: Edward Salisbury, *Weeds and Aliens,* 2nd edn, London, 1961; Richard Fitter, *London's Natural History,* London, 1945.
Michael Pollan, *Second Nature,* London, 1996.
'Flowers of the field': Lytton John Musselman, *Figs, Dates, Laurel and Myrrh: Plants of the Bible and the Quran,* Portland, 2007. John Gerard, *The Herball, or Generall Historie of Plantes,* 1597, and Dover facsimile of 1633 edn, New York, 1975. Salisbury, *Weeds and Aliens,* op. cit.
Charles Darwin, *The Origin of Species,* 1859.
Gilbert White's garden: Gilbert White, *Journals,* ed. Francesca Greenoak, 3 vols, London, 1987-9.

Northumberland folk-lore, quoted in Roy Vickery, *Plant Lore*, Oxford, 1995.

John Ray, *Catalogus Plantarum circa Cantabrigiam nascentium*, 1660.

Shirley poppies: Mabey, *Flora Britannica*, op. cit.

Genesis, see versions in Robert Gould and Stephen Prickett (eds), *The Bible: Authorised King James Version*, Oxford, 1997.

Garden of Eden: John Prest, *The Botanic Garden and the Re-creation of Paradise*, New Haven, 1981; Max Oelschlaeger, *The Idea of Wilderness*, New Haven, 1991.

N. I. Vavilov, *Studies on the Origin of Cultivated Plants*, Leningrad, 1926; see also Geoffrey Grigson, 'Ninhu rsaga', in *Gardenage*, London, 1952. Desert food: 'Wild plants in the cuisine of modern Assyrians in the eastern Syrian-Turkish borderland', Oxford Food Symposiu m, 2004;

Terence McKenna, *Food of the Gods*, New York, 1984.

Purple rice: Stein, *My Weeds*, op. cit.

John Passmore, *Man's Responsibility for Nature: Ecological Problems and Western Tradition*, New York, 1974. Virgil, *The Georgics*, ed. and trans. K. R. Mackenzie, London, 1969.

Claude Lévi-Strauss, *From Honey to Ashes*, 1966, trans. John and Doreen Weightman, New York, 1973.

Neolithic weeds: Phil Watson and Miles King, *Arable Plants*, Old Basing, 2003.

Eilert Ekwall, *The Concise Oxford Dictionary of Place Names*, Oxford, 1960. P. V. Glob, *The Bog People: Iron-Age Man Preserved*, 1965 (in Danish; UK edn, London 1969).

Durer: Madeleine Pinault, T*he Painter as Naturalist*, Paris, 1991; see also Wilfrid Blunt, *The Art of Botanical Illustration*, London,1950.

Johann von Goethe, *The Sorrows of Young Werther*, 1774.

Dioscorides quoted in Wilfrid Blunt and Sandra Raphael, *The Illustrated Herbal*, London, 1978.

Foster Barham Zincke, *Some Materials for the History of Wherstead*, 2nd edn, 1893. Thomas Tusser, *His Good Points of Husbandry* (c. 1557), ed. Doro thy Hartley, London, 1931.

Dorothy Hartley, *The Land of England*, London, 1979.

Bindweed: Salisbury, *Weeds and Aliens*, op. cit.

Trials of animals: Noel Sweeney, 'Animals in the dock', BBC *Wildlife*, March 2007; Julian Barnes, *A History of the World in 10½ Chapters*, London, 1989.

Vernacular names from Geoffrey Grigson, *The Englishman's Flora*, London, 1958.

Midsummer fires: Christina Hole, *British Folk Customs*, London, 1976; Marcel de Cleene and Marie Claire Lejeune, *Compendium of Symbolicand Ritual Plants in Europe,* Ghent, 1999-2003; see also Grigson, *The Englishman's Flora,* op. cit.

The Leech Book of Bald quoted in Eleanour Sinclair Rohde, *The Old English Herbals,* London 1972.

John Aubrey, *Miscellanies,* 1890. 'Lay of the Nine Herbs', quoted in Rohde, *The Old English Herbals,* op. cit.

Weed pheromones: V. S. Rao, *Principles of Weed Science,* 2nd edn, Enfield, N.H., 2000; Roger Cousens and Martin Mortimer, *Dynamics of Weed Populations,* Cambridge, 1995.

William Turner, *A New Herball,* 1551. John Gilmourand Max Walters, *Wild Flowers,* 4th edn, London, 1969. Gerard, *Herball,* op. cit. Dodder pheromones: Consuelo de Moraes in *Science,* 29 Sept. 2006.

Turner, *A New Herball,* op. cit.

Charles E. Raven, *English Naturalists from Neckham to Ray,* Cambridge, 1947.

Gerard, *Herball,* op. cit. (1633 edn).

Thomas Johnson, *Botanical Journeys in Kent & Hampstead,* ed. J. S. L. Gilmour, Pittsburgh, 1972.

Culpeper's life: Nicholas Woolley, *The Herbalist: Nicholas Culpeper and the Seventeenth-Century Struggle to Bring Medicine to the People,* London, 2004.

Nicholas Culpeper, *The English Physitian,*1652.

'Lively turning': Jonathan Bate, *The Genius of Shakespeare,* London 1998; see also Leo H. Grindon, *The Shakspere Flora,* 1883.

John Clare's flower letters quoted in Margaret Grainger, *The Natural History Prose Writings of John Clare,* Oxford, 1983.

John Clare, *The Shepherd's Calendar,* ed. Eric Robinson and Geoffrey Summerfield, Oxford, 1964. *Note:* There are no universally agreed versions of Clare's writings, given their unusual spellings and grammar (though the collected poems are published in their original orthography by the Clarendon Press, Oxford). I have quoted from a variety of more accessible sources, most frequently: *John Clare: Selected Poetry,* ed. *Geoffrey* Summerfield, London, 1990. This is the source of poems below where the title is quoted but no further reference is given.

M. M. Mahood, *The Poet as Botanist, Cambridge,* 2008.

Shepherd's-purse: 'The Flitting'. Daisy: *John Clare by Himself,* op. cit. Geoffrey Grigson quoted in Ronald Blythe, 'An inherited perspective', *From the Headlands,* London, 1982.

Clare's journal note: *John Clare by Himself,* op. cit. Elizabeth Helsinger, 'Clare and the place of the peasant poet', *Critical Enquiry,* 13 (1987). 'The Lament of Swordy Well'.

'The Ragwort', *The Midsummer Cushion,* ed. Anne Tibble, Ashington, 1978.

Enclosure of Helpston: Jonathan Bate, *John Clare: A Biography,* London, 2003; 'The Village Minstrel', *The Poems of John Clare,* ed. J. W. Tibble, London, 1935.

'Childhood'. 'Remembrances'.

'Cowper Green', Tibble, *Poems,* op. cit. W. R. Pehr *Kalm,* Aston Clinton, 2003.

William Ellis, *The Practical Farmer, or the Hertfordshire Husbandman,* c. 1750.

Mead, *Pehr Kalm,* op. cit.

George H. Whybrow, *The History of Berkhamsted Common,* n.d. (c.1925).

Kew: Lucile H. Brockway, *Science and Colonial Expansion: The Role of the British Royal Botanic Gardens,* New York, 1979; Alfred W. Crosby, Ecological Imperialism: *The Biological Expansion of Europe,* 900-1900. Cambridge, 1986.

John Sibthorp, *Flora Oxoniensis,* 1794.

George Claridge Druce, *The Flora of Oxfordshire,* 2nd edn, 1927. Grigson, *Gardenage,* op. cit.

London ragwort: Rodney M. Burton, *Flora of the London Area,* London, 1983.

Gallant-soldier in Malawi: Mabey, *Flora Britannica,* op. cit.

Ruskin and ivy-leaved toadflax: Mahood, *The Poet as Botanist,* op. cit. Vickery, *Plant Lore,* op. cit.

Thorwaldsen: Grigson, *Gardenage,* op. cit.

Quotes on weeds in America: Crosby, *Ecological Imperialism,* op. cit.

Physico-theology: see, for instance, W. Derham, *Physico-theology; or a Demonstration of the Being and Attributes of God from His Works of Creation,* 1711-12.

Burry Man: Mabey, *Flora Britannica,* op. cit. Peter Forbes, *The Gecko's Foot: Bio-inspiration-Engineered from Nature,* London, 2005.

Ruskin, *Proserpina,* op. cit.

Janet Malcolm, *Burdock,* New Haven, 2008.

William Robinson's life: Mea Allen, *William Robinson 1838-1935: The Father of the English Flower Garden,* London, 1982.

Pollan, *Second Nature,* op. cit.

Robbins, *Lawn People,* op. cit.

Henry D. Thoreau, *Walden; or, Life in the Woods,* 1854; *The Annotated Walden,* ed. Philip van Doren Stern, New York, 1970.

Hemp in Norfolk: Michael Friend Serpell, *A History of the Lophams,* Chichester,

1980.

Moths on dock. Chris Manley, *British Moths and Butterflies*, London, 2008.

Wordsworth's poem: 'To the Small Celandine'.

Gerard, *Herball*, op. cit.

William Orpen, *An Onlooker in France, 1917-1919*, London, 1921. Captain Wilson's letter quoted in *War Letters of Fallen Englishmen*, ed. Laurence Housman, London, 1930.

Trench gardening: Caroline Dakers, *The Countryside at War*, 1914-18, London, 1987. Ivar Campbell quoted in *War Letters of Fallen Englishmen*, op. cit. Ivor Gurney quoted in Dakers, *The Countryside at War*, op. cit. John Masefield, *Letters from the Front*, 1915-1917, ed. Peter Vansittart, London, 1984.

Edmund Blunden, *Undertones of War*, 1927.

Country Life, quoted in Dakers, *The Countryside at War*, op. cit.

Clement Scott, *Poppy-land*, 1894.

Macrae's letter: *War Letters of Fallen Englishmen*, op. cit.

Poppy-day history: Mabey, *Flora Britannica*, op. cit.

Robert Morison, *Historia*, 1680.

Rosebay in Northumberland: George A. Swan, *Flora of Northumberland*, Newcastle, 1993.

H. J. Riddelsdell et al., *Flora of Gloucestershire*, 1948.

Salisbury, *Weeds and Aliens*, op. cit. Bucks rosebay story: Mabey, *Flora Britannica*, op. cit.

Epigenetics: see, for instance, Jerry Fodor and Massimo Piattelli-Palmarini, *What Darwin Got Wrong*, London, 2010.

BBC oral history website: www.bbc.co.uk/wwpeopleswar/stories. Rose Macaulay: Jane Emery, *Rose Macaulay: A Life*, London, 1991.

Leo Mellor, 'Words from the bombsites: debris, modernism and literary salvage', *Critical Quarterly*, 46, 4 (2006).

Ruins: Rose Macaulay, *Pleasures of Ruins*, London, 1953; Christopher Woodward, *In Ruins*, London, 2001; Uvedale Price, *Essays on the Picturesque, 1794-8; Richard Deakin, Flora of the Colosseum*, 1855.

Bomb-crater flowers: J. E. Lousley, *Wild Flowers of Chalk and Limestone*, 2nd edn, London, 1969.

William Robinson, *The Wild Garden*, 1870. For giant hogweed's early distribution: *Atlas of the British Flora*, ed. F. H. Perring and S. M. Walter, London, 1962.

J. H. Dickson, *Wild Plants of Glasgow*, Aberdeen, 1991.

Kenneth Grahame, *The Wind in the Willows*, 1908.

Neal Ascherson, *Games with Shadows,* London, 1988.
Alan Weisman, *The World Without Us,* New York, 2007.
Detroit: Christopher Woodward, 'Nature in ruins', in *Urban Wildscapes,* ed. Anna Jorgensen (in press); Julien Temple, 'Last days', *Guardian,* 11 March 2010; also Temple's film, *Requiem for Detroit,* BBC TV 2010.
Jonathan Silvertown, *Demons in Eden: The Paradox of Plant Diversity,* Chicago, 2005.
Francis Lam: www.gourmet.com/ food/2008/09/kudzu. Kudzu conspiracy theory: www.mindspring.com/~mdpas/kudzu.html.
Mabey, *The Unofficial Countryside,* op. cit.
History of tumbleweed in Dagenham: Burton, *Flora of the London Area,* op. cit.
A. O. Hume, *Journal of Botany,* 1901.
Anne Stevenson, 'Himalayan balsam', *Minute by Glass Minute,* Oxford, 1982.
Dulverton balsam story: Mabey, *Flora Britannica,* op. cit.
Sheffield miners' story: Mabey, Flora Britannica, op. cit.
Japanese knotweed control: Lois Child and Max Wade, T*he Japanese Knotweed Manual,* Chichester, 2000.
David Pearman and Kevin Walker, 'Alien plants in Britain: a real or imagined problem?', *British Wildlife,* October 2009.
Martin Sandford, *A Flora of Suffolk,* Ipswich, 2010.
John Evelyn, *Sylva; or, a Discourse of Forest Trees,* 1664. Railway sycamore story: Mabey, *Flora Britannica,* op. cit.
Ted Green, 'Is there a case for the Celtic Maple or the Scots Plane?', *British Wildlife,* February 2005.
Peter Daniels, 'The Shoreditch Orchid', winner, Arvon International Poetry Competition, 2008.
Plotlands: Dennis Hardy and Colin Ward, *Arcadia for All: The Legacy of a Makeshift Landscape,* Nottingham, 2004; Deanna Walker, *Basildon Plotlands,* Chichester, 2001; Rodney L. Cole, *Natives and Aliens: The Wild Flowers and Trees of the Langdon Hills,* Basildon, 1996.
Pesticide resistance: Cousens and Mortimer, *Dynamics of Weed Populations,* op. cit.
Protected arable weeds: Watson and King, *Arable Plants,* op. cit.
Jacques Nimki: www.nnfestival.org.uk/Contemporary-Art-Norwich, 2009.
Tagworts: www.deptfordx.org.
Olympic Park: Stephen Gill, *Archaeology in Reverse,* London, 2007.
Carl Safina, *Eye of the Albatross: Visions of Hope and Survival,* New York, 2002

찾아보기

ㄱ

가는미나리아재비 46, 48, 104
가시금작화 186, 191, 193, 195, 344, 370
갈레가 247, 403, 411
갈퀴덩굴 25, 85, 139, 402
강아지풀 83
개꽃아재비 110
개미취 41
개밀 215
개쑥갓 46, 55, 56, 57, 216, 266, 294
개양귀비 50, 60, 80, 111, 113, 300
개장미 191
개헛바닥풀 133
갯개미취 247, 346, 390, 411
검정사리풀 216
고사리 39, 46, 101, 193, 194, 195, 243, 316, 341, 383
고추나물 113, 259, 357
골풀 30
공작국화 111, 113
구주개밀 217, 278
구주물푸레나무 397, 399, 403
굴드 111
귀리 81, 122
그레그 도란 165, 166, 167
그레이엄 앳킨스 58
그래마풀 220
글린 대니얼 85
금어초 18
금잔화 315, 367

길버트 화이트 57
까마중 60
꽃며느리밥풀
꽃무 127
꿀벌난초 284, 285, 286, 287
꿀풀 141

ㄴ

나도고사리삼 152, 216
나도닭의덩굴 80, 83, 111
나도겨이삭 259
나팔수선화 228
나폴레옹 57, 206
난쟁이 엘더 416, 417
냅위드 190
냉이 56, 57, 141, 216
너도밤나무 194, 281, 398
니콜라스 켈페퍼 142, 143, 144, 145, 148, 149, 150, 151, 152, 153, 154, 155, 158
니콜라이 바빌로프 71
노란 금방망이 315
노랑딸랑이 141, 278, 279
노랑수선화 284
눈양지꽃 81, 104

ㄷ

다놀드 111
달맞이꽃 346
담쟁이덩굴 24, 318

당아욱 71, 216
대나무 34
대마 260, 263, 264, 265, 269
더미풀 153
덩굴옻나무 22
덩굴해란초 207, 208, 209, 390
데이지 30, 161, 177, 179, 184, 190, 202, 283
덴마크 스커비초 211, 212, 213, 394
도로시 하틀러 102
도깨비산토끼꽃 16
독당근 141, 167, 169, 186, 214, 237
독말풀 16, 60, 122, 268, 269
독미나리 15
독보리 73, 78, 112, 167, 278, 367
돈 마리아노 마르티네즈 데 갈린소가 205
돌소리쟁이 46, 48, 71, 81, 82, 83
둥근빗살현호색 80, 177
돼지풀 53, 54
들갓 42, 80, 111, 339
땅머위 50, 55
뚜껑별꽃 80, 294
띠 33, 421

ㄹ

라넌큘러스 피카리아 282, 283
라벤더 359
랄프 왈도 에머슨 21
러시아 엉겅퀴 364, 365
렘브르트 도도엔스 136
로저 디킨 31
로저 매콜리 313, 316, 317, 415
리처드 디킨 318, 319
리처드 제프리스 339

ㅁ

마디풀 15, 39, 46, 48, 83, 216, 382

마돈나 허브 208
마젤란 후크시아 40
마이클 폴란 48, 254, 255
마편초 98, 113, 271
만병초 374, 393
말냉이 80, 81
말메종의 추억 27
망초 40, 56, 207, 213
맨드레이크 129, 130, 131, 136
맬래루카 나무 349
머위 316
모티머 휠러 85
몰리 마후드 176
무늬왕호장근 18, 19, 379, 381, 382, 383, 386, 387, 388, 393, 410
무아재비 80
무화과 72, 359
묵밭소리쟁이 216
물냉이 71, 82, 118
물푸레나무 20, 21, 405
미나리아재비 50, 144, 161, 179, 184, 191, 282
미모사 357
민들레 55, 71, 86, 92, 98, 99, 110, 153, 161, 191, 215, 281, 294, 358
민트 98, 277
밀 122, 220

ㅂ

바늘금작화 178, 191, 194
바늘도꼬마리 367
바늘풀 59, 110, 141
바르톨로뮤 체세니 109
바위 바이올렛 165
방가지똥 189, 215, 266
배꼽풀 137
백리향 163, 165, 168, 191, 214

찾아보기 443

백약이참나물 92
범꼬리 85
벌노랑이 190
벌레잡이제비꽃 50
별봄맞이꽃 58
별꽃 25, 39, 46, 48, 56, 82, 110, 152, 216, 294
별꽃아재비 46, 205, 213
베르길리우스 102, 134
베르텔 토르발센 209
베리 세인트 에드먼즈 116
베스 차토 26
벤저민 올리 154
벨라돈나 23, 110
보검선인장 359, 360
보리 83
보리풀 30
보리뱅이 84
복수초 51, 244, 408
봄보리 75
봄여뀌 110
부들 101, 111
부들레야 16, 40, 55, 344, 370, 411
부레옥잠 350
부령소리쟁이 216
분홍바늘꽃 46, 55, 245, 304, 305, 306
붉은 토끼풀 98
블루벨 31, 173
블랙베리 98, 193, 307, 309, 311, 312, 314, 316, 339, 340, 344, 357, 363, 388, 410
비디비디 207
뻐꾹냉이 167, 169

ㅅ

사리풀 110, 185, 186, 367
사이먼 화이트 145
사향아욱 137, 279

사향장미 165, 168
살갈퀴 278
살구 72
삼색제비꽃 50, 158, 159, 160, 163, 164, 170, 171, 172
새네트 냉이 206
새삼 122, 124, 125, 126
서양고추나물 245
서양등골나물 40, 41
서양메꽃 39, 105, 107, 108, 109, 121
서양벌노랑이 110, 405
서양톱풀 84, 152, 190, 191, 252
서양쐐기풀 23, 104, 118, 216
석류 72
선옹초 59, 101, 111, 112, 408
성 요한의 풀(세인트존스워트) 115
셀런다인 274, 277, 282, 295
셰익스피어 160, 161, 163, 164, 165, 167, 168, 169, 170, 171, 173, 214
소리쟁이 39, 111, 154, 215, 277, 339, 358
솔라늄 둘카마라 137, 141, 215
솜방망이 113, 141, 180, 181, 182, 183
쇠서나물 16, 80, 188, 189
쇠뜨기 30
수레국화 59
수선화 392
스티븐 마이어 38
스트리카 122
스커비초 50, 322
스패니쉬 블루벨 20
스피어그라스 100
스코틀랜드언경쿼 21
시스투스 279
시카모어 275, 395, 396, 397, 398
시쿨라멘 139, 140
심장 클로버 133
쐐기풀 39, 80, 82, 109, 110, 152, 155, 161, 167, 169, 191, 214, 215, 237, 244, 289,

444

316, 331, 339, 402
쑥 113, 118

ㅇ

아르메리아 50
아르벤시스 157
아리스토텔레스 94
아마 83, 124
아몬드 72
아스파라거스 363
아욱 82, 184
아이리스 50
아풀레이우스 플라토니쿠스 97, 127
알렉산더 393, 394
알렉산더 메이슨 137
알버레히트 뒤러 91, 93, 99, 178
알케밀라종 84
애기범부채 40, 277
애기똥풀 127, 133, 213, 244, 276, 397
애털로스 118
앵초 169, 214, 252, 392, 402
야생귀리 39, 74
야생당근 346
야코프 판 라위스달 227
얀 바이난츠 227
양구슬냉이 83
양귀비 60, 62, 63, 64, 65, 72, 73, 100, 142, 236, 279, 293, 297, 298, 299, 300, 301, 302, 303
양미역취 247
엉겅퀴 18, 47, 55, 75, 78, 111, 175, 215, 244, 339
에글란틴 165, 168
에드워드 솔즈베리 45, 54, 55, 57, 58, 59, 271, 309
에머밀 72
앨런 와이즈먼 344, 346, 402

엘레노어 싱클레어 로데 148
엘리자베스 1세 146, 168, 308
엘리자베스 켄트 171, 174
엘리자베스 헬싱거 179
여뀌 153
영국 쐐기풀 23
오노시스 스피노사 261
오비디우스 164
오필리아 36
옥수수 78, 81, 101, 102
옥스퍼드 금방망이 202, 211, 213, 308, 417
옥스퍼드 솜방망이 411
옥슬립 166, 169
올리버 길버트 409, 410
올리브 72
와일드 팬지 157
완두콩 122
왕질경이 92, 98, 99, 100, 113, 118, 119, 215, 216
왕포아풀 92, 215, 217, 219
왜방풍 287, 288, 289, 290, 382
요한 볼프강 폰 괴테 93
용담 81
우단담배풀 56, 216
우엉 135, 167, 169, 185, 214, 216, 226, 227, 228, 229, 232, 233, 234, 240, 241
울타리쐐기풀 98
위글루 118
윌리엄 로빈슨 242, 243, 245, 247, 248, 333
윌리엄 애터솔 144
윌리엄 엘리스 187, 188, 189, 190, 408
윌리엄 오펜 297
윌리엄 월크스 64
윌리엄 잭슨 후커 200, 201
윌리엄 터너 124, 131
윌리엄 콜스 133
윌리엄 하베이 146
유럽가시금작화 124

찾아보기 445

유엘 기번스 87, 88
이탈리안 글라디올러스 73
인동덩굴 165, 168

ㅈ

적설초 110, 152, 281
제라드 맨리 홉킨스 41
제비꽃 166, 168, 239
제프리 그리그슨 177, 204
조밥나물 190
조지 드 메스트랄 240
조지 스터브스 240
조앤 캐슬린 롤링 31
조지 클래리지 드러스 204
족재비쑥 207
존 길모어 124
존 디 146
존 러스킨 25, 208, 233, 237, 239, 240
존 에버렛 밀레이 36
존 제라드 51, 125, 136, 137, 138, 140, 143, 152, 158, 188, 274, 305, 309
존 클라우디우스 루던 25
존 클레어 41, 92, 170, 171, 172, 174, 176, 177, 178, 179, 183, 184, 186, 406
존 패스모어 77
좀물봉선화 40
좀미나리아재비 59, 110, 408
주사위환각버섯 72
주황색봉선화 40
줄리안 반스 109
줄방울새풀 50
쥐보리 112
질경이 30, 46, 50, 56, 81, 252, 254, 281

ㅊ

찰스 다윈 32, 54, 63, 221

찰스 E. 레이븐 138
찰질경이 191
체리월계수 27
치커리 191
칡 347, 350, 351, 353, 354

ㅋ

카다민 173
칼라민 로션 23
캐나다엉겅퀴 121
캐모마일 98, 141
커민 16
컴프리 216
케네스 그레이엄 340, 341
켈리도늄 276
코끼리마늘 86
코클레리아 다나카 211
콘수엘로 드 모라에스 125
콘캐모마일 83
큰망초 40
큰맷돼지풀 331, 332, 333, 334, 335, 337, 338, 386, 387, 389, 416
큰뚝새풀 217
큰바늘꽃 308
클로드 레비 스토로스 78
클로드 로랭 227, 228

ㅌ

타래난초 284
털부처꽃 36, 316
테렌스 맥케나 72
테오프라스토스 94
토끼풀 42, 84, 189, 215, 278, 408
토마스 존슨 140, 142, 143
토머스 투서 100
토머스 게인즈버러 228, 229

티크 나무 34

ㅍ

파인애플 34
팬지 157, 158, 159
펌퍼넬 138
페넬로페 피츠제럴드 313, 316
페디아노스 디오스쿠리데스 95
페루꽈리 367, 368
페퍼민트 359
페흐르 칼름 187, 190
펠리트륨 134
포스터 바르함 진케 99
폴 로빈스 257
푸마리아 레우테리 412
프란시스 심슨 24
프레데릭 로 올므스테드 255
플로렌스 그레이엄 219
플리니우스 36
플루엘렌 131
피터 빌헬름 글로브 82, 84
피터 대니얼스 402
필드 팬지 157
핏줄잡초 216

ㅎ

하우스릭 141

화살메꽃 279
황화구륜초 134, 168, 169, 213, 392, 402
향부자 39
향쑥 16, 154, 259
험프리 브루크 27
헤더 124
헨리 소로 86, 253, 254, 258, 259, 260
헨리 2세 111
헬리오트로프 271, 272
헬레니움 117
헬레보루스 포이티두스 26
호리병박 16
호밀 84, 101
회전초 57, 364
회향 118, 367
후추 259
흑겨자 73
흰명아주 19, 22, 39, 59, 80, 82, 84, 122, 216
흰털새 84
흰토끼풀 215
히말라야물봉선 15, 31, 362, 375, 376, 377, 378, 379, 386, 387
히말라야봉선화 40
히포크라테스 93

찾아보기 447

처음 읽는
식물의 세계사

개정판 1쇄 인쇄 2025년 6월 23일
개정판 1쇄 발행 2025년 6월 30일

지은이 리처드 메이비
옮긴이 김영정

펴낸이 이효원
편집인 강산하
마케팅 추미경
디자인 페이퍼컷 장상호(표지), 이수정(본문)
펴낸곳 탐나는책
출판등록 2015년 10월 12일 제 2021-000142호
주소 경기도 고양시 덕양구 삼송로 222, 101동 305호(삼송동, 현대헤리엇)
전화 070-8279-7311   **팩스** 02-6008-0834
전자우편 tcbook@naver.com

ISBN 979-11-94381-44-0 03900

이 책은 저작권법에 따라 보호받는 저작물이므로 무단 전재와 복제를 금지하며,
이 책 내용의 전체 또는 일부를 이용하려면 반드시 저작권자와
도서출판 탐나는책의 동의를 받아야 합니다.

*값은 뒤표지에 있습니다.
*잘못된 책은 구입하신 서점에서 교환해드립니다.